DOCUMENTS RELATIFS A L'HISTOIRE DU GÉVAUDAN

DEUXIÈME PARTIE

DÉLIBÉRATIONS

DE L'ADMINISTRATION DÉPARTEMENTALE

DE LA LOZÈRE ET DE SON DIRECTOIRE

de 1790 à 1800

PUBLIÉES PAR LA SOCIÉTÉ D'AGRICULTURE, INDUSTRIE, SCIENCES
ET ARTS DE LA LOZÈRE, SOUS LES AUSPICES DU CONSEIL
GÉNÉRAL ET SOUS LA DIRECTION DE M. FERD. ANDRÉ,
ARCHIVISTE DU DÉPARTEMENT.

TOME Ier

MENDE
IMPRIMERIE TYPOGRAPHIQUE DE C. PRIVAT
5, Rue Basse, 5
1882

INTRODUCTION

La Société d'Agriculture a terminé la publication des Procès-Verbaux des séances des États du Gévaudan jusqu'à leur suppression en 1789.

Sous le patronage persévérant et avec les subventions du Conseil général de la Lozère et du Ministère de l'Instruction publique, elle poursuit son œuvre en livrant à l'impression les documents, la plupart à l'état de manuscrit unique, qui relatent la vie politique, sociale et économique de la Lozère pendant cette époque, si féconde en évènements, de 1789 à 1800.

Son seul but est de recueillir d'une manière impartiale les matériaux qui, plus tard mis en œuvre, serviront à écrire l'histoire de la patrie Lozérienne et à apprendre ainsi à nos jeunes générations les espérances et les déceptions, les faits héroïques et les actes coupables de leurs pères.

La Société d'Agriculture publiera successivement :

1° Les pièces relatives à la formation du département de la Lozère, de ses districts, de ses cantons et de ses communes.

2° Les Procès-Verbaux des séances de l'Assemblée départementale et de son Directoire, ainsi que les documents qui s'y rapportent. A. M.

DOCUMENTS

RELATIFS

A LA FORMATION DU DÉPARTEMENT DE LA LOZÈRE

I

Les trois lettres suivantes sont adressées, par les députés du Gévaudan, à la Municipalité de Mende.

Messieurs,

Depuis la dernière que nous vous écrivîmes le 12 de ce mois, voici les décrets essentiels qui ont été rendus :

Le même jour l'on décréta ; 1° qu'il y auroit une municipalité dans chaque ville, bourg, paroisse ou communauté de campagne ; 2° que chaque département seroit divisé en districts, dont le nombre sera ternaire et déterminé par l'Assemblée nationale, après avoir entendu les députés de chaque province, suivant la convenance de chaque département.

A la fin de la séance l'on fit lecture d'une lettre du Roi qui engageait l'assemblée à ne pas donner des suites à l'affaire du Parlement de Rouen.

Le Parlement n'avait pris cet arrêté que pour le déposer dans les mains des ministres du Roy, mais il n'avait été ni imprimé ni publié ni envoyé aux Balliages ; l'Assemblée aquiesça à la demande du Roy, cependant cette motion éprouva beaucoup de difficulté......

Nous nous sommes assemblés plusieurs fois en corps de province pour former les départements ; ils avaient été réglés à six, et alors il paraissait impossible d'en obtenir un pour le Gévaudan. Nos députés se sont donnés des soins de toute espèce, et enfin l'on est parvenu à faire arrêter que le Languedoc seroit divisé en six ou sept départements.

Cette alternative nous laisse plus d'espoir ; dans un projet l'on laisserait le Gévaudan seul, et l'on y joindrait seulement Meyrucis et son arrondissement.

Ce qui est problématique Le plan c'est le Velai. L'on ne veut pas faire les départements hors de la province ; cela a été presque décrété. Ce pays n'a que 172 lieues carrées, il faut lui en donner dans le Gévaudan ou dans le Vivarais, et ce sont les députés qui nous attaquent avec force.

Vous sentez que les raisons se présentent en foule ; il n'est pas juste de décrier un pays pour en arranger un autre. La nature a mis des obstacles presque invincibles à ce plan de désunion ; il a joui dans tous les temps du droit de former un pays séparé, etc. etc.

Ne pouvant nous accorder en corps de province, nous avons nommé un comité d'un député par Sénéchaussée ; demain l'on doit s'assembler.

Par le premier courrier nous vous donnerons le résultat de leurs opérations.

Nous sommes avec respect, Messieurs, vos très humbles serviteurs ;

Signés : RIVIÈRE.   CHARRIER.

Paris le 16 Novembre 1789.

II

Messieurs,

Vous trouverez ci-joint quelques exemplaires d'un mémoire que nous avons cru devoir faire pour obtenir au Gévaudan l'avantage de former en seul un département : nous désirons qu'il réussisse.

Ne doutez pas que nous n'employons tous les moyens possibles pour parvenir à ce but.

Les décrets contenant l'organisation des municipalités sont prêts à être finis ; nous allons nous occuper demain des finances.

Nous sommes avec respect, Messieurs, votre trés humble et obéissant serviteur, Charrier.

Paris, le 8 Octobre 1789.

III

Messieurs,

Nous avons reçu la lettre sans date que vous avez pris la peine de nous écrire avec celle qui vous avait été écrite par les Messieurs de Langogne, la délibération de la Malène et le paquet adressé aux commissaires de la province.

Nous avons remis ce paquet à son adresse ; il a été lu de suite, et voici où nous en sommes sur les départements :

Lorsque nous avons eu fait procéder au toisé des départements de Montpellier et de Nîmes, il fut trouvé que réunis ils n'avaient qu'une superficie de 647 lieues carrées ; alors le Puy a été obligé d'abandonner le projet de forcer le Gévaudan et le Vivarais à lui céder, pour se refaire sur Nîmes ; il a tourné ses efforts vers l'Auvergne ; il a tout lieu d'espérer d'unir à son département jusques à Brioude.

Cette ville et les environs le désirent. Mais Riom et Clermont, qui l'avaient englobé dans leur département, y résistent. Cependant la haute Auvergne étant séparée de la basse, celle-ci a 400 lieues de superficie, et cette grandeur excède les données des décrets.

Si ce projet pouvait se réaliser, il augmenterait le département du Velai d'environ 80 lieues ; mais il n'aurait encore que 200 lieues.

Il se rejette toujours sur nous, et armé de la délibération de Saugues, il demande sa session, celle des paroisses qui sont dans cet arrondissement et jusques à la Margeride.

Cela ne formerait pas cependant un obstacle invincible ; Nismes consent à nous donner Villefort et les paroisses voisines, en dédommagement, et je crois que nous ne perdons pas à l'échange. Mais forcerons-nous l'Auvergne ? Voilà la véritable difficulté. J'espère que cela se décidera dans la semaine.

Nous avons été instruits avec peine que des écrits, partis du côté de Nismes, nous donnaient la certitude d'un département ; elle n'existe pas encore ; nous avons des espérances et voilà tout. Nous faisons l'impossible pour les réaliser, mais il est fâcheux qu'on berce un pays d'un espoir qui peut ne pas être accompli.

Vous sentez que si le Velai n'acquiert rien de l'Auvergne, n'ayant que 116 lieues, il ne peut former seul un département, et que l'union la plus difficile en réalité, mais la plus facile en apparence est avec nous.

Mais dans ce cas même, il ne faudrait pas penser d'être subalternes : nous tâcherons, s'il y a lieu, de l'affaiblir autant qu'il sera en nous, et ensuite la pluralité des suffrages au département règlera l'assiette des établissements, du moins cela paraît naturel ; et l'alternation des séances du département serait assumée. Vous devez être persuadés que nous tous faisons tous nos efforts pour éviter cette union ; nous faisons usage de tout ce que vous nous avez envoyé.

Nous ne croyons pas que ce que vous nous demandez puisse être utile dans le moment ; nous avons vos délibérations et vous ne pouvez en prendre des meilleures ; il serait même à craindre que ce que vous enverriez n'arrivât trop tard.

Cependant si vous voulez tenter encore un nouvel effort, faites prendre à autant de paroisses que vous pourrez des délibérations dans le même style et avec les mêmes raisons que celles qui sont contenues dans votre dernière lettre, et attestez surtout l'impossibilité de votre jonction avec le Velai.

Adressez-les moi directement et chargez-moi de les présenter au Président.

Ce matin, l'on décrète de présenter au consentement du Roi, les articles des municipalités, qui vous seront incessamment adressés.

Le Roi a aussi sanctionné un décret de l'Assemblée qui fait un réglement pour prévenir le dépérissement des bois et l'invasion des communautés sur les terres des Seigneurs, sous prétexte d'anciennes usurpations ; il vous sera bientôt envoyé.

Jeudi, il fut statué que les Intendants seraient supprimés du moment que les départements seraient établis. Nous sommes avec un respectueux attachement, Messieurs, vos très humbles et obéissants serviteurs,

Signés : Rivière.   Charrier.

Paris, le 14 décembre 1789.

IV

Lettre du député M. de Chateauneuf.

Messieurs,

Depuis la copie de ma réponse à la lettre du comité permanent de Marvejols que vous avez dû recevoir, à la fin de laquelle je vous annonçais la levée des obstacles que trouvait le Gévaudan à faire un seul et unique département, les limites viennent enfin d'être signées par vos représentants et il en résulte qu'il aura de moins la partie de Saugues composée d'environ 15 paroisses qui l'entourent, la totalité formant dix lieues quarrées qui sont destinées au Velay, et en remplacement Villefort et Meyrueis, avec une petite circonférence à la vérité, mais de nature à être nécessairement augmentée par l'avantage qu'en trouveront les habitants voisins, le premier de la partie de Genolhac, le second de la totalité de son mandement à raison du district que nous formons dans ces deux villes, avantage considérable qui séduira sans doute les voisins dont le district, auquel ils sont destinés à se rendre, sera très éloigné d'eux. Cet espoir d'augmentation presque assurée par les convenances a été d'une grande considération pour nos représentants. Peu s'en est fallu que Langogne ait été aussi cédé au Velay qui le désirait à grands cris ; mais le remplacement n'ayant pas pu s'effectuer d'un autre côté, vos représentants ont moins dû le laisser aller, qu'il paraît que le vœu de la ville est de rester unie au Gévaudan. Cependant je ne dois pas vous dissimuler l'opinion d'impartialité et de justice que j'ai toujours manifestée à cet égard à mes co-députés et collègues représentant le Velay. C'est que si nous avions pu obtenir un remplacement suffisant, je pensais que les habitants de la ville de Langogne trouvaient bien plus d'utilité à aller en département au Puy qu'à Mende et que d'un autre côté, la partie de Langogne devenait au Gévaudan plus pernicieuse qu'utile, parceque je considère cette ville comme devant être le centre et l'aboutissant de plusieurs routes indispensables qui lui coûteraient des sommes immenses, en supposant toutefois que les départements soient chargés d'en faire particulièrement la dépense, et que ma motion à cet égard ne soit point suivie, au lieu que, le Velay l'ayant eu dans son département, il en eut été chargé seul, tandis que le Gévaudan en aurait joui sans y participer. Assurément sous ce point de vue l'aveu de mon opinion ne pourra pas vous déplaire ; mais si j'étais assez malheureux pour que cela fût, je serais consolé par le non succès qu'elle éprouvera, sans me repentir d'avoir pris en grande considération ce puissant motif de dépenses qui m'a toujours guidé et me guidera toujours.

Quant au chef lieu du département, deux principes sont établis par le comité de constitution pour faire alterner le chef-lieu du département avec tous ou plusieurs districts, ou le fixer uniquement dans un seul. Cependant comme des circonstances locales sont seules capables de déterminer cette assiette, il ne se permet pas de prononcer, et la décision en conséquence des localités est laissée aux députés de chaque département. Le plan de l'alternative s'est présenté naturellement à tous nos députés. Cependant je ne vous dissimulerai pas que mon opinion impartiale, obligée par le cri de ma conscience de céder tout intérêt et considération particulière à l'intérêt général et commun du pays, a été pour l'alternation du chef-lieu du département entre tous les districts. Plusieurs obstacles ensuite s'étant présentés à ces Messieurs pour cette détermination, j'ai consenti à soumettre mon opinion et la décision totale de cette question au comité de constitution ; mais en supposant qu'il statue sur la non alternative et sur la fixation du chef-lieu du département dans un seul et unique lieu , je ne donne mon consentement qu'à condition que le siège de la justice dédommagera la ville où ne sera pas fixé le département ; mais à cet égard se présente-t-il une difficulté ; c'est qu'il est mis en question, par conséquent en doute, s'il y aura une justice de département ; au cas qu'il y ait une Cour suprême pour quatre départements ainsi que vous pourrez le voir dans le rapport du comité sur la constitution judiciaire. En effet, y aurait eu quatre degrés de juridiction ; tandis que le vœu général et naturel est de ne conserver que deux juges de paix par cantons, justice de district, justice du département et Cour suprême ; les juges de paix avec une attribution définitive de cent-cinquante livres par appel suffiraient par canton, une justice de district jusqu'à la concurrence de 4,000 livres et pour lequel, la justice ou département qui auraient l'attribution ou produiraient le même effet de la Cour suprême, parce que je pense qu'avec les nouveaux principes, les nouvelles lois, un juge qui aura le talent de juger une affaire jusqu'à concurrence de 4,000 livres doit avoir celui de juger les plus étendues.

Vous recevrez au premier instant les détails des départements, des chefs-lieux, de son siège, des districts et des cantons décrétés. Quant aux chefs-lieux, par une suite de mon principe, j'espère que Mende et Marvejols étant fixés pour l'être, il sera statué que ce ne sera que provisoirement et jusqu'à ce que les électeurs du département auront décidé s'il est convenable, politique et peu dispendieux, de l'étendre sur tous les districts ou d'autres villes.

M. le garde des sceaux à qui j'avais dit que mon projet était d'aller faire un petit voyage de 6 semaines en Gévaudan avec un congé de l'Assemblée, m'avait proposé de me charger de la formation du département, comme commissaire du Roi, que l'Assemblée a autorisé le Pouvoir exécutif de nommer; mais en tenant toujours à mon projet, je n'ai pas cru devoir accepter cette fonction incompatible avec celle de législateur et de supérieur surveillant de Pouvoir exécutif. Cependant quelques membres de l'Assemblée, même de votre connaissance, briguent ces fonctions ; mais je pense qu'ils reviendront de leur erreur à cet égard ; qu'ils ne voudront pas réunir tous les avantages et que je vous ferai choisir dans le pays des personnes qui ne pourront que vous être agréables.

J'ai l'honneur d'être, Messieurs, avec la plus inviolable dévouement, votre très humble et très obéissant serviteur. Signé : CHATEAUNEUF.

V

DÉPARTEMENT DE LA LOZÈRE.

DÉPARTEMENT DU GÉVAUDAN.

Le département du Gévaudan a été décrété le cinq février mil sept cent quatre-vingt-dix comme suit :

L'Assemblée nationale décrète, d'après l'avis du Comité de constitution et du consentement unanime des députés du département :

1° Que le département du Gévaudan est provisoirement divisé en sept districts, dont les chefs-lieux sont Mende, Marvejols, Florac, Langogne, Villefort, Meyrueis, Saint-Chély, ou le Malzieu, ainsi qu'il sera déterminé par les électeurs qui s'assembleront pour la première fois à Saint-Chély ;

2° Que le chef-lieu du département alternera avec fes villes de Mende et de Marvejols, de manière que la première session se tienne dans la ville de Mende, et la seconde dans celle de Marvejols, sauf en faveur des autres villes du département la répartition des établissements qui seront déterminés par la Constitution.

DISTRICTS ET CANTONS DU DÉPARTEMENT DU GÉVAUDAN.

District de Mende.

Noms des chefs-lieux de canton.	Noms des paroisses qui sont dans chaque canton.
1° Mende.	Mende. Chastel-Nouvel. Badaroux. Le Born. La Rouvière.
2° St-Étienne.	St Étienne-du-Valdonnèz. Lanuéjols. Brenoux. St-Bauzile. Balsiéges.
3° Chanac.	Chanac. Barjac. Esclanèdes. Cultures. Le Villard.
4° Bagnols.	Bagnols. Chadenet. Ste-Hélène. Allenc.
5° Servières	Servières. Lachamp. Ribennes.
6° St-Amans.	St-Amans. St-Gal. Rieutort.
7. Les Laubies.	Les Laubies. St Denis. Estables-de Randon. La Villedieu, succursale.

8° Ste-Énimie.
- Ste-Énimie.
- Prades.

9° Le Bleymard.
- Le Bleymard.
- St Julien-du-Tournel.

District de Marvejols.

1° Marvejols.
- Marvejols.
- Montrodat.
- Gabrias.
- Grèzes.
- Antrenas.
- Palhers.
- St-Laurent-de-Muret.

2° Chirac.
- Chirac.
- Le Monastier.
- St-Bonnet.
- Pin et Moriès.

3° La Canourgue.
- La Canourgue.
- Salelles.
- St-Frézal.
- Salmon.
- Canilhac.
- Banassac.
- St-Saturnin.
- Estables de Rive-d'Olt.

4° St-Germain.
- St-Germain.
- Les Salses.
- Les Hermaux.
- Trélans.
- St-Pierre-de-Nogaret.

5° Nasbinals.
- Nasbinals.
- Recoules-d'Aubrac.
- Marchastel.
- Malbouzon.

6° St-Léger.
- St-Léger-de-Peyre.
- St-Sauveur.
- Recoules-de-Fumas.

7° Prinsuéjols.
- Prinsuéjols.
- Ste-Colombe.
- Le Buisson.

8° La Capelle.
- La Capelle.
- Laval.

District de Saint-Chély ou le Malzieu.

1° St-Chély.
- St Chély.
- Prunières.
- Les Bessons.
- Rimeize.

2° Le Malzieu.
- Le Malzieu.
- Verdezun.
- St-Léger.
- Julianges.
- St-Privat.
- Paulhac.

3° St-Alban.
- St-Alban.
- Lajo, succursale.
- Ste-Eulalie.

4° Serverette.
- Serverettes.
- Javols.
- Fontans.

5° Aumont.
- Aumont.
- La Chaze.
- Le Fau-de-Peyre.

6° Brion.
- Brion.
- Grandval.
- La Fage-Montivernoux.
- St-Laurent de-Veyrès.
- Chauchailles.

7° Fournels.
- Fournels.
- Noalhac.
- Termes.
- La Fage-St-Julien.
- Arzenc.
- Albaret-le Comtal.
- St-Juéri.

8° Blavignac.
- Blavignac.
- Le Bacon.
- Arcomie.
- Albaret-Ste-Marie.
- Chaulhac.
- St Pierre-le-Vieux.

District de Florac.

1° Florac.
- Florac.
- La Salle-Montvaillant.
- Bédouès
- Cocurès.

2° Ispagnac.
- Ispagnac.
- Quézac.
- Les Bondons.

3° Cassagnas.
- Cassagnas.
- St Julien-d'Arpaon.
- St-André-de-Lancise.

4° Vebron.
- Vebron.
- St Laurent.

5° Barre.
- Barre.
- Les Baumes.
- Le Bousquet.

6° Le Pompidou.
- St-Flour-de-Pompidou.
- Molezon.
- St Martin-de-Campselade.

7° Le Pont-de-Montvert.
- Le Pont-de-Montvert.
- Grisac.
- Fraissinet-de-Lozère.

8° St-Étienne.
- St-Étienne-de-Valfrancesque.
- St Martin-de Boubaux.

9° St-Germain.
- St-Germain-de-Calberte.
- Notre-Dame de Valfrancisque
- St-Martin-de-Lansuscle.
- St-Jean-de Gabriac.
- Ste-Croix.

District de Langogne.

1° Langogne.
- Langogne.
- St Flour.
- Rocles.
- Chastanier.

2° Luc.
- Luc.

3° Châteauneuf.
- Châteauneuf.
- Chaudeyrac.
- Pierrefiche.

4° St-Jean-la-Fouillouse.
- St-Jean-la-Fouillouse.
- St-Sauveur-de-Ginestoux.
- La Panouse.

5° Grandrieu.
- Grandrieu.
- Ste-Colombe.

6° Auroux.
- Auroux.
- Fontanes.
- Naussac.

7° Laval.
- Laval.
- St-Symphorien.
- St-Paul-le-Froid.
- St Bonnet-de-Montauroux.

District de Villefort.

1° Villefort.
- Villefort.
- St-André-de-Capcèze.

2° Le Collet-de-Dèze.
- Le Collet-de-Dèze.
- St-Michel.
- St Hilaire-de-Lavit.
- Les Ponts.
- St-Privat de-Vallongue.

3° St-Andéol.
- St André de-Clerguemort.
- St Frezal de-Ventalon.
- Vialas.
- St-Maurice.

4° St-Jean-Chazorne.
- St-Jean-Chazorne.
- Planchamp.
- Prévenchères.

5° Chasseradès.
- Chasseradès.
- Belvezet.
- St Frézal.
- Puylaurent.

6° Altier.
- Altier.
- Cubières.
- Cubiérettes.

District de Meyrueis.

1° Meyrueis.
- Meyrueis.
- Gatuzières.
- Fraissinet.

2° St-Hilaire.
- St-Hilaire la Parade.
- Hures.

3° St-Pierre.
- St-Pierre-des Tripieds.
- Le Rosier.
- St Préjet-du-Tarn.

4° St-George.
- St-Georges de-Lévéjac.
- Le Recoux.
- Inos.
- St-Rome-de-Dolan.

5° La Malène.
- La Malène.
- St-Chély.

Ainsi arrêté entre nous députés du département du Gévaudan ce vingt-sept février mil sept cents quatre-vingts dix, en double original, dont l'un a été remis au comité de constitution et l'autre envoyé au département.

Ont signé : l'abbé de Bruges, député. Châteauneuf-Randon-Tournel.

Rivière.   Charrier, député.

VI.

Limites des Districts du département du Gévaudan.

District de Mende.

Ce district est borné à l'est par ceux de Villefort et de Langogne, au nord par celui de St-Chély, à l'ouest par celui de Marvejols, et au midi par celui de Florac.

La ligne de séparation du côté de l'est du district de Mende de celui de Villefort est tirée entre les parroisses suivantes :

Du côté de Mende.	Du côté de Villefort.
Le Bleymard.	Altier.
St-Julien-du-Tournel.	Puylaurent.
Allenc.	St-Frézal.

La séparation continue à l'est en s'arrondissant vers le nord au district de Langogne entre les paroisses ci-après :

De Mende.	De Langogne.
Rieutort.	Auroux.
Villedieu.	St-Sauveur.
St-Denis.	La Panouse.

La ligne qui divise ce district au nord en s'arrondissant vers l'ouest de celui de St-Chély est tirée entre les paroisses suivantes :

Du côté de Mende.	Du côté de St-Chély.
St-Denis.	Ste-Eulalie.
Les Laubies.	Serverette.
	Fontans.

Cette ligne se prolonge entre les districts de Mende et de Marvejols et est tirée entre les paroisses ci-après :

De Mende.	De Marvejols.
Ribennes.	St-Sauveur-de-Peyre.
Lachamp.	St-Léger.
Servières.	Gabrias.
Barjac.	Grèzes.
Cultures.	Salelles.
Esclanèdes.	La Canourgue.
Le Villard.	La Capelle.
Chanac.	Laval.
Ste-Enimie.	

La ligne qui sépare au midi du district de Florac passe entre les paroisses ci-après :

De Mende.	De Florac.
St-Étienne-du-Valdonnez.	Quézac.
Le Bleymard.	Ispagnac.
	Les Bondons.
	Fraissinet.

DISTRICT DE MARVEJOLS.

Ce district est borné à l'est par celui de Mende, au nord par celui de St-Chély, à l'ouest par les départements de la Haute-Auvergne et du Rouergue, et au midi par le district de Meyrueis.

La ligne qui sépare à l'est en s'arrondissant au nord le district de Marvejols de celui de Mende, est tirée entre les paroisses ci-devant désignées, et la dite ligne se prolonge ensuite au nord en séparant ce district de celui de St-Chély entre les paroisses ci après :

Du district de Marvejols.	Du district de Saint-Chély.
St-Léger-de-Peyre.	Javols.
St-Sauveur.	La Chaze.
Ste-Colombe.	Le Fau-de-Peyre.
Prinsuéjols.	La Fage-Montivernoux.
Malbouzon.	Grandvals.
Recoules-d'Aubrac.	

Les limites qui séparent ce district des départements de la Haute-Auvergne et du Rouergue sont désignées dans le procès-verbal du département.

La ligne qui sépare au midi le district de celui de Meyrueis est tirée entre les paroisses suivantes ;

De Marvejols.	De Meyrueis.
Banassac.	Le Recoux.
St-Martin-la-Capelle.	St George-de-Lévejac.
Laval.	La Malène.
	St-Chély.

District de Florac.

Ce district est borné à l'est par le département de Nimes et le district de Villefort, au nord en s'arrondissant, à l'ouest par celui de Mende, et à l'ouest en s'arrondissant au midi par celui de Meyrueis et au dit midi par celui de Nimes.

Les limites qui bornent le district avec le département de Nimes sont énoncées dans le procès-verbal des limites générales.

La ligne qui le sépare du district de Villefort est tirée entre les paroisses suivantes :

Du District de Florac.	Du District de Villefort.
St-Germain.	St-Hilaire.
St-André-de-Lancise.	St-Privat-de-Vallongue.
Cassagnas.	St-Maurice.
Grizac.	
Pont-de-Montvert.	

La ligne qui sépare ce district de celui de Mende est énoncée cy-devant.

Et enfin celle qui le sépare à l'Ouest contournant vers le midi de celui de Meyrueis est tirée entre les paroisses ci-après :

De Florac.	De Meyrueis.
Vebron.	St-Cosme.
St-Flour-du-Pompidou.	Hures.
St-Martin-de-Campselade.	Fraissinet-de-Fourques.
	Gatuzières.

DISTRICT DE ST-CHÉLY OU LE MALZIEU.

Ce district est borné à l'est par ceux de Mende et de Langogne et par le département du Velay, au Nord et à l'Ouest par le département de la Haute-Auvergne, et au midi par le district de Marvejols.

La ligne qui sépare en partie à l'Est le district de Langogne est tirée entre les paroisses ci-après :

District de St-Chély.	District de Langogne.
Ste-Eulalie.	St-Paul-le-Froid.

Les limites qui le séparent à l'Est, Nord et Ouest des départements du Velay et de la Haute-Auvergne sont désignés dans le procès-verbal général ci-dessus remis.

Et enfin la ligne qui sépare au Midi le district de celui de Marvejols et à l'Est de celui de Mende est énoncée ci-devant au présent verbal.

DISTRICT DE LANGOGNE.

Ce district est borné à l'Est et au Nord par les départements du Vivarais et du Velay, à l'Ouest par le district de St Chély et de Mende, et au Midi par ceux de Mende et de Villefort.

Les limites qui le séparent à l'Est et au Nord des départements du Vivarais et du Velay sont énoncées au procès-verbal déjà remis.

La ligne qui sépare, à l'Ouest, le district de celui de

St-Chély, dudit Ouest et Midi de celui de Mende est ci-dessus désignée.

Enfin, cette même ligne le sépare au Midi de celui de Villefort; elle est tirée entre les paroisses suivantes :

Du District de Langogne.	Du District de Villefort.
Châteauneuf-Randon.	Belvezet.
Luc.	St-Frézal.
	La Bastide.

District de Villefort.

Ce district est limité par le département de Nimes et du Vivarais, au Nord par le district de Langogne, à l'Ouest, par ceux de Mende et de Florac et au Midi par celui de Florac.

La ligne de séparation de ce district des susdits départements et autres districts est énoncée dans le procès-verbal ci-devant remis ou le présent.

District de Meyrueis

Ce district est borné à l'Est par celui de Florac, au Nord par celui de Marvejols, à l'Ouest par le département du Rouergue et au Midi par le département de Nimes.

La ligne de démarcation est désignée dans le procès-verbal du département déjà remis et dans le présent.

Ainsi arrêté entre les députés du département du Gévaudan, le vingt sept février mil sept cens quatre-vingt dix; en double original dont l'un a été remis au Comité de constitution et l'autre envoyé avec les autres verbaux et la carte au département.

L'abbé de Bruges, député.

Rivière.   Charrier, député.

Chateauneuf-Randon-Tournel.

Nous, commissaires soussignés, certifions que le présent procès est l'un de ceux déposés au Comité de constitution par les députés du département de la Lozère, conformément au décret du 9 janvier 1790.

Gossin, commissaire.   Bureaux de Puy, commissaire.
De Cernon, commissaire.   Aubry Dubochel, commissaire.

Vu et approuvé au Conseil d'Etat de sa Majesté et signé par son ordre.

Le Cte de St Priest.

VII

Minute de la lettre adressée à MM. les députés du Gévaudan, par la Municipalité et le Comité de Mende.

Parvenus à peine à la municipalité, nous en consacrons avec joie les premiers instants à vous offrir l'hommage respectueux de notre reconnaissance.

Nous aurions voulu, peut être même, aurions-nous attendu l'arrivée de M. du Caila, notre chef, pour un acte aussi important; mais le motif qui nous anime ne nous permet aucun retardement.

Vous l'avez donc obtenu, Messieurs, et nous le devons à vos soins, le département qui faisait l'objet de tous nos désirs et qui doit entièrement changer la face de cette contrée; nous en sentons tout le prix, et ce prix sera pour tous nos compatriotes la mesure de leurs sentiments à votre égard.

Achevez, Messieurs, votre ouvrage en nous assurant le tribunal du département. Nous sommes instruits que d'autres villes le sollicitent ; nous ne leur opposerons que le vœu unanime de tous les Gévaudanais, exprimé dans le cahier de leurs doléances et celui de nos nouveaux associés qui n'ont consenti à cette réunion que sous la condition expresse que le siège du département serait à Mende, capitale et centre du Gévaudan. Ce cri général, cette réclamation universelle doivent être plus puissants que toutes les objections de nos concurrents, surtout auprès d'une Assemblée qui consacre avec tant de zèle ses travaux au bonheur de tous les Français.

Nous sommes avec respect, etc,.

VIII

Lettre de M. Charrier à la Municipalité de Mende.

Messieurs,

Votre lettre du 7 du courant, inclus votre délibération de la veille, nous est parvenue. J'ai lu avec autant de surprise que d'étonnement ces deux pièces, vraiment surprenantes pour M. Rivière et moi, et très différentes de votre précédente du 15 février dernier.

Nous avons cru devoir amicalement vous instruire de notre prochaine arrivée dans le pays pour y passer quelques jours ; l'un pour vaquer à ses affaires et l'autre pour rétablir sa santé dérangée ; mais nous n'aurions jamais pu nous persuader que vous vous seriez opposés à un pareil projet et que même vous en auriez, pour ainsi dire, donné des ordres.

Permettez, Messieurs, qu'en mon particulier, j'aie

l'honneur de vous dire que ce n'est certainement pas reconnaître les services inapréciables qu'a rendus M. Rivière à votre ville ; car je suis obligé de convenir que sans lui vous n'auriez point eu de département, par suite point de justice supérieure, point d'administration point de Chapitre, etc., etc., etc. ; aussi votre ancienne municipalité et Comité permanent étaient si convaincus de ces vérités, qu'ils lui votèrent de suite des remerments.

Je ne puis douter, d'après tout cela, qu'il n'y ait eu des raisons particulières qui ayent engagé votre conseil à prendre cette délibération, et j'ose croire que, reconnaissant la sincérité de ce que je vous dis, vous vous empresserez à la retracter et à engager M. Rivière à venir passer quelques jours auprès de sa famille qui le désire avec tant d'empressement. Je pourrais vous rappeler ici, qu'il a abandonné un état très honorifique et lucratif pour venir soutenir les droits de votre ville.

Quant à moi, Messieurs, je vous dirai que je pars jeudi ; que je n'ai pas cru devoir en prévenir M. Sevènes, par ce que mon intention est de remplir la carrière pénible que j'ai entreprise.

Mon absence momentanée ne portera nul préjudice à mes concitoyens ; on ne traitera à l'Assemblée que des affaires générales ; ainsi quand le Gévaudan se trouverait sans représentants, il n'en serait pas pour cela surchargé d'impôts, parceque les principes de l'Assemblée sont l'égalité et la justice, et que dans le moment, il ne s'agit pas de la répartition de l'impôt.

La municipalité de Marvejols a daigné répondre à la lettre par laquelle M. Rivière et moi annoncions notre prochain voyage, mais dans des termes bien différentes des vôtres, et trop flatteurs pour nous, pour ne pas redoubler notre zèle et surtout lui en avoir une éternelle reconnaissance.

J'ai l'honneur d'être avec un respectueux attachement, Messieurs, votre très humble et très obéissant serviteur,

CHARRIER.

Paris, le 16 mars 1790.

IX.

Commissions en faveur de MM. Volonzac, Sevène, Bonnel et Balés.

Louis, par la grâce de Dieu et par la Loi constitutionnelle de l'Etat, Roi des Français. A notre ami et féal le sieur Comte de Volonzac, Salut. Voulant pourvoir à ce que les Départements et les Districts du Royaume, ainsi que les Municipalités, soient incessamment formés et établis de la manière la plus conforme aux Décrets de l'Assemblée Nationale dont nous avons ordonné l'exécution ;

Nous croyons devoir nommer des Commissaires qui méritent toute notre confiance et celle des Provinces, pour veiller sur ces opérations importantes, les diriger et les accélérer. A ces causes, connaissant votre capacité, votre zèle et votre sagesse. Nous vous avons nommé, commis et député, vous nommons, commettons et députons, pour, avec les sieurs Sevène, Bonnel et Balès, que Nous nommons, commettons et députons pareillement, prendre sans délai toutes les mesures et faire toutes les dispositions nécessaires pour la formation et l'établissement du Département de la Lozère et des Districts dépendans dudit Département, faire convoquer les Assemblées pour les électeurs, faire remplir toutes les conditions et formalités prescrites par les Décrets de l'Assemblée Nationale ; veiller sur toutes les opérations, décider provisoirement toutes les difficultés qui pourront s'élever sur les dits formation et établissement, et généralement faire tout ce que nous ferions nous-mêmes pour l'exécution desdits Décrets ; comme aussi décider provisoirement toutes les difficultés qui vous seront déférées relativement à l'organisation et établissement des nouvelles Municipalités ; agir et prononcer sur le tout, conjointement avec les dits sieurs Sevène, Bonnel et Balès à la pluralité des voix, ou chacun séparément, suivant que vous en serez convenu avec eux, et que les circonstances se trouveront l'exiger ; et dans le cas où n'étant que deux Commissaires, vos suffrages se trouveraient partagés, prendre celui du troisième, soit par écrit, soit à votre première réunion ; le tout en vous conformant à l'instruction arrêtée par l'Assemblée Nationale et de Nous approuvée, et à la charge de nous rendre compte de l'exécution des présentes, notamment des objets sur lesquels vous jugerez qu'il sera nécessaire de prendre vos ordres. A l'effet de quoi, nous vous donnons tout pouvoir et autorités nécessaires, sans que la présente Commission puisse vous priver des droits et facultés d'éligibilité dont vous pouvez être susceptible. Mandons à tous les Tribunaux, Corps administratifs, Municipalités et Officiers civils, qu'en tout ce qui concernera et dépendra de la présente Commission, ils ayent à vous reconnaître et à vous départir toute assistance. En foi de quoi, nous avons signé et fait contre-signer ces présentes, auxquelles nous avons fait apposer le sceau de l'Etat. A Paris, le sixième jour de Mars, l'an de grâce mil sept cent quatre-vingt-dix, et de notre règne le seizième.

Signé : Louis.

Par le Roi.

Signé : De St. Priest.

Nous soussigné maire de la ville de Mende, certifions que les originaux des Commissions adressées par le Roi à MM. le Comte de Volonzac, Sevène, Bonnel et Balès, sont enregistrés dans notre municipalité et exactement conformes à la présente copie, n'i ayant absolument de différence dans lesdites Commissions que leur adresse particulière et la place respective des noms de MM. les Commissaires.

A Mende, le   Avril 1790.

Signé : Beauregard, maire.

X

Lettre de MM. les Commissaires de Volonzac, Balés, Sevène et Bonnel informant la Municipalité de Mende de leur nomination pour travailler à la formation du département de la Lozère.

Département de la Lozère.

Mende le 20 avril 1790.

Messieurs,

Le Roi nous ayant nommés commissaires pour la formation du département de la Lozère (nom que l'on a donné au Département accordé au Gévaudan), nous nous empressons de nous conformer à ses ordres, en vous communiquant notre Commission, que vous devez faire transcrire de suite dans les registres de votre municipalité, et en vous demandant un tableau exact des citoyens actifs renfermés dans son sein. Il est de la plus grande importance que vous nous fassiez parvenir, le plutôt possible, cette liste, qui doit contenir tous les citoyens actifs qui auront justifié, devant vous, avoir ce caractère conformément aux Décrets de l'Assemblée Nationale, qui doivent vous être connus ; laquelle liste sera certifiée véritable par vous.

Ce n'est que d'après ce travail fait, dans tout le Départements, que nous pouvons déterminer le nombre des députés-électeurs que chaque canton doit produire, et envoyer à l'Assemblée du Département.

Veuillez donc, Messieurs, concourir avec nous à donner toute la célérité possible à une opération qui doit servir de base aux Assemblées élémentaires, et, par suite, aux élections qui doivent en résulter. Notre patriotisme nous fait un devoir de vous apprendre, que rien n'est plus instant que l'organisation du Département pour le rétablissement de l'ordre dans toutes les parties de l'Administration.

Vous voudrez bien certifier, au porteur, la réception de la présente sur le rôle qu'il vous présentera. Un de nous délivrera un récépissé de votre réponse à celui qui sera chargé de nous la remettre à Mende, où elle doit nous parvenir, comme chef-lieu de département pour la prochaine Assemblée.

Nous sommes avec un parfait attachement, Messieurs, Vos très humbles et obéissants serviteurs,

Ont signé : Volonza, Balez, avocat, Sevène, avocat, Bonnel de la Brageresse, député, D. M. M. commissaires du Roi au Département de la Lozère.

Vu bon par nous,

signé : Beauregard, maire.

XI

Délibération de la ville de Langogne pour être le chef-lieu d'un département, ou au moins d'un district, de préférence à la ville de Pradelles.

Du 11 Décembre 1789.

Les habitants de Langogne assemblés en Conseil général dans l'hôtel de ville ;

Un membre de l'assemblée a dit, qu'il remet une lettre de MM. les députés du pays du Gévaudan, en date du 3 du courant que nos seigneurs de l'Assemblée nationale, ont décrété la division de la province de Languedoc en départements ; que déjà ceux de Toulouse, Albi, Carcassonne, Montpellier et Nimes sont formés ; en sorte qu'il ne reste plus que les trois pays de Vivarais, Gévaudan et Velay ; que le premier demande, d'avoir en seul département, de même que le Gévaudan, et comme il y a tout lieu que le Velay, n'étant pas assez considérable pour en obtenir un troisième, il sera vraisemblablement réuni à l'un ou à l'autre des deux pays, même à tous deux ;

Que d'autre part, on vient d'être informé que, dans la nouvelle formation des administrations municipales, la ville de Pradelles élève des prétentions pour être le chef-lieu d'un des districts, de préférence à la ville de Langogne; que pour obtenir cette préférence, qui serait aussi injuste que préjudiciable aux communautés qui composaient ce district, ladite ville de Pradelles sollicite et fait solliciter fortement, auprès de nos seigneurs de l'Assemblée nationale, pour obtenir ce que sa mauvaise position et son peu de ressources semblent lui refuser ;

Qu'il importe donc à la ville et communauté de Langogne de faire valoir, dans cette occasion pressante, tous les avantages que lui fournissent son emplacement et ses ressources, et encore de prévenir et détruire les prétentions de la ville de Pradelles.

Ce qu'attendu, l'assemblée considérant que depuis la lettre de MM. les députés du Gévaudan, dont lecture a été faite, il est à présumer que le Velay sera uni au

Gévaudan, pour former un seul et même département ; et comme il est possible que la position géographique des villes de Mende et du Puy, la grande distance qu'il y a de l'une à l'autre, et leur situation, presque à chaque à chaque extrémité des deux pays soit un obstacle pour placer le chef-lieu du département dans l'une de ces deux villes, en ce cas, la ville de Langogne est la seule susceptible d'être préférée, attendu qu'elle est le vrai point central des deux pays ; qu'elle réunit tous les avantages et toutes les ressources qu'on peut trouver dans les villes ordinaires de province, assez suffisantes, pour lui mériter d'être le chef-lieu d'un département, soit par sa position géographique, son climat tempéré, sa population, son arrondissement, son commerce, et l'abondance des provisions de première nécessité.

Elle a encore l'agrément d'être au centre de trente-trois villes, qui n'en sont éloignées que d'une seule journée. Ces villes sont au nombre de douze dans le Gévaudan : Mende, Chirac, La Canourgue, Florac, Pont-de-Montvert, Ste-Enimie, St-Chély, le Malzieu, Saugues, Serverette, St-Alban, et Chanac ; quatre dans le diocèse d'Uzès ; Génoulhac, St-Ambroix, Villefort et les Vans ; six dans le Vivarais : Villeneuve-de-Berc, Aubenas, Largentière, Joyeuse, Montpezat, Pradelles ; huit dans le Velay : le Puy, le Monastier, Issengaux, Monistrol, Paulhaguet, Crapone, St-Didier et Paulhac ; quatre dans l'Auvergne: Langeac, La Chaise-Dieu, Allègre et Arvant, outre plusieurs bourgs considérables.

Considérant encore que si nos seigneurs de l'Assemblée nationale décrètent de placer ce département de deux pays dans toute autre ville que celle de Langogne ;

celle-ci à tout lieu d'espérer, de leur sagesse et de leur justice, qu'il lui sera accordé d'être chef-lieu d'un district, préférablement à la ville de Pradelles, qui n'a pas les mêmes avantages, ni les mêmes ressources que celle de Langogne. Une énumération succincte par comparaison de celle de l'une et de l'autre ville sera un garant de cette vérité.

1° La ville de Langogne est située dans un beau vallon, bien ouvert, au confluent de deux rivières, qui sont l'Allier et le Lengouirou, qui la traverse ; son climat est tempéré, ses rues bien percées, en un mot, son site agréable.

Pradelles, au contraire, est une des villes les plus élevées et par conséquent des plus froides de tout le royaume ; elle a son emplacement sur une montagne fort rapide, et couverte de neige, plus de la moitié de l'année ; son abord est difficile dans tous les temps, à cause de son élévation, et presque impossible dans le gros de l'hiver.

2° La vallée de Langogne a, dans son enceinte seulement, au moins la moitié plus de population que celle de Pradelles. Il y a en outre trente-trois villages ou hameaux qui font partie de la communauté, au lieu que celle de Pradelles ne s'étend pas au delà de ses murs.

3° La ville de Langogne est encore recommandable par le grand commerce qui se fait, soit en grains, laine, bestiaux, cuivre, peaux et cuirs. Celui des grains est un des plus considérables ; en effet, c'est la place de Langogne qui fournit les grains nécessaires au Vivarais et aux Cévennes, et, même dans un temps de disette, à une partie du Bas-Languedoc. Son grenier est alimenté par le versement continuel qui se fait des grains qui lui sont apportés du Gévaudan, du Velay et de l'Auvergne, dont elle est l'entrepôt nécessaire par sa position locale, de manière que le débit annuel est immense, et il est très certain que, sans la quantité prodigieuse des grains que la place de Langogne a fourni l'hiver dernier au Vivarais et à certains cantons de Languedoc, ces contrées auraient manqué totalement de cette denrée et peut être éprouvé une famine.

4° Les laines sont un autre objet de commerce très-essentiel pour Langogne ; il y a dans cette ville plus de mille personnes continuellement occupées à les ouvrer ; plus deux cents métiers sont employés à la fabrique de plusieurs sortes d'étoffes dont la moyenne partie va à l'étranger et ne sort de la ville qu'après y avoir reçu toutes les préparations nécessaires, même pour les couleurs ; de sorte que les laines du pays, ne suffisent pas pour fournir à la manufacture qui s'en fait depuis qu'on est obligé de les tirer beaucoup du Rouergue et presque toutes celles du Velay, où il ne s'en travaille point.

5° La préparation des peaux et cuirs est une branche considérable de commerce pour la ville de Langogne. Plus de vingt tanneries sont remplies de ces marchandises, et la quantité que le paysan fournit pour la consommation des bestiaux est bien loin de suffire pour alimenter ses tanneries, puisque les fabricants sont obligés d'en faire des achats considérables dans le Vivarais et les Cévennes, qu'ils revendent ensuite annuellement en foire de Beaucaire, après les avoir préparées dans le courant de l'année.

Langogne a encore plusieurs fonderies et martinets de de cuivre de même que beaucoup de chaudronniers qui les travaillent. Le débit de cette marchandise est très considérable et se fait dans un arrondissement de plus de vingt lieues, ou il n'y a point de ces fonderies établies.

Langogne a toujours été le siége d'une justice seigneuriale composée de trois juges dont le premier est qualifié de bailli, qui exerce la justice conjointement, et c'est encore dans Langogne, que s'est administrée la justice royale de Borne, qui n'en est qu'à deux petites lieues, en vertu du territoire qui lui a été accordé.

Il y a en outre, dans ladite ville, un nombre considérable d'avocats postulants, instruisants et consultants, qui sont pourvus, la majeure partie, des judicatures de presque tout l'arrondissement, tandis qu'à Pradelles, il n'y a que deux juges bannerets et très peu d'avocats postulants.

Langogne est heureusement placée pour être un chef-ieu ; elle est d'abord coupée par cinq grandes routes qui en rendent l'abord facile dans tous les temps et qui sont celle de Clermont et Lyon par le Puy, celle du Vivarais : celle du Bas-Languedoc et Provence par Alais, celle du Rouergue, par Mende, et celle de St-Flour par Saugues.

Langogne renferme dans un arrondissement de trois lieues trente-cinq paroisses qui fait une population de plus de 50,000 âmes qui ont toutes des relations de commerce avec elle et qui viennent forcément aux marchés qui s'y tiennent deux fois la semaine, n'ayant pas d'autres villes plus proches, pour y porter leurs denrées et acheter celles qui leur sont nécessaires ; tandis que Pradelles n'a qu'une seule route, qu'un seul marché par semaine, et tout au plus dix paroisses dans son arrondissement, qui sont toutes au nord.

L'Assemblé délibère, qu'elle persiste, comme en ses précédentes délibérations, a voter : 1° que le Gévaudan ne soit point divisé, mais au contraire conservé dans toute son intégrité ; 2° que si le Velay est réuni au Gévaudan et que le département ne soit point fixé dans les villes de Mende ou le Puy, il sera fait, au nom de ladite ville et communauté de Langogne, les plus humbles et les plus respectueuses supplications à nos seigneurs de l'Assemblée nationale, de lui accorder l'emplacement du département comme étant ladite ville de Langogne à égale distance et sur la route de Mende au Puy ; 3° que si nos dits seigneurs de l'Assemblée décrètent de placer partout ailleurs le chef-lieu du département, en ce cas ils seront aussi suppliés de fixer un district dans la ville de Langogne de préférence à celle de Pradelles, par les raisons ci-devant ramenées.

(Archives Municipales de Langogne. — Délibérations).

XII

Délibération de la ville de Saugues, portant qu'elle veut faire partie du département de la Haute-Loire.

10 Décembre 1789.

L'Assemblée convoquée en la manière ordinaire à la diligence de Messieurs les Consuls Monsieur Vernet de Digons, premier consul, maire, a dit avoir appris que la province du Languedoc a été divisée en six départements, et que, par cet arrangement, le Gévaudan avait été réuni au Rouergue ; si cela est, il est impossible que la ville de Saugues puisse être de ce département, à cause des deux montagnes qui la divisent de cette province ; que celle de la Margeride est impraticable pendant six mois de l'année, et celle d'Aubrac pendant huit mois ; qu'en conséquence il est de notre avantage de conférer et de nous unir avec la ville du Puy, pour aviser à tout ce qui serait utile à notre pays et à celui du Velay, et a requis l'assemblée de délibérer.

Sur quoi il a été unanimement délibéré, d'envoyer deux députés à l'effet de se transporter dans la ville du Puy et conférer, s'unir et agir conjointement avec les Messieurs qui composent le comité de ladite ville, et autres que besoin sera, pour l'avantage des deux communautés, et que les dépenses nécessaires à ladite députation seront prises sur les deniers imprévus de ladite communauté ; et de suite ayant procédé par scrutin à la nomination desdits députés, tous les suffrages se sont réunis pour Messieurs Vernet de Digons, et Belledent, avocat, et ont tous les délibérants signé ; à Saugues, ce dixième décembre mil sept cents quatre-vingt neuf.

   Vernet,   de Labretoigne-Dumazel,
  1er consul, maire.   avocat.
           Digons.

Engelvin de Rozier. — Vernet Delamuelat. — Belledent, avocat. — Paparie. — Coste. — Béraud. — Hébrard. Torrent. — Torrent, jeune. — Guilhe du Fraicenet. — Bonhomme, notaire royal. — Torrent. — Martin. — Giron. — Labretoigne. — Court. — .du Meyniol. — Bonhomme. — Torrent, greffier. — de Lavalette, docteur-médecin. — Masson.

Archives Communales de Saugues. — AA I. (Archives départementales de la Haute-Loire.)

XIII

Mémoire de la ville de Saugues, demandant à faire partie de la Haute-Loire et non de la Lozère.

Les officiers avocats et procureur de la prévôté royale, officiers municipaux et notables habitants de la ville de Saugues, mandement le plus considérable et autrefois le chef-lieu du duché de Mercœur, instruits d'après les décrets de l'Assemblée nationale que le royaume doit être divisé en départements, et chaque département en districts ; qu'il doit y avoir une Cour souveraine dans chaque département et une Cour secondaire dans chaque district ; instruits aussi que pour rapprocher les justiciables l'Assemblée n'admet dans ces divisions, qu'une distance de cent vingt-quatre lieues carrées du centre d'un département à l'autre ; qu'elle a aussi arrêté que le nombre des districts ne sera pas nécessairement le même pour tous les départements, mais qu'il doit dépendre de la convenance et des besoins de chaque département, et ainsi qu'il en sera déterminé sur l'avis des députés des provinces ; considérant que d'après cette proportion, si justement concertée, la ville du Puy mérite de composer un département, soit par rapport à son éloignement des principales villes qu'on peut lui assimiler, telles que Clermont en Auvergne, Lyon, Nimes, toutes éloignées de plus de vingt-cinq lieues, ce qui emporte plus que les

524 lieues fixées par l'Assemblée, ni en ayant aucune autre intermédiaire en état de recevoir une Cour souveraine ; soit encore par la grandeur de la ville du Puy ; l'établissement ancien d'une sénéchaussée et siège présidial très bien composé ; sa population, son commerce journalier et considérable avec tout le Velay, le Gévaudan, le Vivarais, les Cévennes, le Languedoc, le Forez, le Dauphiné et l'Auvergne, et par ses correspondances dans les principales villes du royaume et de l'étranger.

N. B. — La note remise à Messieurs du comité de constitution par les députés des communes de la sénéchaussée du Gévaudan confirme la difficulté de la traversée de la Margeride ; mais cet ouvrage erre essentiellement en fixant cette montagne pour limite du Gévaudan au Velay. La Margeride est enfoncée dans le Gévaudan, elle laisse, entre ce pays et celui du Velay, Saugues et la plupart des paroisses énoncées dans la carte jointe au mémoire et qui ne peuvent aboutir à Mende à cause des montagnes, c'est la rivière d'Allier qui divise ces deux pays, mais elle ne peut former aucun obstacle, parce qu'elle est navigable de tout temps, et le passage n'en est jamais intercepté pendant deux jours consécutifs, quelque inondation qu'il puisse survenir.

Considérant aussi que si cet établissement, qui parait utile et même nécessaire, doit recevoir son exécution, la ville de Saugues ne peut aboutir qu'à ce département, n'étant éloignée de celle du Puy que de cinq lieues, et pénétrés de l'esprit de cette auguste assemblée à ménager, par des vues de justice et d'équité l'intérêt, de chaque canton du royaume, nous croyons nécessaire pour le bien public de lui représenter et la supplier de prendre en considération que la ville de Saugues doit former un district. Cette réclamation est fondée sur trois motifs. Le premier : le désir de l'Assemblée pour l'approche des justiciables ; le second, la position des lieux; le troisième, la suffisance du terrain et de la population.

Les différentes motions dans l'Assemblée que les journaux ont annoncé, nous apprennent toutes que nos seigneurs les députés connaissent parfaitement les inconvénients de l'éloignement des tribunaux et qu'ils ne cherchent qu'à adoucir les maux des justiciables à cet égard, ce qui nous enhardit dans nos représentations.

La ville de Saugues est le point central de trente-quatre paroisses considérables qui l'environnent ; la carte que l'on joint au présent mémoire, tirée sur celle du Gévaudan, justifie cette vérité. Cette ville est trop éloignée de toutes celles de son entour ; elle est à cinq lieues de celle du Puy, à six de celle de Langogne, à neuf de celle de Mende, à quatre de celle du Malzieu et à sept de celle de St-Flour ; il faut encore observer que, pendant plus de six mois de l'année, Saugues ne peut avoir aucune fréquentation avec Mende, le Malzieu et Saint-Flour, à cause de la Montagne de la Margeride dont la traversée dure plus de trois lieues et qui est toujours impraticable pendant ces six mois, soit par les glaces, et plus encore par les grandes quantités de neige que les vallons dans cette montagne conservent pendant tout ce temps, et plus bien souvent.

C'est donc le cas que l'Assemblée a prévu en décrétant que les districts seront formés suivant les convenances et les besoins locaux, au lieu que si on ne donnaît à cette ville qu'une seule municipalité, un juge de paix, elle et ses environs, bien loin de jouir de l'avantage que la nation cherche de donner à chaque pays, toute cette contrée serait dans la dernière désolation ; elle serait obligée de recourir à des endroits très éloignés et inaccessibles pendant la moitié de l'année ; le particulier serait toujours en perte et en souffrance.

La position des lieux ne peut être plus favorable pour l'établissement de ce district ; par la carte on voit que du côté de Mende, le Malzieu et St-Flour. la ville de Saugues et les autres paroisses sont toutes encloses par la Margeride et quelles tiennent à Saugues ; la plus éloignée de ces paroisses n'en est qu'à la distance de trois lieues, et elles diffèrent beaucoup plus des autres villes. Leur principal commerce est à Saugues ; c'est là d'où elles tirent tout, où elles rapportent presque tout, leurs denrées, leurs bestiaux n'ont pour ainsi dire d'autre débit que dans Saugues ; aussi a-t-il toujours existé un marché considérable par semaine dans cette ville, huit principales foires dans le cours de l'année auxquelles répond grande partie du Velay, du Gévaudan, toute la Haute-Auvergne et plusieurs villes du Bas Languedoc, surtout pour les bestiaux gras. Outre ces principales foires, les marchés de chaque semaine depuis les fêtes de Noël jusqu'à celle de Pâques, sont érigés en petites foires. Ces trente-quatre paroisses fondent à Saugues journellement, et c'est par cette fréquentation continuelle que ces habitants ont toujours trouvé l'aisance de vaquer à leurs affaires civiles, parce que toutes leurs justices seigneuriales répondent à Saugues, et qu'ils trouvent là, juges, avocats, procureurs, contrôle, huissiers, généralement tout le nécessaire. Mais à distraire ces paroisses de la ville de Saugues, ce serait les mettre dans les inconvénients les plus durs, soit par l'éloignement, la difficulté d'aboutir, la perte du temps et les plus grandes dépenses.

D'ailleurs, le Puy ne dut-il pas former un département; à quel autre que Saugues dut répondre un district est indispensable dans cette ville ; elle est trop éloignée de toutes celles dont on vient de parler, on l'a déjà démontré, la carte le prouve et la Margeride est pour elle, et pour toutes les autres paroisses, une barrière trop forte, du côté du Gévaudan et partie de l'Auvergne ; il n'y a de chemins libres pour la Basse-Auvergne que par Brioude, mais Saugues ne peut jamais être joint à cette ville, il y a sept lieues de distance de l'une à l'autre, la rivière d'Allier à passer deux fois sur des bâteaux, et les paroisses qui tiennent à Saugues du côté de Langogne, de Mende et de St-Flour seraient à dix lieues de Brioude.

On ne parle pas de Langeac qui est entre Brioude et Saugues; cette petite ville est trop peu considérable pour attirer celle de Saugues, il y a d'ailleurs quatre lieues de distance de l'une à l'autre, et généralement toutes les paroisses en delà de Saugues sont de six à sept lieues de celle de Langeac.

Enfin, le local et la population ne concourent pas moins pour accréditer la réclamation des suppliants. Cet enclave forme un circuit au moins de quinze lieues ; la ville est composée de cinq cents feux ; la paroisse comprend cinquante deux villages ou hameaux ; chacune des autres trente-quatre paroisses renferme plusieurs villages considérables pour la plupart, et dans ce tout on peut compter quatre mille familles à six personnes par maison, font vingt-quatre mille âmes.

Dans ces circonstances nous avons arrêté qu'il sera envoyé un double du présent mémoire à Monseigneur le président de l'Assemblée nationale, et un autre à MM. les députés de la sénéchaussée du Puy, et que le plan dont il est parlé dans le mémoire, sera joint aux codies envoyées, et avons tous signé à Saugues le .... décembre mil sept cent quatre-vingt-neuf.

(Suivent les signatures).

Corps de Justice.

DE LOBERIE, lieutenant-général.

DE VERGESES, procureur du Roi.

BELLEDENT, avocat, faisant les fonctions de lieutenant particulier.

ESTAMOL, avocat.

TORRENT, avocat.

TORRENT, gradué.

MASSON, avocat.

BERAUD, gradué.

TORRENT, notaire royal et procureur.

BONHOMME, procureur.

COSTE, procureur.

COURT, procureur.

LA BRETOIGNE, procureur.

TORRENT, procureur.

GIRON, procureur.

GAUQUELIN, procureur.

PAPARIE, notaire royal.

BONHOMME, jeune, procureur.

Maison de ville et habitants.

VERNET, avocat, maire, premier consul.

CUILHE DE FREISSENET, second consul.

Delavalette, médecin, ancien consul.
De la Bretoigne du Mazel, avocat, ancien maire.
Agulhon de Lamothe, médecin.
Gebrard, féodiste.
Enjelvin de Roziers, fermier du Roi.
Beraud, bourgeois.
Batailhe, teinturier.
La Bretoigne, chirurgien.
Batailhe, chapelier.
Allemand, bourgeois.
Pouzol, tailleur d'habits.
Milhet, marchand teinturier.
Batailhe, marchand.
Bonhomme, marchand.
Coste, marchand.
Verdezun, marchand.
Delafont du Meynial, bourgeois.
Bonhomme, perruquier.
Chambon, serrurier.
Maduit, marchand.
Aamargier, marchand.
Sauvans, armurier.
Martin, marchand.
Souchon, marchand.
Gevaudant, cordonnier.
Bascle, serrurier.

Copies collationnées sur l'original que nous en avons en notre pouvoir.

(Signé) De Loberie, lieutenant général.
De Vergeses, procureur du Roi.
Belledent, faisant les fonctions de lieutenant particulier.

XIV

Mémoire de la ville de Langogne, contre l'attribution de la ville de Saugues au département de la Haute-Loire.

Note remise à Messieurs du comité de Constitution par M. Toureille, député de la ville de Langogne, au département de la Lozère.

L'Assemblée nationale, en décrétant les limites des départements et des districts, a sans doute prévu que sa sagesse pourrait avoir été quelquefois trompée sur les localités ; elle a vu que les députés des baillages intéressés à favoriser les villes qui les avaient honorés de leurs suffrages, faisaient les plus grands efforts pour leur procurer les établissements les plus avantageux et sacrifiaient quelquefois, dans la démarcation des limites, l'intérêt de certains cantons, à des vues particulières.

Convaincus de cette vérité, vos rapporteurs ont toujours annoncé que les limites déterminées n'étaient que provisoires et ne devaient subsister que jusqu'à ce que le Corps législatif, éclairé par les observations de divers départements, aurait connu qu'elles doivent être maintenues ou changées.

L'Assemblée nationale, a invité tous les corps administratifs à lui faire connaître les erreurs, pour qu'elle put les réparer.

La ville de Langogne peut donc espérer que vous ne rejetterez pas les réclamations qu'elle fait au nom de plusieurs paroisses qui, sans leur aveu et contre leurs intérêts ont été séparées du département de la Lozère et incorporées dans celui de la Haute-Loire.

Son député remplira sa mission auprès de vous, s'il établit que des obstacles physiques et moraux s'opposent à cette incorporation et que les habitants de ces paroisses seraient forcés de renoncer à la plus grande partie des avantages que promet la nouvelle constitution, s'ils n'obtiennent leur réunion au district de Langogne et au département de la Lozère.

La ci-devant province du Gévaudan, est bornée au nord et partie à l'est par la montagne de la Margeride, qui se prolonge plusieurs lieues dans le Velay. Cette montagne, l'une des plus élevées qu'ait la France, est coupée de l'est à l'ouest par la rivière d'Allier qui servait de limite aux deux provinces ; ses bords sont tellement escarpés et profonds qu'il est impossible de la franchir à cheval, et qu'un voyageur emploie au moins trois heures à parcourir un quart de lieue de superficie qu'ils présentent sur la carte.

Jamais on n'a pu y asseoir un pont ; les Romains le tentèrent vainement. Le seul qui existe est presque à la source, et aux portes de la ville de Langogne.

Dans les sinuosités et les vallons que forme cette montagne jusqu'à l'Allier, il existe quatorze paroisses et une ville (celle de Saugues). Le seul commerce qu'elles font, les seules habitudes qu'elles ont, c'est avec Langogne ; un chemin tracé dans le bas fonds, les y conduit aisément et sûrement dans toutes les saisons de l'année ; quelques unes d'elles n'en sont éloignées que de quatre lieues.

Messieurs du Comité de Constitution sont priés de

faire mettre sous leurs yeux la carte de ce pays ; ils y verront un seul chemin tracé, dont les embranchements conduisent, l'un à Langogne et l'autre à Mende, ils verront même qu'il est très difficile d'en établir un de Saugues au Puy, outre le passage insurmontable que présente le passage de l'Allier.

Les ingénieurs ne pourraient suivre aucun vallon, ils sont tous dirigés dans un sens contraire, il faudrait lui faire gravir toutes les montagnes et les sinuosités que forme la Margeride dans le Gévaudan et le Velay.

Cette route, qui couterait des sommes immenses, serait même impraticable plus de six mois de l'année, elle serait obstruée par les neiges qui couvrent alors ces montagnes.

Les députés du Gévaudan et du Velay connaissaient sans doute ces localités ; ils ne pouvaient ignorer que, lorsque pendant l'hiver les habitants de ces paroisses sont forcés de se rendre au Puy, il faut nécessairement qu'ils abandonnent la ligne droite, qu'ils viennent passer à Langogne, et fassent ainsi près de quinze lieues, ou qu'ils remontent par Langeac et par Murat et parcourent plus de douze lieues ; ils savaient bien que ces paroisses n'étaient éloignées que de quatre lieues de Langogne où l'on établissait un district, et qu'elles étaient séparées de celle du Puy par une distance de plus de huit lieues à vol d'oiseau, qui est bien augmentée par les distances que forment les sinuosités des montagnes.

Les députés du Gévaudan avaient dit dans la note qu'ils firent imprimer (page 10) :

« Les obstacles moraux ne sont pas moins puissants ;
« les habitudes, le caractère, tout diffère entre les
« habitants de ces deux pays, nulle relation, nul com-

« merce entre eux; une espèce d'antipathie, qu'on sent
« plutôt qu'on ne définit, les sépare depuis des siè-
« cles. »

« La nature a isolé ces pays ; elle les a bornés par
« des barrières insurmontables, il est absurde vouloir
« les franchir. »

Pourquoi donc les députés ont-ils franchi ces barrières ? Pourquoi n'ont-ils pas donné à ces départements les mêmes limites que la nature avait tracées ? Pourquoi ont-ils méprisé, pour ces paroisses seules, les règles qu'ils ont suivi pour les autres ? Pourquoi n'ont-ils pas craint pour elles les dangers que présentaient ces rapprochements entre des gens divisés par une espèce d'antipathie.

Le Gévaudan était séparé du Velay par la rivière de l'Allier, c'était une limite naturelle que vos décrets leur enjoignaient de respecter.

Les dangers que présentait cette réunion avaient été peints avec une énergie et une vérité qui leur avaient mérité l'estime de ces commettants ; ils ne pouvaient donc pas abandonner, pour une partie, les conséquences nécessaires qui résultaient de leurs principes.

Et ne croyez pas, Messieurs, que la superficie qu'occupent ces paroisses soit bien considérable et que le département du Puy, souffrit beaucoup de cet abandon ?

Cette superficie n'est que de quatorze lieues carrées, et elle est si peu habitée que l'on peut n'en former qu'un seul canton qui ne présente qu'environ trois cents citoyens actifs.

Mais ces paroisses sont habitées par des hommes robustes et vigoureux ; l'âpreté du climat influe prodigieusement sur leurs caractères et leurs mœurs ; et ce n'est que par des soins continuels que les municipalités voisines et les amis de la paix et de la Constitution sont parvenus à les empêcher de se venger sur Saugues, qu'ils accusent d'être la première cause de ce qu'ils regardent comme un véritable malheur, et à les porter à vous déférer leurs plaintes et réclamations.

La ville de Saugues était et est encore partagée entre deux partis ; le juges et les praticiens sont à la tête de celui qui domine ; les cultivateurs sont ceux qui sont opprimés. A la fin de janvier, des députés de la ville du Puy vinrent leur proposer de prendre une délibération pour consentir à être réunis au département du Puy. Le prix de cette délibération était une cour de justice ; c'était le seul plan qui put la leur procurer en restant uni au Gévaudan; Langogne ou le Malzieu mieux situées et plus peuplées devaient naturellement obtenir la préférence.

L'on sent aisément que la proposition ne fut pas rejetée. Mais à peine cette délibération fut-elle connue qu'elle excita les plus vives réclamations ; les paroisses voisines craignirent qu'on ne pensât que ce vœu était le vœu général du pays, et que son intérêt demandait que cette partie du Gévaudan fût séparée du département de la Lozère.

Nous étions alors dans les circonstances critiques où les habitants des campagnes brisant, le joug sous lequel ils avaient gémi pendant tant de siècles, sentaient enfin leur force individuelle et paraissaient décidés à s'en prévaloir. Le premier cri qui se fit entendre fut celui de l'indignation, et, la première résolution prise fut celle d'aller chatier une ville qui avait cru pouvoir disposer arbitrairement du sort des paroisses qui l'entourent.

La nouvelle qui parvint dans ce moment, que cette délibération avait eu son effet, acheva d'exalter cette première effervescence ; Saugues fût dans le plus grand danger.

Les municipalités voisines furent obligées d'employer leur médiation ; elles eurent bien de la peine à faire consentir ces habitants à porter leurs réclamations à l'Assemblée nationale ; on leur indiqua la route que vous leur aviez tracée, et ils n'ont négligé aucun des moyens que vous leur aviez indiqués.

Le 25 avril, ces paroisses extraordinairement assemblées, ayant appris que les commissaires du Roi étaient proposés pour entendre les plaintes et faire droit aux réclamations, délibérèrent de les rendre les interprètes de leur respect pour les décrets de l'Assemblée nationale de l'affliction qu'elles éprouvèrent de voir que les réclamations qu'elles avaient déjà faites, n'avaient pas été écoutées, de recevoir des ordres des commissaires de Haute-Loire pour concourir à la formation de ce département, de l'impossibilité, où elles étaient, de consentir librement à cette réunion, et en conséquence elles prièrent instamment les commissaires de les admettre provisoirement à consentir à la formation du département de la Lozère, persuadés que, tôt ou tard, l'Assemblée nationale aurait égard à leurs justes réclamations.

Les commissaires du Roi de ce département déférèrent les plaintes à ceux du département de la Haute-Loire.

Mais ce ne fut que sur les plus pressantes sollicitations d'un député, à l'Assemblée nationale, qu'elles continuèrent à envoyer des électeurs aux assemblées du canton et du département, et si ces électeurs ont suivi leur mandat, ils n'ont dû s'y présenter que pour énoncer leur protestations.

Et comme elles sont persuadées que cette décision influera puissamment sur leur tranquillité et sur leur bonheur, elles ont réclamé l'appui de la municipalité de Langogne, du district de cette ville, et du départemet de la Lozère.

Elles exposent les obstacles physiques et moraux, qui s'opposent à leur réunion au département de la Haute-Loire et au district du Puy ; elles vous supplient de ne pas rompre les liens politiques qui les unissent depuis tant de siècles au Gévaudan ; de ne pas multiplier, pour eux, les difficultés de leur procurer l'avantage dont jouissent les Français, de parvenir aisément, auprès de leurs juges et de leurs administrateurs.

(Signé) : Tourreille, député extraordinaire.

XV

Lettre du curé au nom des magistrats de St-Vénérand, exprimant le vœu de n'être point distraits du Gévaudan.

Monsieur,

Quoique nous n'ayons pas eu l'honneur de recevoir une lettre que vous avez écrit à certaines paroisses voisines, nous espérons que vous voudrez bien seconder les efforts que nous faisons pour rester unis à notre diocèse, et de ne pas aller au Puy, où Saugues aurait voulu nous entraîner. Notre municipalité n'a adhéré en rien à la défection de Saugues ; et lorsqu'elle a eu connaissance que St-Vénérand était compris dans le département du Puy, elle a été la première à faire assembler les paroisses de St Paul, Chanaleilles, St-Christophe, Vabres, Vazeilles, Croisances, Vereyrolles et Thoras, le premier mars dernier. où nous fûmes en confédération, et prîmes une délibération en forme de requête, dont nous envoyâmes une copie au président de l'Assemblée nationale, et l'autre à M. de Bruges, qui nous a écrit que, pour mieux réussir, il fallait vous intéresser à soutenir notre cause. Je vous prie donc, Monsieur, de communiquer ma lettre à votre municipalité, à MM. les officiers de la milice bourgeoise et autres assemblées que vous pouvez tenir pour l'organisation du département et districts. Les raisons que nous alléguons à nos seigneurs députés sont :

1° l'inconvénient, pour ne pas dire l'injustice, qu'il y aurait dans la répartition de l'impôt qui, vraisemblablement, serait le même pour le Gévaudan que pour le Velay ; celui-ci étant beaucoup plus fertile que le nôtre, qui est un terrain aride, sujet aux ravines, et en partie inculte.

2° Ce pays a toujours contribué aux chemins de son diocèse, qui sont déjà parfaits, au lieu qu'il n'y a ni chemins dans le Velay, ni ponts pour passer la rivière d'Allier, rivière d'ailleurs très dangereuse, où périt, chaque année, nombre de personnes, et qui, souvent débordée, oblige les voyageurs à séjourner plusieurs jours ; au lieu que pour aller au département du Gévaudan, le chemin est praticable, ny manquant que quelques guides sur la montagne, qui, d'ailleurs n'est pas plus difficile que celle du Velay.

3° La dette du Puy, est, dit-on immense, tandis que celle du Gévaudan est beaucoup moindre, s'étant épuisée pour la rendre telle.

Telles sont, en propres termes, les raisons que nous représentons aux MM. de l'Assemblée, et que nous vous prions d'appuyer et de soutenir, étant bien déterminés à ne pas nous séparer de nos frères auxquels nous tenons par tant de liens.

Daignez, Monsieur, prendre la peine de nous honorer de votre réponse, le plutôt possible, et d'y insérer, s'il se pouvait, quelque éclaircissement sur le mode de faire les nouvelles assemblées primaires, etc., où nous sommes embarrassés.

J'ai l'honneur d'être avec tous les sentiments d'estime et d'un sincère attachement,

Monsieur votre très humble et obéissant serviteur.

Ont signé : Romieu, curé, officier municipal ; Atger, maire, Bouquet, Fesandier, officier, Fesandier, Cacaud, Goilhard, Vialla, greffier, Vedel, Mourgue, procureur de la commune, Gailhard.

à St-Vénérand, le 15 avril 1790.

P. S. — Je n'ai pas vu la lettre écrite à Thoras, Vaseille; on m'a donné à entendre qu'elle vient de la milice bourgeoise dont vous étiez le commandant. Je prie M. de Borel qui, m'a-t-on dit, vous a remplacé, de faire son possible pour tâcher de nous garder unis à Mende, autrement je suis tout décidé à abandonner ma cure et venir servir mon bénéfice à Mende.

Vous aurez la bonté de faire remettre votre réponse à M. l'abbé Chabrol, recommandée à M. le curé de Grandrieu, adressée à M. Romieu curé, ou à notre maire.

(Archives départementales de la Lozère).

XVI

Délibération de la municipalité de Langogne, relative aux nouvelles réclamations faites par les communautés qui avoisinent cette ville, afin d'être réunies au département de la Lozère.

1er juillet 1790.

Les communautés qui avoisinent le district de Langogne et qui ont été annexées au département de la Haute-Loire avec la ville de Saugues, réitèrent leurs réclamations envers le district de cette ville, pour qu'il concoure avec elles pour le bien réciproque, afin d'obtenir de nos seigneurs de l'Assemblée nationale leur rentrée dans le département de la Lozère. Ces communautés sont séparées de la Haute-Loire par une barrière naturelle, qui est la rivière d'Allier, dont les bords sont impraticables, excepté par le passage du pont de Langogne. Elles n'ont jamais eu envie de se séparer du Gévaudan.

La municipalité de Langogne délibère « de députer à l'Assemblée nationale, un citoyen zélé et patriote, et l'autoriser d'y porter les dites réclamations communes. Le sieur Toureille, juge royal de Borne, l'un de nos concitoyens, s'est chargé de remplir, auprès de MM. de l'Assemblée nationale, la commission ».

(Extrait des délibérations de la ville de Langogne).

XVII

Lettre des officiers municipaux de la ville de Meyrueis, exprimant le vœu d'être réunis au département du Gévaudan.

Messieurs,

Nous nous faisons un devoir de vous communiquer les nouvelles que nous avons reçues de l'Assemblée nationale, et qui nous sont parvenues par le courrier d'hier au soir.

Elles nous annoncent que le comité de constitution est encore dans l'incertitude, au sujet du département du Gévaudan, et que l'organisation de ce département lui fait éprouver les plus grands embarras. Hâtez-vous Messieurs de prendre les moyens convenables pour veiller à la conservation de vos droits. Quand à nous, nous n'avons pas hésité à déclarer à deux de MM. les députés, qui veulent bien s'intéresser de notre ville, le désir que nous aurions d'être réunis au département du Gévaudan, s'il avait pour siège la ville de Mende. Nous aimons à croire, Messieurs, que vous faites tous vos efforts pour assurer une réunion, qui nous serait infiniment précieuse.

Nous avons l'honneur d'être avec une parfaite union et un respectueux attachement,

Messieurs, vos très humbles et très obéissant serviteurs, les officiers municipaux de la ville de Meyrueis.

Ont signé : Desvignolles, premier consul, maire.

Causse, consul, lieutenant de maire.

Meyrueis, le 30 décembre 1789.

XVIII

Règlement provisoire pour le département du Gévaudan, arrêté par ses députés.

Le Chef-lieu du département du Gévaudan alternera entre les villes de Mende et Marvejols, de manière que la première session sera tenue en celle de Mende, et la seconde en celle de Marvejols.

Dans cette première session les électeurs choisis détermineront s'il est avantageux que le chef-lieu alterne avec un plus grand nombre de villes, autres que les deux ci-dessus désignées.

Le département sera provisoirement composé de sept districts, dont les chefs-lieux seront : Mende, Marvejols, Florac, St-Chély ou le Malzieu, suivant qu'il sera déterminé par les électeurs, qui s'assembleront néanmoins, *(sic)* la première fois à St-Chély, Langogne, Villefort et Meyrueis.

Fait à Paris, le vingt-huit janvier mil sept cents quatre-vingt-dix.

(Signé) : L'abbé DE BRUGES, député.
CHATEAUNEUF-RANDON, RIVIÈRE, CHARRIER.

A ce règlement, se trouve annexé le billet ci-joint de Charrier à Gossin, conçu en ces termes :

Vous m'obligeriez infiniment, mon cher Gossin, de faire décréter demain notre département du Gévaudan;

nous sommes d'accord et j'ai remis au bureau un projet de décret signé par nous quatre, et obligerez votre très humble serviteur.

(Signé) : CHARRIER, pour RIVIÈRE.
Fait le 28 Janvier de l'an 1790.

(Archives Nationales. Comité de Division. — D IV^b § 2 — 67).

XIX

Lettre du Corps municipal de la ville du Malzieu, qui témoigne la joie la plus vive, à la nouvelle que le Gévaudan aura un département.

Messieurs,

Nous apprenons par votre lettre, avec la joie la plus vive, que le Gévaudan aura un département; qu'il conservera au moins la plus grande partie de son ensemble. C'étaient les vœux que nous formions ; c'était l'objet de différents arrêtés que nous avons pris, avec toute la chaleur et la vivacité de zèle que méritait une cause de si haute importance. C'est sans doute, Messieurs, à vos soins généreux, et à ceux de vos concitoyens, que nous devons principalement ce bienfait, ou pour mieux dire cette justice. La patrie vous en doit une reconnaissance éternelle. Recevez en nos témoignages particuliers, ainsi que l'assurance que nos biens, nos vies et nos cœurs sont à vous ; qu'ils s'uniront sans cesse à vos plans, à toutes vos mesures, pour assurer la paix commune, avancer la prospérité du pays, et resserrer de plus en plus les liens précieux de fraternité, avec lesquels nous sommes, Messieurs, vos très humbles et très obéissants serviteurs.

Le Corps municipal de la ville du Malzieu.

(Ont signé) : DEBREZEIL, avocat conseiller ; — D'IMBERT ; — DE CHAMBARON ; — SAINT-LAIGER, conseiller ; — CONSTANT, membre du Comité ; — QUATREUL, second consul ; — ASTRUC D. M. M. membre du Comité. — MARTIN DE LA SALCE, membre du Comité ; — BRUN, lieutenant général, conseiller ; — DURAND, chanoine syndic ; — DE LOZIÈRE DE LA CHASSAGNE ; — ASTRUC, commandant ; — QUATRLUL, membre du Comité ; — ASTRUC, membre du Comité ; — MARTIN fils, membre du Comité ; — MARTIN, conseiller ; — ASTRUC ; — VILLEDIEU, consul ; — SAINT-LAIGER, membre du Comité ; VIGIER, ancien gendarme, commandant la milice bourgeoise.

Malzieu, 18 Janvier 1790.

XX

PROCÈS-VERBAL DE LA FORMATION DU DÉPARTEMENT DE LA LOZÈRE ET DE SES DISTRICTS.

Ce jourd'hui vingtième avril mil sept cents quatre vingts dix, nous soussignés commissaires nommés et députés par le Roy, le sixième mars dernier, pour prendre sans délai toutes les mesures et faire toutes les dispositions nécessaires pour la formation de l'établissement du département de la Lozère et des districts en dépendans, faire convoquer les assemblées pour les élections; faire remplir toutes les conditions et formalités prescrites par les décrets de l'Assemblée nationale ; veiller sur toutes les opérations, décider provisoirement toutes les difficultés qui pourroient s'élever et généralement faire tout ce que Sa Majesté ferait elle-même pour l'exécution desdits décrets, ayant reçu à cet effet un original du décret dudit département de la Lozère contenant la division des districts et des cantons qui le composent, ensemble la carte géographique du même département, les différents décrets de l'Assemblée Nationale, les instructions dressées par son ordre et celles données par Sa Majesté ; nous étant réunis à Mende chef-lieu de la première section du département, avons notifié nos commissions à la municipalité de cette ville et prêté devant elle le serment civique ordonné par le décret de l'Assemblée nationale.

Pareille notification a été ensuite faite le même jour aux autres municipalités du département, auxquelles nous avons adressé une copie de notre commission collationnée par M. le Maire de la ville de Mende.

Nous avons encore fait remettre aux municipalités des chefs-lieux des cantons, conformément aux ordres du Roi, un exemplaire des lettres patentes de Sa Majesté, données à Paris le 4 mars dernier, sur les décrets de l'Assemblée nationale des 15, 16 et 26 février, qui ordonnent la division de la France en quatre vingt trois départements, et nous avons demandé, tant à ces municipalités qu'à toutes les autres, la liste de leurs concitoyens actifs et éligibles.

Plusieurs de ces municipalités n'ayant point satisfait à cette demande, nous leur avons écrit de nouveau pour les y engager, avec ordre ne ne point désemparer jusqu'à ce qu'elles se fussent exécutées.

Ces titres nous étant enfin parvenus, nous avons convoqué les citoyens actifs de chaque municipalité par une circulaire du 15 mai, aux chefs-lieux de leurs cantons les 19 et 20 du même mois à 7 heures du matin, à l'effet de la nomination des électeurs qu'ils doivent députer relativement au nombre des citoyens actifs du canton pour se rendre à la ville de Mende le 24 du courant et y procéder le lendemain à huit heures du matin à l'élection de trente six membres et d'un procureur général sindic qui doivent former l'administration du département.

Nous avons annoncé de plus dans cette lettre que si pendant le terme des assemblées de canton, il s'élevait quelque difficulté essentielle qui exigeat notre décision, l'assemblée pourroit avoir recours à ceux de nousdits commissaires résidans à Mende ou à Maruejols, qu'elle trouverait à propos à son choix, nous étant à cet effet divisés pendant la tenue desdites assemblées pour leur plus grande commodité.

M. Lambert, controlleur général des finances de Sa Majesté, nous ayant adressé les lettres patentes et les proclamations du Roi sur les décrets de l'Assemblée nationale concernant : le payement des débets qui peuvent avoir lieu sur les droits d'Aides et autres y réunis ; l'administration des biens déclarés à la disposition de la Nation confiée à l'administration des départements et des districts ; la dette du clergé ; la circulation des assignats, etc., et enfin les mesures à remplir par les municipalités qui voudront acquérir des biens domaniaux ou ecclésiastiques pour les faire imprimer en placard et les envoyer aux municipalités des départements avec ordre de les faire afficher sans délai ; nous y avons satisfait par notre envoi du 15 mai.

L'assemblée primaire du canton de Marvejols s'étant divisée en deux sections, il s'est élevé une contestation qui a été soumise à nous dits Sevène et Balez commissaires, réunis en cette ville.

Les citoyens de Marvejols ont réclamé M. le vicomte de Chambrun qui présidoit la section des municipalités foraines, prétendant que son domicile est dans le taillable de Marvejols et non dans celui de la municipalité de Montrodat qui l'avait compris dans sa liste.

D'après les différentes considérations mentionnées dans l'ordonnance par nous rendue le 19 dudit mois de mai, nous avons décidé que monsieur de Chambrun continuerait d'exercer son droit de citoyen actif dans la seconde assemblée par lui présidée dans l'église des Cordeliers, sans que cela puisse préjudicier en rien aux droits qu'a la municipalité de Marvejols de le réclamer comme un de ses citoyens actifs, étant domicilié de fait dans le taillable de la dite ville.

Le maire de St-Germain-du-Teil nous ayant adressé un supplément de 148 citoyens actifs de plus qu'à la liste par lui envoyée, prétendant qu'il avait été obligé de fixer la journée de travail à dix sols, nous lui avons répondu qu'il ne pouvait point la taxer moins de dix sols ; mais que l'ayant fixée à quinze sols lors de la nomination des officiers municipaux, cette fixation lui devoit servir de règle pour déterminer le nombre des citoyens actifs et celui des électeurs à nommer.

L'assemblée des cantons de Chanac, de St-Amans, St-Jean-la-Fouillouse et Altier s'étant séparée, tant à cause de la mésintelligence qui y a régné, que par les autres motifs dont nous avons été instruits ; craignant que leurs dissentions n'eussent des suites fâcheuses, nous avons autorisé les municipalités de ces cantons à faire deux sections et à nommer séparément leurs électeurs, dont nous avons fixé le nombre relativement à celui des citoyens actifs requis par les décrets de l'Assemblée nationale.

Les citoyens actifs de la municipalité des Bondons, au nombre de 158, n'ayant pas concouru à la nomination des électeurs du canton d'Ispagnac, auquel cette municipalité est jointe, pour ne pas la priver de son droit de représentation, nous l'avons autorisée à s'assembler pour nommer les deux électeurs qui manquaient pour compléter le nombre de ceux que le canton d'Ispagnac devoit fournir.

Les municipalités de St-Bauzile, Balsièges et Brenoux ayant réclamé contre la nomination qu'avait faite l'assemblée primaire du canton de St-Étienne-du-Valdonnez, les faits par elle insérés dans les verbaux étant exagérés et les électeurs qu'on avait déjà nommés étant l'expression du vœu général du canton, nous avons exhorté ces municipalités à ne pas troubler, par des réclamations, la concorde et l'union si nécessaires dans les circonstances actuelles.

Certains citoyens actifs de l'assemblée du canton de la Malène ayant fait une scission mal fondée, nous avons décidé que l'assemblée devait continuer ses opérations.

MM. les électeurs nommés dans les assemblées élémentaires, s'étant rendus en la ville de Mende le 24 mai, jour indiqué pour l'assemblée générale, nous ont remis les procès-verbaux, contenant leur nomination ; sur lesquels, après que chacun a fait apparoir de son éligibilité, il a été dressé un tableau, qui a été par nous envoyé, le lendemain 25 mai, au Président de l'assemblée, séante dans la chapelle des Pénitents.

L'assemblée électorale ayant nommé son Président, le 25 may, nous lui avons fait remettre de suite les différents décrets de l'Assemblé nationale à nous adressés à cet effet par M. le comte de Saint Priest, ministre et secrétaire d'Etat.

Les scrutateurs et le secrétaire de l'Assemblée ayant été ensuite nommés, elle nous a fait une députation pour nous prier d'assister à la messe du St-Esprit. En conséquence, nous nous sommes rendus avec MM. les députés à la chapelle des Pénitents. Il y avait à la porte une compagnie de soldats de la garde nationale commandée par Monsieur de Borel, garde de corps de Sa Majesté. Nous étant fait annoncer à l'assemblée, nous avons été reçus par son Président ; après quoi nous avons été à l'église cathédrale dans l'ordre suivant : les commissaires du Roi à la droite, le Président de l'assemblée à la gauche, suivis les uns et les autres de MM. les officiers municipaux et de MM. les électeurs ; nous nous sommes placés aux premières stalles du chœur, à la droite, et le Président et sa suite à celles de la gauche.

La cérémonie étant faite, nous sommes revenus dans le même ordre à la chapelle des Pénitents, d'où nous nous sommes de suite retirés, après avoir reçu de M. le Président de l'assemblée tous les honneurs qui sont dûs à Sa Majesté.

L'assemblée électorale ayant continué les opérations, l'union et l'harmonie qui a régné parmi les électeurs, l'ayant déterminée à célébrer cet accord par un *Te Deum*, elle nous a fait une seconde députation pour y assister, et nous étant rendus à cette invitation, le même ordre et les mêmes préséances qu'à la messe du matin ont été observées.

Le lendemain, MM. les électeurs ayant repris leur travail et l'ayant continué, il en a résulté la nomination de MM. les administrateurs du département dont le nom est cy après, savoir :

1° MM. de Beauregard, Lombard de la Colombesche, Valentin, Chevalier et Ferrand, pris dans le district de Mende.

2° MM. Aymard de Jabrun, de Marance, Monestier de Banassac, Valette de Nasbinals, et Panafieu, notaire de Saint-Sauveur, pris dans le district de Marvejols.

3° MM. de Monteils, Chazot, La Chassaigne, de Nogaret, Président de l'assemblée, et Blanquet de Javols, pris dans le district de St-Chély.

4° MM. de Fressac, Bancilhon, Pagès, Boutin de Blajoux et Pintard, pris dans le district de Florac.

5° MM. Forestier, avocat, de Soulatges, Laporte-Belviala, Du Cailar et Meissoussac, pris dans le district de Langogne.

6° MM. Bonnet de La Devèze, avocat, Polge, Paul, Labaume, et l'abbé de Siran, pris dans le district de Villefort.

7° MM. Duclaux, Mezins, Brudy, Monestier, père, et Du Bedos, pris dans le district de Meyrueis.

8° Enfin M. Bonnet, fils, l'un des nous dits commissaires.

Après cela, M. Riviére, membre de l'Assemblée nationale, a été nommé procureur général du département.

N'ayant pas cru cette nomination valable, et étant chargés de surveiller les élections, nous avons fait part à l'assemblée électorale, par une adresse, que nous lui avons fait remettre par un des secrétaires, contenant différents motifs ; et comme nous avions invité MM. les électeurs de soumettre la question à la décision de l'Assemblée nationale, nous en avons fait part à son Président et à M. le Comte de St Priest, ministre et secrétaire d'Etat, auxquels nous avons envoyé, à cet effet, une copie de notre adresse.

L'assemblée électorale nous ayant député plusieurs de ses membres pour nous faire part qu'elle avait déjà déclaré n'y avoir lieu à délibérer sur les difficultés élevées relativement à l'élection de M. Rivière, qui avait été faite sans réclamation après la discussion préalable de la matière ; pour déterminer néanmoins la manière en laquelle l'élection de M. Rivière serait soumise au jugement de l'Assemblée nationale, si nous persistions à l'exiger, et pour convoquer enfin les assemblées des districts, nous avons persisté à demander la décision de l'Assemblée nationale, et, pour ne pas retarder d'un instant la formation des districts du département, nous en avons convoqué les assemblées aux jours, lieux et heures ci après, conformément aux vœux de MM. les électeurs, savoir :

Celle du district de Mende, audit Mende, pour le 6 juin courant, à 7 heures du matin.

Celle du district de Marvejols, pour le lundi 7 courant, à 8 heures du matin.

Celle du district de St-Chély, pour le même jour à la même heure.

Celle du district de Florac, pour le même jour et à la même heure que dessus, au dit Florac.

Celle du district de Langogne, pour le vendredi onze du courant, à huit heures du matin.

Celle du district de Villefort, pour le mardi 8 du courant, à huit heures du matin.

Et celle du district de Meyrueis, pour le lundi 14 du courant aussi à huit heures du matin.

L'ordre donné, à cet effet, à MM. les électeurs de chaque district, contient encore celui de nous faire remettre un extrait conforme de la formation de leur district, ainsi que l'assemblée électorale devait le faire, aussi de celui tenu dans la formation du département.

A l'exception du procès-vebal de l'assemblée électorale et de celui du district de St-Chély, qui ne nous ont point été remis, tous les autres nous ont été successivement adressés, et il en résulte qu'il a été nommé douze administrateurs et un procureur sindic dans chacun des dits districts.

MM. les électeurs du canton de la Canourgue nous ayant fait part des difficultés qui leur sont faites par la municipalité de St-Laurent de Rivedolt, qui réclame une partie de la paroisse d'Estables, et nous ayant représenté les raisons et les pièces justificatives, d'après lesquelles ils étaient fondés à s'opposer aux prétentions des officiers municipaux de St-Laurent, nous leur avons donné un avis conforme à leur vœu.

Plusieurs autres électeurs nous ayant remis des mémoires et des suppliques pour les séparer du canton où leurs municipalités avaient été mises et les changer dans d'autres cantons plus voisins et plus commodes, nous n'avons pas trouvé à propos de prononcer en ces différentes demandes, que nous avons renvoyées à l'administration du département pour y statuer, ainsi qu'il verra bon être, sur les peines qui leur seront, à cet effet, remises par celui de nos secrétaires que nous en avons chargé.

De tout quoi avons dressé le présent procès-verbal que nous avons clos et signé, à Mende le 21 juin 1790, en ayant fait un double original, pour être envoyé à Sa Majesté, ainsi que ceux qui nous ont été adressés par les districts de Mende, Florac, Villefort, Langogne, Marvejols et Meyrueis ; ne pouvant point en faire de même de celui du district de St-Chély, quoique déjà formé, ne nous étant pas parvenu, ni de celui tenu par la formation du département, que nous avons fait demander à M. de Beauregard, maire, encore en exercice de la ville de Mende et administrateur du Département, qui a répondu que M. de Noyant, Président de l'assemblée électorale, lui en avait envoyé un double original pour le faire imprimer et lui avait marqué qu'il enverrait l'autre à sa destination.

Ont signé : BALEZ, avocat. — BONNEL de la Brageresse, le fils, D. M. M.

XXI

Lettre des officiers municipaux de Meyrueis, au sujet de la désignation de leur ville pour un chef-lieu de District.

Messieurs,

Nous sommes instruits par une lettre, que MM. les députés du Gévaudan à l'Assemblée nationale, nous ont fait l'honneur de nous écrire que notre ville est désignée pour être le chef lieu de district. Ces Messieurs nous assurent, qu'ils ont tout lieu de croire que le Comité de Constitution ne changera rien à leur place ; et ils ont eu la bonté de joindre à leur lettre la note des cantons et paroisses qui doivent former notre district.

Intimément convaincus que c'est à vos pressantes sollicitations que nous sommes redevables de la justice qu'on nous accorde, nous nous empressons de vous témoigner notre reconnaissance.

Soyez assurés, Messieurs, que nous faisons tous nos efforts pour resserrer les liens qui unissent déjà deux villes voisines, faites à tous égards pour s'estimer réciproquement.

On nous annonce que le siège du département du Gévaudan n'est pas encore fixé invariablement à Mende. On ajoute, qu'à la première assemblée, les électeurs décideront s'il doit être permanent à Mende, ou bien s'il doit alterner entre cette ville et quelqu'autre du Gévaudan. Nous aimons à croire que les suffrages se réuniront en faveur de votre ville qui, à toutes sortes de titres, mérite d'être regardée comme la ville la plus importante du Gévaudan.

Nous sommes avec un respectueux attachement, Messieurs, vos très humbles et très obéissants serviteurs.

Les officiers municipaux de la ville de Meyrueis.

(Ont signé) : Desvignolles, premier consul, maire.
Causse, lieutenant de maire.

Meyrueis le 5 février 1790.

XXII

Extrait d'une délibération du Conseil général de Villefort, qui forme des vœux pour l'établissement d'un tribunal de district dans leur ville.

L'an mil sept cent quatre-vingt-dix, et le vingt-huit février, à Villefort, assemblés en Conseil général, M. Chabert, président ; M. de La Roquette maire, absent ; MM. Joseph André, Elie Cayroche, Philippe Bonnet et Jean Fraisse, officiers municipaux ; MM. Pierre Blanc ; Victorin Chazalette ; Antoine Combes ; François Chauchat ; Pierre Castanier, de Villefort ; Michel David, du Pouget, Pierre Chazelette, de Castanet ; Pierre Michel, de Palières ; et Jean Benoit de Cousteilades, notables ; MM. Borreli ; Jacques-Philippe Blanc ; Trossevin, autres notables, absents ; M. Benoit, avocat et notaire, procureur de la commune, formant le Conseil général présent.

M. Chabert, président, a dit : etc.

La Justice qui guide l'Assemblée nationale dans ses opérations, en donnant, au pays du Gévaudan, un département, dont Villefort dépend, comme chef-lieu de district, nous fait espérer que cet ouvrage ne restera pas imparfait ; le bonheur et le besoin de cette contrée demandent qu'il soit établi à Villefort un tribunal de district. Cet établissement, fondé sur la justice et l'équité, ne saurait être refusée, d'après même la localité de Villefort, qui lui donne vingt-huit lieues de circonférence, des villes ou il y a des districts. Il serait impossible qu'une si grande étendue de pays restât sans un tribunal de Justice, d'où dépend la tranquillité, le maintien du bon ordre et la tranquillité publique.

La ville la plus considérable du Gévaudan ; la plus centale ; la capitale du pays, est la ville de Mende ; c'est dans cette ville où doit être établi le tribunal du département ; c'est le vœu de tout ce pays, puisque l'intérêt particulier dont désormais doit céder à l'intérêt général, le tribunal ne peut alterner comme le peut l'administration ; les inconvénients seraient sans nombre ; la résidence des juges et des gens de loi, le dépôt du greffe, et généralement tout ce qui tient au barreau, doit avoir un établissement fixe. Une journée de l'extrémité du district de Villefort suffit pour aller à Mende ; une journée pour en revenir, au lieu que si la cour était fixée à toute autre ville ou qu'elle alterna, si cela était possible, il faudrait employer quatre journées pour le même objet etc.

XXIII

Délibération de la Municipalité du Collet-de-Dèze, portant adhésion à celles de St Michel-de-Dèze, pour être réunies au département du Gard. — Le président et un officier municipal protestent.

L'an mil sept cent quatre-vingt-dix et du samedi quatre décembre, heure de deux après-midi, au lieu du Collet de Dèze, dans la salle où la municipalité est dans l'usage de s'assembler ; par devant M. Dautin, officier municipal, ayant le dévolu, MM. Deleuze, Pellet et Chabert, officiers municipaux ; Ponsard, Larguier, Bardet, Salles, Garnier, Ferrier, Mathieu, Vieljeux, Lanteires, Diet, Nicolas, notables, présents et opérants.

M. Bertrand, procureur de la commune, présent, a dit qu'il a reçu, de la part de la municipalité de St-Michel-de-Dèze, un exemplaire de deux délibérations prises par le Conseil général de la commune, les 30 avril et 23 octobre dernier, pour témoigner leur vœu et réclamer d'être réunis au département du Gard et district d'Alais, au lieu de rester au département de la Lozère et district de Villefort ; remettant sur le bureau ledit exemplaire, imprimé à Nimes, et requiert de délibérer sur l'adhésion y demandée.

Lecture faite, par le secrétaire greffier, des susdites deux délibérations, le Conseil général de la commune délibère unanimement, à l'exception de M. Dautun, président, et Pellet, officier municipal, d'y adhérer, et a chargé son secrétaire greffier d'envoyer un extrait de la présente adhésion, à la municipalité de St-Michel et à tous les Directoires des départements et de districts que besoin pourra être, et nous sommes signés avec notre secrétaire.

(Ont Signé) : D'Autun, président ;
Teissonnière, secrétaire.

Ainsi délibéré par devant nous
(Signé) : D'Autun.

XXIV

Lettre du commandant de la garde nationale, du bourg du Collet-de Dèze au Président du district de Villefort, lui annonçant l'envoi de la délibération prise par la garde nationale.

Monsieur,

J'ai l'honneur de vous envoyer un verbal de la garde nationale de ce bourg, qui s'est assemblée chez moi, pour manifester son vœu au district de Villefort, département de la Lozère, et leur témoigner le désir qu'elle aurait de rester attachée au district que l'auguste Assemblée a bien voulu les mettre, persuadé que MM. les administrateurs voudront bien l'honorer de leurs protections.

Je suis avec un profond respect,

Monsieur, votre très humble et très obéissant serviteur.

Paul, cadet, commandant.

Collet, ce 12 décembre 1790.

XXV

Délibération de la garde nationale du Collet-de-Dèzes, contre celle de la Municipalité.

L'an mil sept cent quatre-vingt-dix, et le cinquième jour du mois de décembre. La garde nationale du bourg du Collet de-Dèze, assemblée, sans armes, dans la maison de M. Paul, cadet, leur commandant ; considérant que la délibération, prise le jour d'hier, au nom de la commune de ce bourg, quoique en l'absence de M. le Maire, et sous la protestation de M. d'Autun, officier municipal pour demander d'être séparés du département de la Lozère et unis au département du Gard, ne peut qu'être l'effet de la cabale et l'esprit du parti, attendu que le véritable intérêt de cette commune consiste à rester unis et attachés au département de la Lozère, ci-devant pays du Gévaudan, duquel elle a toujours fait partie.

Considérant de plus que les raisons prises dans la susdite délibération qui tend à la réunion du département du Gard, de ce que le Gardon prend sa naissance dans nos montagnes, ne signifie rien, et sont essentiellement dérisoires ; la naissance de la source d'une rivière ne pouvant influer, aux yeux de tout homme raisonnable, à la circonscription des départements, ni servir à déterminer si tel pays doit appartenir au département qui aura pris son nom de la rivière devenue considérable par la distance qu'il y a de la source au lieu où elle a donné son nom au département.

Considérant encore que la délibération sus mentionnée n'est pas exacte, en ce qu'il y est allégué que la ville d'Alais, chef-lieu de district du département du Gard, auquel la délibération tend de se réunir, n'est qu'à quatre lieues de distance, au lieu qu'il s'en trouve sept d'ici à Villefort, chef-lieu de district dans le département de la Lozère, auquel la communauté a été unie; tandis que la vérité il n'y a que quatre lieues, avec cette circonstance qu'un chemin royal conduit à Villefort, au lieu que pour aller à Alais il faut suivre toujours le chemin de traverse ou le lit de la rivière.

Considérant enfin que le vœu général des citoyens de cette communauté n'est point le vœu manifesté dans la susdite délibération illégale, captée à l'effet de la pratique.

Ladite garde nationale ainsi assemblée, soutenue et fortifiée de plusieurs autres citoyens ; fidèle au serment qu'elle a fait de maintenir, au péril de sa vie, la Constitution qui doit opérer le bonheur commun, bien résolue de s'opposer aux cabales que les mal intentionnés ne cessent de formenter pour introduire le trouble et pour empêcher les succès de la Révolution, délibère, à l'unanimité des voix, qu'elle est dans la ferme intention de rester à jamais unie et attachée au département de la Lozère et au district de Villefort, comme le plus à sa convenance ; protestant, à cette occasion, qu'elle ne se départira jamais de l'amitié qui a été jurée avec ses frères d'armes de l'Assemblée au camp de Bellecoste le 14 juillet dernier.

La garde nationale réclame enfin contre une délibération qui fut prise, au nom de la commune, à l'effet de renvoyer le maître d'école, sans considérer que, si cette commune est privée de cette faculté, il en résultera que nos enfants maudiront un jour la Constitution qui leur aura ôté l'avantage de pouvoir s'instruire, y ayant eu de tous les temps des écoles d'instruction. Et que n'auraient-ils pas à nous reprocher de leur avoir donné le jour pour les avoir laissés dans la plus grande ignorance, sans pouvoir connaître la Constitution qui doit faire désormais le bonheur de l'Empire.

La garde nationale dudit bourg, ose se flatter que l'assemblée administrative du département, ainsi que celle du district, a qui copie de la présente délibération doit être envoyée, voudront bien faire droit à leurs demandes toutes fois qu'elles les trouveront fondées.

Ainsi délibéré avec l'autorisation de M. d'Autun et M. Pellet, officiers municipaux en l'absence du maire. Signés avec les sachants écrire.

Paul, commandant en chef : Larguier, major ; Lacombe ; Pellet ; Pillet, officier municipal ; d'Autun, officier municipal ; Chas, vicaire et aumônier ; Genoyer; Pierre Coste ; Canonge ; Tourière, capitaine ; Lacombe, père ; Mazel ; Michel ; Augier ; Canonge, lieutenant ; Teissier, adjudant ; Mas ; André.

<small>Extrait des archives de la commune du Collet-de-Dèze.</small>

XXVI

Extrait des registres des délibérations de la ville du Malzieu.

Aujourd'hui quatre janvier de l'année mil sept cent quatre-vingt-dix, la communauté de la ville du Malzieu, étant assemblée en la manière ordinaire, sous la présidence de Monsieur d'Imbert du Montruffet, premier consul, un des membres a dit : « Messieurs, vous touchez au moment de cette Constitution si vivement désirée, qui doit fonder les bases solides de la félicité publique. L'esprit de la liberté en doit diriger l'exécution, l'Aristocratie n'existera plus ; mais il en est une d'un genre nouveau non moins dangereux à éviter, c'est l'influence sur les opinions et les concurrences dans un pays où les mœurs sont simples et les cœurs innocents. Déjà quelques curés de campagne, conduits par l'esprit de famille, par l'acception des cités qui les ont vu naître, surprennent les suffrages de leurs paroissiens par des écrits qu'ils expliquent, à leur gré, qu'ils font signer à l'aveugle et qu'ils envoient à l'Assemblée nationale, pour présenter l'apparence d'un vœu qui n'a jamais existé ; il y en a même qui ont poussé la déception jusqu'au point de faire demander l'établissement du district dans une ville éloignée, par des citoyens dont les possessions et la demeure ne sont séparées de nous que par la rivière.

Vous devez sans doute, Messieurs, mettre un frein à cette corruption qui prépare l'erreur pour nos représentants et le germe des plus violentes discussions pour vos assemblées provinciales. Le peuple doit sans doute être abandonné à la vérité. C'est dans ses assemblées, au milieu de la contrariété des débats, qu'il doit en chercher le flambeau. Mais pourquoi n'irait-on pas plus loin au devant de la Concorde et de la Tranquillité publique, pourquoi l'autorité supérieure de l'Assemblée nationale et de nos députés ne prononcerait-elle pas définitivement sur tout ce qui peut devenir un principe de haine et de rivalité entre des citoyens qui sont frères et qui doivent s'aimer? C'est aux véritables pères de la patrie à maintenir la paix de la grande famille; mais il faut que leur sagesse soit religieusement éclairée, il faut qu'ils aient une connaissance des convenances, des besoins et des localités respectives ; qu'ils s'animent enfin par une inspection visuelle de tout ce qui peut constituer le mieux possible pour l'utilité la plus générale. Vous êtes à la veille de d'organiser vos municipalités, il peut paraître des embarras et ces embarras seront levés par la présence et les explications de ceux qui ont participé à la formation de la loi. La division intérieure du pays a besoin d'être faite dans les règles des plus sages combinaisons et ces combinaisons ne peuvent être bonnes que lorsqu'elles auront été méditées dans le pays même, et posées dans la balance de la raison et de l'impartialité ; Le pays aura pareillement des droits à réclamer et des intérêts à défendre dans le partage des dettes actives et passives de l'ancienne corporation provinciale, rappelez-vous Messieurs, que vous avez contribué, pendant des siècles, à tous les emprunts, à toutes les dépenses d'ostentation et d'embellissement du Languedoc sans avoir reçu le moindre retour pour ces bienfaits ; rappelez-vous que votre portion contributive à été répartie sur des rapports inexacts d'étendue de population et de richesse comme de dix-huit à trente ; pourrez-vous obtenir justice de ceux-là même qui ont été injustes envers vous et qui conserveront l'intérêt de l'être plus que jamais. Votre cause a donc besoin d'être fortifiée par les lumières et les documents qui peuvent la faire paraître dans tout l'éclat de sa justice ; mais comment parviendrez-vous à cette heureuse fin si vous n'appelez au moins un de vos représentants parmi vous? Oui, sans doute, vous devez sagement l'inviter à se rendre au milieu de vos municipalités pour y puiser toutes les lumières ; y méditer vos moyens ; s'assurer de la vérité et de la nature des prétentions publiques, et fixer les bornes qui doivent les circonscrire. Vous devez aussi une tribut d'éloges à tous vos représentants pour leur vigilance commune à défendre les intérêts de la patrie, ils sont tous également dignes de votre confiance ; mais Monsieur Rivière, qui a participé anciennement à l'administration, aura sans doute plus de facilité pour le travail, à raison de ses connaissances initiatives, dans cette partie ; j'aurai donc l'honneur de vous proposer d'arrêter :

1° Que les députés du pays seront priés de solliciter un décret portant défensé à tout homme en place de quelque qualité et condition qu'il soit, de solliciter des signatures sur des objets d'administration publique et de parcourir les campagnes pour s'en procurer, à peine de suspension de son état, ou de telle autre punition qu'il plaira à l'Assemblée nationale d'arbitrer.

2° Que Monsieur Rivière premier député, des communes, sera invité de se rendre incessamment au Gévaudan après la formation des départements, et avant celle des districts, à l'effet de visiter toutes les villes du diocèse, qui sont susceptibles de devenir chefs-lieux desdits districts, prendre les dire desdites municipalités, donner les explications provisoires pour les former régulièrement, et, du tout, faire son rapport à l'Assemblée nationale pour être définitivement par elle ordonné ainsi qu'elle avisera.

3° Que mon dit sieur Rivière soit prié de se rendre vers les municipalités de Mende et de Marvejols pour concerter avec elles les moyens de parvenir à un partage juste de la portion que doit supporter le Gévaudan dans la masse des dettes actives et passives de la province du Languedoc, comme aussi à la fixation des indemnités qu'il peut être dans le cas de prétendre.

4° Enfin que les intérêts du pays soient de plus fort recommandés à M. de Bruges, de Châteauneuf et Charrier, en l'absence de M. Rivière et qu'ils soient remerciés tous les quatre de leur prudente conduite, du zèle vif et soutenu qu'ils ont montré pour la cause du pays ainsi que de la résistance courageuse qu'ils ont opposée à l'admission des plans qui pouvaient porter atteinte à ces mêmes intérêts et que la présente délibération sera envoyée aux différentes municipalités, avec invitation d'y adhérer.

Sur quoi l'Assemblée ayant pris en considération les vues énoncées dans la motion ci-dessus a arrêté et délibéré tous les articles proposés à la suite de ladite motion, et que les municipalités du diocèse seront invitées d'y adhérer, comme renfermant un plan rempli de prudence et peut-être même indispensable pour parvenir à former avec tranquillité l'organisation du pays, et aviser aux moyens les plus efficaces de le garantir de toute injustice étrangère, et ont tous les délibérants signés.

Collationné sur la minute et expédié à MM. les Consuls.

Martin, Commis greffier.

XXVI

Extrait des délibérations de la municipalité de la ville du Malzieu.

Aujourd'hui seize février, de l'année mil sept cent quatre-vingt-dix, la municipalité du Malzieu étant assemblée en Conseil extraordinaire et en présence de l'universalité des habitants convoqués à cet effet. Lecture faite de la lettre de MM. les députés des communes et du clergé du Gévaudan, en date du 8 de ce mois, telle qu'elle est transcrite à la suite de la présente délibération. Sur ce qui a été exposé que vendredi dernier plusieurs citoyens de considération de la ville de St-Chély s'étaient transportés au lieu de Vareillés, siège de la paroisse de St-Pierre, où étant ils avaient eux-mêmes sonné la cloche, convoqué les habitants et formé une assemblée sans le consentement du consul et malgré son opposition ; que dans cette assemblée irrégulière, formée par des paysans illétrés, l'un de ces étrangers, sans caractère public, ni mission préalable de ladite paroisse, avait tenu la plume et avait rédigé une délibération qu'ils avaient fait signer à certains habitants, que de là ils s'étaient transportés dans d'autres villages et paroisses et entr'autres à celles de Blavignac, où ils avaient sans doute pratiqué les mêmes manœuvres, considérant que cette conduite ne peut-être que l'effet de ce plan d'intrigue déjà manifesté dans le courant des mois de décembre et janvier derniers, dénommé et constaté par la délibération de cette ville, et procès-verbal des officiers de justice en date des 4 et 17 janvier dernier à l'effet de ravir des suffrages a la ville du Malzieu pour faire placer le juge de toutes les administrations en celle de St-Chély ; considérant que ces actes de surprise et d'erreur ne peuvent présenter le véritable vœu du pays qui ne peut être formé que par la connaissance de toutes les localités et des avantages moraux et politiques, reconnus par les lumières de l'expérience et l'esprit de sagesse et de raison, qu'un suffrage ainsi mendié accordé à l'importunité, souvent à la crainte ou à des considérations qui tiennent à cet état de dépendance dont les pauvres gens de campagne n'osent encore se séparer, ne sauraient former un jugement exempt de partialité ni préparer cette maturité de vues et d'opinion qui doit prononcer sur des intérêts aussi importants, que cette décision prématurée, rendue sans parties ouïes ni connaissance de cause, annule d'avance tout jugement ultérieur qui ne peut être que l'effet nécessaire d'une première promesse, consentie par l'imprudence et une aveugle précipitation.

Tout considéré, le Corps des habitants du Malzieu a unanimement arrêté et délibéré que l'Assemblée nationale serait promptement suppliée de prendre en considération le sort désastreux que l'ignorance ou la prévention prépare à la ville du Malzieu, si le jugement qui doit la détruire ou la soutenir est prononcé dans une ville rivale et jalouse par des électeurs qui la plupart ont déjà engagé leur opinion et leurs suffrages ; qu'en conséquent, la décision de cette cause soit renvoyée à l'assemblée de département et non en celle de district conformément à ce qui a été décrété par l'Assemblée nationale pour toutes les villes du royaume qui se sont trouvées dans la même position que celle du Malzieu, qu'en attendant ladite décision, il soit ordonné que le siège des districts alternera entre les deux villes afin de mettre à même tous les administrés de mieux connaître par l'expérience leurs véritables intérêts et d'échapper par leurs propres lumières aux pièges de l'intrigue qui leur ont été tendus. De supplier en même temps l'assemblée nationale de considérer que la ville du Malzieu placée entre les devoirs de la plus inviolable soumission à ses décrets et le danger de compromettre son existence et la sureté individuelle de ses concitoyens en coopérant à toutes assemblées convoquées en la ville de St-Chély et même en toute autre ville du district où il pourrait être question de juger définitivement du lieu des sièges des corps administratifs elle se croit dans le cas d'attendre dans une respectueuse inaction les effets salutaires de la justice de l'Assemblée, de sa sagesse et de la protection spéciale qu'elle doit à un corps de citoyens qui ne réclame que la première loi du droit de la nature et de la raison.

Qu'en attendant le présent arrêté ensemble celui du quatre janvier dernier, le procès-verbal du 17 du même mois, l'extrait de la délibération du 5 courant seront déposés aux greffes municipaux des villes qui doivent devenir sièges du département, pour en cas qu'il fut procédé en l'absence des habitants du Malzieu à la formation du Corps administratif avant que la décision de l'Assemblée nationale fut intervenue sur le présent arrêté, il fut ainsi pourvu à la conservation des droits de représentation, d'élection et d'éligibilité des citoyens du Malzieu et autres du canton et que toute décision arrêtée et formée par lesdits électeurs entre les deux villes, fut réputée nulle et comme non avenue.

A été arrêté en second lieu que M. Brun lieutenant général et M. de Rozière de la Chassaigne, procureur du roy de la prévôté royale du Malzieu seraient députés à l'effet de complimenter les villes de Mende et de Marvejols sur le décret rendu qui alterne le siége du département entre les deux villes, pour la plus grande prospérité du pays et que les officiers municipaux desdites villes soient invités d'employer leurs bons offices pour ramener l'esprit de concorde, d'union et de paix, entre les habitants de St-Chély et du Malzieu, régler le droit et intérêts des deux pays par une décision sage, conforme aux vœux de l'Assemblée nationale notifiée par MM. les députés du pays et aux besoins respectifs des deux villes ; les habitants du Malzieu se livrant dès à présent à l'équité et à la prudence des dits médiateurs pour accepter tels établissements qui leur seront accordés, en remplacement de leur prévôté royale et des autres institutions que la révolution leur fait perdre.

Espérant de trouver dans cette transaction politique tous les moyens propres à faciliter l'extension des vues et des décrets des augustes représentants de la nation et ont tous les délibérants signés.

Suit la lettre de MM. les députés des communes et du clergé du pays adressée à MM. les officiers municipaux du Malzieu en date du 5 de ce mois.

Messieurs,

Le cinq de ce mois l'on décréta les districts du département du Gévaudan, le chef-lieu fut déclaré alterné entre Mende et Marvejols, la première session se tenant à Mende et la seconde à Marvejols.

A l'égard de votre district, il fut déclaré que le chef-lieu serait St-Chély ou le Malzieu suivant qu'il serait déterminé par les électeurs qui la première fois s'assemblaient à St-Chély.

Enfin, il est ajouté au décret, sauf le droit des autres villes aux établissements déterminés par la Constitution, nous espérions vous en envoyer un extrait en forme, mais il a été arrêté de ne pas les envoyer successivement et d'attendre le décret qui sera rendu dans la semaine.

Nous n'avons pas cru devoir prendre sur nous, de juger la contestation qui s'est élevée entre St-Chély et le Malzieu qui était soutenu de tout côté par les communautés voisines. Nous avons été unanimement d'avis de renvoyer au jugement des électeurs ; eux seuls peuvent juger qu'elle est la ville la plus propre aux établissements.

D'ailleurs nous avons espéré que jusqu'à ce moment il pouvait y avoir un arrangement entre ces deux villes, que l'une pourrait être désignée pour chef-lieu de l'administration et l'autre de la juridiction.

Cet accommodement serait conforme à l'esprit de l'Assemblée nationale qui cherche à initier toutes les villes autant qu'il est possible et remplirait les vœux de tous vos députés et ont signé Rivière, Charrier, l'abbé de Bruges ; et à la délibération, Constand, maire ; Quatreul, Teissier, Gibelin, Villedieu, officiers municipaux ; Tuzet, Archer, Aujolat, Parret, Burian, Roussel, notables ; Asttuc, de Brézeuil, Martin, Buffière du Crouzet, Rampond, Astruc, Brun, lieutenant général ; Rozière de La Chassaigne ; St-Léger, Bounarrin et autres plusieurs habitants.

Collationné sur la minnte.
Signé : Martin, greffier consulaire.

XXVII

Lettre de MM. les officiers municipaux de Mende à la municipalité du Malzieu, 2 mars 1790.

Messieurs,

Nous sommes très-sensibles à la confiance que vous nous témoignez, en nous demandant notre médiation sur vos différents avec la ville de St-Chély. Nous désirons et nous espérons qu'elle ne vous sera point nécessaire, et que dans la régénération générale du royaume et la réunion de tous les français, deux villes voisines, qui partagent l'estime et l'affection de leurs compatriotes, s'empresseront d'oublier les petites rivalités qui, jusqu'ici peuvent les avoir divisé, et donneront l'exemple de l'équité nécessaire, pour jouir du grand bienfait que la Révolution nous prépare.

Vous avez pris, Messieurs, le parti le plus sage en vous adressant directement à nos députés à l'Assemblée nationale ; ils connaissent parfaitement les localités qui doivent fixer les établissement déterminés par la Constitution, et vous pouvez vous en rapporter à leur sagesse et à leurs lumières.

Quant à nous, Messieurs, nous ne pouvons que former des vœux pour votre satisfaction, outre qu'il ne nous conviendrait pas d'accepter une médiation qui doit être naturellement déférée à nos augustes représentants, comme vous l'avez très bien pensé.

Notre opinion ne pourrait avoir aucune influence. Voisins et amis du Malzieu, voisins et amis de St-Chély, nous ne connaissons pas assez les intérêts et les avantages de ces deux villes et des communautés qui les entourent, pour pouvoir décider entr'elles.

D'ailleurs le décret de l'Assemblée nationale du 16 février remplit vos désirs.

Nous sommes avec respect, etc.

XXVIII

Lettre de la ville du Malzieu à celle de Mende.

Messieurs,

La ville du Malzieu, attendait que celle de Mende fut constitutionnellement représentée, pour la féliciter de l'heureux événement qui, en fixant l'administration dans le pays même, assure sa prospérité. Le Gévaudan a perdus des rapports de puissance et de crédit qui, sagement organisés pouvaient le garantir des atteintes du pouvoir absolu dans un temps de despotisme. Mais il recouvre un régime libre et indépendant, dans un temps de justice et d'égalité. Parti d'une grande province qui pouvait, au milieu des orages, se soutenir par ses seules forces, il devient partie d'un plus grand tout, qui préviendra sans doute les mêmes orages, en fixant les bases solides du bonheur et de la tranquillité publique. Mais pour que cet édifice vaste et sublime ne croule pas sous le poids de sa propre grandeur, il faut que la sagesse de nos législateurs n'ait point erré dans sa confiance; il faut que nous la justifions par nos vertus publiques, par la paix, la justice et l'amour de la patrie. Ce sont ces vertus saintes qui doivent former l'esprit des nouvelles institutions ; qui doivent en diriger la marche au milieu des passions, qui vont s'exalter au milieu de tant d'intérêts qui vont se combattre. Le peuple, tour à tour législateur, souverain et sujet, a besoin sans doute de séparer ses devoirs d'avec ses droits, Qu'arriverait-il s'il avait le malheur de les confondre ; c'est que opprimés aujourd'hui, oppresseurs demain, les citoyens rouleraient sans cesse dans un cercle de vexation et de tyrannie ; ou connaissant toutes les lois de la justice et de la raison, ils détruiraient toute propriété, et finiraient par anéantir la cité elle-même.

Pour éviter cet écueil, il suffira toujours au peuple de se choisir des représentants tels que vous, Messieurs, des hommes qui joignent à tous les genres de lumière, la science des affaires, une rigoureuse équité, et toute l'énergie du courage, souvent si nécessaire pour opérer le bien. Recevez donc, Messieurs, le témoignage de la satisfaction commune, qui a éclaté dans nos pays, lorsqu'on a su que votre ville avait été si sage dans ses choix, si prévoyante dans ses mesures pour mettre la chose publique à l'abri de tout danger, organe des sentiments comme des intentions de nos compatriotes, nous venons vous offrir leurs biens et leur vie ; nous venons contracter une sainte alliance de protection et de besoins, de justice et d'amour qui, en renforçant vos moyens peut préserver notre existence menacée d'une prochaine destruction.

Nos députés nous avaient d'abord annoncé que nous aurions le département pour juge des prétentions qui s'élèvent entre Malzieu et St-Chély. Ils ont arrêté depuis, qu'il y aura un siége de district dans l'une ou dans l'autre de ces villes, suivant ce qui sera décidé par les électeurs qui la première fois, s'assembleront à St-Chély.

Ces deux villles qui sont si proches, se communiquent par une très belle route ; leur population est la même, mais leur contribution est précisément en raison inverse de leur prospérité.

La ville de St-Chély a déjà dit plusieurs fois qu'elle était riche par son commerce ; considérable par ses moyens, et qu'elle méritait la préférence par tous ces égards.

La ville du Malzieu, très pauvre par la privation de tout commerce ; très faible par sa pauvreté même, soutient que par ces mêmes égards, la préférence doit lui être accordée.

Qu'il me soit permis, Messieurs, de vous tracer ici le court tableau des malheurs de la ville du Malzieu.

Cette ville était quelque chose avant l'époque de ses désastres, depuis elle n'a été presque rien. Tout le monde sait qu'elle était autrefois le point de réunion des provinces d'Auvergne et du Gévaudan, le centre d'un grand commerce, le seul parage par où l'on peut communiquer sans danger comme sans embarras, d'un pays à l'autre.

La peste de 1652 qui enleva les deux tiers de ses habitants, l'incendie subséquent de la ville entière, la route provinciale passant par St-Chély, le pont jeté sur Truyère à Garabit, tarirent pour jamais la source des richesses qui avaient fait le bonheur de cette contrée ; tout fut perdu pour le Malzieu ; plus de commerce, plus de communications, plus de rapports étrangers, St-Chély fut enrichi de tous ses moyens de fortune.

Il eut peut-être été facile à la ville du Malzieu de conserver une partie de ses avantages en ouvrant la communication avec l'Auvergne par trois mille toises de chemin ; mais l'influence des ligueurs de Peyre et de St-Chély, barons de cour aux états du pays a toujours rendu vaines toutes les réclamations qu'aurait pu former la moindre concurrence avec la ville de St-Chély.

Les princes de la Maison de Bourbon, maîtres du Malzieu et de la contrée, étaient trop éloignés, trop dédaigneux au sein de leur grandeur pour prendre à cœur des intérêts aussi faibles et pour procurer à leurs malheureux sujets une protection effective.

Ceux-ci ont été longtemps sans appui, sans crédit quelconque et dépourvus de tout, mais les jours de justice, reparaissent pour eux, comme pour tous les français ; les temps d'acception et de faveur ne sont plus ; c'est le règne de la vérité et cette vérite est toute à leur avantage.

La ville de St-Chély avoue qu'elle est riche par son commerce, la ville du Malzieu doit donc le devenir par ses établissements.

La première ne peut absolument rien par la révolution, la seconde perd un chapitre nombreux, un monastère riche, un tribunal de ressort qui rendait la ville du Malzieu un centre de correspondance d'une grande étendue.

St-Chély est plus au centre de la surface, Malzieu est plus au centre de la population.

St-Chély n'a aucuns bâtiments pour le service, Malzieu possède tous ceux qui peuvent être nécessaires. Il faut des juges étrangers à St-Chély, qui auront besoin d'être soldés chèrement ; il en faudra moins au Malzieu où il y a nombre d'officiers et de gens de loi qui jouissent d'une fortune aisée et commode.

La science des lois règne plus au Malzieu ; la science du commerce règne plus à St-Chély.

Malzieu était autrefois le siège de la juridiction supérieure de celle de St-Chély; il n'y a qu'une très-simple et très petite justice de fief dans cette dernière ville.

St-Chély tient toute la contrée dans la dépendance de son commerce et de ses règles, Malzieu n'a aucun moyen de commander l'opinion ni d'attirer les suffrages.

La ville du Malzieu consent à partager les établissements, celle de St-Chély veut les réunir tous.

Cependant, Messieurs, le vœu de l'Assemblée nationale est que les établissements soient partagés et que la constitution qu'elle nous donne ne soit pas un principe de vie pour les uns et une cause de mort pour les autres. N'en doutez pas, Messieurs, elle le serait pour le Malzieu, si cette ville ne recevait pas l'équivalent de ses pertes, les mille livres d'impôt sur une base territoriale qui ne produit tout au plus que cinq mille livres, ne peuvent être payés que par l'industrie le travail e' la population ; cette population disparaîtrait si tous les moyens de parvenir à la fortune ou de gagner la vie des artistes étaient concentrés dans les murs de la rivale.

Vous perdiez aussi Messieurs, par l'anéantissement du Malzieu, une des principales et des anciennes corporations de votre patrie, celle peut-être qui vous a donné le plus de preuves de zèle et d'attachement, celle qui a repoussé avec la plus ferme résistance les propositions séduisantes qui lui ont été faites, qui pourraient se renouveler encore, si on la voyait dans l'abîme ou dédaignée par vous.

Non, Messieurs, vous ne rejetterez pas son invitation, vous la protégerez au contraire de tous les secours de votre zèle pour la chose publique ; vous placerez le rameau d'olivier entre deux villes qui méritent également vos soins et vos égards et vous ferez disparaître cet ouvrage de séduction et d'intrigue préparé pour notre perte, dont la seule excuse se trouve dans un patriotisme indiscret et trop exclusif ; en trompant les ténèbres de l'erreur et des préventions, vous formerez l'opinion publique de ce pays sur toutes les convenances sur les avantages politiques qu'il peut tirer de la balance des pouvoirs qui les surveilleront lorsqu'ils seront placés dans différentes villes ; le germe des discussions et des troubles fera place à l'esprit de paix et de fraternité ; la sagesse et la raison établiront de concert leur tribunal sur les débris des préjugés et des rivalités frivoles ; et le feront vos soins généreux qui auront posé les bases d'une administration paisible et concordante, la seule qui puisse assurer le bonheur d'un peuple, et satisfaire l'âme paisible des bonnes gens.

XXIX

Mémoire pour la ville du Malzieu.

La ville du Malzieu était autrefois le chef-lieu d'un département qui comprenait dans sa dépendance la ville de St-Chély, (1) celle de St-Alban, Apchier, Nasbinals, la Garde, etc. Elle est encore le siège d'une Prévôté royale et de ressort, qui s'étend sur trente-fois fiefs ou justices. Ses rapports ont soutenu sa fortune depuis que son commerce lui a été ravi par le pont jeté sur Garrabi et la route provinciale qui traverse St-Chély. Si le Malzieu perd aujourd'hui le seul bien qui lui reste, si le siège de tous les corps administratifs est placé à St-Chély, la révolution, bien loin d'être un principe de vie pour le Malzieu, sera une cause de destruction et de mort pour cette cité : les affaires, l'industrie, la population, tout sera transporté dans les murs de sa rivale, qui s'enrichira de ses pertes, et insultera encore à ses malheurs.

Il est de fait que le Malzieu est grevé d'une masse d'impositions qui surpassent de quatre neuvièmes, le produit net de son territoire; il est de fait que ses habitants n'ont pu jusqu'ici acquitter cette imposition qu'en la divisant moitié sur les biens, moitié sur les personnes;

---

(1) Voyez l'acte passé au mois d'avril 1250, déposé à la Chambre des Comptes, à Paris.

il est de fait que la taille et capitation du Malzieu excède d'environ un sixième, la taille et la capitation de St-Chély, (1) quoique la population du Malzieu soit moindre, et les richesses bien supérieures à St-Chély. Comment la première de ces deux villes pourra-t-elle porter le poids énorme de ses charges, si, en perdant ses établissements, transférés à St-Chély, elle perd encore ses citoyens par les émigrations successives qui vont se faire ? L'intérêt, dit-on, des administrés, est que les pouvoirs gouvernants soient placés dans les positions les plus centrales ; mais, faut-il que tous ces pouvoirs soient réunis dans le même lieu ? faut-il qu'une simple raison de commodité l'emporte sur tous les devoirs d'une rigoureuse justice ? Faudra-t-il que, pour éviter une heure de chemin à un très-petit nombre d'hommes, un corps de société périsse ; qu'il rompe tous les liens de son association ; que ses membres se dissipent, puisque tous leurs moyens d'existence auront été taris jusque dans leur source ? Non sans doute ; ce n'est point l'intention de l'Assemblée nationale ; elle veut, au contraire que les villes soient vivifiées et les établissement partagés. C'est cette volonté annoncée et certifiée par les représentants du pays, qui a dirigé les habitants du Malzieu dans les démarches conciliatoires qu'ils ont faites, mais inutilement, envers la ville de St-Chély ; c'est par les mêmes motifs qu'ils ont recours aujourd'hui à la justice du département.

---

(1) La taille et capitation de la paroisse du Malzieu, s'élèvent à 14201 livres ; celles de la paroisse de St-Chély a 12034 livres ; même population dans l'une que l'autre. La seule ville du Malzieu, comparativement, paye encore plus que celle de St-Chély.

La ville de St-Chély a dit, et ne cesse de répéter, qu'elle est riche par son commerce, considérable par ses moyens, et qu'elle mérite la préférence par tous ces égards.

La ville du Malzieu, très pauvre par la privation de tout commerce, très faible par sa pauvreté même, soutient que, par ces mêmes égards, la préférence doit lui être accordée.

S'il est de toute évidence, en effet, que la ville de St-Chély possède des moyens d'une propriété exclusive; une ville voisine, qui ne peut y participer, doit recouvrer, du moins, l'équivalent des anciennes institutions qu'elle va perdre, surtout lorsque l'intérêt public n'y trouve point d'obstacle, et qu'il parait au contraire, s'en rapprocher de la manière la plus positive.

Il importe au pays, que ses établissements de commerce ne soient point changés ; que celui de St-Chély soit maintenu dans toute son activité, à cause des concurrences étrangères. Il importe par conséquent, que le goût des spéculations mercantiles, source de toute l'opulence qui règne à St-Chély, ne soit point altéré par les spéculations de l'amour propre, par l'appétit du pouvoir et de la considération, que donne pour l'ordinaire la manutention de la chose publique. C'est un principe politique connu depuis longtemps, que là où règne l'esprit de commerce, là ne doivent point être formées ces institutions qui contrastent, et peuvent changer cet esprit. Donc, la ville de St-Chély n'est point susceptible, pour son intérêt, ni pour celui du Gévaudan, de devenir exclusivement le centre de tout administration.

Eh pourquoi, en prescindant de toute considération

politique, accorderait-on cette préférence exclusive à la ville de St-Chély ? Sa position si rapprochée de celle du Malzieu, ne devrait-elle pas faire une exception à la règle ? Ces deux villes ne sont qu'à une heure de distance l'une de l'autre ; elles ont les rapports les plus intimes et les plus fréquents, et qui sont communs entre tous les habitants du pays ; leurs affaires et leurs intérêts sont les mêmes ; ne serait-il pas juste, que si les établissements sont de nature à ne pouvoir se partager, chaque cité les possédât à son tour ? Les pays de la rive droite de Trueyre jusqu'au sommet de la Margeride, méritent certainement l'œil attentif et protecteur de l'administration présente, aussi bien que les pays de la rive gauche jusqu'aux montagnes d'Aubrac. Les commodités ou incommodités respectives se balancent déjà les unes par les autres dans l'état actuel ; elles n'auront aucune comparaison, si les seize paroisses de la contrée de Saugues parviennent à obtenir leur réunion qu'elles sollicitent avec les plus vives instances.

On ne peut douter que le Gévaudan ne doive prendre part au succès de ces réclamations ; seize grandes paroisses ne peuvent être indifférentes à son régime, elles lui aideront à supporter le poids de ses dépenses ; et ces dépenses seront d'autant plus fortes, que les corps administratifs sont multipliés en Gévaudan, et que peut-être on accordera des gages aux électeurs comme à tous les membres de l'administration. Il faut donc que le Gévaudan, fidèle aux lois de son propre intérêt, favorise celui de ces seize paroisses ; qu'il rapproche d'elles l'administration et les tribunaux autant qu'il lui sera possible ; et il ne saurait mieux faire pour concilier ces convenances avec la justice qu'il doit à tous, que d'indiquer les assemblées tantôt au Malzieu, tantôt à St-Chély.

Cette détermination serait d'autant plus sage, qu'il peut se faire que le peuple français, flatté de prendre part à l'exercice de la puissance publique, n'exige d'autre récompense de ses travaux, que l'honneur de ses mêmes travaux.

Le choix de ses administrateurs, pouvant se partager comme l'administration elle-même entre les diverses contrées, il y aurait moins de déplacements, moins d'embarras, moins de frais domestiques, et le service public pourrait se remplir avec facilité, sans gêne comme sans dépense ; alors il deviendrait plus convenable encore d'alterner les corps administratifs, non-seulement entre le Malzieu et St-Chély ; mais en outre avec les autres villes qui se trouvent enclavées dans l'enceinte du district ; de cette manière tous les intérêts, tous les besoins locaux seraient reconnus et protégés à leur tour ; de cette manière les citoyens de chaque pays participeront, sans quitter leur maison, à l'administration publique ; de cette manière on jetterait les bases d'une économie d'autant plus essentielle que ces pays sont pauvres, et que les impôts de remplacement entraîneront le besoin de la plus grande sévérité dans les dépenses, si le Gévaudan veut perpétuer son existence.

Qu'importe au surplus que les rapports de commerce soient plus fréquents à St-Chély qu'au Malzieu ? Qu'ont-ils de commun avec les tribunaux et les assemblées publiques ? Est-ce un jour de foire ou de marché qu'on peut suivre ces Assemblées ? Est-ce dans les distractions que donnent mille occupations à la fois, qu'on peut se livrer à ces discussions froides et attentives, si nécessaires pour traiter une affaire et discuter des grands intérêts.

D'ailleurs que deviendra la liberté du pays, si les pouvoirs permanents à St-Chély se trouvent dans les mains de dix à douze familles, qui, à proprement parler n'en font qu'une, et qui cependant forment dans leur ensemble les deux premières classes de la cité ? Que deviendra cette liberté, si le commerce de cette ville, qui tient déjà dans sa dépendance la plus grande partie des habitants des campagnes, peut se rendre maître des suffrages, seule diriger les choix, les vœux et les opinions dans toutes les affaires ? Qu'on ne s'y trompe pas, quoiqu'elle soit libre de choisir les administrateurs dans toute l'étendue du district, la ville chef-lieu aura, d'après l'expérience, la plus grande influence sur les choix. Il y a, sans doute, à St-Chély des hommes vertueux, capables par la force de leurs principes et la dignité de leur caractère de s'élever au dessus des petits motifs de rivalité qui divisent les deux villes ; mais la réunion et la permanence des pouvoirs n'en donneront pas moins de l'ombrage au peuple du Malzieu. Tant qu'il ne sentira pas dans ses mains une puissance d'équilibre, qui puisse le rassurer contre les atteintes de ses rivaux, il sera dans la crainte, dans les alarmes, et peut être dans des sentiments bien plus gênants encore. Que ces craintes soient bien ou mal fondées, sera-t-il bien possible d'établir, en attendant, une administration paisible et concordante, entre des citoyens qui ne seront point d'accord ? Et quel bien peut-on se promettre des des corps administratifs que la paix, l'union et la concorde n'auront pu former ?

Il est donc juste, il est donc prudent, il est même avantageux et nécessaire pour le bien de tous, que les établissement soient ambulatoires ou partagés, du moins entre les deux principales corporations du district du haut pays. Les villes du Malzieu et St-Chély sont dans une position respective, qui exige impérieusement ce partage ; St-Chély n'a aucune raison prépondérante pour s'y opposer avec succès. Cette ville est déjà riche par son commerce; celle du Malzieu doit le devenir par les établissements; la première de ces villes ne perd rien par la révolution ; la seconde tend à une ruine certaine ; si en perdant tous ses corps et son tribunal, elle ne recouvre pas l'équivalent de ses pertes. Des cinq principaux cantons du pays, on parvient au Malzieu par des chemins directs et commodes ; il n'y a point de chemin de St-Alban à St-Chély qui soit praticable en hiver. La ville du Malzieu a des édifices et des prisons saines, et assez spacieuses, qui présentent au district des économies importantes ; St-Chély ne peut rien présenter de semblable, et ses promesses seraient sans réalité. Le district a besoin de juges et d'hommes expérimentés ; il y en a sans doute à St-Chély ; mais les débris d'une juridiction royale peuvent en fournir un grand nombre au Malzieu. Cette ville consent à partager les établissements même avec les autres villes de la contrée : St-Chély veut les réunir tous, sans communication ni partage avec aucune.

Enfin l'esprit public, les vues des nouvelles institutions, la volonté de la nation pèsent aujourd'hui dans la balance de l'égalité les intérêts de tous les corps comme ceux des particuliers. Et si St-Chély, avec un grand commerce, réunit encore la puissance aux richesses, tous les moyens de prospérité seront donc exclusifs dans ses mains ; la misère et l'oppression seront le partage des autres villes : St-Chély sera tout, et les autres ne seront rien.....

XXX

Délibérations de la ville de la Canourgue relatives au désir des habitants d'Estables-de-Rive-d'Olt, de faire partie du département de la Lozère.

L'an mil sept cent quatre-vingt-dix et le dix-huit mai, avant midi. Le Conseil municipal assemblé en la forme ordinaire, en l'Hôtel de ville de la Canourgue, par devant M. le Maire, président.

M. le procureur de la commune a dit : Messieurs, par une de ces irrégularités que l'Assemblée nationale ne manquera pas de réprouver, la paroisse d'Estables-de-rive-d'Olt, dépend, dans son entier, pour le spirituel, du diocèse de Mende ; partie pour le temporel de la province de Guienne, et partie de celle de Languedoc ; en sorte que, dans la division territoriale qui vient de s'opérer, l'Assemblé a donné la faculté aux paroissiens d'Estables, c'est-à-dire à cette partie qui dépend pour le temporel de la paroisse de Guienne, de faire leur choix, ou pour le département de la Lozère ou pour celui de l'Aveyron.

Cette même partie de paroisse n'a pas hésité un instant à faire son choix ; elle a senti combien il lui importait de conserver les avantages sans nombre dont elle jouit, et dont elle serait privée si elle faisait partie du département de l'Aveyron. En conséquence, elle avait déjà témoigné son désir d'être unie, comme le reste de la paroisse, au canton de la Canourgue ; mais elle vient plus spécialement, par un syndicat, formé le jour d'hier, et envoyé à notre municipalité, de donner connaissance de son vœu et de son choix, étayé de raisons tranchantes ; ils demandent à nos assemblées de les recevoir dans nos assemblées primaires ; ce qui ne saurait leur être refusé d'après le choix qui leur est donné et d'après la convocation qui nous a été envoyée par nos commissaires où Estables-de-Rive-d'Olt se trouve compris. D'ailleurs, Messieurs, il est avantageux pour notre canton, et vous sentez comme moi que la paroisse d'Estables en fasse partie, considéré seulement que cette paroisse dépendant dans son entier, pour le spirituel, du diocèse de Mende, et en partie pour le temporel de la province de Languedoc et l'autre partie de celle de la Guienne ; cette irrégularité ne peut pas subsister dans cet état, et qu'il faut, d'après les principes d'uniformité de l'Assemblée, que cette paroisse dépende dans son entier, pour le spirituel comme pour le temporel, ou du département de la Lozère ou de celui de l'Aveyron ; ce qui nous serait d'un grand préjudice et nous diminuerait notre canton, déjà assez petit, et ce qui ne pourrait être sans injustice, vu que cette paroisse nous appartient dans son entier, à l'exception d'une partie pour le temporel. Je requiers donc, Messieurs, à ce qu'il soit délibéré que le syndicat, pris dans cette partie de la paroisse d'Estables, dépendante pour le temporel de la province de Guienne, sera inscrit dans nos registres ; que les citoyens actifs qui la composent et dont la liste, ainsi que nous en avons connaissance est faite, laquelle sera portée, certifiée véritable par les officiers municipaux, habitant à Estables, demeurent convoqués à l'assemblée primaire, qui doit avoir lieu demain, à sept heures du matin, dans cette ville, pour, conjointement avec l'autre partie de la même paroisse, dépendant de la province de Languedoc, et les autres paroisses, formant notre canton, procéder à la nomination des députés pour la formation du département de la Lozère, à Mende, et qu'un extrait de la présente leur sera envoyé et adressée aux sieurs Bernon, officiers municipaux, habitant d'Estables et a signé.

Signé : Durand, procureur de la commune.

Le Conseil municipal a donné acte au procureur de commune de son réquisitoire et a délibéré, qu'en exécution du syndicat ci-dessus et des lettres de convocation, à nous adressées par MM. les commissaires où Estables-de-Rive-d'Olt est compris, ledit syndicat sera inscrit sur le présent, de la manière qui suit ; « Le seize mai mil sept cent quatre-vingt-dix. Nous soussignés, formant la majorité de la paroisse d'Estables, en exécution de la liberté qui nous est accordée de nous réunir au canton du lieu de St-Laurent, ou au canton de la ville de la Canourgue ; considérant que le canton de la Canourgue est plus à notre portée et plus utile, à cause de ses jours de marchés, de foires et de son commerce, par rapport d'ailleurs au beau chemin, à la rivière du Lot, qui forme la ligne divisoire ; que notre église est très bien placée ; que la paroisse a toujours été pour le spirituel du diocèse de Mende ; par rapport

encore aux charges ci-devant mal réparties èt par une
infinité de raisons, nous déclarons que notre vœu est
de nous unir au canton de la Canourgue ; qu'en conséquence, si la municipalité de cette ville nous invite
pour assister à l'assemblée primaire, nous nous rendons librement à son invitation ; que nous solliciterons
même au département de la Lozère, de rester définitivement unis au canton de la Canourgue ; que depuis
longtemps nous désirons d'être désunis de St-Laurent ;
qu'en conséquence nous étions en procès en raison de
cette désunion ; que d'ailleurs partie de notre paroisse
dépend pour le temporel du diocèse de Mende ; et il a
été arrêté que nous, Antoine Vayssier, du Mas bas, l'un
de nous soussignés, porterons le double de liste de nos
citoyens actifs à la municipalité de ladite Canourgue,
pour être compris dans son Assemblée primaire, en
faire partie, et avons signé.

GROUSSET, prieur curé ; MEZI ; MEZI ; VAYSSIER ; BERNON,
officier municipal ; NEYRIGAT ; GROUSSET, père ; MEZI ; MAS-
SEBIAU ; BOUSSUGUE ; PELAT, GROUSSET ; DAUDÉ ; MEZI ; GROUS-
SET ; SOLIGNAC, ALDEBERT ; ROUX ; ROUFFIAC ; VAYSSIER ; RIGAL ;
ANTOINE MEZI ; SOLOGNAC ; BOUSSUGUE ; FÉNAYROU ; RAYMOND ;
DOLLO ; ICHER ; ICHER ; NOYRIGAT ; SOLIGNAC ; BERNON officier
municipal; AGRET; NOYRIZAT; DELTOUR. Signés à l'original.

Le Conseil a encore délibéré que les citoyens actifs
qui composent la partie de la paroisse d'Estables, dépendant de la province de Guienne, pour le temporel,
demeurent convoqués à l'Assemblée primaire, qui doit
avoir lieu demain, à 7 heures du matin, dans cette ville,
pour, conjointement avec le surplus de cette même paroisse dépendant de la province de Languedoc, et les
autres paroisses, formant notre canton, procéder à la

nomination des députés pour le département de la Lozère, séant à Mende, et qu'un extrait de la présente sera envoyée et adressée aux sieurs Bernon, officiers municipaux, habitant à Estables ; lesquels, porteront la liste des citoyens actifs, par eux certifiée véritable et se sont Messieurs les officiers municipaux signés avec le greffier secrétaire.

Ont signé : QURANTE, maire ;
DOMAIZEL, officier municipal.

L'an 1790 et le 19 mai, heure de sept du matin. Dans l'église paroissiale de la Canourgue. MM. les citoyens actifs de ladite Canourgue, des Salelles, de St-Frézal, de Salmon, de Canilhac, de Banassac, de St-Saturnin et d'Estables-de-Rive-d'Olt, assemblés en exécution d'un décret de l'Assemblée nationale du 29 mars et des lettres de convocation à nous adressées par MM. les commissaires, nommés par le Roi, pour la formation du département de la Lozère.....

Se sont présentés les citoyens actifs de Salelles, de St-Frézal, de Salmon, de Canilhac, de Banassac, de St-Saturnin, et les citoyens actifs d'Estables-de-Rive-d'Olt, en exécution de la liberté qui leur est accordée de se réunir au canton de la Canourgue ou du Rouergue ; en exécution encore des lettres de convocation adressées à la municipalité de la Canourgue par MM. les commissaires, nommés par le Roi, pour la formation du département de la Lozère en date du 15 du courant ; desquelles lettres de convocation, il résulte qu'Estables-de-Rive-d'Olt est de notre canton, du traité de certains habitants d'Estables, du 16ᵉ aussi du courant ; duquel il résulte que leur vœu est de se réunir à nous et qu'ils se rendront à l'Assemblée primaire de notre canton s'ils y sont invités ; de la délibération qui fut prise le jour d'hier par notre municipalité, de laquelle il résulte que les citoyens actifs dudit Estables seront invités de se rendre aujourdhui à la présente assemblée ; de la lettre d'invitation qui leur fut écrite le jour d'hier. Lesdits citoyens actifs de la paroisse d'Estables, composés de J. Joseph Boussugue, fils ; J. Joseph Boussugue, père ; Jean Joseph Noyrigat, notaire ; Jean François Grousset, prieur-curé ; Guillaume Noyrigat, père ; Antoine Dollo ; Jean Pierre Raymon ; Guillaume Fournier ; Joseph Fenayrou ; Jacques Solignac ; J. Pierre Hicher ; J. Pierre Grousset ; Etienne Rouffiac élève tonsuré ; Antoine Solignac ; Antoine Raymon ; Antoine Pelat ; J. Joseph Solignac ; Guillaume Genestes ; Joseph Bernon, officier municipal ; Etienne Massabœuf ; Guillaume Deltour ; J. Pierre Mezi ; Antoine Mezi ; Pierre Grégoire ; J. B. Comeyras ; Thomas Aldebert ; Etienne Sagnier ; J. Pierre Vayssier ; Antoine Vayssier ; Charles Solignac ; Etienne Solignac ; Privat Solignac ; Jacques Bermon, officier municipal ; J. Pierre Aldebert ; Simon Aldebert ; Guillaume Roux ; Jean Chrysostome Agnet ; P. Rouffiac ; Mezi, père ; Mézi, fils ; Pierre Mézi ; Antoine Boussugue ; Guillaume Courtial ; Jean-Pierre Grousset ; Pierre Aldebert ; Pierre Noyrigat ; Pierre Boussugue ; Guillaume Salançon ; Jean Grégoire ; Jacques Sceycet ; André Noyrigat ; Louis Nogaret. Lesquels citoyens actifs dudit Estables, ici présents, ont déclaré, de plus fort, persister dans le choix et vœu qu'ils ont fait d'être unis au canton de la Canourgue et faire partie du département de la Lozère et se sont soussignés.

Suivent les signatures.
(Archives communales de la Canourgue.)

XXXI

Plusieurs communes du Gard demandent leur réunion au district de Villefort.

Extrait des registres de la Municipalité de Villefort.

L'an mil sept cent quatre-vingt-dix et le 13 octobre, le corps municipal assemblé dans la salle du conseil, M. Chabert, maire, a dit : Messieurs, l'établissement du district de Villefort, fondé sur la justice et sur la Convention qui fut faite de cette condition expresse lors de notre incorporation au département de la Lozère, a résisté aux sourdes menées de nos ennemis ; les paroisses de Ponteils, Malons, Bonnevaux, la Figière, nous ont dressé les délibérations qu'elles ont pris pour être réunies à notre district avec prière de nous joindre à elles pour obtenir la réunion qu'elles demandent et qui est si légitime, que la lecture de leur mémoire suffit pour s'en convaincre. Déjà dans les autres départements on a procédé à la nomination des juges, il est instant que cette nomination se fasse le plutôt possible. C'est pourquoi je croirais instant d'envoyer un député au Directoire du département de la Lozère pour le solliciter à faire les démarches nécessaires pour faire ordonner par l'Assemblée nationale la réunion des susdites paroisses au district de Villefort, comme aussi de solliciter l'échange que le département du Gard demande pour les autres paroisses qui n'ont pas délibéré, mais que leur salut exige d'être du district de Villefort, et de solliciter en même temps l'envoi du décret pour la nomination des juges.

L'assemblée ouï l'exposition de M. Chabert, maire, et les conclusions de M. Benoit avocat, procureur de la commune, a unanimement nommé pour député, auprès du directoire du département de la Lozère, M. Benoit, avocat, procureur de la commune à l'effet de solliciter :

1° L'envoi du décret pour la nomination des juges ;

2° La réunion des paroisses de Malons, Ponteils, Bonnevaux, la Figière, qui ont délibéré d'être du district de Villefort;

3° L'échange demandé par le département du Gard, en indemnité des paroisses qui nous avoisinent et qui n'ont pas délibéré ; il sera en outre donné des instructions particulières aux susdits députés par la municipalité.

Chabert maire, André, Bonnet, Cayroche, Fraysse, Blanc, officiers municipaux ; Benoit, commissaire de la commune ; Reboul, premier greffier, signés.

Collationné,

Reboul, secrétaire-greffier.

XXXII

La commune de St-Just témoigne le désir de faire partie du district de St-Chély-d'Apcher.

(Extrait des registres de la paroisse de St-Just de Recoux).

L'an mil sept cent quatre-vingt-dix et le dix-neuvième jour du mois d'août, avant midi, les habitants de la paroisse de St-Just de Recoux, département du Cantal, extraordinairement assemblés au lieu ordinaire ; M. le maire a dit que, d'après la lecture qu'il a faite des différents décrets de l'Assemblée nationale, il a reconnu combien elle désire soulager le peuple, adoucir son sort et lui procurer tous les avantages possibles qui pourront concourir avec le bien public ; que pour mieux y parvenir elle a déclaré que tous les établissements déjà formés pour les administrations n'étaient que provisoires, pour donner le temps à chaque municipalité de proposer ses plus grands avantages et expliquer ses moyens.

Il observe en conséquence que le plus grand bien de cette paroisse serait d'être distraite du canton de Ruines, district de St-Flour, département du Cantal, pour être réunie au canton de Blavignac, district de St-Chély, département de la Lozère.

Il ajoute encore qu'il a été averti que le chef-lieu de la justice n'est pas encore déterminé entre St-Chély et le Malzieu.

Cette paroisse n'est qu'à une lieue de St-Chély, tandis qu'elle est au moins à quatre de St-Flour, elle en est encore séparée par une rivière considérable, que dans le temps des crues d'eau les oblige à un détour fort long pour joindre le pont. Ses habitans n'ont aucune espèce de rapport, pour ainsi dire, avec St-Flour ; St-Chély, au contraire est leur unique entrepôt ; c'est là où ils portent leurs denrées et y vont faire leurs provisions ; plusieurs des forts domaines de la paroisse sont possédés par des habitants de St-Chély.

Cette paroisse n'est guère plus loin du Malzieu que de St-Chély ; cependant l'établissement de la justice dans cette première ville ne lui présenterait pas plus d'avantages que dans celle de St-Flour, par la même raison du défaut de rapports, et, dans le cas que son changement fut décidé, elle ferait la même réclamation que les habitants du district de St-Chély ; obliger par conséquent les habitants d'aller chercher la justice à St-Flour ou au Malzieu, c'est multiplier leurs voyages augmenter leurs frais, et, s'écarter de l'esprit même des sages décrets de l'Assemblé nationale qui tendent tous à rapprocher la justice des justiciables et en diminuer les frais.

D'après toutes ces considérations M. le Maire a requis l'Assemblée de délibérer.

Sur quoi, l'Assemblée convaincue qu'un pareil changement lui procurerait le plus grand bien, après avoir ouï M. Jean Antoine Périer, procureur de la commune, qui a insisté sur la vérité de tous ses motifs, a unanimement arrêté d'autoriser M. le Maire a présenter une expédition de la présente délibération à MM. les membres du directoire du district de St-Chély, et les prier de l'envoyer à MM. les administrateurs du département de la Lozère, pour qu'ils veuillent bien, les uns et les autres, prendre leur vœu en considération et l'appuyer de tous leurs pouvoirs auprès de MM. les députés de l'Assemblée nationale, membres du Comité de Constitution.

Collationné sur l'original par nous secrétaire, le vingt-quatre août mil sept cent quatre-vingt-dix.

Valadier, Secrétaire greffier.

XXXIII

La ville de Mende concède à M. Rivière la faculté d'une fontaine.

L'an 1791, et le lundi 19° jour du mois de décembre, heure de trois après midi. Dans la salle de la maison commune, en Conseil général. Ont été présents :

MM. de Combettes, maire ; Brunel, Bergounhe, Bourrillon, Crespin, Laurans, Lansac, officiers municipaux ; Colson, Boissonnade, de Lescure, Polvère, Court, de Lhermet, Dangles, Chaptal, Randon père, Foulc, Mouton, Cauper, Bertrand et Faibesses, notables.

M. le procureur de la commune a dit : Messieurs, vous n'ignorez pas les obligations que notre municipalité a à

M. Rivière, constamment occupé à nos intérêts pendant son séjour à l'Assemblée législative ; il a rempli avec un zèle infatigable les commissions dont nous l'avions chargé ; il ne cesse, depuis son retour, de nous donner des preuves du désir qu'il a de nous être utile. Ne devons-nous pas lui témoigner l'excès de notre reconnaissance ! J'ai l'honneur d'en fournir un moyen à l'Assemblée en lui accordant la faculté de prendre, au réservoir qui est à coté de la porte du jardin de l'évêché, un filet d'eau de quatre lignes, sous la condition qu'il la conduira à ses dépens ; qu'il adaptera un robinet ou tuyau, lequel ne sera ouvert que pour prendre l'eau nécessaire pour l'usage de sa maison et sous la condition et réserve que la municipalité s'est toujours faite, que cette faculté cessera dans le cas où les fontaines de la ville viendraient à manquer d'eau.

Sur la proposition de M. le procureur de la commune et d'après ses conclusions, il a été unanimement délibéré que, pour témoigner sa reconnaissance à M. Rivière, des services qu'il a cherché à rendre à la municipalité, soit à l'Assemblée nationale, en qualité de député, soit depuis son retour, il lui sera accordé la faculté de prendre au réservoir, qui est à côté de la porte du jardin de l'évêché, l'eau nécessaire pour l'usage de sa maison, et son jardin, qu'il y conduira à ses frais et y établira une fontaine avec un robinet qui restera habituellement fermé et ne pourra être ouvert que pour prendre l'eau nécessaire à son usage ; et la faculté de prendre l'eau cessera même lorsqu'elles manqueront aux fontaines de la ville.

XXXIV

Les registres de l'état civil de la ville de Mende enregistrent en ces termes la mort de cet honorable citoyen :

L'an mil huit cent vingt-quatre et le 31 juillet, heure de quatre, après midi. Par devant nous, maire, officier public de l'état civil de la ville de Mende.

Sont comparus, M. André-Victor Turc, employé aux contributions directes, âgé de quarante-six ans, et M. Claude Plagnes, notaire royal, âgé de cinquante-huit ans. Tous les deux habitants dudit Mende ; le premier gendre, et le second beau-frère du défunt, ci-après dénommé. Lesquels nous ont déclaré que ce jour d'hui, à huit heures du matin, et dans sa maison audit Mende, section du Soubeyran, est décédé M. Joseph-François Rivière, avocat, ancien procureur du Roi, âgé de quatre-vingt ans, veuf de dame Marie Cogouluenhes, dudit Mende ; et ont les déclarants signé avec nous le présent acte de décès, après qu'il leur en a été à tous donné lecture.

Ont signé : Plagnes. — Turc. — Guyot.

XXXV

Notice nécrologique de M. Rivière.

Nécrologie. — La ville de Mende vient de perdre l'un de ses meilleurs jurisconsultes, M. Joseph-François Rivière, bâtonnier de l'ordre des avocats de cette ville, mort le 31 juillet 1824, âgé de 84 ans.

Né à Pradelles, en Vivarais, M. Rivière se maria à Mende en 1775. Il était lieutenant principal au Bailliage du Gévaudan, lorsque le Tiers-Etat le députa aux Etats-Généraux en 1789, où il défendit les intérets de son pays avec beaucoup de zèle, surtout à l'époque de la division territoriale de la France. A son retour de cette assemblée, en 1791, il fut nommé procureur-général-syndic du département de la Lozère. Forcé de quitter sa patrie, il se rendit à l'armée des Princes. Rentré en France, il fut successivement juge au tribunal de première instance de Mende, président de celui de Marvejols, et, depuis la restauration, procureur du Roi, près le premier de ces tribunaux et près la Cour prévôtale de ce département. Admis à la retraite, il fut encore choisi pour être à la tête de l'ordre des avocats. Egalement distingué par son dévouement à l'auguste dynastie des Bourbons, par ses vertus morales politiques et judiciaires, et par ses talents, M. Rivière emporte les regrets de sa famille, de ses collègues et de ses amis.

(Journal agronomique, commercial et littéraire du département de la Lozère. 7 août 1824. N° 1438.)

Hommage à la mémoire d'un citoyen qui a bien mérité de son pays d'adoption. Car sans l'énergie et les efforts persévérants de M. Rivière, le département de la Lozère ne figurerait point sur la carte de France.

F. A.

XXXVI

DOCUMENTS COMPLÉMENTAIRES

RELATIFS A LA FORMATION DU DÉPARTEMENT DE LA LOZÈRE.

Extrait d'une lettre de MM. Rivière et Charrier, 20 octobre 1789.

..... Demain matin, l'on doit commencer a discuter le rapport du Comité de Constitution, que nous vous avons envoyé.

Les députés de la province doivent aussi se rassembler, pour décider ce qu'il convient de faire dans la position où nous nous trouvons relativement aux arrondissements projetés.

Je parvins, il y a près de huit jours à avoir les plans d'arrondissement ; c'est St-Etienne qui les a dirigés, pour notre partie ; et ce député fait l'impossible pour en donner un à Nimes. D'abord, il avait joint le Gévaudan au Puy, jusques et inclus Florac.

Je lui représentais, que dans la supposition que cette désunion eut lieu, il était impossible de diviser le Gévaudan ; que sa nature lui avait donné des limites qu'on ne pouvait pas franchir ; qu'il était entouré de tous côtés, excepté du Rouergue, par des montagnes et des rivières ; et il promet de refaire son plan de nous donner un arrondissement.

Cependant, je suis instruit que dans son nouveau plan, il joint Saugues et le Malzieu au Puy, et le restant au Vivarais.

Ce qui me console, et que j'espère, c'est que le système sera rejeté en entier.

Je ne crois pas qu'il convienne à la province de se diviser, surtout dans le moment. L'on ne rompt pas aisément des liens, resserrés par une société de plusieurs siècles : et, la délibération dont vous nous avez honorés, nous prescrit la manière dont nous devons considérer cette question. Nous aurions cependant désiré que vous y eussiez joint la délibération des autres villes et de quelques paroisses. Ceux qui ont imaginé ce plan, ignorent nos formes et notre position, M. St-Etienne, qui est du Languedoc, est étranger à l'administration.

Le Languedoc a des dettes générales, contractées pour des objets d'utilité générale, ou du moins présentées sous cet aspect, pour l'acquisition des canaux, des offices royaux. Si la province se divisait, qu'elle serait la règle à suivre dans le partage des dettes et des objets acquis ? Cet embarras, augmente encore par la diversité des dettes contractées par les diocèses qui se trouvent dans le même arrondissement, seront forcés à une société inégale, à la fin l'on ne saurait qu'elle règle adopter, lorsqu'on diviserait un diocèse pour en mettre une partie dans un arrondissement et une partie dans l'autre.

La grande raison qu'on donne, c'est l'égalité de la représentation ; mais l'on ne peut diviser Paris et son arrondissement. Cependant, il aura au moins trois représentations ; il anra donc une influence bien marquée. Cette influence sera augmentée par la position du lieu et la réunion de ses représentants qui, citoyens d'une même ville, seront bien mieux d'accord que ceux d'une province qui se connaissent à peine.

Il est certain que ces raisons sont excellentes et devraient réussir ; cependant nous ne répondons de rien. Mais si cette division s'opérait, le Gévaudan faisant des parties des autres provinces, notre présence deviendrait inutile ici...

  Messieurs,
    Vos très-humbles et très-obéissants serviteurs.

         Rivière. — Charrier.

Notre adresse est : Aux députés de la Sénéchaussée de Mende, à l'Hôtel et rue de St-Thomas du Louvre.

XXXVII

Lettre de MM. Rivière et Charrier.

Versailles, le 26 octobre 1789.

Messieurs,

... L'on s'assemble souvent en province ; mais ceux qui gagnent à ce changement d'administration chancellent, et nous ne voyons pas sur cette question le concert que nous désirerions.

L'on a remis dans la carte qu'on a affichée, le dénombrement du Gévaudan comme la première fois, partie est jointe au Puy et partie à Nimes.

Nous ferons tous nos efforts pour contrecarrer ce plan, qui deviendrait destructeur pour le Gévaudan, et subalternement à d'autres arrondissements.

..... Nous sommes avec respect, etc.

Signé : Rivière.

XXXVIII

Lettre des mêmes.

Versailles, le 26 octobre 1789.

Messieurs,

... Hier matin, la grande question de la division provinciale s'est jugée à l'entrée de la séance. M. Target lut un discours bien fait, pour prouver la nécessité d'admettre le plan du comité ! Après lui, un Languedocien, (M. Nogaret) parla au nom de la province et exposa les obstacles qui existaient dans la province pour cette opération. Après lui, plusieurs autres députés des provinces avaient demandé la parole ; on l'accorda à M. Turret, autre membre du comité. Après son discours, l'on décida qu'il était inutile de consulter personne plus. Il fut jugé, à la pluralité des voix, que la question était suffisamment discutée. L'on demanda l'appel nominal ; il fut refusé, et à la très-grande majorité, l'on décréta : 1° Que le royaume essaierait une nouvelle division en départements ; 2° Que ses départements seraient au nombre de 75 jusqu'à 85.

Nous allons diriger maintenant nos efforts, vers ce nouvel ordre de choses, et nous désirons bien sincèrement qu'ils procurent à notre pays, un département. Mais nous craignons bien de ne pas y réussir.

Vos très-humbles et très-obéissants serviteurs.

Ont signé : Rivière. — Charrier.

P. S. — Nous oublions de vous dire, que lorsque M. Nogaret eut parlé, et qu'il eut énoncé que le vœu des députés du Languedoc était de s'opposer à la division, M. de St-Etienne s'éleva et déclara au nom de sa sénéchaussée que leur vœu était contraire, et aucun de ses co-députés n'osa le demander, quoique quelques-uns eussent été de l'avis et de l'opinion de M. Nogaret ; et qu'ils l'eussent même dirigée.

XXXIX

Lettre de MM. du Comité de Marvejols à ceux du Comité de correspondance de Mende.

Marvejols, le 14 novembre 1789.

Messieurs,

Nous avons reçu avec votre lettre du 11 courant, l'extrait de la délibération prise par votre communauté relativement au projet de démembrement de la province de Languedoc, présenté à l'Assemblée nationale par le comité de Constitution.

Notre ville a pris une délibération semblable, que nous avons adressé aux députés. Nous avons tous le même intérêt à nous opposer au partage de la province, et les mêmes vœux à former pour obtenir un département pour le Gévaudan, si le projet du Comité de constitution était accepté, ainsi nous adhérons à votre délibération.

Nous adhérons aussi au mémoire que vous êtes chargés de rédiger sur cet objet, dès que vous nous l'aurez communiqué, il parviendrait aussi à nos députés, muni de notre adhésion.

Nous sommes avec l'attachement le plus fraternel, Messieurs, vos très-humbles et très-obéissants serviteurs.

Ont signé : Le Vte de Framond ; Malet avocat, Osty, Dallo, rapporteur du Comité, L. Vaissade, J.-B. Girard, D. M.

XL

Lettre de MM. Rivière et Charrier députés, à Messieurs du Comité de correspondance, à Mende.

Paris, le 9 décembre 1789.

Messieurs,

Nous avons reçu la lettre que vous nous avez écrite, et le mémoire qui y était joint. Nous sommes charmés que vous en ayez donné un exemplaire au Président de l'Assemblée ; cela ne peut produire qu'un bon effet ; nous sommes fâchés qu'il ne nous soit pas parvenu avant de livrer votre note à l'impression.

Vous ne devez pas douter de notre zèle à faire valoir les excellentes raisons que vous y avez déduites. La contestation se discute souvent à l'Assemblée de la province ; mais elle n'a pas encore été portée au Comité de constitution ; dès qu'elle y aura été jugée et avant qu'on ne la discute à l'Assemblée générale, nous vous en instruirons. En général, nous avons lieu de présumer que si le Velay peut s'arranger avec l'Auvergne cela épargnerait bien des peines et des soins.

Langogne pressé par le Puy, de se réunir à lui, a refusé et préféré son ancienne union avec le Gévaudan. Cette ville nous a fait passer sa délibération. Les députés du Puy nous ont assuré que Saugues avait tenu une conduite bien différente et qu'elle avait accédé aux demandes de cette ville. Il parait de tous les avis du Puy et des députés, qu'ils se sont ravisés enfin, et qu'ils ne désirent plus tant notre réunion en corps de pays ; ils ont enfin senti que plus forts qu'eux en superficie et en population, nous ferions la loi si nous restions unis dans toutes nos parties ; mais comment effacer les anciennes impressions données ?

M. l'abbé de Bruges en arrivant a débarqué chez nous, et coopère, autant qu'il peut à faire ressortir les obstacles insurmontables qui s'opposent à notre réunion avec le Velay, et, quoique très mal logé il n'a pas voulu quitter cet hôtel, jusqu'à ce que cet objet sera définitivement arrêté.

Nous avons lu avec peine dans votre lettre: *Nous désirons sincèrement et nous vous prions au nom de notre commune patrie de vous concerter avec M. le marquis de Châteauneuf pour parvenir aux fins de nos justes réclamations.*

Nous ne pouvons plus douter que quelques personnes n'aient cherché à vous insinuer ou ne vous aient écrit que, dans quelques occasions nous avions eu un sentiment différent de ceux de ce député.

Nous ignorons sur quoi peuvent porter ces insinuations et les lettres qu'elles accusent ; parce qu'elles sont occultes, mais nous espérons que vous voudrez bien nous en instruire. Loin de redouter les éclaircissements, nous nous empressons de les provoquer. C'est une grâce ou une justice que nous réclamons, et nous les croyons même nécessaires pour les intérêts de notre patrie commune.

Quelques qu'aient été nos opinions, et vous ne devez cependant pas douter qu'aujourd'hui nous ne nous réunissions et nous ne fassions tous nos efforts pour faire en sorte que le Gévaudan obtienne ce qu'il sollicite.

La volonté connue de tout le pays nous fait à tous une loi d'employer tous les moyens possibles pour y parvenir.

L'on a continué les municipalités ; ce matin l'on a décrété, qu'il ne serait pas nécessaire que le département soit toujours dans le même lieu, et qu'il pouvait alterner entre les villes principales.

Nous sommes avec un respectueux attachement, Messieurs, vos très-humbles et très-obéissants serviteurs.

Ont signé : Rivière. — Charrier.

XLI

Lettre des mêmes députés.

Paris le 23 décembre 1789.

Messieurs,

Nous avons reçu la lettre que vous nous avez écrite le 14 de ce mois, et celle que vous aviez reçue de Meyrueis. Nous l'avons déjà produite, mais nous ne pouvons rien dire de positif. Le Velay n'a encore rien terminé avec l'Auvergne, et c'est un des points intéressants qui influera beaucoup sur la décision.....

Nous sommes avec un respectueux attachement etc.

Ont signé : Rivière Charrier.

XLII

Lettre des mêmes députés.

Paris, le 5 février 1790.

Messieurs,

Vous trouverez ci-joint un discours que le Roi tint hier à notre assemblée, où il vint sans aucune cérémonie.

Après son départ l'on délibéra de prêter le serment dont vous verrez à la suite la formule. Tous vos députés se présentèrent et le prêtèrent.

Ce matin l'on a décrété le département du Gévaudan, il est exprimé qu'il est composé de sept districts : Mende, Marvejols, Florac, Langogne, Villefort, Meyrueis, St-Chély ou le Malzieu, ainsi qu'il sera déterminé par les électeurs à la première assemblée qui se tiendra à St-Chély.

Par le premier courrier nous vous en enverrons un extrait ; vous y verrez qu'on n'a pas eu égard à la pétition de Marvejols, et que, suivant l'avis de vos députés, le chef-lieu alternera entre Mende et Marvejols, et que la première session se tiendra à Mende et la seconde à Marvejols.

L'on a rendu cette semaine, quelques décrets relatifs aux formes des municipalités ; nous sommes instruits que le gouvernement vous les envoie par le courrier.....

Nous sommes avec un respectueux attachement, Messieurs, vos très-humbles et très-obéissants serviteurs.

RIVIÈRE. — CHARRIER.

XLIII

Lettre de M. Rivière.

Paris, le 30 avril 1790.

Messieurs,

Je me hâte de répondre à votre lettre du 22 de ce mois que je viens de recevoir.

Il est vrai que, par un premier décret du 5 février,

il fut statué, d'après le consentement unanime de vos députés, qui avaient été réunis, signé au Comité de constitution, que *provisoirement* le chef-lieu du département alternerait entre les villes de Mende et Marvejols ; de manière que la première séance se tiendrait à Mende et la seconde à Marvejols.

Tous les décrets particuliers relatifs à la formation des départements furent fondus dans un seul, le 26 février, et le département de Lozère y fut ainsi conçu :

« *Département de la Lozère. — La première séance se tiendra à Mende et pourra alterner avec Marvejols.* »

C'est à ce dernier qui est accepté par le Roi, et quoi qu'ils vous paraissent différents, ils dérivent tous les deux, du même principe et de la même convention ; c'est que tous les arrangements étant provisoires, ils ne peuvent devenir définitifs que par la décision et les vœux des électeurs du département.

Voilà tous les éclaircissements que je puis vous donner ; vous n'avez besoin du consentement de personne pour les diverses pétitions que vous pouvez faire à cete assemblée, en vous conformant aux décrets de l'Assemblée nationale ; vous devez y jouir de toute liberté, et personne n'a le droit de l'altérer.

Je suis avec un respectueux attachement Messieurs, votre très-humble et très obéissant serviteur.

Signé : Rivière.

XLIV

Lettre du suppléant du procureur général syndic de la Haute-Loire.

Le Puy, le 18 novembre 1790.

Monsieur,

J'ai été chargé par le Directoire du département de vous écrire au sujet de la lettre que vous avez adressée le 28 septembre dernier à M. Riou, l'un de ses administrateurs, et de vous marquer que l'Assemblée administrative avait pensé qu'il ne suffisait pas de nouveau deux commissaires pour se réunir à Montpellier avec ceux des autres départements, de la ci-devant province du Languedoc, mais qu'il fallait encore en nommer pour régler les intérêts des paroisses voisines, soit du Forez, soit de l'Auvergne, soit du Gévaudan, qui avaient été réunies au Velay, et fixer les limites respectives. En conséquence, MM. Riou et Fabre furent élus pour la partie du Gévaudan, et l'on croyait que leurs opérations n'auraient éprouvé ni difficulté ni retard, parce que l'on s'était persuadé que l'assemblée administrative du département de la Lozère aurait nommé deux commissaires pour le même objet.

Votre lettre, à M. Riou, nous annonce que nous étions dans l'erreur, puisque non seulement vous dites qu'il n'a point été nommé des commissaires dans votre département, mais que vous proposez encore d'engager les directeurs, a finir par des relations respectives. La question de savoir dans lequel des deux départements doivent rester le lieu de Saugues et quelques communautés adjacentes.

Mais, Monsieur, comment pourrait-il y avoir aujourd'hui de doute sur la réunion, de cette partie du Gévaudan, au département de la Haute-Loire, quand elle se trouve prononcée par les décrets de l'Assemblée nationale ? Quand un très grand nombre de ces paroisses y a acquiescé par des délibérations qui nous ont été envoyées, portant révocation de quelque précédente délibération, que les habitants de ces paroisses ne craignent pas de dire leur avoir été surprises ; quand nous avons, dans l'administration du département et du district, des individus de ces mêmes lieux.

Tant de circonstances sont bien propres à faire cesser toute espèce de difficulté sur le sort de ces paroisses et ville de Saugues, et à rendre inutiles aucunes relations entre les directoires de nos deux départements à ce sujet. Ce n'est pas que celui de la Haute Loire ne se fasse un plaisir de tenir une conduite qui soit agréable à celui de la Lozère ; mais il est tout naturel qu'il cherche à maintenir un terrain qui lui est acquis par de si bons titres. Il espère donc, que vous voudrez bien engager l'assemblée de votre département à nommer des commissaires particuliers, pour terminer toutes autres affaires respectives.

Je suis avec un respectueux attachement, Monsieur, votre très-humble et très obéissant serviteur.

Signé : Mouredon,
Suppléant du procureur général syndic.

PROCÈS-VERBAUX

DES SÉANCES

DE L'ADMINISTRATION DÉPARTEMENTALE

DE LA LOZÈRE

ET DE SON DIRECTOIRE (1).

— Du 6 juillet 1790, heure de neuf, du matin. —

MM. les administrateurs élus pour former l'assemblée administrative du département de la Lozère, réuni dans la salle qui leur avait préparée par la municipalité de la ville de Mende, se sont rendus à l'église cathédrale de la dite ville, escortés de toute la garde nationale et y ont entendu la messe, qui a été célébrée par M. de Siran, l'un deux ; et, revenus dans la dite salle, M. de Marance, doyen d'âge, a pris le fauteuil de Président, et M. Rivière, procureur général-syndic, a dit

---

(1) N. B. La Société en publiant ces délibérations ne s'occupe que de celles qui offrent un intérêt général.

« Messieurs, appelé par vos suffrages à la place de
« procureur général syndic, j'ai du abandonner quel-
« ques instants le poste glorieux qui m'avait été confié
« pour venir accélérer votre activité.

« Les circonstances où nous nous trouvons semblaient
« exiger impérieusement votre réunion ; les besoins du
« département réclamaient les administrateurs qu'il
« avait élus.

« Vous avez daigné me confier le soin d'indiquer le
« jour de notre première séance et j'ai cru, en le rap-
« prochant, seconder vos vœux.

« Que ce jour soit consacré dans nos fastes : c'est
« le premier où le Gévaudan, affranchi des entraves
« d'un gouvernement gothique, se verra administré
« par des représentants dont le choix sera son ou-
« vrage.

« Dépositaires des intérêts les plus sacrés ; chargés
« des opérations les plus importantes ; commis pour
» veiller à la sureté et à la tranquilité publique ; cen-
« seurs des administrateurs secondaires ; quel poids
« immense nous impose cette élection ! quelle tache
« difficile à remplir !

« Mais l'espoir d'obtenir la couronne civique que
« nous prépare la reconnaissance de nos concitoyens,
« allégera nos travaux et nous soutiendra dans la car-
« rière pénible et glorieuse que nous devons par-
« courir.

« Que ne peut l'amour de la patrie sur des cœurs
« qui commencent à jouir des avantages d'une Consti-
« tution ! électrisés par les charmes de la liberté, quel
« est l'obstacle que nous ne puissions surmonter ? quel
« est le sacrifice que nous ne soyons prêts à faire ?

« Tel est le ressort puissant que vos Représentants
« ont placé dans la Constitution française ; c'est lui qui
« doit faire mouvoir toute la machine politique.

« Aimer sa patrie, borner son ambition au seul désir,
« au seul bonheur de lui rendre de plus grands services
« que les autres citoyens ; acquitter ainsi une partie de
« cette dette immense qu'on a contractée envers elle ;
« voilà les vertus qu'elle cherche à inspirer à tous les
« Français.

« C'est à nous, Messieurs, que nos citoyens ont placé
« à la tête de l'administration, à nous montrer dignes
« de ce choix ; c'est à nous de donner l'exemple de
« toutes les vertus.

« Le département dont le soin vous est confié est
« peut-être le plus pauvre des départements; un sol
« ingrat ne donne que des récoltes peu abondantes et
« souvent précaires ; un commerce devenu impuissant
« y appelle à peine le numéraire nécessaire au paye-
« ment des impôts ; les vices de l'ancien gouvernement ;
« l'arbitraire de l'administrateur de la province de Lan-
« gogne, en augmentant ses dépenses, a presque tari
« la somme de ses richesses ; une dette particulière
« de 550,000 livres; la portion de la province, que des
« dépradations continuelles ont porté au-delà de vingt-
« huit millions ! que de charges à acquitter ! que de
« fautes à réparer !

« Mais que ne peut une économie sévère ! que ne
« peuvent les soins continuels d'une administration
« éclairée et vigilante !

« En éloignant le faste et les vanités d'une monarchie
« absolue ; en y substituant les maximes de la nouvelle
« Constitution, vous diminuerez les dépenses ; en en-

« courageant l'agriculture négligée dans nos monta-
« gnes ; en augmentant notre commerce ; en ouvrant
« de nouveaux canaux à notre industrie ; en ménageant
« toutes nos ressources ; en profitant de celles qu'un
« nouvel ordre de choses nous prépare, vous tarirez
« graduellement la source des maux, et veus verrez
« élever sur des bases solides la prospérité publi-
« que.

« Puissions-nous bientôt voir se réaliser cet espoir
« flatteur ! puissions-nous procurer à ce département
« tous les autres avantages dont il est susceptible.

« La prévoyance éclairée de l'Assemblée nationale
« borne dans le moment les travaux de votre session à
« la nomination de votre Président, de votre Secré-
« taire et des membres du Directoire ; elle n'a pas voulu
« que vous restassiez assemblés dans une inaction for-
« cée ; elle a vu que le service de cette année était
« déjà réglé ; que l'instruction qu'elle vous avait annon-
« cée n'était pas finie, et elle avait préféré d'inviter les
« directoires à préparer avec soin les matériaux que
« vous devez mettre en œuvre.

« Mais elle a senti, en même temps, combien il était
« nécessaire que votre Directoire fut mis en activité ;
« elle a pris soin de lui indiquer les opérations dont il
« devait s'occuper ; elle lui a tracé la route qu'il devait
« suivre, elle lui a montré les travaux qu'il devait exé-
« cuter et ceux qu'il devait seulement préparer.

« Hâtons-nous donc, Messieurs, de procéder à ces
« nominations ; hâtons-nous de prêter le serment qui
« doit les précéder ; jurons d'être fidèles à la loi qui,
« étant l'expression de la volonté générale, doit subju-
« guer et soumettre toutes les volontés particulières.

« Jurons d'être fidèles au Roy, à ce Roi si digne de nos
« respects et de notre amour ; à ce Roi qui, brisant lui-
« même le sceptre du despotisme, a reçu le titre glo-
« rieux de restaurateur de la liberté française. Hâtons-
« nous de constituer et que le premier acte de notre
« administration soit une adhésion à cette Constitution
« qui doit faire à jamais le bonheur des Français.

M. le Président a répondu :

« Monsieur, en fixant son choix sur vous pour l'im-
« portante place que vous devez occuper, le Corps
« électoral a trouvé tout ce qu'il pouvait désirer pour
« procurer aux affaires l'expédition la plus prompte, la
« plus régulière et la plus avantageuse ; vous avez di-
« gnement coopéré à la formation des nouveaux règle-
« ments.

« Vous en connaissez donc parfaitement le véritable
« esprit. Guidés par vos lumières et votre exemple,
« nous entrons avec confiance dans la carrière que nous
« devons fournir ; nous sommes prêts, avec l'aide de
« l'Etre suprême, à sacrifier ce que nous pouvons avoir
« de plus précieux pour maintenir une Constitution qui
« ne peut manquer de faire la gloire et le bonheur de
« cet empire. »

De suite, il a été procédé à la lecture des procès-verbaux contenant la nomination des dits administrateurs, et l'appel nominal de tous les membres ayant été fait, se sont trouvés présents : MM. de Beauregard, Lombard, Valentin, Chevalier, Ferrand, Bonnel, Eymar, de Marance, Monestier, Valette, de Monteils, Chazot, La Chassagne, de Noyant, Blanquet, de Fressac, Bancillon, Boutin, Pintard, Forestier, de Soulages, Du Caya, Meissouzac, Polge, médecin, La Baume, de Juin, Du Claux, Mezins, Brudi, Monestier.

Et MM. de Belviala, Pagès, Bonnet, Paul, de Bédos, ont été déclarés absents.

L'un des membres a proposé de prêter le serment civique avant de commencer aucune opération.

La question mise aux voix a été unanimement adoptée, et de suite M. le Président a juré, entre les mains de l'Assemblée, d'être fidèle à la nation, à la loi et au Roy, et de maintenir, de tout son pouvoir, la constitution décrétée par l'Assemblée nationale, acceptée par le Roi. Après quoi, il a reçu un pareil serment qu'ont fait tous les membres présents, individuellemet et l'un après l'autre.

L'un des membres a fait la motion que, vu les procès-verbaux de nomination et l'acceptation que tous les membres présents avaient fait de leur mandat, ils se constituent Assemblée administrative du département de la Lozère.

La question mise aux voix a été adoptée.

L'un des membres a proposé de procéder à l'élection d'un Président et d'un secrétaire. La question mise aux voix a été unanimement adoptée, et MM. Lombard, Boutin et Beauregard, plus anciens d'âge, ayant pris la place de scrutateurs, ils ont prêté l'un après l'autre, le serment de maintenir la Constitution de tout leur pouvoir, d'obéir à la Nation, à la loi et au Roy, et d'exercer exactement les fonctions de leur charge ; et M. La Chassagne, l'un des administrateurs choisis pour faire la fonction de secrétaire, jusqu'à ce qu'il eut été procédé à la nomination, a prêté le même serment, et chacun d'eux ayant mis son billet dans l'urne, tous les MM. administrateurs sont venus audit bureau, ont fait le même serment individuellemt, écrit leur billet et mis insensiblement dans l'urne.

Les dits scrutateurs ayant ouvert les billets, les ayant dépouillés, et compté les voix, ont déclaré que le résultat ne donnait la majorité absolue à aucun membre.

Il a été procédé de suite à un second scrutin, au dépouillement, recensement des billets, en la même forme, et MM. les scrutateurs ont déclaré que M. de Noyan avait obtenu la majorité absolue des suffrages.

Le choix a été vivement applaudi par l'assemblée et M. de Noyan a été proclamé Président de l'Assemblée administrative du département de la Lozère.

Il a été de suite procédé au scrutin de liste pour la nomination d'un secrétaire, en la même forme. Et après avoir prêté le serment ci-dessus exprimé et les billets ayant été ouverts, dépouillés et comptés, MM. les scrutateurs ont déclaré que personne n'avait obtenu la majorité absolue des suffrages.

Et ayant été procédé à un second scrutin, MM. les scrutateurs ont déclaré, une seconde fois, que personne n'avait obtenu la pluralité absolue des suffrages, et que MM. Paulet et Panafieu, de la ville de Mende, étaient les personnes qui avaient réuni le plus grand nombre de voix.

Et ayant procédé au troisième scrutin sur le choix de ces deux Messieurs, les scrutateurs ayant ouvers, dépouillé, et compté les billets, ils ont annoncé que M. Paulet avait obtenu la majorité absolue, et en conséquence, M. Paulet a été proclamé secrétaire de l'assemblée, et la séance a été levée à une heure après-midi et renvoyée à trois heures de relevée.

TRESCAZAL de Marance, président.
DE ROZIÈRE de la Chassagne, secrétaire.

Dudit jour, six juillet, heures de trois après midi.

M. de Noyan ayant pris la place de président a prêté entre les mains de l'Assemblée le serment d'être fidèle à la nation, à la loi et au roi et de remplir exactement les fonctions civiles et administratives qui lui sont confiées, et le même serment a été prêté individuellement, et l'un après l'autre, par tous les membres de l'Assemblée.

M. Paulet, secrétaire élu, s'étant présenté à prêté entre les mains de M. le président, le même serment.

Un des membres a proposé de commencer les opérations de l'assemblée en adhérant à tous les décrets rendus par l'Assemblée nationale, acceptés et sanctionnés par le Roi, et d'envoyer à l'Assemblée nationale et au Roi une adresse contenant l'adhésion et l'expression des sentiments de respect et d'amour dont elle est pénétrée.

La motion a été unanimement accueillie.

M. le Président a annoncé deux députations, l'une de l'administration du district, et l'autre de la municipalité de cette ville ; celle de la municipalité ayant été admise à la barre, M. le maire dit :

Messieurs, j'estime ce jour le plus heureux pour moi, où organe de mes citoyens je viens vous offrir leurs hommages, ils voient réunis dans leur sein l'élite de leurs compatriotes les plus vertueux, c'est d'eux qu'ils attendent leur bonheur, et la joie la plus vive se manifeste jusques dans le moindre de leurs mouvements.

Dans le monde ancien, dont nous sortons, Messieurs, par un prodige que nous n'osions espérer, dans ce premier chaos où régnait le désordre et la confusion, l'honneur était étranger à l'homme, tous les cœurs étaient isolés, ces noms si doux, l'amitié, la bienfaisance n'étaient plus que des noms qui n'exprimaient aucun sentiment; la nature était muette et ne parlait plus au cœur: l'orgueil de l'homme l'avait étouffée dans sa source. Le Français avili par la servitude semblait ignorer la noblesse de son origine. Il ne sentait plus la pesanteur de ses fers, il osait à peine lever vers le ciel ses mains tremblantes et ses yeux mouillés de larmes.

Quelle est cette main puissante qui vient enfin de rompre des chaînes aussi cruelles et ne lui en laisse connaître que celles de l'union la plus tendre et la plus paternelle ?

Vous n'ignorez pas, Messieurs, la source d'où découlent sur nous de si grands biens; que la grandeur de votre reconnaissance égale, s'il est possible, la grandeur du bienfait. Je vois déjà tomber toutes les barrières qui s'opposent à cette tendre union de tous les cœurs, la nature renaît, le sentiment l'accompagne, une douce sympathie attire tous les Français; tous les cœurs volent comme par instinct les uns vers les autres pour former le lieu le plus indissoluble et le plus doux; la France entière ne sera plus qu'une seule famille, dont tous les membres ne voudront se distinguer que par de nouveaux élans de patriotisme et de tendresse. La ligne de démarcation qui semblait dégrader l'homme est enfin effacée. Une justice lente et tardive que nous allions chercher à grands frais loin de nos foyers, n'existe plus, nous l'aurons dans notre sein, elle veillera sur nous et son œil menaçant écoutera de son sanctuaire tout ce qui faisait le malheur des peuples.

Une administration sage et éclairée va s'occuper de notre bonheur et quelque vive que puisse être notre reconnaissance, elle n'égalera jamais la grandeur des bienfaits que nous recevrons.

C'est en tâchant de marcher sur vos traces, Messieurs, que nous nous occuperons du bonheur de nos citoyens, heureux si nos faibles talents pouvaient égaler notre zèle.

M. le Président lui a répondu :

« Monsieur, la ville de Mende destinée à être le berceau d'un département dont les membres vont se livrer tous entiers à procurer le bonheur de ces contrées stériles et infortunées, ne cesse de lui donner l'exemple de ne chercher que le vrai mérite par les élections du chef-lieu de sa municipalité ; pour que toutes les communautés pussent vous imiter comme elles en auraient le désir, il faudrait qu'elles eussent aussi vos ressources : le nouveau choix qu'elle a fait de vous, Monsieur, pour remplacer les deux maires que le roi et le département lui ont successivement enviés, apprend à tous ceux qui auraient pu l'ignorer qu'elles sont inépuisables, qu'il est heureux pour tous qu'elle soit le centre des talents et des vertus patriotiques, lorsqu'elles désirent pour tous, un temple où l'on vient se consacrer à la félicité des peuples et s'oublier soi-même pour rendre les autres heureux ».

La députation de l'administration de ce district ayant été admise à la barre, un des administrateurs a dit :

« Messieurs, le directoire du district de Mende, dont j'ai l'honneur d'être l'interprète, vient vous offrir ses hommages, et vous assurer que, dans toutes les occasions, il se fera un devoir de profiter de toutes vos lumières et de marcher sur vos traces. Si j'étais l'organe du peuple, toujours juste dans ses éloges, je vous dirais que vos éloges et vos vertus justifient le choix de vos concitoyens. Mais, Monsieur, je suis l'organe d'un corps qui, comme vous, enflammé du feu sacré du patriotisme et digne d'une Constitution qui étonne l'univers, veut être juste parce qu'il doit l'être, et remplir ses fonctions avec courage et avec zèle parceque c'est son devoir. Toujours subordonné au département et pénétrés de l'enthousiasme de la liberté, sans nous écarter de la saine raison, nous nous bornerons à admirer vos travaux, persuadés que de vrais citoyens, qui font le bien pour le bien même, n'aiment pas les éloges et se contentent de les mériter. »

M. le président a répondu : « c'est avec d'autant plus de satisfaction, Messieurs, que l'assemblée du département voit le choix éclairé que le district a fait en vous pour les administrateurs, que le zèle et l'attention que vous allez apporter aux opérations importantes qui vous sont confiées assureront la justice et la sagesse des siennes, et par là le bonheur et la félicité de ce pays ».

Les deux députations ont été invitées a assister à la séance.

L'un des membres a dit que M. le président lui avait fait remettre des pièces relatives à une demande faite par le père Rémi, capucin, qui en vertu d'une obédience de ses supérieurs s'était rendu au couvent de son ordre de la ville de Marvejols, que le gardien lui avait refusé des aliments, sous prétexte que la municipalité s'opposait à sa réception, que cependant cette municipalité avait attesté qu'elle ne se refusait point à ce que le gardien reçut dans son couvent le religieux, qu'il paraissait que ce gardien était le seul qui élevât des difficultés sur cette réception, que cependant les religieux, qui n'étaient pas rentrés dans le siècle, devaient être soumis aux mêmes règles pour l'obédience qu'avant le décret, jusqu'à ce que l'Assemblée nationale aurait prononcé définitivement sur leur sort, et qu'en conséquence il faisait sa motion que ledit père Rémi fut renvoyé au couvent de Maruejols, et que le district de cette ville fut chargée de lui faire jouir de tous les avantages dont jouissaient les autres religieux.

La question mise aux voix, sa motion a été accueillie.

L'un des membres a exposé que, lors de l'assemblée tenue à Mende pour l'élection des membres du département, Mᵉ Brun électeur de St-Chély avait fait une motion relative à quelques surcharges qu'éprouvait l'ancien diocèse de Mende, dans la répartition des impôts, et à des gratifications et émoluments qui étaient accordés sans nécessité par la commission établie à Montpellier; que M. le président avait été chargé de faire parvenir cette pétition à M. de Lhermet, commissaire nommé pour le département de la Lozère et à Messieurs les députés du département, à l'Assemblée nationale et qu'il demandait si cet envoi avait été fait et la réponse que M. le président devait avoir reçue.

M. le président a remis une lettre de M. de Lhermet et M. de Beauregard, une autre écrite par M. de Chateauneuf de Randon, député à l'Assemblée nationale, lesquelles lettres seront annexées au présent procès-verbal.

Lecture faite desdites lettres, un des membres a proposé d'écrire à M. de Chateauneuf et de lui marquer :

« L'assemblée administrative du département de la Lozère, dont j'ai l'honneur d'être le président, me charge de vous remercier des choses flatteuses que vous voulez bien lui dire sur la manière dont elle est composée ; le titre d'administrateur est bien propre à porter au plus haut point d'énergie les sentiments patriotiques dont chacun était déjà animé comme citoyen et votre exemple sera l'objet de notre émolution.

« L'assemblée se hate de détruire l'impression mal fondée que l'opinion d'un électeur insérée dans le procès-verbal a faite sur vous, Monsieur, et sur la commission de Montpellier ; vous qualifiez cette délibération de *contravention aux décrets et au patriotisme;* si elle méritait un pareil titre, il faudrait l'anathématiser et en punir les auteurs ; mais il suffit de la relire avec attention pour la justifier. Dans le compte de la province, on convient que le Gévaudan avait contribué dans tous les temps à toutes les dépenses faites dans le Languedoc, qui n'avait encore rien fait pour le Gévaudan.

« L'on est parti de cet aveu qui porte sur un fait incontestable et l'inégalité, la disproportion, et, ce qui est synonyme, l'injustice étant reconnue, l'assemblée des électeurs crut et l'assemblée administrative persiste à croire qu'elle ne devait pas être continuée, même cette année ; son silence à cet égard eut été un acquiescement, et son opposition parut une précaution utile et nécessaire ; la réclamation ne porte point sur les injonctions connues sous la dénomination de deniers royaux ; la délibération contient au contraire un acquiescement formel ; la réclamation porte sur les deniers provinciaux, et il est de toute justice que le Gévaudan ne contribue pas aux dépenses des parties de l'administration dont il ne partage pas l'utilité. Suivant la délibération, cette réclamation est premièrement portée à l'Assemblée nationale; ce n'est que sourdement qu'elle est adressée à la commission de Montpellier et ce fut l'effet d'une réfléxion expresse d'un des membres, qui observa que la seule Assemblée nationale pouvait décider cette question. La délibération ne contient aucune expression injonctive; l'assemblée ne chargea le président d'en mettre aucune dans sa lettre et le président n'entendit pas y en mettre lui-même.

Voilà, Monsieur, la vérité toute nue, et l'assemblée a observé que si vous aviez présenté la délibération tout de suite à l'Assemblée nationale, la commission de Montpellier ne l'aurait pas prévenu défavorablement ; mais vous avez cru bien faire, et nous serons toujours disposés à rendre justice à vos motifs et à votre zèle ».

La motion mise aux voix, elle a été unanimement adoptée et M. le président prié d'écrire cette lettre à M. de Chateauneuf-Randon.

Un des membres, a dit, que le district de Meyrueis éprouvait des inquiétudes sur la tranquillité publique ; que des personnes, sans doute mal intentionnées, faisaient tous leurs efforts pour empêcher la formation des milices nationales ; que les électeurs de celle de la Malène s'étant rendus à Meyrueis, pour nommer les députés à la fédération, on avait cherché à leur inspirer des craintes mal fondées ; qu'on avait empêché plusieurs paroisses d'y envoyer leurs députés, et qu'on les renouvelait encore pour les dissuader de venir au causse de Sauveterre où toutes les milices nationales du département avaient été invitées pour le 14 de ce mois ; et qu'en conséquence il faisait la motion que M. le procureur général-syndic fut autorisé d'écrire à la municipalité de la Malène et autres voisines pour détruire les impressions qu'on cherchait à leur donner.

M. le Procureur général-syndic, ayant pris la parole, a dit qu'il remplirait avec d'autant plus de plaisir cette commission, qu'il venait de lui être adressé par M. de Saint-Priest une proclamation du Roi, qui ordonnait que tous les citoyens actifs seraient tenus d'inscrire leurs noms sur un registre, qui serait ouvert pour le service des gardes nationales ; qu'il croyait que le meilleur moyen pour faire échouer le projet des personnes qui voudraient empêcher la formation desdites milices, était de faire publier ladite proclamation, et d'en envoyer le plutôt possible une copie à ces municipalités.

Lecture faite de ladite proclamation ensemble de la lettre de M. de St-Priest, ministre du Roi, il a été statué que ladite proclamation serait insérée dans le tome des délibérations de l'assemblée, qu'elle serait de suite publiée dans tout le département et envoyée à tous les districts pour en être donné connaissance à toutes les municipalités, et que M. le procureur général-syndic était autorisé à écrire à la municipalité de la Malène et autres circomvoisines pour dissiper leurs craintes sur la formation des gardes nationales et à les exhorter à les faire rendre, le 14ᵉ de ce mois, au camp de Sauveterre.

M. le Procureur général-syndic, a encore annoncé à l'assemblée que le même ministre du Roi lui avait fait parvenir : 1°, une proclamation du Roi du 15° Juin dernier, rendue sur un décret de l'Assemblée nationale, relative aux citadelles, forts et châteaux qui existent actuellement dans le royaume et notamment à la citadelle de Montpellier ; 2°, des lettres patentes du roi, données à St Cloud ledit jour 18° Juin, sur un décret de l'Assemblée nationale portant suspension des procédures relatives aux dédommagements dus à raison des dégâts sur les terrains et marais desséchés et attribution aux directoires des districts pour régler les dédommagements.

Lecture faite desdites proclamations et lettres patentes, il a été statué qu'elles seraient ensuite publiées, imprimées, et envoyées à tous les districts pour être par eux communiquées aux municipalités de leur ressort.

Un des membres a dit que le décret de l'Assemblée nationale du 28° Juin change des dispositions importantes des lettres patentes du mois de Janvier, de manière que les membres réunis du département de la Lozère, se trouvent dans l'alternative embarrassante d'opter entre deux lois dont l'une est revêtue de toutes les formes et l'autre d'aucune.

En thèse générale il n'est pas permis d'hésiter, et la loi qui est véritablement une loi, doit être exécutée ; existe-t-il des circonstances qui puissent faire déroger à ce principe ?

Oui, premièrement on peut répondre avec vérité, qu'il n'y a pas de loi sans exception, et que nous sommes sujets et non esclaves de la loi.

Mais tout homme est esclave de la raison quand elle se présente en évidence.

La question se réduit donc à savoir si nous sommes évidemment dans le cas de l'exception.

Les trois observations suivantes et réunies le prouvent invinciblement.

1° L'utilité et la nécessité du décret du 28.

2° La certitude morale que le décret a été rendu.

3° Enfin l'exécution du décret du 28 Juin n'entraîne aucun inconvénient, puisque la validité de notre opération restera toujours dépendante de l'existence de la nouvelle loi, si le décret n'est pas sanctionné, ce que nous allons faire, sera comme non avenu.

Je demande que cette question soit examinée sous tous les rapports, et soumise à la discussion la plus exacte, et qu'il en soit fait mention dans le procès-verbal, parce que la moindre apparence de dérogation à la loi est de la plus dangereuse conséquence, et doit effrayer les amis de la Constitution ; mais cette Constitution étant le plus bel ouvrage de la raison humaine ; une délibération, fondée sur la raison, loin d'y porter atteinte est le plus bel hommage qu'on puisse lui rendre.

Je conclus qu'on procède, incontinent, à la nomination des membres du directoire.

Sur la motion de M. Eymard, M. Monastier a conclu que la session de l'assemblée pouvant être abrégée et terminée par le défaut de plus longues occupations, il soit procédé à la formation du directoire, conformément au décret du mois de Janvier dernier relatif à l'organisation des assemblées administratives, mais encore en prévenant à cet égard le vœu d'un autre décret que l'assemblée vient d'apprendre par les papiers publiés, avoir été rendu le 28° Juin dernier.

La question mise aux voix, la motion a été accueillie.

Et de suite il a été procédé, en la forme ordinaire, au scrutin pour nommer trois scrutateurs, et les billets ayant été ouverts, dépouillés et comptés par MM. Lombard, Boutin et Beauregard, plus anciens d'âge, ils ont déclaré que les dits MM. Lombard, Boutin et Beauregard, avaient obtenu la majorité absolue des suffrages et en conséquence ces Messieurs, ont été proclamés scrutateurs.

L'un des membres, a fait la motion de commencer les nominations par celles de deux commissaires qui, en conformité de l'article dernier des décrets sur les assemblées administratives, doivent se réunir avec les autres commissaires du département de la province de Languedoc, pour faire ensemble la liquidation des dettes contractées sous le régime précédent, établir la répartition de ces dettes sur les différentes parties de la province et mettre à fin les anciennes affaires.

La motion a été unanimement accueillie.

Et ensuite il a été procédé au 1er scrutin, et MM. les scrutateurs se sont mis au bureau, ont prêté le serment ci-devant énoncé, et ayant écrit ostensiblement leur billet, ils l'ont mis dans l'urne; tous les Messieurs administrateurs étant venus successivement au bureau ont fait individuellement le même serment, écrit ostensiblement le billet et jeté dans ladite urne.

Lesdits scrutateurs ayant ouvert les billets, les ayant dépouillés et compté les voix ont déclaré que M. Eymard, l'un des membres de l'assemblée, avait obtenu la majorité absolue des suffrages.

Et de suite il a été procédé à un autre tour de scrutin pour la nomination d'un second commissaire, en la même forme ci-dessus énoncée, et les billets ayant été ouverts et dépouillés et compté les voix, ont déclaré que M. l'abbé de Juin, l'un des membres de l'assemblée avait obtenu la pluralité absolue des suffrages ; et en conséquence lesdits MM. Eymard et de Juin, ont été proclamés commissaires du département de la Lozère, à l'effet de (en exécution dudit article 10) se réunir avec les autres commissaires des départements de la province de Languedoc, pour faire ensemble la liquidation des dettes contractées sous le régime précédent, pour faire la répartition de ces dettes entre les différentes parties de la province, pour mettre à fin les anciennes affaires, et le compte en être rendu à une assemblée de quatre autres commissaires nommés par chaque administration de département, auquel effet l'assemblée leur donne tous les mandats et pouvoirs à ce nécessaires.

Un des membres a dit, que M. de la Tour-Dupin, ex-ministre du Roi, avait écrit une lettre au commissaire du Roi du département de la Lozère, en date du 20ᵉ juin dernier, portant que le Roi accordait un congé à M. Duclaux, l'un des membres de l'assemblée, capitaine commandant dans le régiment d'Angoulême infanterie, afin qu'il put s'occuper des fonctions d'administration ; que ce congé expirait le 1ᵉʳ jour du mois d'octobre prochain, que cependant par la motion qui vient d'être accueillie, la session étant prorogée à ce jour, M. Duclaux serait dans l'impossibilité d'aider l'assemblée de ses lumières, étant forcé, à cette époque, de rejoindre son corps ; que M. d'Aguilliat de Soulages, chef d'escadron au régiment des chasseurs de Champagne, se trouverait dans le même cas; qu'il faisait la motion de charger Messieurs les députés du Gévaudan, à l'Assemblée nationale, de solliciter auprès du ministre du Roi, une prorogation de congé avec appointement pour ces deux Messieurs, pendant les deux ans de leur administration.

La motion a été unanimement adoptée.

La séance a été levée à huit heures, et renvoyée à demain à neuf heures du matin.

Aymex, président.
Paulet, secrétaire.

—o—

Du sept juillet, 1790, heure de neuf du matin.

La séance a été ouverte par la lecture du procès-verbal de la veille et MM. Bonnet-Ladevèze et Paul administrateurs, absents lors de la 1re séance, ont prêté le serment civique.

Un des membres a lu deux délibérations prises par les districts de St Chély et Villefort, exprimant leur vœu pour que M. Rivière, procureur général syndic, aille incessamment reprendre ses fonctions à l'Assemblée nationale, sans cesser d'être procureur général syndic. Laquelle lecture ayant été faite, il a été unanimement délibéré qu'elles seraient insérées dans le procès-verbal; après quoi, tous les membres de l'Assemblée ont exprimé un vœu entièrement semblable, et cela avec d'autant plus de confiance qu'il se trouve conforme à la décision du Comité de constitution en date du quinze juin dernier, dont lecture venait aussi d'être faite, et qu'on avait décidé devoir être annexé au présent procès-verbal.

La garde nationale de la ville de Mende a demandé d'être admise à la barre et étant entrée, M. de Borel a dit :

« Messieurs, nos concitoyens ne pouvaient faire un meilleur choix, ni confier leurs intérêts à de plus dignes administrateurs. Tout nous prépare des jours heureux, les mérites rares du président, la sagacité des honorables membres de l'assemblée et les connaissances profondes du procureur général syndic. Des soldats citoyens armés pour la défense de la liberté et le soutien de la Constitution, viennent mêler leurs voix à l'allégresse publique, et vous jurer qu'ils verseront jusqu'à la dernière goutte de leur sang, pour coopérer, avec vous, au bonheur des habitants du département, dont les droits furent malheureusement trop longtemps méconnus et oubliés ».

Monsieur le Président a répondu : « Monsieur, tel est l'effet d'une sage Constitution qu'elle élève l'âme de tous les citoyens, qu'elle les anime tous du même zèle pour la chose publique, qu'elle les emploie tous à sa conservation et à sa défense ; nous sommes tous soldats, et cet heureux temps renaît, où une noble profession, rappelée à la pureté de son origine, n'aura d'autre objet que de protéger les lois, la société et les droits qui en dérivent. Cette ville a su prévenir, par ses exemples, les règlements que la sagesse des législateurs a longtemps mûris dans la profondeur de ses conseils ; elle a des premières formé une milice, faite pour être le modèle d'une bravoure dirigée par l'amour de l'humanité et de l'ordre, sur lequel seul le bonheur général repose ; vous allez, Messieurs, communiquer à toutes les milices du pays cet enthousiasme dont vous êtes animés, pour le salut de la patrie, elles s'efforceront avec vous, et par vous dans le même esprit et ce peuple de soldats ne sera qu'un peuple de frères qui, loin de porter partout la terreur et les ravages, maintiendront en tous lieux la paix, la sûreté, le respect pour la loi et pour le prince qui règnera par elle sur tout son empire et sur tous les cœurs par ses vertus, » et a invité la garde à assister à la séance.

Un membre a proposé de délibérer s'il devait être procédé à la nomination d'un caissier ou s'il était convenable de renvoyer cette nomination au mois d'octobre.

La motion mise aux voix, il a été arrêté de nommer de suite le trésorier, et chacun des membres ayant mis ostensiblement son billet dans le vase, après avoir prêté le serment requis, les deux premiers scrutins n'ont pas présenté le résultat d'aucune majorité déterminée, mais le troisième a donné la pluralité absolue des suffrages en faveur de M. Louis Malaval, et M. le président l'a proclamé caissier du département.

L'heure étant avancée, M. le président a levé la séance et l'a renvoyée à trois heures de relevée.

Aymex, président.

Paulet, secrétaire.

—o—

Dudit jour sept juillet heure de trois de relevée.

L'Assemblée étant formée, la municipalité de Mende admise à la barre, M. le maire a exposé qu'il avait été dressé, par ladite municipalité, un procès-verbal contre le nommé Raynal, boucher, prévenu d'avoir excité une insurrection dans la ville de Mende ; que ce particulier était détenu dans les prisons, qu'il était instant, pour la tranquillité publique, de prendre un parti à son égard ; que la nouveauté ou la gravité du délit ont déterminé la municipalité à consulter les lumières de l'assemblée et à prendre ses ordres, et pour la mettre en même d'asseoir son jugement. M. le maire a déposé sur le bureau toutes les pièces relatives à cette affaire.

L'assemblée, prenant en considération la demande de la municipalité, a chargé M. Mézins de faire le rapport de cette affaire à la séance de demain.

Un des Messieurs a proposé de procéder à la nomination de huit membres qui doivent composer le directoire ce qui a été unanimement adopté.

Et a été procédé de suite au scrutin, lequel ouvert et dépouillé a produit la majorité absolue en faveur de M. Beauregard, de la ville de Mende, qui a été de suite proclamé membre du directoire.

Le scrutin ayant été renouvelé pour la nomination du second membre du directoire, la majorité absolue des voix s'est réunie sur M. Monastier, de Banassac, qui a été proclamé par M. le Président en cette qualité.

On a procédé pareillement au troisième scrutin pour la nomination d'un troisième membre ; lequel ouvert et dépouillé, la majorité absolue a été en faveur de M. Chazot, de St-Chély, qui a été proclamé par M. le Président.

Il est résulté du quatrième scrutin que M. La Chassagne, du Malzieu, a été nommé à la pluralité des suffrages, et M. le Président l'a proclamé.

Le cinquième scrutin ouvert, recencé et dépouillé,

la pluralité des suffrages s'est réunie en faveur de M. du Caila de Loubeirac, paroisse de Grandrieu, qui a été proclamé par M. le Président.

MM. Bonnet-La-Devèze, de Villefort, Bonnel, médecin de Mende et Ferrand, du Bleymard, ont été élus membres du Directoire, par trois scrutins successifs et individuels, à la pluralité absolue des voix, et M. le Président les a de même proclamés successivement, en cette qualité.

Et l'heure étant avancée, le Président à levé la séance et l'a renvoyée à demain, à neuf heures du matin.

—o—

Du 8 Juillet 1790, à neuf heures du matin.

En ouvrant la séance, le procès-verbal de la veille a été lu. Ensuite un membre a donné communication d'un arrêté pris par le district de Mende, portant protestation contre toutes les impositions des deniers provinciaux qui pourraient avoir été rejetés sur le département, et réservé d'en poursuivre le remboursement par toutes voies, et contre qui de droit.

Ouï M. le Procureur général syndic, la délibération a été envoyée au Directoire.

Une députation du clergé de Mende ayant été annoncée et reçue, un de ces Messieurs a dit :

« Messieurs, au milieu de cette foule d'applaudissements et d'éloges des expressions de la reconnaissance et de l'amour dont ces voutes ont retenti, le clergé de cette église se condamnerait-il au silence ? pourrait-il étouffer les sentiments dont chacun de ses membres est animé, de ces membres dont je me plais aujourd'hui à devenir l'organe? Messieurs, nous cédons aujourd'hui au besoin le plus cher à nos cœurs. Ministres de la Religion sainte que nous ont transmis nos pères, nous n'avons pu voir, sans attendrissement, les hommages multipliés que vous lui avez rendus; recevez l'assurance des nôtres ; c'est la sincérité qui les dicte. Oui, Messieurs, vous défendrez cette religion sainte ; vous la respecterez, vous en soutiendrez l'arche chancelante, et ce temple sera désormais celui de la Religion, de la Patrie et de la Liberté.

L'édifice de la Constitution, de cette Révolution sage, qui étonne l'Europe et l'Univers, en devenant leur modèle, s'élève ; il est prêt à être consommé et le bonheur plane sur nos têtes ; élevés à un rang d'où doit émaner la félicité des peuples soumis à votre administration, pourriez-vous, Messieurs, vous distraire des besoins d'une classe de citoyens, peut être dans ce moment, la plus digne de vos attentions ; il en est un grand nombre parmi nous, dont le revenu de 350 livres ne saurait suffire aux premiers besoins de la vie sans les ressources qu'ils trouvent dans le service journalier du chœur: que deviendraient-ils, si, privés de leur état, le traitement que nos législateurs nous préparent est déterminé sur le produit fixe du bénéfice ; ils craindraient sans doute la misère, si votre humanité, si votre justice, si vos vertus ne ranimaient notre espoir. Oui, Messieurs, nous osons le croire, vous porterez dans cet auguste sanctuaire, où les lois se font, nos respects et nos doléances ; nos législateurs n'en détourneront pas les yeux ; ils y seront sensibles ; tout nous en est garant, et de concert avec tous les français, dans ce moment où tout se tient, les paroles consolantes de reconnaissance, d'amour et de fidélité seront les faibles expressions des sentiments qui nous auront animés toute la vie ».

M. le président a répondu :

« Messieurs, l'Assemblée du département de la Lozère reçoit avec satisfaction votre députation.

« Chargé par l'Assemblée nationale de veiller à l'établissement d'une forme nouvelle dans l'élection des membres du culte de la Religion catholique, apostolique et romaine, elle a vu avec plaisir que c'était à elle à veiller au payement des pensions accordées aux membres qui l'ont édifiée pendant si longtemps. C'est une des premières dépenses de l'Etat ; c'est une de celles où elle veillera avec le plus de soin. Elle désire bien sincèrement qu'elle soit suffisante pour satisfaire les besoins de tous les membres. »

Et a invité MM. les députés d'assister à la séance.

L'objet de leur pétition mise aux voix, il a été délibéré de représenter leur situation à l'Assemblée nationale et de comprendre, en cette représentation, tous les autres ecclésiastiques du département qui se trouveront dans le même cas.

M. Mézins, a fait le rapport de l'affaire de Raynal et complices, dont il avait été chargé ; il a remarqué que l'insurrection qu'on l'accuse d'avoir suscitée, reconnaît pour cause première la circulation des grains ; que d'après la disposition des décrets rendus sur cette matière, la connaissance en était dévolue aux juges royaux, et il a conclu à ce qu'elle y fut renvoyée.

Un membre, en appuyant les conclusions a ajouté qu'il était notoire que le prévenu ne jouissait pas constamment de toute l'intégrité de sa raison, et que c'était un motif qui devait faire alléger la peine qui pourrait lui être infligée.

M. le Procureur général a dit que la connaissance du délit fut au plutôt renvoyée au siège royal, en observant que, dans le jugement qui serait rendu, les officiers ne manqueraient pas d'avoir égard, comme ils le doivent, à la faiblesse d'esprit et aux disparates auxquels ledit Raynal est sujet.

La question, mise aux voix, il a été unanimement délibéré que l'affaire était dans le cas d'être envoyée au juge royal, auquel effet l'extrait du procès-verbal de la municipalité de Mende, devait être sans délai déposé au greffe du Siége.

Il a été fait lecture de plusieurs arrêtés faits par les districts de Florac et de Villefort qu'on a cru devoir renvoyer au Directoire.

Après quoi, il a été fait lecture d'une délibération du district de Villefort qui sera annexée au présent procès-verbal ; laquelle lecture faite, M. de Juin, prieur-curé, vicaire général au diocèse, l'un des administrateurs, ayant demandé la parole, a dit :

« Messieurs,

« Sans intérêt particulier à la décision de la question qui vous est soumise, qu'il me soit permis de me plaindre des soupçons injurieux pour moi, motivés comme le prétexte de la sommation faite à M. Lavalette par M. le procureur syndic au district de Villefort ; persuadé autant que tout autre de sa délicatesse, je veux bien n'imputer qu'à un défaut de style et d'attention dans la rédaction les expressions offensantes qui lui ont échappé et qui blessent avec tant de raison ma délicatesse.

« Personne n'ignore que les bénéficiers étaient dans l'usage de recevoir quelques sommes, à titre d'épingles ou de pots de vin, en sus du prix de leurs baux, et l'Assemblée nationale l'a supposé cet usage comme presque général sans l'improuver, lorsqu'en s'expliquant sur les dédommagements auxquels les fermiers des biens ecclésiastiques pourraient prétendre à raison de l'abolition des dîmes, elle les a réduits à une restitution sur les pots de vin, proportionnelle aux années de non-jouissance. Cet usage, je le trouvais particulièrement établi sur le prieuré de Prévenchères, lorsque j'en fus pourvu, et je le continuais.

« J'avais donc réservé 9,000 livres, payables à raison de 1,000 livres chaque année par une contre lettre en 1778 et 3,000 livres seulement, lors de mon dernier bail en 1788, somme payable, aussi chaque année, par proportion égales de 500 livres.

« Je n'avais pu prévoir les événements actuels ; mais, pour me supposer capable de vouloir cette année tourner cette modique somme à mon profit, il a fallu supposer aussi que je préférerais 500 livres, une fois payées, à 250 livres de rente durant tout le cours de ma vie.

« En effet la contre lettre fait partie des revenus, à la moitié desquels je dois, aux termes des décrets de l'Assemblée nationale, jouir tant que je vivrai. Ici donc, le motif d'intérêt qu'on n'a pas craint de croire suffisant pour me déterminer à une bassesse qui répugnerait, dans tous les cas à ma probité, à ma délicatesse et à mes sentiments patriotiques, aurait du me déterminer, au contraire, à la conduite franche et sincère don' j'avais donné des preuves, en avertissant d'avance M. Lavalette, d'ailleurs trop honnête, pour y manquer de lui même, à verser dans la caisse nationale le prix de la ferme de mon prieuré, d'après le bail et la contre-lettre réunis.

« En me rendant justice, Messieurs, vous penserez, sans doute, que le procureur syndic du district eut évité, comme il le devait, toute inculpation personnelle, en requérant que, vu la certitude où l'on était, qu'il y avait souvent de contre-lettres, parties intégrantes des baux des bénéfices, le trésorier qui serait nommé eut ordre d'interroger sur celà les fermiers des biens ecclésiastiques du district, lesquels viendraient acquitter leurs termes ; il me paraît que, par une réquisition ainsi généralisée, le procureur du district aurait évité de se permettre, contre moi, un soupçon aussi grave que celui d'une infidélité envers la patrie, et je le dis avec confiance.

« Je vais remettre sur le bureau la contre-lettre déclarée par mon fermier, le bail actuel et le précédent, cinq comptes, qui prouvent, par l'exécution, l'existence de la première contre-lettre que je fus obligé de rendre lorsque, après neuf ans révolus, elle se trouva acquittée et le compte, que me rendit, dans le temps, le fermier de mon prédécesseur. Je demande que toutes ces pièces soient annexées au procès-verbal, pour étayer l'état que je serai dans le cas de dresser de mes revenus d'après les décrets de l'Assemblée nationale ».

L'assemblée témoigne à M. de Juin la part qu'elle prenait à sa juste sensibilité.

Il a été fait une motion tendant a demander partage des armes et ustensiles qui se trouvent aux différents dépôts de la province, à l'achat desquelles le département a contribué.

M. Monestier, de Banassac est nommé suppléant de M. le Procureur général syndic, et MM. Forestier, Polge, de Fressac et Mézins commissaires, pour procéder à la liquidation de la dette commune.

M. le Commandant de la garde nationale, introduit à la barre, a dit que le 14 juillet courant, jour si cher aux français, à tant de titres, était celui où devait se former un camp de fédération générale de toutes les troupes nationales du pays, au devois de Sauveterre ; que pour donner à cette cérémonie l'appareil imposant qui lui convient, il avait cru devoir proposer à l'Assemblée de se rendre en corps ou par députation, à l'effet de recevoir le serment des troupes, qui serait prêté entre ses mains.

L'Assemblée, forcée de se séparer, soit par défaut de matière soit par les autres motifs déjà ramenés, et regrettant de ne pouvoir assister en corps à cette fête patriotique, a expressément chargé son directoire de l'y représenter.

M. le Président a levé la séance et l'a renvoyée à quatre heures du soir.

Ont signé : AYMEX, Président ; PAULET, secrétaire.

—o—

Dudit jour, huitième juillet, à quatre heures du soir.

La séance s'est ouverte par la lecture du procès-verbal du matin.

M. le Président a ensuite fait la lecture de l'adresse

au Roi, dont il avait été chargé ; l'Assemblée l'a unanimement approuvé et en a ordonné l'insertion dans son procès-verbal.

« Au Roi.

« Sire, l'Assemblée administrative du département de la Lozère, pénétrée d'amour pour votre personne sacrée, et d'admiration pour vos vertus, a non-seulement juré d'être fidèle à votre majesté, mais elle la supplie encore de recevoir une assurance plus particulière de la plus vive et de la plus respectueuse reconnaissance pour ses sacrifices personnels au bonheur de son peuple ; c'est a votre exemple, Sire, que nous allons nous dévouer tout entiers aux travaux qui nous sont confiés. Si le succès les couronnent, le vœu de votre majesté sera rempli et nous serons heureux ».

M. le Président a fait aussi lecture de l'adresse à l'Assemblée nationale ; elle a été également approuvée, et l'insertion en a été ordonnée.

A l'Assemblée nationale,

« Messieurs,

« Du moment que l'Assemblée administrative du département de la Lozère, s'est déclarée constituée et qu'elle a prêté le serment ordonné par la loi, elle a chargé son Président de vous exprimer son adhésion, la plus volontaire et la plus absolue, à tous vos décrets. Il n'est aucun de nous qui ne sente le prix de la Constitution ; et aucun pays qui en goûte mieux les fruits, parce qu'il n'y a aucun mélange d'amertume. L'harmonie la plus parfaite a régné dans les assemblées primaires, dans l'assemblée électorale de département et dans celle des districts. La même union a continué dans les assemblées administratives. Le patriotisme et l'esprit de sagesse ont caractérisé leurs délibérations et inspiré le choix de leurs Directoires. L'Assemblée administrative du département, aussi bien intéressée fournira, sans doute aussi heureusement, la même carrière. Inébranlables dans les vrais principes de la religion, dans les principes de la justice et de l'égalité, en un mot, dans les principes de la Constitution, nous vouons la guerre aux opinions qui la contrarient ; mais nous avons fait le vœu de ramener par la douceur ceux qui pourraient être encore aigris par des sacrifices nécessaires au bien public. Nous n'en connaissons point de mal intentionnés dans notre département. Notre bonheur sera la meilleure leçon pour nos voisins, la plus forte preuve en faveur de la Constitution, et le plus bel éloge des législateurs ».

L'Assemblée a délibéré d'en faire l'envoi à MM. les députés du département pour les présenter.

Un membre a fait la motion que les règles pour parvenir à l'estimation des dommages, occasionnés aux récoltes pour les cas fortuits, fussent déterminés.

Il a été unanimement délibéré que, dans le cas où il ne s'agirait que d'un dommage causé à un particulier, il suffisait du procès-verbal, dressé par la municipalité et visé par le Directoire du district, et que lorsque la municipalité se plaindrait elle-même, il serait nécessaire de faire constater le dommage par le Directoire du district.

M. Malaval, caissier du département, présente M. Plagnes, notaire, pour sa caution.

Un membre a observé que l'appartement qui joint la salle des séances, appartenant à M. l'Evêque, il convient de s'informer auprès de lui, s'il consent à le céder définitivement, pour en former le bureau du Directoire ; et en cas de refus de sa part, il a été arrêté que la municipalité de Mende demeurerait autorisée à chercher et faire préparer un local décent et commode pour les séances du Directoire.

—o—

Séance du Directoire.

Du vendredi 9 de juillet 1790.

Nomination par la voie du scrutin d'un vice-Président.

Le choix désigne M. de Beauregard.

Le Directoire déclare nulle et illégale la municipalité illégalement formée dans le lieu de Montjézieu, qui dépend de la communauté de Salmon.

Décharge à M. Blanquet, ancien subdélégué de l'Intendant, de cinq lettres patentes du Roi qui lui avaient été adressées.

—o—

Du 12 juillet 1790, à dix heures du matin.

M. de Beaucourt, commandant de la maréchaussée à Mende, sera requis de faire trouver la brigade de Mende mercredi prochain, au camp de la fédération désigné au causse de Sauveterre, à l'heure désignée, pour y prêter le serment civique, conjointement avec les gardes nationales et de donner ses ordres aux brigades de Marvejols et de Florac, afin qu'elles s'y trouvent pour le même objet, et se rendre, le même jour, à leur résidence.

Le commandant de la garde nationale sera aussi requis de laisser, le même jour, dans la ville, un piquet suffisant et choisi, pour veiller à la tranquillité publique.

—o—

Du 14 juillet 1790.

En conséquence de la délibération de l'Assemblée administrative du département de la Lozère, du 8 de ce mois, qui ordonne que, sur la demande de la garde nationale de la ville de Mende, les membres formant le Directoire dudit département se rendront aujourd'hui sur le causse de Sauveterre où toutes les gardes nationales de chaque district ont été invitées par M. de Borrel, de la part de la garde nationale de Mende, à se trouver en corps, ou par députation, pour y former un camp de fédération et prêter ensemble le serment civique, ordonné par les décrets de l'Assemblée nationale, acceptés par le Roi. Nous Joseph de Beauregard, vice-président ; Emmanuel-Guillaume Chazot ; Jean-Antoine Ferrand ; Aldebert Du Cayla ; M. Michel de La Chassagne ; Simon-Ursule Bonnet-La-Devèze, membres du Directoire, faisant les fonctions de procureur général syndic ; M. Bonnel, le fils, notre collègue, n'ayant pu voyager à cause de sa santé, nous nous sommes transportés, avec le secrétaire de l'administration, accompagnés de la brigade de maréchaussée de ladite ville, au causse de Sauveterre, à l'endroit indiqué pour le camp. Y étant arrivés sur les dix heures du matin, nous avons trouvé les détachements des différentes gardes nationales des districts, rangés et en bon ordre, chacun dans les emplacements qui leur avaient été désignés, et formant un corps d'environ 6,000 hommes, en armes, et la division des maréchaussées du département, sous le commandement de M. de Beaucourt, sous-lieutenant ; nous sommes entrés dans le cercle, et avons été reconnus par les officiers de chaque légion ; et, sur la proposition qui a été faite de nommer un commandant général du camp, qui n'en devra remplir les fonctions que pendant la cérémonie qui va se faire, nous avons parcouru le cercle, et avons demandé aux officiers supérieurs de chaque district quel était l'officier à qui leurs légions donnaient leurs suffrages, pour remplir les fonctions de commandant du camp, pendant la cérémonie seulement. Les officiers commandant du district de Mende ont déclaré que le vœu de leur division était en faveur de M. de Borrel, commandant du district de Mende, par acclamation. La division de Langogne et de St-Chély ont manifesté le même vœu ; la divisions des districts de Marvejols, Florac et Meyrueis ont nommé M. de Rochefort, et le district de Villefort, qui forme aujourd'hui même un camp de fédération de district sur la plaine de la Lozère, n'étant point représentée en corps de troupes, mais seulement par quelques soldats qui s'étaient incorporés dans le district de Mende, dont un seul, nommé Carioli, soldat de Villefort, a donné son suffrage à M. de Rochefort. MM. les membres du Directoire, a qui on a rendu compte qu'il n'y avait point d'autres représentants du district de Villefort, ont proclamé M. de Rochefort pour commandant de camp, pour la cérémonie, toute fonction devant cesser dès le moment de la séparation qui aura lieu après la prestation du serment. Cela fait, et à l'heure de Midi, nous nous sommes rendus autour de l'autel de la patrie qui avait été élevé dans le centre du camp. M. Monestier faisant les fonctions de procureur général syndic a dit :

« Messieurs :

« La Constitution que nos législateurs nous ont donnée mérite le ralliement de tous les Français, et ce ralliement exige le vœu le plus formel et le plus imposant d'en garantir l'exécution. Il n'est plus permis de penser qu'il existe un seul malveillant, qui jette des regards de défaveur sur un régime de lois qui vont faire le bonheur public indépendamment d'une proscription générale des abus qui, en avilissant le peuple français, excitait ses gémissements ; indépendamment d'une multitude de biens qui nous ont été donnés par suite de ce premier bienfait ; quand nous ne remarquerions que celui de la Rédemption de notre liberté, nous aurions à bénir l'œuvre de ceux qui nous l'ont acquise. Cette liberté est sans doute, Messieurs, le premier de tous les biens, mais chacun doit se pénétrer qu'elle ne conserve son prix qu'autant que la licence n'empiète pas sur ses droits, celle qui attaque tous les citoyens, parce qu'il n'en est pas un qui ne soit exposé à ses atteintes ; les actes de violence, d'injustice, d'insubordination et souvent d'inhumanité en sont le malheureux résultat ; l'autre, au contraire, en proscrivant des exceptions aussi criminelles, se fondant dans son exercice sur ces principes de la loi, dont elle-même ménage les droits de tous, ne permet et n'établit que des actes de devoir.

« C'est sur ces principes, Messieurs, que la Constitution que nous recueillons avec tant d'intérêt a été consacrée ; c'est par elle et par eux que nous pouvons nous rendre heureux ; et, sans ce concours, il ne nous serait pas permis de l'être. Pour affermir ce bonheur, nos augustes représentants ont déterminé que le serment d'y contribuer serait fait par une confédération générale des députés de toutes les troupes nationales dans la capitale, et par l'adhésion la plus fraternelle des autres citoyens dans tout le reste de l'empire. Notre réunion ici n'a pas d'autre objet ; l'Assemblée administrative de votre département y est représentée par la présence de vos frères composant son directoire et de quelques autres administrateurs. Ils tressaillent tous du bonheur de s'unir intimément à vous et ils joignent à la douce satisfaction que leurs rapports vous inspirent, quelque intérêt ; ce serment est celui que nous jurions à l'envi d'être fidèles à la Nation à la Loi et au Roi et de maintenir de tout notre pouvoir la Constitution du royaume décrétée par l'Assemblée nationale et acceptée par le Roi. Ce même serment est sans doute bien doux et bien pénétrant; en jurant d'être fidèles à la nation, c'est à nous même que nous promettons notre fidélité et la persévérance de ce dévouement que chacun se doit à lui-même ; en le jurant à la loi, c'est encore à nous même, parce qu'elle n'est que le résultat inviolable de notre volonté; enfin, le jurer au Roi, c'est le vœu de cette même loi et de cette volonté parce qu'il en est le gardien et le défenseur.

« Pourrait-il être aucun citoyen qui lui refusât son cœur, qui ne versât même des larmes d'attendrissement, s'il se retrace avec quel intérêt, avec quels sacrifices, le monarque des français a recherché le bonheur de tous, a juré lui-même de le maintenir, s'est abdiqué sans réserve et n'a gardé que le seul titre, les seuls droits de citoyen dont il s'honore ; promettre de maintenir la Constitution qu'il a acceptée, c'est encore un vœu bien consolant, puisqu'elle ne regarde que le bonheur de tous pour qui elle est faite, et que renoncer à la maintenir ce serait également renoncer à ce bonheur, il ne nous reste donc qu'à environner cette Constitution ainsi que la pureté de nos serments, de la surveillance de la force publique, mais avec les seules voies que tantôt la loi indique, et que quelque fois elle commande ; nous y sommes parvenus jusqu'ici avec le secours de ces gardes nationales que le patriotisme a enfantées dans toutes les parties de notre empire ; nous cimenterons encore mieux ce secours par le nouveau mode d'organisation des mêmes troupes que nos représentants nous ont promis et que nous allons recevoir d'eux ; jusque là nous avons droit de laisser notre confiance dans les ressources de l'organisation actuelle ; toute démarche contraire inspirerait de la défiance ; nous contreviendrions à la loi de nos représentants qui suspend toute élection jusqu'à la nouvelle, et nous serions bientôt dans le cas de nous rectifier. Concentrons donc tous nos vœux, Messieurs, à prononcer, du même élan, le serment dont nous allons rendre l'Etre suprême dépositaire et qui va nous être proclamé par le citoyen vertueux qui préside ici le Corps administratif de notre département ; que ce serment soit pur, vif, sincère et intégral ; qu'il soit celui qu'exige la Constitution qui en est l'objet et que pour tout dire, il soit celui des vrais français, des frères les plus tendres et nous serons heureux ».

Un cri général s'est fait entendre de toutes les parties de l'armée de : Vive la Nation, la Loi et le Roi. Nous avons prononcé le serment civique dont la formule a été prononcée par M. de Beauregard, vice-président, en ces termes : « Nous jurons de rester fidèles à la Nation, à la Loi, au Roi et de maintenir de tout notre pouvoir la Constitution décrétée par l'Assemblée nationale et acceptée par le Roi ; nous jurons de protéger de tout notre pouvoir, et conformément aux lois, la sûreté des personnes et des propriétés, la libre circulation des grains, la perception des impôts, sous quelque terme et dénomination qu'ils se perçoivent, et de demeurer unis à tous les français par les liens indissolubles de la fraternité ».

Et chacun de nous, levant la main a dit, à haute voix, la même formule de serment pour toutes les troupes fédérées ; les drapeaux ont salué, les troupes ont présenté les armes ; tous ont crié : Nous le jurons. Le même cri de *vive la Nation, la Loi et le Roi*, s'est fait entendre de toutes les parties du camp. Nous avons ensuite parcouru les rangs et nous arrêtant devant chacun des drapeaux, au nombre d'environ quarante, la même formule de serment, chaque fois répétée par le Président, tous les officiers et légionnaires, en témoignant la plus grande joie ont crié : *Nous le jurons ! Vive la Nation, la Loi et le Roi ! Vive la Constitution !*

Le mauvais temps et une grande pluie ont obligé tous les confédérés à se séparer de suite ; et ne pouvant, pour la même cause, dresser le présent procès-verbal, nous avons arrêté de nous retirer à Mende pour le rédiger et signer à la Chambre du Directoire. M. de Beauregard, vice-président du Directoire, Bonnet-La-

Devèze, Ferrand, Chazot, attestent qu'après le serment prêté au moment de la séparation des troupes confédérées, cinq soldats de la garde nationale, du district de Villefort, ont déclaré, en leur présence et de M. La Chassagne, membre du Directoire, que personne ne leur avait demandé leur suffrages, lesquels ils auraient donné à M. de Borrel, s'ils avaient été interpellés, puisqu'ils avaient donné la préférence en s'incorporant au district de Mende, commandé par M. de Borrel ; lequel est venu nous faire part, séance tenante, des protestations de quatre districts, contre la nomination de M. de Rochefort.

Le directoire présent à toute la cérémonie a vu avec admiration les soins que s'est donné M. de Borrel, commandant du district de Mende, pour arrêter la fermentation qu'avait produit la nomination de M. de Rochefort, au point que, par sa sagesse et sa prudence, la cérémonie a été terminée au gré de tous les citoyens, témoins de la fête, et qu'il a différé, ainsi que nous venons de l'énoncer, de nous faire part des protestations de quatre districts dont il était déjà pourvu ; et, pour consacrer à jamais la mémoire de cette fête patriotique, un des membres a proposé de faire élever, à l'endroit où était placé l'autel de la patrie, un cippe triangulaire, portant en inscription : *Ici les gardes nationales du département de la Lozère ont juré, le 14 juillet 1790, de rester à jamais fidèles à la Nation, à la Loi et au Roi, et de maintenir de tout leur pouvoir la Constitution décrétée par l'Assemblée nationale et acceptée par le Roi. Ici elles ont juré, en présence de l'Administration, de protéger de tout leurs pouvoir, conformément aux lois, la sûreté des personnes et des propriétés, la libre circulation des grains et la perception des impôts. Ici, elles ont juré de rester unies à tous les français par les liens indissolubles de la fraternité.*

La proposition a été agréée.

Fait et arrêté à Mende, dans la salle du Directoire, par nous soussignés, membres du Directoire. MM. Monestier et La Chassagne ne s'étant pas rendus pour cause d'indisposition.

Ont signé : DE BEAUREGARD, vice-président. — CHAZOT. — BONNET-LA-DEVÈZE. — DU CAYLA. — FERRAND.

—o—

Du lundi 19 juillet 1790, heure de neuf du matin.

Présents : MM. de Beauregard, vice-président ; Bonnel ; Ferrand ; Du Cayla ; Chazot.

Un des membres du directoire a dit : Messieurs la surveillance des rivières, des bois et forêts vous est spécialement attribuée par divers décrets de l'Assemblée nationale. L'intérêt public exige de votre sagesse que vous avisiez de suite aux moyens propres à arrêter les dégâts que l'on se permet journellement dans les bois et forêts et à empêcher que les rivières ne soient dépeuplées.

Sur quoi le directoire considérant qu'il importe de veiller particulièrement à l'exécution des décrets concernant les bois et forêts et des anciennes ordonnances concernant la pêche, auxquelles il n'a point été dérogé, a délibéré qu'il serait fait, à chaque municipalité du département, une adresse pour les porter, sous peine d'en devenir responsables, à veiller à la conservation des forêts et rivières, à ce qu'on n'empoisonne avec aucune drogue quelconque, et à ce que les anciennes ordonnances sur la pêche soient exécutées suivant leur forme et teneur ; que ladite adresse sera imprimée au nombre de deux cent cinquante exemplaires, pour de suite en être fait l'envoi au procureur syndic de chaque district qui demeurera chargé de la faire parvenir à chaque municipalité et de la faire enregistrer, publier et afficher. Suit ladite teneur de la dite adresse.

Département de la Lozère.

Le directoire du département de la Lozère, chargé par l'autorité du Roi, comme chef suprême de la Nation et de l'administration générale, de veiller à la conservation des forêts et des rivières, ordonne aux municipalités de surveiller de plus fort à l'exécution de tous les décrets de l'Assemblée nationale relatifs à la conservation des forêts et des bois, fait défense à qui que ce soit, et sous quelque prétexte que ce puisse être, de pêcher avec des filets à petite maille, avec la manche, et autres engins défendus, comme de détourner les ruisseaux et de pêcher en aucune manière dans les temps du frai ; — autorise les municipalités a faire porter tous les filets dans la maison commune pendant cette époque, et leur enjoint, sous peine d'en devenir responsables, de veiller à ce qu'on n'empoisonne avec aucune drogue quelconque ; enfin, de veiller généralement à ce que les anciennes ordonnances sur la pêche soient exécutées suivant leur forme et teneur, conformément aux décrets de l'Assemblée nationale et ont signé.

BEAUREGARD, vice-président ; CHAZOT, BONNET le fils, DU CAYLA, FERRAND, PAULET, secrétaire général.

Du vingt-six juillet mil sept cent quatre-vingt-dix, à trois heures après-midi, présents : MM. de Beauregard, vice-président, Chazot, Ferrand, du Cayla, Bonnet.

M. Monestier faisant les fonctions de procureur général syndic a dit qu'en exécution des décrets de l'Assemblée nationale, sanctionnés par le Roi, le second du présent mois de juillet, le directoire du département est autorisé à se faire faire la remise des titres et papiers relatifs à l'ancienne administration du pays enclavé dans le même département ; que conséquemment, cette remise doit-être demandée à tous ceux qui ont eu part à cette administration, du nombre desquels sont M. de Lhermet, ci-devant syndic, M. Blanquet, ci-devant subdélégué et M. Vincens, ci-devant greffier du susdit pays ; mais que pour y parvenir il est important de faire procéder à une description et inventaire exact desdits titres et papiers par deux des administrateurs composant le Directoire, au fur et à mesure que les ci-devant comptables les leur remettront, à laquelle remise ils satisferont de suite ; requérant à cet effet le Directoire d'indiquer les deux administrateurs à qui la même remise et par lesquels l'inventaire dont il s'agit seront faits.

Sur quoi le Directoire, faisant droit au dire de M. Monestier, a ordonnné que tous ceux qui ont eu part à l'ancienne administration du pays enclavé dans ce département et notamment M. Blanquet, M. de

Lhermet et M. Vincens, l'un ci-devant subdélégué, l'autre ci-devant syndic, et l'autre ci-devant greffier du même pays, remettront incessamment les titres et papiers, relatifs à cette administration, entre les mains de M. Chazot et de M. Ferrand, administrateurs au Directoire, ou de l'un d'eux, selon les occurences ; ce faisant, qu'au fur et à mesure de cette remise, il sera procédé par ces derniers à l'inventaire et description exacte des dits titres et papiers, pour, sur ladite remise finie, le même inventaire être arrêté, tant par lesdits Chazot et Ferrand que par le procureur général syndic et être par eux fournis à M. Blanquet, Lhermet et autres, telle décharge qu'il appartiendra.

Beauregard, vice-président, Bonnel le fils, du Cayla, Chazot, Monestier, Paulet, secrétaire général.

—o—

Du vingt-sept juillet mil sept cent quatre-vingt dix, présents, MM. de Beauregard, vice-président, du Cayla, Monestier, Bonnel le fils, Chazot.

M. Bonnel a fait le rapport au Directoire du département d'une délibération du Conseil de la commune de Barre et d'un mémoire de la municipalité à ce sujet, concernant la nomination d'un citoyen actif de cette communauté pour y faire les fonctions de maitre d'école ; à laquelle nomination il est dit que M. Louis Bros, curé, a déclaré qu'il s'opposait, sur le fondement que le sujet nommé est un non catholique, sans qu'il conste autrement de cette opposition.

Le Directoire du département ayant vu l'avis du Directoire du district et ouï M. Monestier, faisant les fonctions de procureur général syndic, autorise la municipalité de Barre à s'imposer, comme par le passé, la somme de cent livres pour les gages du maître d'école et déclare que le maître d'école qui a été nommé en cette qualité, par la délibération qui a été remise, doit être admis provisoirement à en faire les fonctions pour l'enseignement de la lecture, écriture et arithmétique, sans les étendre sur d'autres objets, et ont les délibérants signé :

Beauregard, vice président ; Monestier, du Cayla, Chazot, Bonnel le fils, Paulet, secrétaire général.

—o—

Le trente juillet mil sept cent quatre-vingt-dix, présents, MM. de Beauregard, vice-président, Monestier, du Cayla, Bonnel, Ferrand.

M. Monestier, faisant les fonctions de procureur général syndic, a dit que MM. les députés des gardes nationales du département, qui ont été à Paris assister, le 14 juillet courant, à la cérémonie de la fédération générale de toutes les gardes du royaume, étant chargées de la part de la commune de cette capitale de remettre une bannière à l'Assemblée administrative dudit département, et MM. les députés ayant annoncé leur retour ici pour le dimanche, 1er août prochain, ou l'un des jours subséquents, il devenait convenable de régler la cérémonie à pratiquer, tant pour la réception de ladite bannière que de MM. les députés.

Sur quoi, le Directoire du département, faisant droit au dire de M. Monestier, à déclaré que dès qu'il serait averti de la prochaine arrivée de MM. les députés des gardes nationales du département revenant de Paris avec la bannière, l'Assemblée du directoire se rendrait, si elle ni était, dans la salle de l'administration générale du même département ; qu'elle ferait inviter de suite pour s'y rendre les administrateurs du Directoire du district de Mende, ensemble le corps municipal de la même ville ; qu'au moment où l'on serait instruit que MM. les gardes nationaux seraient prêts d'entrer dans cette dernière, il irait, au devant d'eux, sur la porte de la ville, une députation composée de M. Monestier, vi. procureur général syndic et de M. (sic) administrateur au Directoire du département ; de M. le procureur syndic du district de Mende et autre administrateur du Directoire du même district que ledit indiquerait ; de M. le maire de la même ville et de MM. les autres officiers municipaux ; que là, et au moment de l'introduction de MM. les députés, le vice-procureur général du département, M. le procureur syndic du district et M. le maire de la ville leur adresseront un discours de sensibilité, de remerciement et analogue à leur mission ; après quoi, les uns et les autres s'achemineront en ordre, avec la bannière, vers la salle de l'administration générale où le tout sera reçu par le Directoire séant en présence de MM. les administrateurs du district et de la municipalité ; qu'enfin pour l'exécution de cette cérémonie, M. le vice-procureur général syndic emploira tous les gardes nationaux de la ville sous les ordres de leur commandant ; que la maréchaussée aussi et de la meilleure manière que l'ordre et la décence l'exigeront ; charge au surplus ledit procureur général du département de donner connaissance de la présente délibération au Directoire du district et à la municipalité de la ville pour les inviter à l'exécuter ; déclare en outre que tous les gardes nationaux revenant de Paris et MM. les commandants et officiers des gardes citoyennes des chefs-lieux des districts des départements ; que MM. les administrateurs du Directoire du district de Mende et MM. les officiers municipaux de la même ville seront priés d'assister à un repas patriotique que le Directoire du département délibère être donné dans la galerie de MM. les Doctrinaires de Mende. Fait le trente juillet mil sept cent quatre-vingt-dix.

BEAUREGARD, vice-président ; MONESTIER, BONNEL le fils, FERRAND, DU CAYLA, PAULET, secrétaire général.

— o —

Ledit jour premier août mil sept cent quatre-vingt-dix, environ les quatre heures de relevée, les membres du Directoire du département de la Lozère, extraordinairement assemblés dans le lieu ordinaire de leurs séances, où le Directoire du district avait été invité ; M. de Beauregard, vice-président, a dit que la bannière donnée au département par la commune de Paris, approchant de la ville et que son arrivée étant annoncée par la décharge des boîtes et le son des cloches, il convenait d'aller au devant pour la recevoir ; en conséquence, MM. du Directoire du département et du district se sont mis en marche, et, parvenus au commencement de l'allée, de Piencourt, ils ont trouvé ladite bannière que M. le chevalier de Vebron apportait, escorté de la garde nationale de la ville de Mende et de six de nos députés qui l'environnaient. Dès que lesdits Corps administratifs ont été aperçus, M. de Borrel, commandant la garde nationale, l'a faite ranger en bataille et placer la bannière au centre des divisions ; et, les corps administratifs s'étant avancés, M. Monestier faisant les fonctions de procureur général syndic du département, et M. Vincens procureur syndic du district de Mende ont fait successivement un compliment analogue à la fête, auquel ledit sieur de Vebron a répondu. Ensuite les deux corps administratifs se sont placés au devant de la bannière ; ils l'ont accompagnée autour de la ville, et, étant arrivés à la porte d'Aigues-Passes, le maire de Mende, à la tête du Corps municipal, a fait son compliment, auquel M. Vebron a pareillement répondu. De là les trois corps, les fédérés et la garde nationale se sont rendus dans le même ordre à la salle de l'administration du département où M. de Beauregard a fait fait un compliment au nom des trois corps et a reçu la bannière des mains de M. le chevalier de Vebron, en lui faisant l'accolade, et ladite bannière ayant été déposée dans ladite salle, conformément au décret, tous les fédérés, les officiers de la garde nationale de Mende et les gardes nationaux des différents districts, qui l'accompagnaient, ont été invités à un repas patriotique que le Directoire du département a donné dans une des salles des Doctrinaires, où l'on avait fait dresser une table de cent couverts, non compris dix buffets détachés qu'on avait fait placer aux différents angles de cette salle ; le haut de cette table était décoré d'un arc de triomphe chargé des noms de tous les districts, environnés de guirlandes de laurier et des devises analogues à la fête qui a été fort gaie ; on a porté la santé de la nation, de la loi, et du Roi, de la Commune de Paris, de M. de Lafayette, de nos députés, de tous nos frères d'armes du département, de M. de Vebron, comme porteur de la bannière, de M. de Borrel, commandant du district, de la municipalité et de M. de Beauregard.

Le repas fini vers minuit, tous les convives, escortés de la garde nationale et d'un peuple nombreux, se sont transportés sur la place d'Angiran, où M. de Beauregard, M. Levrault, président du district, de Combettes, maire et M. de Vebron ont allumé un feu de joie qui avait été préparé et autour duquel tous les corps, sans distinction, ont fait la farandoule.

La fête a été terminée par un feu d'artifice qui a été assez bien exécuté.

L'union, la concorde, la joie, la fraternité, ont éclaté sur le visage de tous les spectateurs, et il y a eu illumination générale dans toute la ville ; l'ordre et la décence ont régné partout, et à trois heures du matin, chacun s'est retiré ; et de tout ce dessus a été dressé procès-verbal dont copie sera adressée à la commune de Paris et à nos députés à l'Assemblée nationale.

BEAUREGARD, vice-président, MONESTIER, BONNEL le fils, PAULET, secrétaire général.

Le dix-neuf août mil sept cent quatre-vingt-dix, présents MM. Beauregard, vice-président, Monestier, La Chassagne, Bonnel.

Vu la délibération de la commune de Cubières, ensemble les pièces y énoncées ; ouï le rapport et l'avis de M. Monestier, vice-procureur général syndic, qui a dit qu'il paraissait devoir être sursis au jugement de la réclamation de la dite Commune, tendant d'un côté à la translation d'un chef-lieu de canton de celui d'Altier dans le lieu de Cubières, et de l'autre à la distraction dudit canton du district de Villefort, pour être uni à celui de Mende par une considération, notamment décisive est prise de ce que la dépense d'établissement des juges de paix, décrétée dans chaque canton, et par conséquent la réduction de leur nombre, le Directoire du département, sur cette considération, déclare qu'il paraît prudent de surseoir le jugement de la demande formée par la commune de Cubières ; ce faisant, que d'après cet avis, il en sera référé de nouveau à l'Assemblée nationale pour par elle être décrétée ce qu'elle avisera.

BEAUREGARD, vice-président, BONNEL le fils, MONESTIER, PAULET, secrétaire général.

Le susdit jour dix-neuf août mil sept cent quatre-vingt-dix, présents M. de Beauregard, vice-président, Monestier, Bonnel. Vu la délibération de la municipalité d'Arzenc et ouï le rapport et l'avis de M. Monestier, vice-procureur général syndic du département, qui a dit qu'il paraissait devoir être sursis au jugement de la demande formée par la commune d'Arzenc, à ce que le chef-lieu de son canton soit changé et fixé dans le dit lieu d'Arzenc, et que ce même canton soit distrait du district de Langogne pour être uni à celui de Mende ; attendu que vraisemblement la dépense de l'établissement des juges de paix, décrété dans chaque canton, nécessitera l'extension de presque tous les cantons, et par conséquent la réduction de leur nombre, le Directoire du département de la Lozère, sur cette considération, déclare qu'il paraît prudent de surseoir le jugement de la demande formée par la commune d'Arzenc ; ce faisant, que d'après cet avis il en sera référé à l'Assemblée nationale pour par elle être décrété ce qu'elle avisera.

Beauregard, vice président, Monestier, Bonnel le fils, Paulet, secrétaire général.

—o—

Dudit jour vingt-huit août mil sept cent quatre-vingt-dix, M. de Beauregard, vice-président, Monestier, Bonnel.

Vu la pétition du clergé de la cathédrale de Mende, contenue dans le mémoire mis sur le bureau ; ouï le rapport et l'avis de M. Monestier, vice-procureur général syndic du département, le Directoire du même département a autorisé et autorise les fermiers des prieurés de Chasseradès, Chaudeyrac, St-Léger-de-Peyre, Fraissinet-de-Fourques et St-Georges-de-Lévéjac, à payer, entre les mains du ieur Vialard des Fonts, prêtre syndic du clergé de la cathédrale de Mende, le montant du prix de leurs baux échus le 15e du mois courant, à la charge par le dit sieur syndic d'appliquer ce montant aux destinations qu'il doit en faire en exécution de son mandat, et en outre à la charge, par le clergé, de faire compte ou d'imputer le même montant sur le traitement civil qui sera assigné, conformément aux décrets sanctionnés par le Roi, relatifs à la disposition des biens ci-devant ecclésiastiques ; ordonne que quand à la demande formée en restitution de ce qu'à perçu le sieur Charrade, vicaire desservant de l'Eglise succursale de la Bastide, dans la paroisse de Chasseradès, sur le fermier de la dite paroisse, que tant la présente délibération que le susdit mémoire seront communiqués au dit sieur Charrade pour être entendu en ses exceptions et, pour ce fait ou faute de ce faire, être ensuite ordonné ce qu'il appartiendra.

Beauregard, vice-président, Bonnet-Ladevèze, Monestier, Paulet, secrétaire-général.

—o—

Le trentième août mil sept cent quatre-vingt-dix, dans la salle du Directoire du département, M. Beauregard, vice-président, Monestier, Bonnet-Ladevèze, Ferrand.

Vu l'extrait de la délibération de la municipalité de Marvejols du 22 de ce mois, contenant de plusieurs faits de la part de M. Trophime Laffont, capitaine de la garde nationale et autres officiers et soldats de la même garde, ensemble le référé fait au Directoire du district ; la lettre de MM. Dallo, Blanquet, administrateurs, et Malet, procureur syndic du Directoire du district de Marvejols ; ouï le rapport et l'avis de M. Monestier, vice-procureur général syndic, le Directoire du département louant la sagesse du Directoire du district, démontrée dans la lettre sus-énoncée, déclare que le premier chef de dénonce, qui a pour objet un armement clandestin et dangereux, paraît controuvé, et que celui qui déclare le tenir de presque toute la garde nationale aurait du articuler des preuves plus certaines ; que le second chef, dont l'objet est un entretien avec les sieurs de Chambrun et Sanson présente les caractères d'une accusation fausse mais dangereuse et capable de livrer un citoyen aux fureurs de la multitude trompée ; que le troisième enfin qui dénonce un prétendu guet-apens contre le sieur Trophime Laffont est de la compétence des tribunaux de justice ; en conséquence recommande au Directoire du district de Marvejols d'exhorter la municipalité de cette ville à ne plus permettre que les noms des citoyens, reconnus irréprochables, soient consignés dans le registre de leurs délibérations pour des accusations aussi dénuées de preuves ; que les délits allégués sont invraisemblables, et le capitaine Trophime Laffont à être plus réfléchi dans ses dénonces ; déclarant le Directoire du département que, s'il y échoit, il poursuivra avec le même zèle les calomniateurs et les coupables ; ordonne en outre, et pour les mêmes fins, qu'un extrait de la présente délibération sera envoyé au Directoire du district de Marvejols et que ce Directoire en certifiera tant l'exécution que la réception.

Fait à Mende dans la salle du Directoire du département, le susdit jour 30° jour du mois d'août 1790.

Beauregard, vice-président, Bonnet-Ladevèze, Ferrand, Monestier, Paulet, secrétaire général.

—o—

Le premier septembre mil sept cent quatre-vingt-dix, dans la salle du Directoire du département de la Lozère, MM. de Beauregard, vice-président, Bonnet-Ladevèze, Bonnel, Ferrand.

Un des membres a dit que la vente des biens nationaux pouvant avoir lieu prochainement dans le département de l'Hérault, ainsi que dans les autres départements du royaume, il était instant de charger quelqu'un à Montpellier de donner connaissance au Directoire dudit département d'une réclamation du département de la Lozère au sujet de ses droits sur quelques parties des biens nationaux du département de l'Hérault, jouis ci-devant par le chapitre cathédral de Montpellier et par les religieux de l'abbaye de Valmagne, ordre des Citeaux, diocèse d'Agde ; lesquelles parties des biens nationaux sont grevées d'une rente en faveur des boursiers, et étudiants du diocèse de Mende, fondés dans la ville de Montpellier, dans le mois de septembre 1369 par le pape Urbain V ; que cette réclamation est aussi légitime que bien fondée, puisque les décrets de l'Assemblée nationale n'ont aucunement déclaré à la disposition de la Nation les fonds dont le revenu est destiné à l'éducation publique mais qu'ils les ont au contraire expressément réservés.

Sur quoi, le Directoire, voulant conserver un droit aussi précieux qu'utile à ses concitoyens, a délibéré de prier M. de Lhermet, ancien syndic du pays, qui se trouve dans le moment à Montpellier, d'employer son zèle ordinaire pour la chose publique, pour faire, auprès du département de l'Hérault, toutes les diligences nécessaires à l'effet de conserver, au département de la Lozère, les propriétés hypothéquées et affectées à la fondation d'Urbain V, ainsi que de donner tous actes nécessaires et conservatifs.

Beauregard, vice-président, Bonnel, le fils, Ferrand, Bonnet-Ladevèze, Paulet, secrétaire général.

— o —

Ledit jour premier septembre mil sept cent quatre-vingt-dix, dans la salle du directoire du département, M. de Beauregard, vice-président, Bonnet Ladevèze, Bonnel, Ferrand.

Un des membres du Directoire a dit que la ville de Marvejols ayant demandé à l'Assemblée nationale la prorogation de la séance du Bailliage dans la dite ville, jusqu'à l'établissement des nouveaux tribunaux, cette demande a été renvoyée au Directoire du département, comme il est porté par un article de la lettre écrite au Directoire, le second août dernier, par MM. Bruges, Chateauneuf Randon et Charrier, députés de la Lozère à l'Assemblée nationale.

Que la séance du bailliage du Gévaudan, qui a eu lieu en la ville de Marvejols, depuis le premier septembre de l'année dernière jusqu'à aujourd'hui, a du commencer aujourd'hui même en la ville de Mende ; que cependant on est informé que MM. les officiers du siége, séance de Marvejols, se proposent de la continuer ; que MM. les officiers de séance de Mende, en exécution des titres communs, prétendent au contaire la tenir dans le sein de leur ville ; que ces prétentions opposées des officiers des deux séances ne peuvent qu'amener des inconvénients très fâcheux, en ce que la même cause peut à la fois être poursuivie à Mende et à Marvejols : qu'une partie peut obtenir appointement en défaut au même instant, en même temps que son adversaire obtiendra un appointement de congé ; que chaque partie préférant une séance à l'autre, il résultera qu'aucune n'obtiendra justice ou qu'il sera rendu des jugem nts nuls ; que d'ailleurs, par le décret du 4 août 1789, toutes les justices devant rester en l'état où elles se trouvaient à cette époque, jusqu'à ce que l'Assemblée nationale ait organisé les nouveaux tribunaux de justice, on ne peut intervertir, par aucune raison plausible, l'ordre jusqu'ici observé ; sur quoi, ouï le rapport et vu la lettre de MM. Rivière, Bruges, Chateauneuf et Charrier, le Directoire arrête que le procureur syndic du district de Marvejols requerra, au nom du directoire du département, MM. les officiers du bailliage du Gévaudan, séance de Marvejols, en la personne du premier officier du siége, de s'abstenir, à compter de ce jourd'hui, de la connaissance des causes civiles et criminelles qui sont de la compétence du bailliage, et de renvoyer tant celles qui sont pendantes que celles qui pourraient être introduites par devant les juges tenant la séance de Mende, avec déclaration que, faute par lesdits sieurs officiers de Marvejols d'y déférer, le Directoire les fera déclarer responsables de la nullité des jugements, du défaut d'administration de la justice et des dommages et intérêts des parties ; qu'à ces fins, extrait de cette délibération sera de suite envoyé au procureur syndic du district de Marvejols qui certifie tant de l'exécution que de la réception ; arrête en outre que pareils extraits seront envoyés à tous les Directoires des districts du département pour en donner connaissance à toutes les paroisses qui étaient du ressort du bailliage afin que les appels soient portés en la séance de Mende.

BEAUREGARD, vice-président, BONNEL le fils, FERRAND, BONNET-LADEVÈZE, PAULET, secrétaire général.

—o—

Le second septembre mil sept cent quatre vingt-dix, dans la salle du directoire du département, M. de Beauregard vice-président, Bonnel-Ladevèze, Bonnel, Ferrand.

Un des membres a dit que, parmi les objets importants qui doivent spécialement intéresser la sollicitude du Directoire, c'était l'assistance des malheureux dans les différentes positions où l'infortune peut les plonger ; qu'un des premiers actes dont l'humanité fait un devoir aux administrateurs, c'est que l'accusé, dont l'ordre public exige la détention, réprouve d'autre peine que la privation de la liberté, et qu'en conséquence il devient instant de connaître l'état de salubrité et d'insalubrité des prisons et d'assurer sans aucun délai une nourriture suffisante à ceux qui y sont détenus.

Sur quoi le Directoire sentant qu'un de ses devoirs les plus précieux est de remplir un vœu que lui recommande si impérieusement la sensibilité particulière et les principes de la nouvelle Constitution, a unanimement délibéré de demander à MM. les administrateurs du Directoire et procureur syndic du district 1° Un état des prisonniers détenus dans les prisons de leur arrondissement, 2° Un tableau de l'état des prisons et leurs observations sur les moyens de pourvoir à leur sûreté et salubrité ; autorise provisoirement les Directoires des districts, de faire donner aux prisonniers, détenus dans leur arrondissement, deux livres de seize onces de pain de bonne qualité, composé de deux tiers de froment et d'un tiers de seigle, jusqu'à ce que l'Assemblée administrative ait été mise à même de recueillir toutes les notions qui peuvent la conduire définitivement à des améliorations plus utiles et qu'elle jugera indispensables dans le régime de ces établissements publics.

Enfin le Directoire arrête que les Directoires des districts, ou un commissaire de leur sein, feront deux visites par semaine dans les prisons de leur résidence pour s'assurer de l'état des prisonniers, de la suffisance de leur nourriture et généralement de tout ce qui peut intéresser la salubrité et la sûreté des prisons.

BEAUREGARD, vice-président, FERRAND, BONNET-LADEVÈZE, BONNEL le fils, PAULET, secrétaire-général.

Le troisième septembre septembre mil sept cent quatre-vingt-dix, assemblés dans la salle du Directoire, MM. de Beauregard vice-président, Bonnel-Ladevèze, Bonnel, Ferrand.

Vu par le Directoire du département de la Communauté des procureurs en la séance de Mende, portant que le sieur Duparc est incapable d'exercer les fonctions de greffier qui lui furent confiées par Mgr l'Evêque de Mende, vu aussi la réclamation du sieur Duparc qui demande d'être maintenu à continuer ses fonctions qu'il a rempli jusqu'ici en vertu de ses provisions et de son installation par les juges qui l'ont reconnu capable, sous son offre de régir le greffe comme revenu national et d'en rendre compte, et attendu que le Directoire n'a ici d'autre intérêt et d'autre droit que ceux de procurer le recouvrement des deniers nationaux et de désirer que MM. les officiers du bailliage fassent choix d'un greffier qui soit à l'abri des reproches, mais n'ayant pas lui-même le droit d'instituer ou destituer les greffiers, et autres officiers ou suppôts de justice, arrête qu'il sera de suite donné connaissance à MM. les officiers du bailliage tant de ladite délibération des procureurs que du présent arrêté, et en conséquence leur renvoie la demande des procureurs pour y être par eux statué et nommer un greffier reconnu capable, à la charge par ce greffier de se soumettre à la reddition des comptes, de présenter bonne sanction, et de verser à la caisse du district les produits du greffe, en se retenant un honnête salaire, tel qu'il sera déterminé.

BEAUREGARD, vice-président, BONNET-LADEVÈZE, BONNEL le fils, FERRAND, PAULET, secrétaire général.

—o—

Le trois septembre mil sept cent quatre-vingt-dix, présents, MM. Beauregard, vice-président, Bonnet-Ladevèze, Bonnel, Ferrand.

Vu par le Directoire du département avec la délibération des procureurs de la séance de Mende et son arrêté d'aujourd'hui ; la déclaration de MM. Dangles et Boutin, seuls officiers du siége et la nomination qu'ils ont faite de la personne du sieur Cruvellier, qu'ils déclarent capable, le Directoire confie au dit sieur Cruvellier la régie du greffe du bailliage du ci-devant Gévaudan, séance de Mende, avec pouvoir de faire remettre les papiers et dépôt dudit greffe ; à la charge par ledit sieur Cruvellier de se conformer aux lois, tant par le serment qu'il doit prêter, que pour tous les autres devoirs de sa charge et de verser, lorsqu'il en sera requis, dans la caisse du district, le tiers quitte des produits dudit greffe, sur le compte qu'il sera tenu d'en rendre, le Directoire lui attribuant les deux tiers pour son salaire et fournitures, autres que le papier des procédures criminelles, qui sont à la charge de la Nation et qui lui sera payé sur les mandats du directoire.

BEAUREGARD, vice-président, FERRAND, BONNET-LADEVÈZE, PAULET, secrétaire général.

Le quatre septembre mil sept cent quatre-vingt-dix. Dans la salle du directoire du département ; M. de Beauregard, vice-président, Bonnet-Ladevèze, Bonnel, Ferrand.

Il a été fait lecture d'une lettre écrite, par MM. du Directoire du département du Cantal, au Directoire du département de la Lozère, tendant à demander, à l'administration générale des postes, l'établissement d'un courrier de St-Flour à Mende.

Le Directoire, considérant que des puissants motifs doivent l'engager à se réunir au département du Cantal pour solliciter cet établissement ; qu'une correspondance prompte et suivie, comme il est observé dans la lettre, est absolument nécessaire à ces deux départements, qui font un échange continuel de leurs productions ; qui réciproquement se donnent tous les secours de subsistance, et dont les relations de commerce exigent que les négociants de ces départements fassent chaque jour des dépenses ; que d'ailleurs cet établissement pourra seul assurer au département de la Lozère la prompte réception des dépêches qui lui seront expédiées par le Corps législatif et par les ministres du Roi ; parce que la route de Mende à St-Flour est bien faite, bien entretenue et qu'elle est passante dans toutes les saisons de l'année, au lieu que celle de Mende à Langogne est très souvent obstruée par les glaces et par les neiges, et quelque fois impraticable pendant un mois, au point qu'on reçoit trois et quatre courriers le même jours ; que les lettres de Paris à Mende passant par St-Flour arriveront un jour plutôt que par la route du Púy, ce qui sera très avantageux et favorisera la prompte exécution des ordres que le département recevra par le service de toutes les parties de l'administration qui lui est confiée ; a délibéré de demander, avec instance, à MM. les administrateurs généraux des postes, de prendre cet objet en considération et de consentir à l'établissement d'un courrier de St-Flour à Mende, passant par St-Chély, à condition néanmoins que le courrier arrivera trois fois la semaine ; arrête en outre de réclamer l'établissement de la poste aux chevaux depuis St-Flour jusqu'à Mende, comme un moyen de vivifier non seulement le commerce du département mais encore celui de plusieurs départements voisins, en particulier de ceux du Gard, de l'Hérault et de l'Aveyron ; comme aussi de prier MM. les administrateurs généraux des postes de prendre cet objet en considération, et MM. les députés du département de la Lozère d'appuyer de tout leur pouvoir cette pétition auprès de l'Assemblée nationale et des ministres de sa majesté ; et qu'enfin extraits de la présente délibération seront adressés à MM. les administrateurs généraux, à MM. les députés à l'Assemblée nationale et à M. Guignard, ministre du Roi.

Beauregaed, vice-président, Ferrand, Boonnel, le fils, Bonnet-Ladevèze, Paulet, secrétaire général.

Ledit jour 14 septembre mil sept cent quatre-vingt-dix, à quatre heures après midi. Dans la salle du Directoire, MM. Beauregard, vice-président, Monestier, Bonnet-Ladevèze, Bonnel, La Chassagne.

M. Monestier, vice-procureur général syndic, a dit que, dans l'assemblée électorale, tenue pour la formation du Corps administratif du département, plusieurs électeurs avaient été chargés de développer le vœu de plusieurs communautés, dont certaines se trouvent dans l'ancienne consistance du pays, pour demander que, n'étant point entrées dans la composition de ce département, elles sont unies à leur ancienne patrie ; telles sont les paroisses de Chanaleilles, Thoras, Vazeilles, Croizance, St-Préjet, Vabres, Vercyrolles, St-Vénérand, St-Christophe, et les Plantats, dont l'assemblée électorale délibéra, le 28 mai et le 4 juin dernier, d'appuyer la réclamation auprès de l'Assemblée nationale ; cette même réclamation a été renouvelée, le 4 juillet aussi dernier, par des protestations notifiées, de la part de ces communautés, à l'assemblée électorale du département de la Haute-Loire, auquel elles ont été attribuées, et elle a été étayée par d'autres communautés adjacentes qui ont formé la même réclamation contre leur union à ce département, sur le même fondement qu'elles ont été désunies de leur ancienne patrie ; telles sont les communautés de Saugues, Grèzes, Ventuéjols, Monistrol-l'Allier, et la Bessière-Ste-Marie ; c'est ce qui demeure établi, tant par l'extrait des protestations dont on vient de parler, et qui est ici annexé, que par les délibérations consignées dans le procès-verbal de l'assemblée électorale de ce département.

Les communautés de St-Sauveur-des-Pourcils, de Lanuéjols et de Veyreau qui sont entrées dans la composition du département du Gard, soit parce que leurs localités et surtout leur position immédiate ainsi que le rapport avec le district de Meyrueis, qui a été acquis à ce département, leurs convenances et leurs intérêts exigent cette association, et par délibération de l'assemblée électorale du 4 juin, il a été arrêté qu'un vœu aussi légitime serait appuyé auprès de l'Assemblée nationale. La paroisse d'Estables-de-Rive d'Olt, mi-partie entre ce département et celui de l'Aveyron, a sollicité aussi son entière réunion au même département soit parce qu'elle est désunie, par des localités naturelles et immuables telles que la rivière du Lot, du département de l'Aveyron, soit parce qu'elle a été comprise dans la carte géographique du même département, d'après un consentement respectif des députés des deux départements à l'Assemblée nationale, soit enfin parce que les Commissaires du Roi, nommés pour la formation de l'Assemblée administrative de ce département, ont trouvé d'après ces considérations que l'union sollicitée par la paroisse d'Estables ne pouvait être refusé : cela est établi par l'avis qu'ils ont formé le 3 juin dernier, qui demeure ici annexé, et enfin il résulte de la délibération prise la veille par l'assemblée électorale, que cette demande ne peut manquer d'être accueillie par l'Assemblée nationale.

Le Directoire du district de Villefort a également pris une délibération, le 23 août dernier, pour demander que les paroisses de Malons, Ponteils et Bonnevaux, attribuées au département du Gard, en soient distraites pour être unies à ce district dans l'enceinte de ce département, attendu qu'elles ont été retranchées de leur ancienne patrie, et que leurs localités, leurs habitudes, leurs rapports et leurs intérêts exigent qu'elles y rentrent, et ses motifs se trouvent analysés tant dans la délibération du Directoire dont on vient de parler, que dans les délibérations prises par les paroisses dont les extraits se trouvent ici joints.

Sur quoi, le Directoire du département considérant que les diverses pétitions dont on vient de voir le détail ne peuvent être mieux étayées que par les considérations données à l'appui, et qu'il serait inutile d'y en ajouter de nouvelles ; que d'ailleurs, il est à espérer de l'Assemblée nationale qu'elle ne manquera pas de servir, à cet égard, l'intérêt des administrés qui se trouve inséparable de leurs réclamations, à délibéré et délibère que tant les extraits des délibérations de l'assemblée électorale du département, du Directoire, du district de Villefort que des communes qui en ont pris ; de leurs actes et mémoires ci-devant énoncés, seront adressés par M. Monestier, vice-procureur général syndic, avec un extrait de la présente délibération, au comité de constitution à l'Assemblé nationale ; que ce comité sera prié de faire consacrer, par cette dernière, le vœu des communautés réclamantes ; que pareil extrait de la présente délibération sera pareillement adressé à MM. les députés de ce département à cette Assemblée, pour en solliciter le plus prompt succès ; que le même extrait sera envoyé à la communauté de Saugues pour constater, tant vis-à-vis d'elle que des autres communautés adjacentes, le concours du Directoire du département pour leur procurer le succès ; ensemble aux directeurs des districts de Villefort et de Meyrueis, vis-à-vis de celles qui demandent d'être unies à leur attribution, et enfin aux officiers municipaux de la commune d'Estables, auxquels le même intérêt sera témoigné ; qu'en outre il sera procédé dans les registres du Directoire d'après le vœu manifesté par la communauté de Saugues et celles qui ont consigné le premier vœu dans les protestations notifiées à l'assemblée électorale du département de la Haute-Loire, à la transcription de l'acte qui contient lesdites protestations.

BEAUREGARD, vice-président, BONNET-LADEVÈZE, BONNEL le fils, ROZIÈRE, DE LA CHASSAGNE, MONESTIER, PAULET, secrétaire général.

—o—

L'an mil sept cent nonante et le quatrième jour du mois de juillet avant midi, par devant nous notaire royal résidant au lieu et paroisse de Vazeilles, en Gévaudan, ont comparus en personne :

MM. François Manson, avocat en parlement, habitant au lieu et paroisse de Grèzes ; sieur Jean-François Sauvage, de Servilanges, paroisse de Ventuéjols; Jean Vidal de Montrezon, paroisse de Thoras, Jean-François Portefaix, du lieu de Villaret d'Apchier, paroisse de Chanaleilles; André Pradier, du Mazel, paroisse de Vabres ; Jean Merle, du Tremoul, paroisse de St-Christophe ; Jean-Claude Dupin, du lieu du Mont, paroisse de St-Préjet, et nous Jacques Nauton, du lieu et paroisse de Vazeilles, tous en Gévaudan, et électeurs du canton de Saugues, faisant tant pour eux que pour M. Dupré, curé de Monistrol d'Allier, électeur et maire, absent, et Jean-Antoine Couret du lieu de Hontes Bas, paroisse de la Besseyre-St-Mary, ici-présents ; iceux électeurs des paroisses et municipalités de Chanancilles, Thoras, Vazeilles, Croisance, St-Préjet, Vabres, Vereyrolles, St Vénérand, St-Christophe, Grèzes, Ventuéjols, Monistrol-d'Allier et la Besseyre St-Mary, cette dernière du canton de Langeac, nous ont unaniment exposés qu'ils se sont rendus en la ville du Puy, chef lieu du département de la Haute-Loire, à l'effet et conformément aux lettres de convocation des commissaires du Roi pour concourir à la formation dudit département ;

Que les démarches et les pouvoirs à eux donnés par leurs commettants n'ont pour objet que le respect et la soumission qu'ils se feront constamment un devoir inviolable de marquer aux décrets de l'auguste Assemblée nationale ;

Qu'immédiatement avant la soumission des électeurs du département, ils ont réclamé à l'assemblée électorale qu'il leur fut donné acte de la pétition déjà soumise et motivée à l'Assemblée nationale ; qu'ils étaient obligés par leurs pouvoirs de veiller expressément à l'assemblée électorale de ne pouvoir pour le bien commun de la localité faire partie du département de la Haute-Loire, mais bien d'être liés par toutes sortes de rapports a celui de la Lozère ;

Qu'ils ont été également touchés et surpris de refus de l'assemblée électorale, de laisser insérer ladite pétition dans son procès-verbal, conformément au droit essentiel qui leur est donné, à cet effet, par le vœu littéral et l'extrait des décrets ; que ce refus et la nécessité où ils sont par délicatesse, par justice et précisément par le devoir exprès de leur mission, les réduisent à la triste nécessité d'un acte de rigueur là où le procédé et la cause bien entendue devaient exclusivement décider ;

Que par une fatalité sans exemple, ils ont eu recours à nombre des notaires du Puy qui ont nécessairement refusé leur ministère pour constater l'état desdits électeurs, ce qui les a forcés de s'adresser à nous pour cet acte de droit.

Qu'en conséquence, ils notifient à l'assemblée électorale en général et à tous les membres respectables en particulier, que l'intérêt et la localité desdites paroisses apportent une barrière à jamais insurmontable à leur réunion au département de la Haute-Loire ; sur le refus par ladite assemblée d'insérer la même pétition dans leur procès-verbal même, qu'ils adresseraient incessamment à l'Assemblée nationale ladite pétition à l'effet de statuer sur leur sort à cet égard conformément à l'esprit et principe de sagesse qui l'ont toujours guidé ; que néanmoins ils concourront à la formation du département, comme à une opinion provisoirement démêlée, mais sans qu'on ne puisse jamais, en aucun cas, tirer de cette détermination aucune espèce d'induction insidieuse d'approbation de la division du département de la Haute-Loire, dont ils déclarent ne pouvoir jamais raisonnablement faire partie. De tout quoi nous ont requis acte; Fait et passé en la ville du Puy, maison de Bergat, faubourg St-Gilles, en présence de sieur Jean-Joseph Chabert de la Marnel, du lieu de Monselgues, paroisse de Ponteils, diocèse d'Uzès, étudiant en philosophie en cette ville du Puy, et sieur Jean Forges, du lieu de Combepeyre, paroisse d'Arzenc d'Apcher, étudiant en théologie en cette ville du Puy, signés avec les électeurs, de ce requis, et nous notaire royal soussigné, requis, recevant : Manson, avocat, Sauvage de Servilanges, Vidal, Portefaix, Couret, Merle, Pradier, Dupin, Chabert de la Marnel, Forges et Nauton, notaire.

Nous soussignés, persistons dans les protestations consignées dans l'acte d'où procède la copie ci-dessus ; l'avons déposée présentement ès mains de MM. les commissaires du Roi, au département de la Haute-Loire, dans leur bureau, près de l'assemblée générale des électeurs audit département, avec prière, à MM. lesdits commissaires, de vouloir bien faire connaître incessamment nos vœux à l'Assemblée nationale, pour qu'il émane de sa sagesse une décision conforme à nos désirs, et avons de plus prié MM. les commissaires de nous donner acte de la délivrance des susdites protestations, qu'ils ont eu la bonté de nous accorder, et avons signé le 7 juillet 1790 : Manson, premier électeur de Grèzes; Nanton, électeur de Vazeilles ; Vidal, maire de Thoras ; Portefaix, électeur de Chananeilles ; Merle, maire, électeur de St-Christophe et St-Vénérand ; Couret, électeur de la Besseyre Ste-Marie; Sauvage de Servilanges, électeur du Pin ; Dumont, électeur de St-Préjet ; Pradier, maire de Vabres.

Nous soussignés électeurs du canton de Saugues, habitants de la ville et paroisse de Saugues et Monistrol d'Allier, déclarons que, d'après les précédentes protestations des municipalités qui forment la presque totalité du canton dont Saugues est le chef lieu, nous réclamons pour l'intérêt général dudit canton et de son chef-lieu que ce dernier suive le même sort que l'Assemblée nationale jugera de déterminer en faveur des paroisses qui demandent de rester inséparables du département de la Lozère, dont elles avaient toujours fait partie, et prions MM. les Commissaires du Roi au département de la Haute-Loire, en nous donnant acte de réclamations, de vouloir bien rendre auprès de l'Assemblée nationale la cause de la ville et paroisse de Saugues, Cubelles et Monistrol-d'Allier, commune avec celles des paroisses qui, désunies rendraient la ville de Saugues absolument isolée, et avons signé le susdit jour et an, 7ᵉ jour de juillet 1790 : Boulanger avocat, électeur de Saugues ; Masson, électeur de Saugues, major de la garde nationale ; Gignac électeur ; Dupré, curé, maire, électeur. Signés.

Nous, commissaires du Roi au département de la Haute-Loire, avons donné acte, aux électeurs du canton de Saugues sussignés, de la remise qu'ils ont fait de l'acte reçu, Nanton, notaire ci-dessus écrit, contenant leurs réclamations et protestations, pour leur servir et valoir en ce que de raison, et nous sommes signés, le 8ᵉ juillet 1790. L'ormet, La Bruyère, curé, Roche de Pouzols, signés.

Collationné. PAULET, secrétaire général.

Du jeudi, seizième jour du mois de septembre, mil sept cent quatre-vingt-dix, heure de neuf du matin, par devant MM. de Beauregard, vice-président, Monestier, Bonnet-La-Devèze, Rozière de la Chassagne.

S'est présenté, M. Michel-Alexandre Constant, étudiant en la Faculté de médecine de Montpellier, originaire et habitant ordinairement en la ville du Malzieu, qui a dit que dans le nombre des places de boursier en ladite Faculté que les étudiants, originaire du diocèse de Mende, ont le droit de solliciter, pour faire ou continuer leurs études en la même faculté, il en est actuellement deux vacantes, par l'expiration des études qui viennent d'y finir MM. Benoit, originaire de Langogne, et Monestier, originaire de St Rome, nouvellement promus au doctorat, et qu'attendu ladite vacance, il prie l'assemblée, chargée aujourd'hui de la collation des deux places par l'administration qui lui a été attribuée des biens nationaux, de lui conférer une de celles qui font l'objet de la même vacance.

Sur quoi, ouï l'avis de M. Monestier, vice-procureur général syndic, le Directoire du département, prenant en considération la demande du sieur Constant, et étant convaincu des conditions de son éligibilité par les preuves qu'il en a fournies, a conféré et confère audit sieur Constant, ici présent, et acceptant une des deux places de boursier en la Faculté de médecine de Montpellier, pour par lui jouir des droits, revenus, émoluments et prérogatives attachés a ladite place, durant la durée qu'elle doit avoir, à la charge, par ledit sieur Constant, de continuer ses études en ladite Faculté, et de satisfaire à tous les autres devoirs et conditions que la même place lui imposera ; le tout quoi, ledit sieur Constant à promis exécuter. Auquel effet, un extrait de la présente collation lui sera délivrée, pour lui servir ainsi qu'il appartiendra. Fait à Mende, dans la salle du Directoire, le jour et an susdits.

BEAUREGARD, vice-président. — MONESTIER. — BONNET-LA-DEVÈZE. — ROZIÈRE DE LA CHASSAGNE. — CONSTANT. — PAULET, secrétaire général.

—o—

Du même jour.

M. Monestier, vice-procureur général syndic a dit que, par délibération, du 6 juillet dernier, du Conseil général de l'administration du département, MM. Eymar et de Juin, administrateurs, ayant été nommés commissaires pour se rendre à Montpellier, à l'effet de mettre à fin les anciennes affaires de la ci-devant province du Languedoc et de déterminer celles qui doivent à l'avenir être particulières à chacun des départements qui composent ladite province, de concert avec les commissaires députés respectivement par les départements ; sachant encore que la réunion de tous ces commissaires doit avoir lieu incessamment, à Montpellier, et que d'après une instruction particulière, adressée par ordre de sa Majesté à ce département, il est un préalable à leurs opérations, à l'effet de pouvoir les remplir; que le Directoire du même département nomme, ainsi que chaque Directoire des autres départements, un député qui, concurremment avec ceux qui seront envoyés par ces derniers, sollicite la remise des papiers communs à tous les départements existant au pouvoir de l'ancienne administration du Languedoc, fasse faire les copies au dépouillement nécessaires à chacun des départements et enfin des inventaires circonstanciés ; le tout pour en être fait la destination indiquée par ladite instruction, de laquelle il demeure convenable de faire parvenir deux exemplaires aux deux commissaires du département, il prie le Directoire de nommer le député dont le choix lui est confié, ou, s'il lui parait plus praticable, de confier les fonctions de ce député à l'un de ces commissaires.

Sur quoi, le Directoire, considérant qu'il est nonseulement d'une facilité reconnue mais utile de déférer ces fonctions à l'un des commissaires dont il vient d'être parlé, a commis et commet M. Eymard et M. Dupin, à l'effet de faire le retirement des papiers communs à tous les départements de la ci-devant province du Languedoc, concurremment avec les députés, commis par lesdits départements ; de faire faire les copies ou dépouillement nécessaires à ce département ; d'en faire faire un inventaire circonstancié et enfin de remplir à cet égard tous les objets indiqués par l'instruction adressée, par ordre du Roi, au même département; fait l'offre, tant audit M. Eymard qu'au dit M. Dupin, de se faire délivrer par le receveur des impositions du pays en la présente année, telle somme qu'ils désireront d'avance sur le traitement qui leur sera dû, d'après un mandat qui leur sera expédié sur ledit receveur, et enfin ordonne que non seulement un exemplaire de l'instruction dont on vient de parler, mais encore un extrait de la présente délibération, leur seront incessamment adressés. Fait à Mende, dans la salle du Directoire, le seize septembre mil sept cent quatre-vingt-dix.

BEAUREGARD, vice-président, BONNET-LADEVÈZE, ROZIÈRE DE LA CHASSAGNE, MONESTIER, PAULET, secrétaire général.

—o—

Du même jour, seizième du mois de septembre mil sept cent quatre-vingt-dix, dans la salle du Directoire du département: MM. Beauregard, vice-président, Monestier, La Chassagne, Bonnet-Ladevèze. Vu la pétition formée le neuf du mois courant par MM. Malzac, Dallo, Monestier, Malaval, Mercier et Privat, prêtres, chanoines de la Canourgue, ensemble l'avis du Directoire du district de Marvejols; ouï le rapport de MM. Monestier, vice-procureur général syndic, le Directoire du département est autorisé et mande en tant que de besoin, tant au sieur prieur de La Canourgue qu'au sieur Privat, son fermier, solidairement, de payer, à chacun des chanoines ci-devant dénommés, le montant de leur pension tant en argent et sans exception de la somme de deux cent quarante livres à eux attribuée par l'ordonnance de

Mgr l'évêque de Mende et l'arrêt du Parlement de Toulouse, énoncés dans leur pétition, qu'en denrées, suivant et conformément aux termes indiqués par lesdits actes ramenés dans la même pétition ; au moyen de quoi, tant ledit sieur prieur de La Canourgue que son fermier, demeurant valablement libérés d'autant; charge les chanoines d'imputer, conformément aux décrets relatifs à la disposition des biens ci devant ecclésiastiques, ce qu'ils auront perçu en la présente année sur le traitement qui leur sera assigné et de faire même compte de l'en sus, s'il leur en était payé. Fait à Mende, dans la salle du Directoire, le seizième jour du mois de septembre mil sept cent quatre-vingt-dix.

BEAUREGARD, vice-président, ROZIÈRE DE LA CHASSAGNE, BONNET-LADEVÈZE, LA CHASSAGNE, MONESTIER.

—o—

Le dix-huitième septembre mil sept cent quatre-vingt-dix ; dans la salle du Directoire : MM. de Beauregard, vice-président, Bonnet-Ladevèze, La Chassagne, Monestier.

Vu la pétition formée par le Chapitre collégial de la ville de Marvejols, ensemble l'avis du Directoire du district de la même ville ; ouï le rapport et l'avis de M. Monestier, vice-procureur général syndic, le Directoire du département a autorisé et autorise le syndic du chapitre à retirer, pour la présente année, des fermiers de ce Chapitre, le paiement du montant des prix de ferme échus en faveur dudit syndic, tant en argent qu'en denrées, ainsi que ceux à échoir à l'époque de leur échéance, à la charge par le syndic de faire la destination tant des uns que des autres ainsi et conformément au mandat qu'il a reçu à cet égard du Chapitre ; ordonne néanmoins que le doyen de celui-ci ne recevra sur ses revenus qu'à concurrence de la somme de mille livres et la moitié du montant de l'en sus, s'il en existe, sur ladite somme de mille livres, à condition que les deux objets réunis ensemble n'excèderont pas celle de six mille livres ; auquel effet l'excédant, déduction faite de cette somme de mille livres et la moitié de l'ensus ; et que l'excédant, s'il y en a, sera versé par les fermiers du chapitre dans la caisse du district de Marvejols ; que ces derniers retiendront également et payeront le montant des charges légitimes, telles que les portions congrues, impositions et autres charges réelles dues par les biens ci-devant appartenant au Chapitre ; ordonne enfin que ce dernier fera compte de ce qu'il aura perçu, conformément aux décrets relatifs à la disposition des biens ci-devant ecclésiastiques, sur le traitement qui lui sera assigné. Fait à Mende, dans la salle du Directoire du département, le dix-huit septembre mil sept cent quatre-vingt-dix.

Beauregard, vice-président, Monestier, Bonnel le fils, Bonnet-Ladevèze, Rosière la Chassagne, Paulet, secrétaire général.

Le susdit jour, dix-huitième septembre mil sept cent quatre-vingt-dix, dans la salle du Directoire du département : MM. de Beauregard, vice-président, Monestier, Bonnet-Ladevèze, La Chassagne, Bonnel.

M. Monestier, vice-procureur général syndic, a dit que, le 28e août dernier, il fut pris une délibération par le Directoire du département pour adresser à l'Assemblée nationale une réclamation des MM. du commerce du pays, qui tend à ce que les assignats obtiennent la libre circulation dont ils doivent jouir et soient également reçus dans les caisses générales et particulières, conformément à l'article 3 du décret des 16e et 17e avril dernier ; que cette réclamation est d'autant plus légitime et intéresse d'une manière si absolue les peuples de ce département, que la classe la plus nombreuse et la plus indigente, ne vivant que des produits de la fabrique des laines, il arrive, lorsque tout le numéraire est concentré dans la caisse des recettes, que des billets assignats qui ne peuvent être reçus par les citoyens fabricants à qui il revient presque toujours beaucoup moins que le montant de ces assignats pour le prix de la vente de leurs marchandises ; que si cela était durable quelque peu de temps, les peuples seraient réduits à la plus extrême misère, et au défaut absolu de tout moyen de subsistance; que peut-être même, il en résulterait des évènements plus malheureux ; qu'enfin, il s'ensuivrait que si les caisses publiques continuent d'accepter tout le numéraire et de refuser les assignats, il ne resterait plus dans le pays, qui forme le département, d'autres ressources que celle du papier, qui n'en est pas une assez effective pour faire subsister les peuples et donner au commerce les avantages que l'Assemblée nationale a voulu lui procurer par les décrets relatifs à l'émission des assignats ; qu'aujourd'hui il survient un nouvel inconvénient, d'autant plus funeste aux intérêts publics, que le Directoire du district de Mende ayant vérifié l'état de la situation des recettes des impositions, il s'est trouvé que leur recouvrement est beaucoup au dessous du montant qui aurait dû y être versé, soit parceque les assignats sont refusés, soit parce que les percepteurs particuliers qui les offrent, n'ont d'autres objets à verser par l'épuisement du numéraire; que le mal, relatif au retard de la perception des impôts, va d'autant plus s'accroître, que ces percepteurs, notamment ceux du pays des Cévennes, ne cessent d'informer le receveur public à Mende que les communautés ne peuvent le libérer si les assignats continuent de n'être plus reçus; qu'enfin sur ces considérations il importe que le Directoire du département délibère les moyens d'en faire cesser l'objet, d'assurer par suite la subsistance des peuples, et de prévenir tous les autres événements malheureux qui pourraient leur succéder.

Sur quoi, le Directoire du département considérant que rien n'est plus impératif pour ses vues administratives que de prévenir de pareils objets ; considérant surtout que rien ne commande plus à son devoir que celui de faire exécuter les décrets de l'Assemblée nationale dont le Roi, comme chef suprême du pouvoir exécutif, l'a chargé, a arrêté et arrête que, conformément au décret du 16 et 17 avril dernier, les assignats jouiront de la libre circulation ordonnée par ledit décret, et seront reçus dans les caisses générales et particulières du département ; mande à cet effet à tous les receveurs publics, qui y perçoivent le montant des contributions publiques, de ne point refuser des percepteurs particuliers les assignats que ceux-ci leur offriront en paiement du montant de leurs recettes, et en conséquence autorise lesdits receveurs publics à se libérer à leur tour, en assignats ou en espèces selon la mesure de leur recette qu'ils auront fait de chacun desdits objets ; charge le Directoire du district de Mende, dans l'attribution duquel se trouvent les recettes publiques du département, de surveiller et tenir la main à l'exécution du présent arrêté, et en outre, ordonne qu'un extrait du même arrêté sera incessamment adressé par M. Monestier, vice-procureur général syndic, à tous les Directoires des districts, pour en faire passer des copies, certifiées d'eux, à toutes les municipalités de leur attribution ; qu'il fera également le même envoi à MM. les députés du département à l'Assemblée nationale, pour en faire l'usage que leur sagesse, ou l'intérêt des objets, leur inspirera. Fait à Mende, dans la salle du Directoire du département, le dix-huitième jour du mois de septembre, mil sept cent quatre-vingt-dix.

BEAUREGARD, vice-président, MONESTIER, BONNET LADEVEZE, BONNEL le fils, ROSIERE DE LA CHASSAGNE, PALLET, secrétaire général.

Le vingt-cinq septembre mil sept cent quatre-vingt-dix ; dans la salle du Directoire du département : MM. de Beauregard, vice-président, Monestier, Bonnet-Ladevèze, Chazot, Bonnel, du Cayla, Ferrand.

Le Directoire du département, vu la pétition à lui adressée par les députés du district de Mende à la fédération générale tenue à Paris, le 14ᵉ juillet dernier, ensemble l'avis du district de la ville de Mende, du 5 du courant, après avoir ouï M. Monestier, vice-procureur général syndic, a ordonné et ordonne que, sur les premiers fonds libres de la caisse du district de la ville de Mende, il sera payé, à chacun des huit députés à ladite fédération, la somme de deux cent quarante livres, à laquelle le Directoire a cru devoir taxer, à cause de la cherté des denrées, ce qui revient à chacun desdits députés pour les frais de voyage ou séjour, au sujet de ladite fédération et que l'expédié de la présente délibétion tiendra lieu de mandat à chaque député.

BEAUREGARD, vice-président, BONNEL-LADEVEZE, FERRAND, MONESTIER, BONNEL le fils, DU CAYLA, CHAZOT, PAULET, secrétaire général.

Le même jour vingt-cinq septembre, mil sept cent quatre-vingt-dix ; dans la salle du Directoire du département : MM. de Beauregard vice-président, Monestier, Bonnel-Ladevèze, Chazot, Bonnel, du Cayla, Ferrand.

Le Directoire du département de la Lozère, vu la pétition à lui adressée par les députés du district de Marvejols à la fédération générale, tenue à Paris le 14ᵉ juillet dernier, ensemble l'avis du district de la ville de Marvejols du quatre du courant, après avoir ouï M. Monestier, vice-procureur général syndic, a ordonné et ordonne que, sur les premiers fonds libres de la caisse du district de Marvejols, il sera payé, à chacun des députés de ladite fédération, la somme de deux cent quarante livres à laquelle le Directoire à cru devoir taxer, à cause de la cherté des denrées, ce qui revient à chacun desdits députés pour les frais de voyage ou séjour au sujet de ladite fédération, et que l'expédié de la présente délibération tiendra lieu de mandat à chaque député.

BEAUREGARD, vice-président, BONNET-LADEVEZE, BONNEL, le fils, DU CAYLA, FERRAND, CHAZOT, MONESTIER, PAULET, secrétaire général.

Le même jour, vingt-cinq septembre mil sept cent quatre-vingt-dix ; dans la salle du Directoire du département : MM. de Beauregard, vice président, Monestier, Bonnet Ladevèze, Bonnel, Ferrand, Chazot, du Cayla.

Un des administrateurs a représenté à l'assemblée que les lettres patentes du Roi, sur les décrets de l'Assemblée nationale des 11 décembre 1789, 26° mars et 26 mai 1790, qui ont été publiées et enregistrées dans toutes les municipalités, portent les défenses les plus expresses et sous des peines rigoureureuses de commettre aucuns vols, dégâts, et faire aucunes coupes et entreprises dans les bois et forêts, tant de ceux qui appartiennent à des particuliers qu'aux communautés qui sont situées dans les domaines nationaux, mettent les forêts, bois et arbres sous la sauvegarde de la Nation, de la loi et du Roi et sous celles des tribunaux des assemblées administratives, municipalités, communes et gardes nationales ; enjoignent au ministère public de poursuivre et faire condamner les délinquants ; autorisent les maitrises des eaux et forêts et tous autres juges de se faire prêter main forte, pour l'exécution de leurs ordres, jugements et saisies, par les municipalités, gardes nationales et autres troupes qui doivent déférer aux réquisitions qui leur seront faites, à peine d'en répondre à leur propre et privé nom ; autorisant les juges et les municipalicités, à faire constituer prisonniers ceux qui seront trouvés en flagrant délit, tant de jour que de nuit ; que l'article II du décret de l'Assemblée nationale, du 2° juin 1790, sanctionné par le Roi, le lendemain et l'article 5 de celui du 23° février dernier, déclarent tous les citoyens de chaque commune responsables des dommages causés par violence et qu'ils auraient pu empêcher ; que cependant le Directoire est informé que les bois et forêts de l'abbaye de Mercoire, situés dans le territoire du département, sont journellement dévastés par les habitants de plusieurs villages et paroisses voisines, qui y font les coupes les plus désordonnées et les plus propres à détruire les bois, sans espoir de les voir repeupler; que les gardes établis pour la conservation de ces forêts ne peuvent et n'osent même s'opposer aux entreprises ; que les municipalités et les gardes nationales des environs n'y portent aucune attention et gardent le silence, et qu'il est très instant que le Directoire prenne tous les moyens, qui sont en son pouvoir, pour procurer la conservation de ces biens nationaux et l'exécution des lettres patentes et décrets sus-énoncés ;

Ouï le rapport et l'avis de M. Monestier, vice-procureur général syndic, le Directoire du département de la Lozère, en exécution des décrets de l'Assemblée et des lettres patentes du Roy, fait très expresse défenses, à tous citoyens et autres, de faire aucune coupe ni abattis dans les bois et forêts, dépendant de l'abbaye de Mercoire, à peine d'être poursuivis et punis suivant la rigueur des lois et ordonnances concernant les eaux et forêts ; ordonne à tous officiers municipaux, gardes nationales et autres citoyens de veiller à la conservation desdits bois et d'en empêcher la dévastation, à peine d'en répondre en leur propre et privé nom ; enjoint aux gardes, préposés à leur conservation, de dresser leurs procès-verbaux contre tous les délinquants qu'ils pourront reconnaître et d'en faire la remise par devant les juges des lieux, à l'effet d'y être résumés en la forme ordinaire et le procès être instruit contre lesdits délinquants à la diligence du ministère public ; enjoint aussi aux officiers municipaux et gardes nationales de prêter main forte pour l'exécution des jugements et ordonnances des juges, même aux gardes si le cas le requiert, lorsqu'ils seront instruits qu'il se fait quelque entreprise, et qu'ils voudront aller reconnaître les délinquants ;

Mande au Directoire du district de Langogne d'envoyer des copies collationnées du présent arrêté à toutes les paroisses voisines desdites forêts, pour y être lues à la messe du prône, en présence des officiers municipaux et affichées aux lieux ordinaires, et d'ordonner à tous les officiers municipaux d'en certifier le procureur syndic du même district qui en certifiera le Directoire du département. Fait à Mende dans la salle du Directoire du département, le vingt-cinq septembre, mil sept cent quatre-vingt-dix.

BEAUREGARD, vice-président, CHAZOT, DU CAYLA, BONNEL le fils, BONNET-LADEVEZE MONESTIER, PAULET, secrétaire général.

Du lundi quatrième jour du mois d'octobre, mil sept cent quatre-vingt-dix, à neuf heures du matin ; dans la salle du Directoire du département de la Lozère.

M. Monestier, vice-procureur général syndic, a exposé à l'Assemblée, que venant d'apprendre de MM. Leblanc de Chazes et Rodier, députés de la garde nationale de Florac, ici présents, les impressions de sensibilité qu'une de ses lettres, écrite officieusement à M. le commandant de cette garde, en lui faisant l'envoi d'une adresse qui lui était parvenue pour ce dernier du district de Villefort, a formées sur le peuple de ce pays ; considérant que par cette lettre et cet envoi il n'a fait que suivre la pureté de ses intentions en ajoutant que : M. le commandant userait de sa sagesse pour conserver la tranquillité publique dont le même pays avait joui jusqu'alors, et pour prévenir tout ce qui pourrait y porter atteinte; considérant encore qu'il n'avait été déterminé à ajouter cette considération que par la connaissance qu'il avait acquise, ainsi que l'assemblée, de certaines délibérations ou lettres, tant du corps administratif du district de Villefort que de quelque municipalité du même district, qui annonçait que des hommes mal intentionnés cherchaient à répandre des semences de discorde entre les peuples du Gévaudan et ceux des Cévennes; considérant enfin, que s'il avait existé des motifs d'alarmes ou de crainte mieux fondés, qui eussent mis en un danger particulier la paix de ces derniers, il aurait sollicité le secours de l'assemblée et leur concours avec ceux de la municipalité de Florac, pour établir la perpétuité de cette paix ; que dès lors il aurait transmis à cette municipalité les délibérations de l'Assemblée à cet égard, qu'autant qu'il est pénétré que des objets d'un intérêt général ne peuvent être transmis qu'aux municipalités chargées de leur exécution ou de leur surveillance; dans le cas présent, il ne s'est pas cru permis de distraire l'envoi particulier qui était fait à M. le commandant de Florac, surtout d'après le vœu de l'assemblée qui l'avait chargé de le lui faire; qu'enfin sa sensibilité personnelle est on ne peut plus extrême sur les considérations que le peuple de Florac a cru devoir à sa démarche et dont il n'aurait pas même eu l'idée, si ses principes et son cœur lui avaient été connus ; il prie l'assemblée d'en certifier la pureté, tant à ce peuple qu'à la municipalité et de solliciter l'un et l'autre à adopter de plus justes impressions.

Sur quoi l'assemblée croyant pouvoir garantir cette pureté et la délicatesse des sentiments, dont M. Monestier est pénétré pour le bien de la chose publique et surtout pour le maintien de l'ordre ; assurant d'ailleurs qu'il n'a fait, à M. le commandant de la garde nationale, l'envoi qu'il lui a adressé que d'après ses ordres ; qu'il n'a ajouté dans la lettre, qui accompagnait cet envoi, que les considérations que l'assemblée elle-même avait faites en conséquence de ce qui lui était parvenu du district de Villefort sur les projets de discorde entre les habitants des Cévennes et ceux du Gévaudan ; que l'envoi du tout n'a été fait qu'officieusement à M. le commandant du district de Florac ; que M. Monestier est pénétré et ne manquera jamais, d'après le vœu de l'assemblée, d'adresser tant à la municipalité de Florac, qu'à toutes celles du département, ce qui intéressera les objets généraux ; la même assemblée invite la municipalité et la garde nationale, à dégager le peuple des impressions dont il s'était imbu ; à ne pas douter des dispositions qu'elle apportera toujours au maintien de la paix et de tout ordre public ; a ne cesser de vivre dans les douceurs de cette paix et enfin à recevoir la preuve de ces sentiments par l'adresse que le Directoire a remis aujourd'hui le manuscrit à MM. les députés de Florac pour la transmettre à la municipalité.

Beauregard, vice-président, Roziere de la Chassagne, du Cayla, Bonnet, le fils, Chazot, Monestier, Paulet, secrétaire général.

—o—

Du lundi, quatrième jour du mois d'octobre mil sept cent quatre vingt-dix ; dans la salle du Directoire du département : MM. de Beauregard, vice-président, Monestier, Bonnet-Ladevèze. Bonnet, du Cayla, Chazot, de la Chassagne.

Adresse des administrateurs du Directoire du département de la Lozère, aux communes du même département.

Chers citoyens, nous nous flattions d'être réunis, le 1er du courant, aux collègues que la confiance publique nous a donnés, et c'est avec un véritable regret, que nous voyons la session du conseil administratif renvoyée au 3e novembre ; nous attendions l'époque d'une réunion aussi chère à nos cœurs, pour vous assurer, au nom de tous nos coopérateurs, qu'établis par la loi et choisis par vous, pour veiller à son exécution, nous serions constamment attachés à un seul intérêt, celui de tous et au désir ardent de répondre à votre confiance.

Jaloux de nous en montrer dignes, nous vous sollicitons, au nom de la patrie, de coopérer à nos succès, en nous aidant de toutes vos forces au maintien de la Constitution qui vous assure à l'avenir la liberté et la paix. Oui, chers concitoyens, la liberté et la paix, nous n'avons rien de trop, puisque déjà, par les décrets constitutionnels, les droits de l'homme sont consacrés, les pouvoirs circonscrits, l'établissement des impôts rendus à la Nation, que des administrations paternelles sont établies par votre choix, que vous avez l'espérance qu'un système d'imposition également favorable à l'agriculture et à l'industrie, va mettre le sceau à votre gloire et à votre liberté.

Mais quelques précieux que soient tous les avantages, on ne peut en jouir qu'avec la paix. Heureusement, chers concitoyens, elle n'a pas été altérée dans nos montagnes, où le premier cri de ralliement a été tout pour la paix. Le même cri s'est fait entendre dans nos confédérations générales et particulières; partout, nos voix se sont réunies pour porter jusqu'au ciel le serment solennel de la maintenir ; nous ne nous souillerons pas d'un parjure, et le même désir, de la voir toujours régner parmi nous, saura nous prémunir contre les obstacles qui pourraient s'opposer à un vœu aussi légitime et dont dépend aujourd'hui notre bonheur.

Oui, notre bonheur c'est la promesse que nous font nos généreux représentants; c'est celle de notre Roi, si digne de notre amour, de ce bon Roi qui se dit notre frère, notre ami, notre père ; mais, ni les uns ni les autres ne nous font une aussi magnifique promesse qu'à des conditions qu'il dépend de nous de remplir ; qu'en nous rappelant que « notre premier devoir est le maintien de l'ordre et de la soumission aux lois; que le bienfait d'une constitution libre doit être égal pour tous; que plus on est libre, plus grandes sont les offenses portées à la liberté et à la propriété des autres ; plus criminels sont les actes de violence, et de contrainte qui ne sont pas commandés par la loi ».

C'est de ces principes d'éternelle vérité que dérive le besoin d'aimer la justice, l'obligation de respecter la propriété et la sûreté des personnes, de ne pas confondre la liberté avec la licence ; ce sont les principes qui nous commandent impérieusement de distinguer les droits abolis sans rachat, et les droits rachetables, mais existant jusqu'à ce qu'ils soient rachetés. Ce sont eux qui font une obligation d'acquitter l'impôt, cette dette sacrée que la patrie réclame, et qu'elle ne recevra désormais que pour ses enfants ; ce sont eux qui proscrivent les voies de fait, et nous font une loi de recourir à d'autres juges que nous mêmes pour obtenir la justice qui peut nous être due. Bientôt, chers concitoyens, vous serez dispensés d'aller la solliciter à grands frais loin de vos foyers ; des juges, élus par vous au milieu de vous, vous la rendront promptement et gratuitement; joignez encore à cette nouvelle faveur de ne plus voir l'impôt désastreux de la gabelle peser sur le cultivateur; d'attendre que l'année prochaine la dîme n'enlèvera plus à nos campagnes le plus quitte de leur produit, et, si tant de bienfaits sont dignes de la plus juste reconnaissance, prouvez-la par le plus saint et le plus immuable respect pour la loi, et par votre générosité envers ceux dont les intérêts personnels ont été sacrifiés au bien général.

Nous ne devons pas vous dissimuler que, malgré tous ces sacrifices, les premiers moments d'une régénération qui étonne l'univers seront peut-être pénibles et que certains impôts seront peut-être augmentés; mais, était-il possible qu'avec les suppressions qu'on a fait des droits les plus onéreux, et les abus et les déprédations dont on cherche à tarir les sources, on peut encore espérer de voir diminuer tous les impôts ; ah, non ! vous êtes trop justes et trop raisonnables pour l'attendre ; c'est beaucoup que d'avoir cette espérance pour l'avenir et pour en accélérer le moment, empressons-nous d'acquitter cette contribution que commandent seuls le dévouement et le zèle à la chose publique; que notre attachement à la Constitution se déploie surtout pour favoriser, dans l'intérieur du royaume, la libre circulation des grains. Il est certain d'ailleurs que le blé, cette denrée si précieuse, loin de manquer cette année, abonde généralement dans le Royaume, et que si la récolte n'a été qu'ordinaire en Gévaudan, elle a été très-abondante dans les provinces qui nous avoisinent; il serait donc aussi impolitique que peu raisonnable de concevoir des craintes sur l'approvisionnement du pays et de ne pas favoriser la libre circulation d'une municipalité à l'autre. Ah ! si le peuple pouvait bien se persuader qu'un moyen infaillible de faire accroître le prix des grains est de manifester des craintes sur le danger d'en manquer, il ne serait pas nécessaire qu'on le pressât de favoriser de toutes ses forces et d'après le vœu de l'Assemblée nationale la liberté de la circulation des grains, ni d'en appeler à son expérience qui lui a constamment prouvé que c'est toujours à la suite des terreurs paniques de famine qui a vu les hausses les plus inquiétantes et les plus marquées dans le prix des grains.

Nous ne saurions, chers concitoyens, terminer cette effusion de nos sentiments sans vous manifester toute notre joie de voir que, dans notre département, il n'a existé aucune marque de désunion sur la diversité de nos opinions religieuses : notre patriotisme nous a heureusement garantis de l'idée que, lorsqu'il s'agit des intérêts temporels, on dut y mêler la cause de la religion qui y est absolument étrangère. Devenons plus inébranlables que jamais dans les principes, et n'oublions pas, qu'en véritables pères et bons français, nous avons juré sur l'autel de la Patrie, de regarder comme des ennemis ceux qui voudraient se servir de la différence de nos opinions religieuses pour allumer la haine et la discorde parmi nous.

Non, chers compatriotes, vous n'oublierez pas vos serments et vous ne prêterez point l'oreille aux insinuations perfides de ceux qui pourraient concevoir le coupable projet de vous égarer ; nous l'attendons de votre patriotisme et c'est dans cette confiance que nous braverons avec courage les difficultés et les embarras d'une existante nouvelle, pour nos livrer aux efforts que peut nous inspirer notre zèle et le désir de répondre à votre confiance. C'est dans les sentiments de civisme et de fraternité que nous sommes, chers concitoyens vos très humbles et très obéissants serviteurs.

BEAUREGARD, vice-président, ROSIERE DE LA CHASSAGNE, DU CAYLA, BONNET, le fils, CHAZOT, MONESTIER, PAULET, secrétaire général.

Le mardi, cinquième jour du mois d'octobre mil sept cent quatre-vingt-dix. MM. de Beauregard, vice-président, Monestier, Chazot, La Chassagne, Bonnel, Du Cayla.

Vu l'arrêté pris le 9ᵉ juin dernier par l'assemblée administrative du district de St Chély; ouï le rapport et l'avis de M. Monestier, vice-procureur général syndic, le Directoire du département de la Lozère, autorisant cet arrêté, a délibéré et délibère que les décrets de l'Assemblée nationale, sanctionnés ou acceptés par le Roi, l'ordonnance des eaux et forêts et les règlements relatifs à la conservation des bois et des rivières, ensemble l'arrêté du Conseil du .... 1758, rendu contre ceux qui se permettent des défrichements dans les communes, seront exécutés selon leur forme et teneur dans l'étendue du district de St-Chély; chargé de cette exécution, et de tout ce qui peut y faire suite, le Directoire du même district, qui en certifiera celui du département, auquel effet la présente délibération lui sera incessamment adressée par M. Monestier, vice-procureur général syndic.

BEAUREGARD, vice-président, ROZIERE DE LA CHASSAGNE, DU CAYLA, CHAZOT, BONNET, le fils, MONESTIER, PAULET, secrétaire général.

Du même jour, cinquième octobre mil sept cent quatre-vingt-dix, dans la salle du Directoire du département, MM. de Beauregard, vice-président, Monestier, La Chassagne, Chazot, du Cayla, Bonnel.

S'est présenté sieur Pierre Meyrueis, étudiant en philosophie, originaire et habitant de la ville de Mende, qui a dit que, dans le nombre des places de boursier en la Faculté de Montpellier, que les étudiants originaires du diocèse de Mende ont le droit de solliciter pour faire ou continuer leurs études et la même faculté, il en était deux vacants par l'expiration des études que viennent de finir M. Benoît, originaire de Langogne et Monestier, originaire de St Rôme, nouvellement promus au doctorat, et qu'attendu ladite vacance, le Directoire du département de la Lozère, chargé de la collation des deux places par l'administration qui lui a été attribuée des biens nationaux, aurait déjà conféré une de celles qui font l'objet de la même vacance à M. Constant, originaire du Malzieu ; c'est pourquoi il prie l'Assemblée de vouloir bien lui conférer la seconde desdites places vacantes.

Sur quoi, ouï l'avis de M. Monestier, vice-procureur général syndic, le Directoire du département, prenant en considération la demande du sieur Meyrueis et étant convaincu des conditions de son éligibilité par les preuves qu'il lui a fournies, a conféré et confère audit sieur Meyrueis, ici présent et acceptant la seconde desdites deux places de boursier en la Faculté de Médecine de

Montpellier, pour par lui jouir des droits, revenus, émoluments et prérogatives attachés à ladite place, pendant la durée qu'elle doit avoir, à la charge par ledit sieur Meyrueis de continuer ses études en ladite Faculté et de satisfaire à tous les autres devoirs et conditions que la même place lui imposera, le tout quoi ledit sieur Meyrueis a promis exécuter ; auquel effet un extrait de la présente collation lui sera délivrée pour lui servir ainsi qu'il appartiendra.

BEAUREGARD, vice-président, BONNEL, le fils, CHAZOT, ROZIERE DE LA CHASSAGNE, MONESTIER, DU CAYLA, MEYRUEIS, fils, PAULET, secrétaire général.

—o—

Du samedi, neuvième octobre, mil sept cent quatre-vingt-dix, dans la salle du Directoire du département; M. Beauregard, vice-président, Bonnel, La Chassagne, Bonnet-Ladevèze, du Cayla, Chazot.

Vu la pétition de la municipalité de Meyrueis et la délibération de l'assemblée administrative du district de ladite ville, le Directoire du département de la Lozère, ouï le rapport et l'avis d'un de ses membres, déclare, avant dire droit sur la demande en autorisation à imposer provisoirement la somme de trois cent livres pour les gages et salaires du porteur et distributeur des lettres de ladite ville, qu'il sera procédé en la manière ordinaire, par affiches et enseignes préalables par-devant MM. les officiers municipaux de ladite ville de Meyrueis à l'adjudication du bail à passer avec ceux qui auront moins dit et fait la condition meilleure, sur le rapport du susdit bail et des pièces énoncées aux présentes, être statué ce qu'il appartiendra ; déclare en outre le susdit Directoire qu'il n'y a lieu à délibérer sur la demande en imposition de la somme de quatre-vingt-seize livres pour arrérages et augmentation de gages et salaires du porteur desdites lettres, jusqu'à ce que la municipalité de Meyrueis aura justifié de l'exécution des formalités en pareil cas requises ; déclare enfin que sur le mémoire qui lui sera adressé par ladite municipalité de Meyrueis à l'effet d'obtenir un bureau de poste dans ladite ville, il agira de tout son droit et son pouvoir auprès de qui il appartiendra pour faire remplir l'objet de ladite réclamation.

BEAUREGARD, vice-président, CHAZOT, ROZIERE DE LA CHASSAGNE, BONNEL le fils, PALLET, secrétaire général.

—o—

Du même jour, neuvième jour du mois d'octobre mil sept cent quatre-vingt-dix. Dans la salle du Directoire du département : MM. de Beauregard, vice-président, Monestier, Bonnel, Bonnet-Ladevèze, du Cayla, Chazot, La Chassagne.

Vu la délibération de l'Assemblée administrative du

district de St-Chély en date du 27 septembre dernier, ouï le rapport de M. Monestier, vice-procureur général syndic, le Directoire du département a délibéré et délibère qu'il sera incessamment fourni à celui du district de St-Chély des copies collationnées par le secrétaire général du département de tous les devis, baux et autres traités faits relativement à l'entretien des routes et autres chemins assis sur le territoire du même district, ainsi qu'au sujet des chemins neufs, ou autres ouvrages d'art dont la confection a été adjugée, restant à faire, à continuer ou à parachever, pour, sur cette remise des nouvelles instructions et pétitions à proposer de la part du Directoire du district de St-Chély, être délibéré ce qu'il appartiendra ; charge enfin le même Directoire de faire parachever la réfection du pavé du faubourg supérieur de St-Chély, à laquelle s'est soumis le sieur Charles, entrepreneur, et d'obliger le sieur Pierre Pradal, fournisseur des matériaux nécessaires à cette réfection, pour après cet objet rempli et vérifié par tel inspecteur que le Directoire du département commettra, être pourvu au payement du aux entrepreneurs, ainsi qu'il appartiendra.

BEAUREGARD, vice-président, CHAZOT, DU CAYLA, ROZIERE DE LA CHASSAGNE, MONESTIER, BONNEL le fils, BONNET-LADEVESE, PAULET, secrétaire général.

Du même jour, neuvième octobre mil sept cent quatre-vingt-dix. Dans la salle du Directoire du département : MM. de Beauregard, vice-président, Monestier, Bonnel, Bonnet-Ladevèze, La Chassagne, du Cayla, Chazot.

Une députation des Chambres de Commerce du département s'est présentée et a exposé que depuis l'émission des assignats les négociants du pays ne reçoivent plus, des maisons auxquelles ils expédient les serges, que des assignats en paiement des marchandises ; que ces mêmes assignats ne peuvent être donnés en paiement aux fabricants ou manouvriers, parce qu'aucune pièce ne vaut au delà de quatre-vingt-livres et que le prix de la plus grande quantité est au dessous de quarante livres la pièce ; que les receveurs particuliers des impôts, tant directs qu'indirects, refusent aux négociants d'échanger l'argent avec des assignats ; que par ses moyens, le numéraire s'exporte hors du département, tandis qu'il n'y revient que des assignats ; ils se voient forcés à suspendre entièrement leurs achats. Ils ont en même temps observé que depuis quelques jours M. Joubert, trésorier de la province, ayant fait enlever tous les fonds qui étaient dans la caisse du receveur, il ne reste d'autre numéraire que celui qui est entre les mains de M. Tarteron, contrôleur ambulant, qui se dispose à le faire partir incessamment, et qu'ils prévoient qu'au premier jour les places seront dépourvues d'acheteurs de serges, et le peuple porté à quelque acte de violence, auquel ils le voient déjà disposé et dont les suites sont d'autant plus à craindre que, la récolte ayant été généralement mauvaise dans ce pays, le blé s'y trouve à un prix exorbitant dans une saison où il éprouve toujours une baisse considérable ; ils ont en conséquence prié le Directoire de prévenir les maux qui peuvent en résulter, et d'ordonner que ledit sieur Tarteron leur délivrera le numéraire qu'il a en caisse et recevra des assignats en échange.

Sur quoi le Directoire considérant qu'un des premiers devoirs des administrateurs est de favoriser le commerce, et surtout celui qui alimente la classe la plus indigente du département, et de prévenir en même temps tout ce qui pourrait conduire les peuples à une malheureuse détresse qui nécessairement rendrait coupables dans certaines circonstances ceux-là même qui tiendraient la meilleure conduite, s'ils pouvaient utiliser leur industrie et pourvoir à la subsistance des familles, se référant à cet égard aux considérations développées dans les arrêtés qu'il prit le 28e août et le 18e septembre pour procurer la plus libre circulation aux assignats, et prévenir la ruineuse émigration du numéraire, l'un de ses arrêtés ayant été adressé à l'Assemblée nationale avec un mémoire des commerçants du pays ; a fait, d'après ces considérations, appeler à la salle M. Tarteron, receveur ambulant des domaines, à l'effet de lui offrir des assignats pour le montant des sommes de la recette. Ledit sieur Tarteron a répondu que son attachement pour un pays qui lui est cher à plus d'un titre lui ferait un devoir d'acquiescer avec empressement à cette demande, s'il n'avait des ordres précis de ses commettants de ne recevoir, des receveurs particuliers, d'autres assignats que ceux qu'ils justifieraient avoir eux-mêmes reçus des redevables pour le contrôle ou centième denier de leurs actes ; que d'ailleurs, le commerce trouvera une très faible ressource dans les fonds qui sont à sa disposition, attendu que, depuis la rareté du numéraire, il se fait si peu de mutations et de contrats que la recette a diminué de plus de moitié dans tous les bureaux de contrôle de son département; et cependant pour prouver que son refus d'échanger l'argent avec les assignats ne vient point de lui-même, il a offert d'exécuter ce qui lui sera prescrit par le Directoire, pourvu qu'on le mette dans le cas de prouver à ses supérieurs qu'il n'a contrevenu dans leurs mandats que par un ordre bien précis, auquel il n'a pu se refuser.

Sur quoi le Directoire, ouï l'avis de MM. Monestier, vice-procureur général syndic, considérant que l'unique branche du commerce du département consiste dans la vente de ses serges et de ses cadis fabriqués non-seulement par des ouvriers uniquement livrés à cette occupation, mais plus généralement encore par tous les cultivateurs qui y vacquent sans relâche pendant les longs et fréquents intervalles que la rigueur du climat et la longueur des hivers les empêche d'employer aux travaux de la campagne ; que ce serait absolument tarir les moyens d'acquitter l'impôt que suspendre un moment la fabrication et la vente des serges ; que ce n'est qu'en leur procurant un débit facile et payé en espèces, que la généralité du département peut s'acquitter envers les collecteurs et les receveurs ; que si ceux-ci font sortir le numéraire au lieu de l'échanger avec du papier où les assignats que le commerce met entre les mains des négociants, il est de toute impossibilité que cette circulation rapide, adaptée aux localités et peut-être unique qui faisait qu'une médiocre quantité de numéraire en se reproduisant suffisait pour donner, à notre commerce, cette énergie active qui répandait la la vie, ne soit éteinte et avec la seule ressource de ce misérable pays contre l'infertilité de son sol ; considérant encore que la tranquillité publique est prochainement menacée si le discrédit des assignats se manifeste par le refus des receveurs de les échanger ; arrête de supplier l'Assemblée nationale de prendre elle-même en considération la position critique et véritablement alarmante du département de la Lozère ; les craintes de ses administrateurs de voir altérer cette paix qu'ils y ont conservée par toutes sortes de ménagements ; l'impossibilité absolue d'y acquitter l'impôt et de procurer aux habitants de quoi se procurer des grains, dont l'excessive cherté effraie, et les funestes effets qui peuvent résulter d'une pareille position, surtout dans ce moment de crise et de licence, et de solliciter de sa justice un décret provisoire et particulier, qui enjoigne aux receveurs d'échanger les assignats avec le numéraire de leurs caisses, et fasse rétracter tous ordres particuliers à ce contraires donnés aux receveurs par leurs commettants, et cependant, vu l'urgent besoin du moment et la nécessité impérieuse des circonstances, ordonne que provisoirement M. Tarteron, receveur ambulant des contrôles et tous autres receveurs d'impôts directs et indirects du département, recevront les assignats qui leur seront présentés par les négociants et leur délivreront le numéraire de leurs caisses, sous cependant la surveillance des Directoires du département et des districts, afin qu'il n'en puisse résulter aucun abus ; qu'extrait de cette délibération sera adressée par M. Monestier à MM. les députés du département à l'Assemblée nationale, pour en solliciter le succès, ainsi que tous les districts pour la faire exécuter en ce qui est provisoire, comme aussi qu'il en sera délivré des extraits à M. Tarteron et aux autres receveurs.

Beauregard, vice-président, Bonnet-Ladeveze, Bonnel, le fils, Du Cayla, Chazot, Paulet, secrétaire-général.

—o—

Du onzième octobre mil sept cent quatre-vingt-dix. Dans la salle du Directoire du département : MM. de Beauregard, vice-président ; La Chassagne, Bonnet-Ladevèze, Bonnel, Du Cayla.

Le Directoire du département instruit par plusieurs lettres que les différentes routes ont été dégradées et plusieurs ponts emportés par les pluies excessives des premiers jours de ce mois ; considérant qu'il est essentiel de faire promptement vérifier et réparer autant qu'il sera possible les dégradations, a chargé et charge le sieur Boissonnade, inspecteur des travaux publics du département, de se transporter de suite sur les différents chemins détériorés, à l'effet de dresser un procès-verbal circonstancié des dégradations ; dans lequel procès-verbal, il observera de distinguer avec soin: 1° les réparations qui, aux termes des baux d'entretien, sont à la charge des entrepreneurs, d'avec celles qui, causées par les ravines, doivent être supportées par le département ; 2° dans ces dernières réparations, celles qui sont urgentes d'avec celles de perfection ; 3° enfin, celles qui peuvent être données de suite à prix fait ou aux entrepreneurs de l'entretien, d'avec celles qui, plus essentielles, doivent être soumises aux enchères à moins dites.

En conséquence, le sieur Boissonade demeure autorisé à bailler à prix fait ou par économie celles des réparations qui lui paraîtraient les plus urgentes, ensemble la reconstruction en bois des divers pont emportés, à ceux des entrepreneurs ou autres qui feront la condition meilleure, toutefois en présence d'un ou plusieurs de MM. les administrateurs du département ou des districts, ou, à leur défaut, de MM. les officiers municipaux que le Directoire prie de vouloir bien accompagner le dit sieur Boissonade dans le cours des dites vérifications, chacun dans les parties du chemin qui seront le plus à leur portée ; charge de plus le sieur Boissonade de vérifier les chemins des Cévennes dont l'inspection et la surveillance étaient ci-devant confiées au subdélégué de l'Intendance et de délivrer des certificats aux entrepreneurs dans le cas où il y eut lieu.

BEAUREGARD, vice-président, DU CAYLA, BONNET-LADEVEZE, BONNEL, le fils, ROZIERE DE LA CHASSAGNE, PAULET, secrétaire général.

Du quatorze octobre, mil sept cent quatre-vingt-dix. Dans la salle du Directoire du département : MM. de Beauregard, vice-président, La Chassagne, Du Cayla.

S'est présenté le sieur Ango, ingénieur des ponts-et-chaussées, habitant la ville de Florac, lequel a dit qu'il venait offrir, à l'administration du département, une carte géographique, par lui dressée, des 73 départements dans lesquels la France est divisée, avec désignation de tous les districts et des évêchés tant conservés que supprimés; ensemble un mémoire dont l'objet est de solliciter de l'emploi, soit dans l'exploitation des mines du département, si le régime en est attribué aux assemblées administratives, soit dans la partie des ponts et chaussées ; et le dit sieur Ango a remis sur le bureau le mémoire et la carte.

Sur quoi, le Directoire du département recevant avec sensibilité l'hommage des travaux du sieur Ango, et considérant combien les connaissances d'un minéralogiste sont rares dans nos contrées, et peuvent devenir précieuses pour le département à raison des mines qui sont en exploitation ou qui y peuvent être mises, a délibéré et délibère que sa carte et son mémoire seront mis sous les yeux du Corps administratif du département qui, a portée d'apprécier les talents du sieur Ango, s'empressera sans doute de les mettre à profit, aussitôt que les circonstances le permettront; a délibéré en outre le Directoire qu'une copie du présent arrêté sera remise au sieur Ango, pour lui servir et valoir ainsi que de raison.

Beauregard, vice-président, Du Cayla, Rozière de la Chassagne, Pallet, secrétaire général.

—o—

Du même jour 14 octobre 1790. Dans la salle du Directoire du département; M. de Beauregard, vice-président, La Chassagne, Du Cayla.

Vu la délibération du district de Meyrueis et ouï le rapport d'un de ses membres, le Directoire du département arrête que ladite délibération, ensemble celle de la municipalité de Meyrueis, y énoncée, sera incessamment adressée à MM. les administrateurs généraux des postes, en les priant de vouloir bien les prendre en considération, et en conséquence d'établir, autant que le bien du service le permettra, une poste aux lettres en la ville de Meyrueis, comme aussi ordonner qu'à l'avenir le paquet des lettres pour cette ville ne sera plus pris à Florac comme par le passé, à cause des abus qu'on a remarqués, mais en la ville de Nimes, selon le vœu de la municipalité de Meyrueis.

Beauregard, vice-président, Du Cayla, Rozière de la Chassagne, Paulet, secrétaire général.

Du jour 28 octobre 1790. Dans la salle du Directoire du département ; MM. de Beauregard, vice-président ; Monestier, Ferrand, Chazot, Bonnel, Du Cayla.

Vu la délibération du Directoire du district de Marvejols ; ouï le rapport de M. Monestier, vice-procureur général syndic, le Directoire du département a autorisé et autorise celui du district de Marvejols à commettre tel administrateur qu'il voudra, pour se rendre au lieu d'Aubrac à l'effet de concourir à la faction de l'inventaire qui doit être fait avec les administrateurs respectifs des districts assis dans les départements limitrophes de la ci-devant domerie d'Aubrac, et en retirer des extraits en forme de la portion qui doit revenir au Directoire du district de Marvejols.

BEAUREGARD, vice-président, DU CAYLA, BONNEL le fils, MONESTIER, CHAZOT, FERRAND, PAULET, secrétaire général.

—o—

Du même jour 28° octobre 1790. Dans la salle du Directoire du département ; MM. de Beauregard, vice-président, Monestier, Bonnel, Ferrand, Chazot, Du Cayla.

M. Monestier, vice-procureur général syndic, a dit

que, par délibération du 25° septembre dernier, l'assemblée a nommé le sieur Boissonnade, l'aîné, ingénieur à Mende, et le sieur Delmas, ingénieur à Marvejols, pour procéder à la visite et à l'estimation de certains ouvrages faits à la cote du Mazet, sur la route du Languedoc à Paris ; mais que ledit sieur Boissonnade se trouvant empêché par l'état de sa santé de remplir ces objets, il importe de le faire remplacer par tel autre ingénieur que l'assemblée voudra nommer, pour que la vérification dont il s'agit, et qui est instante, ne soit plus différée.

Sur quoi le Directoire du département a commis et commet le sieur Boissonnade le cadet, ingénieur à Mende, pour, conjointement avec le sieur Delmas, remplir tous les objets qui sont indiqués par la délibération du 25 septembre dernier, auquel effet un extrait de la présente délibération sera remise tant aux ingénieurs, qu'aux entrepreneurs de la côte du Mazet.

Beauregard, vice-président, Du Cayla, Bonnel le fils, Monestier, Chazot, Ferrand, Pallet, secrétaire général.

—o—

Du même jour, 28° octobre 1790. Dans la salle du Directoire du département; MM. de Beauregard, vice-président, Monestier, Chazot, Ferrand, Du Cayla, Bonnel.

Le Directoire du département, vu l'extrait en forme de la délibération prise par l'assemblée administrative du district de St-Chély ; après avoir ouï le rapport d'un des membres, et l'avis de M. Monestier, vice-procureur général syndic, a délibéré et délibère qu'en présence de M. Filhon et Chambon, administrateurs dudit district, commis à cet effet, il sera procédé, par le sieur Boissonnade, à la visite et vérification du pont de St-Juéry, à l'effet, par ce dernier, de constater les réparations à faire au susdit pont, et de déterminer le montant d'icelles, pour, sur le rapport des susdits administrateurs et dudit sieur Boissonnade, être pourvu aux moyens de faire lesdites réparations ainsi qu'il appartiendra ; délibère en outre, qu'attendu que les réparations du susdit pont ont toujours été faites, à frais communs, entre le ci-devant pays du Gévaudan et la ci devant province d'Auvergne, M. le vice-président demeurera chargé d'écrire à M. le président de l'assemblée administrative du département du Cantal, pour l'instruire de la nécessité pressante de pourvoir aux dites réparations, et l'engager à faire procéder, de concert, à ladite visite, en présence desdits sieurs Filhon, et Chambon, et de deux administrateurs du district de St-Flour, ou du susdit département du Cantal, commis à cet effet, pour, sur le rapport des susdits administrateurs, dudit sieur Boissonnade, et de tel autre inspecteur nommé pour ladite vérification par le susdit département du Cantal, être déterminé en ce que de droit et pourvu au réparations de la manière la plus prompte et la plus économique ; délibère en outre que, jusqu'après la réception de la réponse de M. le président du département du Cantal, il sera sursis aux visites et vérifications ci-dessus ordonnées.

BEAUREGARD, vice-président, DU CAYLA, BONNEL le fils, MONESTIER, CHAZOT, FERRAND, PAULET, secrétaire général.

Du 30° jour du mois d'octobre 1790, dans la salle du Directoire du département : MM. de Beauregard, vice-président; Monestier, Du Cayla, Bonnel.

M. Monestier vice-procureur général syndic, a dit que d'après le vœu textuel de divers décrets de l'Assemblée nationale, sanctionnés par le Roi, et même par ordre de Sa Majesté à l'Assemblée, celle-ci, est chargée par elle-même ou par délégation des autres, de surveiller le recouvrement des impositions directes et indirectes, ainsi que l'état de situation des caisses dans lesquelles elles sont versées ; que par d'autres décrets, également sanctionnés par le Roi, relatifs à l'émission et circulation des assignats, et notamment par l'article 3 du décret du 12 septembre dernir, tous receveurs et collecteurs sont tenus d'échanger le numéraire effectif avec les assignats, ou promesse d'assignats ; que cependant, il existe une contravention de ce dernier décret, par le refus que fait le sieur Charpentier receveur des droits des gabelles d'effectuer cet échange, ainsi que cela est établi par la lettre adressée dans ce moment à l'Assemblée, par les Messieurs du commerce de Mende, signée Polvere, Blanquet; que par cette lettre, il est également prouvé que le commerce est sans aucune ressource ni facilité pour remplir les objets urgents et indispensables au pays ; tels que l'achat et la vente des marchandises et autres produits de la fabrique en laine, dont la partie la plus nombreuse et la plus indigente vit, que surtout, il devient impossible de satisfaire à ce sujet aux besoins et engagements que la foire de Mende à tenir dans trois jours d'aujourd'hui va imposer, et qu'enfin il conviendrait de lever un inconvénient aussi instant, en ordonnant (si l'assemblée le délibère) tant au sieur Charpentier qu'à tous les autres receveurs des impositions indirectes et directes de ne plus refuser, vis à vis des négociants, l'échange du numéraire existant dans leurs caisses avec les assignats ou promesses d'assignats a concurrence de leur valeur.

Sur quoi, l'assemblée prenant en considération des motifs dont l'objet intéresse aussi puissamment la chose publique, a délibéré et délibère que le sieur Charpentier ainsi que tous les autres receveurs des impositions directes et indirectes seront tenus, sur la remise qui leur sera faite par les négociants du pays, de tous assignats ou promesse d'assignats, de les échanger, à concurrence de leur valeur, avec le numéraire effectif existant dans leurs caisses, ce que, tant les uns ques autres ne pourront plus s'y refuser sous aucun prétexte, ni invoquer des délais à cet égard ; qu'à cet effet, un extrait de la présente délibération, duement collationnée par le secrétaire de l'assemblée, sera adressée au Directoire du district de Mende, pour en donner connaissance officielle à tous les receveurs, pour qu'ils aient à s'y conformer ; que le même Directoire en surveillera et certifiera l'exécution ; qu'enfin s'il y échoit, il se transportera chez chacun desdits receveurs pour s'en assurer, en examinant les opérrtions faites à ce sujet.

BEAUREGARD, vice-président, DU CAYLA, MONESTIER, BONNEL le fils, PAULET, secrétaire général.

Le 31e jour du mois d'octobre mil sept cent quatre-vingt-dix. Dans la salle du Directoire du département : MM. de Beauregard, vice-président, Monestier, Chazot, Bonnel, Du Cayla.

Un des Messieurs a dit qu'une des places de boursier, en la Faculté de Montpellier, se trouvant vacante par la démission qu'en a ci-devant fait M. Guillaume Valentin, titulaire d'icelle, et qu'attendu ladite vacance le Directoire du département de la Lozère chargé de la collation de ladite place, par l'administration qui lui a été attribuée des biens nationaux, il convient d'en disposer.

Sur quoi, ouï l'avis de M. Monestier, vice-procureur général syndic, le Directoire du département, connaissant la capacité du sieur Brassac, étudiant en médecine, originaire de la ville de Marvejols, lui a conféré et confère ladite place de boursier en la Faculté de médecine de Montpellier, pour par lui jouir des droits, revenus, émoluments et prérogatives attachées à ladite place, pendant la durée qu'elle doit avoir, à la charge par ledit sieur Brassac, de continuer ses études en ladite Faculté et de satisfaire à tous les autres devoirs et conditions que la même place lui imposera ; auquel effet, un extrait de la présente collation lui sera délivré pour lui servir ainsi qu'il appartiendra.

Beauregard, vice-président, Monestier, Bonnet, le fils, Chazot, du Cayla, Ferrand, Paulet, secrétaire général.

Du troisième jour du mois de novembre mil sept cent quatre-vingt-dix, heure de quatre de l'après midi.

Mess'eurs les administrateurs composant l'assemblée administrative du département, réunis en exécution du décret de l'Assemblée nationale, du 14 septembre dernier, sanctionné le 21 du même mois par le Roi, dans la salle qui leur avait été préparée, leur appel nominal a été fait, et se sont trouvés présents : MM. de Noyant, président; Valette, Mézins, Belviala, Marance, Duclaux, de Fressac, Forestier, Paul, Eymar, de Soulages, Monestier, Polge, Monteils, la Colombesche, du Bedos, Panafieu, Chevalier, Boutin, Pintard, Valentin, Bancilhon ; au Directoire : Beauregard, vice-président ; Chazot, Ferrand, Bonnel, la Chassagne, du Cayla, et Monestier, vice-procureur général syndic, administrateurs au même Directoire, ceux-ci tenant séance dans la forme indiquée par le décret du 22 décembre 1789.

MM. Blanquet, Juin de Siran, Labaume, Pagès, Brudy, et Meissouzac, ont été déclarés absents, ainsi que M. Bonnet-la-Devèze, administrateur de ce Directoire.

M. Monestier, vice-procureur général syndic, a ensuite observé qu'avant de déclarer l'Assemblée constituée, il convenait de recevoir le serment civique de MM. du Bedos et Belviala, qui ne s'étant pas trouvés dans la session générale du 6 juillet dernier, ne l'ont pas prêté : sur quoi la motion ayant été adoptée, et M. le président ayant prononcé la formule du serment, lesdits MM. du Bedos, et Belviala l'ont individuellement prêté l'un après l'autre, et l'Assemblée s'est déclarée constituée.

M. le vice-procureur général syndic a encore proposé qu'avant de commencer les opérations de cette assemblée, il convenait d'implorer l'assistance de l'Etre Suprême ; et, à cet effet, d'assister à une messe qui pourrait être célébrée, à neuf heures du matin le lendemain, dans l'église du ci-devant Chapitre de Mende ; que d'ailleurs MM. les administrateurs absents, empêchés vraisemblablement par le dérangement du temps, de s'être rendus aujourd'hui, pourraient l'être d'ici alors.

La proposition ayant été adoptée, il a été délibéré que M. le curé de Mende serait prié de dire la messe pour l'assemblée, à l'heure indiquée, et que M. le commandant de la garde nationale serait également prié d'y faire trouver sa troupe ; MM. Chazot et Bonnel, ont été priés de faire ces invitations.

Un administrateur a proposé de faire rédiger, par des commissaires, des projets de règlement sur la discipline que l'assemblée aurait à suivre durant le cours de ses séances ; et, en conséquence, l'assemblée a nommé MM. Eymar, Mezins, la Chassagne et Beauregard pour présenter ce projet dès demain.

Sur la proposition d'un autre administrateur, il a été délibéré que les séances de l'assemblée seraient provisoirement tenues d'une manière secrète, excepté celle de demain au matin, où le public pourra être admis.

La séance a été ensuite levée jusqu'à neuf heures du matin du même jour, pour, après la messe entendue, les opérations de l'assemblée être commencées.

AYMEX DE NOYANT, président ; BEAUREGARD, PAUL, Soulages, Polge, Bonnel, Trescazal de Marance, Valentin, Monestier, Lombard, Forestier, Boutin, du Claux, Chazot, Chevalier, Bancilhon, Mezins, Rozière de la Chassagne, Ferrand, Pintard, Michel du Bedos, Lozeran de Fressac, Eymar, la Porte de Belviala, Valette, Panafieu, du Cayla, Monteils, Monestier, vice-procureur général syndic ; Paulet, secrétaire général, signés au registre.

—o—

Du jeudi, 4 novembre, mil sept cent quatre-vingt-dix au matin.

La séance a été ouverte par la lecture du procès-verbal de la veille.

M. Pagès, absent à la séance de hier et à la session du six juillet, s'est présenté et à prêté le serment civique suivant la formule décrétée par l'Assemblée nationale.

M. La Baume, aussi administrateur et absent à la séance de hier, s'est présenté, a prêté ce même serment, et à pris place.

Après quoi, le corps administratif précédé d'un détachement de la garde nationale, s'est rendu à l'Eglise cathédrale pour assister à la messe qui a été célébrée par M. le curé de la ville de Mende.

La messe finie, l'on s'est rendu dans le même ordre à la salle du conseil, où chacun a pris place.

M. le président a prononcé le discours dont la teneur suit :

Messieurs, appelés par la confiance de nos concitoyens aux places honorables que nous occupons, il n'est personne qui ne soit intimement persuadé que, pour les remplir d'une manière qui réponde au vœu public, vous joindrez à vos lumières, à vos talents, et à votre patriotisme une activité infatigable, mais réfléchie, une discussion prudente et modérée sur tous les objets soumis à votre sagesse.

Nous devons, à tout ce qui a trait, à tout ce qui intéresse l'ordre et l'économie politique, une surveillance et une attention des plus scrupuleuses. Les établissements publics sont confiés à votre discernement ; la répartition des impôts, dans une juste proportion, est soumise à votre justice ; leur perception l'est à votre exactitude ; faire exécuter les ordres que vous donnerez aux agents commis à cet égard ; prévenir les vexations dont ils pourraient se rendre coupables, en abusant de votre autorité ; faire tous nos efforts pour en alléger le poids et en rendre la perception moins onéreuse, c'est, souffrez que je le dise, Messieurs, un de vos principaux devoirs.

Nous devons principalement, par tous les moyens qui sont en notre pouvoir, faire respecter la loi sacrée des propriétés, veiller au maintien de l'ordre et de la tranquillité publique, encourager l'agriculture, le commerce, les arts et l'industrie, et protéger spécialement cette nombreuse et précieuse classe de citoyens qui, par des travaux aussi pénibles que nécessaires, procure aux autres classes une abondance dont trop souvent elle se voit privée elle-même. Telles sont en abrégé, Messieurs, les importantes fonctions qui nous sont attribuées par les décrets des régénérateurs de cet empire, sanctionnés par le meilleur et le plus cher des Rois : nous rendant la liberté, le premier et le plus précieux des biens, ils ont établi cette égalité politique, qui, anéantissant la source trop féconde des divisions entre les citoyens, fait revivre cet esprit de fraternité, de paix et d'union qui seul peut opérer notre bonheur.

Non, Messieurs, ces méprisables rivalités n'existeront plus! l'amour du bien public les remplacera, les vertus, les talents et les services rendus à la patrie seront à l'avenir les seules distinctions dignes de mériter nos hommages et notre reconnaissance.

Vous les mériterez, Messieurs, ces hommages si flatteurs ; ils seront le prix de la plus douce récompense de vos travaux, puisque le bien général de ce département sera le résultat de vos lumières combinées, de votre sagesse et de votre prudence : j'aspire au même bonheur, je suis enflammé du même désir, le bien de ma patrie s'offre à mon cœur, avec l'attrait de ses charmes, avec toutes ses douceurs ; mais ce n'est qu'à la faveur de votre indulgence, qu'il m'est permis, en partageant vos travaux, de mériter une partie de cette récompense qui vous attend.

Les devoirs que m'impose votre confiance sont, comme j'ai déjà eu l'honneur de vous le dire, fort au-dessus de mes forces ; mais j'ai le plus ardent désir de les remplir à votre satisfaction ; trop heureux si je puis atteindre un but qui, dans le moment, fait mon unique ambition. Pour y parvenir, autant qu'il est à mon pouvoir, j'ose vous prier, Messieurs, de recevoir le serment que je fais de n'exprimer jamais d'autre vœu que le vôtre.

Après lui, M. Monestier, vice-procureur général syndic, a parlé et a dit :

Messieurs, un décret du corps législatif, rendu le 14 septembre dernier, a différé jusqu'à aujourd'hui le moment heureux de notre réunion : ce moment était désiré par votre Directoire, pour se dédommager des regrets que vous lui transmites le 6 juillet dernier, en le quittant, et vous lui faites éprouver aujourd'hui toutes les impressions de la sensibilité et de la joie la plus vive. Nous ajoutons, aux sentiments que votre présence nous inspire, la prière d'en agréer l'hommage, et la conviction, où nous sommes que vous ne les jugerez que d'après leur pureté, est un présage sûr de votre bienveillance. L'importance des secours que nous avons recueillis de votre coopération, aux travaux dont vous nous avez chargés, est un autre motif des vœux que nous formions pour votre rassemblement. Ils nous sont d'autant plus nécessaires, qu'en vous présentant un premier fruit de notre zèle à remplir votre confiance, et celle des peuples régis par votre administration, nous désirerions pouvoir y ajouter tous les résultats qu'ils ont à attendre de l'établissement gradué d'une Constitution pour leur bonheur. Si nous ne consultions que les mouvements du cœur avec lequel nous nous sommes portés à nos travaux, nous croirions avoir rempli notre tâche ; mais il vous reste à nous juger, et nos administrés nous jugeront aussi. Vos sentiments et les leurs, dont la manifestation et le souvenir attendrissent encore nos âmes, nous inspirent de vous tous un jugement qui ne contrariera pas nos impressions, et nous continuerons d'après vous ce qu'ils ont droit encore d'attendre. Puissent les droits imprescriptibles de la nature ; ceux de la nation, ceux de la liberté, de l'égalité et de la sûreté consacrée par notre Constitution, n'excepter personne de son bonheur, et en établir promptement tous les succès ! Il n'en est qu'un dont l'évènement peut n'être pas aussi prochain : c'est celui du rétablissement dans l'objet des finances; parce que les désordres antérieurs ont besoin du temps et de plusieurs sacrifices pour pouvoir être réparés. Tous les autres sont presque assurés, et par vous Messieurs, ils seront transmis aux peuples qui vous ont établis à ces fins, sans presque des obstacles et surtout sans aucune crainte. S'il existait, contre notre pensée, des malveillants qui voulussent se prévaloir de ce que nous portons des pas encore mal assurés dans une carrière aussi vaste que nouvelle ; s'ils osaient calomnier nos intentions ; s'ils cherchaient à inspirer des méfiances injurieuses, notre réponse, et celle des peuples qui nous ont élus, ne peut qu'être celle-ci : des administrateurs nommés par un vœu libre peuvent se tromper, car ils sont hommes, mais ils sont bons citoyens, mais ils idolâtrent la patrie et la liberté, aucun sacrifice ne leur coûtera pour réparer leurs erreurs, et ils sont prêts à mourir pour la Nation, la loi et le Roi.

M. le président a répondu en ces termes :

Monsieur, l'Assemblée ne peut être que très sensible à tout ce que vous lui avez dit d'obligeant ; son patriotisme doit être un sûr garant qu'elle trouvera son bonheur et sa plus douce récompense à employer tous ses soins, ses lumières et son zèle, pour le bonheur des citoyens de ce département ; une confiance réciproque, entre les administrateurs et les administrés, sera la base qui rendra nos travaux agréables aux uns, et utile aux autres.

L'espérance de cette assemble ne sera pas trompée ; d'avance elle est convaincue que MM. les administrateurs du Directoire ont rempli les importantes fonctions qu'elle lui a confiées, avec le zèle et les lumières qui ont seuls déterminé son choix.

Les commissaires nommés dans la séance de hier, ont fait lecture d'un projet de règlement pour la police intérieure de l'Assemblée.

Après la discussion préalable des articles qui la composent, l'assemblée les a arrêtés ainsi qu'il suit :

Article premier.

Tous les membres auront soin de se rendre à la salle du conseil à sept heures et demie pour huit du matin ; chacun aura la liberté de se couvrir, et ne pourra parler que debout et découvert.

Art. II.

On ne manquera jamais de demander la parole à M. le Président, et on ne pourra interrompre, sous aucun prétexte celui qui parle ; les conversations particulières sont prohibées.

Art. III.

Sur tous les objets discutés, M. le Président sera le maître de déclarer la discussion fermée, et nul n'aura le droit de revenir sur la discussion, encore moins sur l'objet délibéré.

Art. IV.

Nul citoyen, ni corps, n'aura le droit d'entrer dans l'assemblée pour y faire des pétitions, qu'il n'en ait prévenu M. le Président avant l'assemblée, et qu'il n'en ait obtenu l'agrément, les cas urgents et extraordinaires exceptés.

Art. V.

Tout applaudissement, ou signe marqué d'improbation sont proscrits.

Art. VI.

Sans doute le résultat des délibérations doit être public ; mais l'opinion individuelle doit être tenue secrète avant et après l'arrêté. Cet article est de devoir strict pour chaque membre, qui se manquerait à lui-même et à l'Assemblée, et si un membre y contrevenait, il serait dans le cas de la censure.

Une députation de la Garde nationale de Mende s'est présentée, et ayant été admise à la barre, M. le Commandant a prononcé le discours suivant :

M. le Président,

La garde nationale vient vous témoigner la joie qu'elle éprouve de voir votre assemblée formée ; qu'elle est vive ! qu'elle est pure ! quel exemple pour tous nos concitoyens de voir des pères abandonner leurs enfants, et leurs affaires propres, pour se livrer aux travaux pénibles d'une administration qui nous rendra tous heureux !

Nous venons vous jurer, Messieurs, que nous serons toujours prêts à voler partout où vos réquisitions nous appelleront pour le maintien de l'ordre et pour la conservation de la tranquillité publique.

M. le Président a répondu :

Monsieur,

« Votre zèle et votre prudences ont si connus connus de l'Assemblée, qu'elle ne forme aucun doute sur l'offre que vous voulez lui faire; la reconnaissance qu'elle vous doit, fait qu'elle se repose pour l'avenir sur votre sagesse ».

La députation a obtenu les honneurs de la séance.

L'assemblée a arrêté de se diviser en quatre bureaux, à l'effet d'accélérer l'expédition des affaires.

Le premier bureau s'occupera des objets constitutionnels ;

Le second des finances ou impôts ;

Le troisième des droits féodaux, domaines et bois, aliénation des domaines nationaux.

Le quatrième de l'agriculture, commerce, chemins, mendicité, hopitaux et prisons ;

L'heure pour le travail des bureaux a été fixée à trois heures et demie de l'après-midi, pour quatre.

Un membre a proposé de délibérer s'il y aurait séance de Conseil les jours de fête et dimanche.

Il a été arrêté qu'il n'y aurait, ces jours là, que séance de bureaux à l'heure ci-dessus fixée, et qu'à l'égard des jours ouvrables, le Conseil siégerait le matin, et les bureaux le soir aux mêmes heures.

Il a été encore arrêté que les bureaux seraient tenus d'indiquer à l'assemblée, vingt-quatre heures à l'avance, les matières dont ils auraient à l'entretenir, afin que chacun eut le temps de se préparer à la discussion.

On a proposé de nommer deux commissaires pour la rédaction du procès-verbal des séances du Conseil.

Le choix s'est fixé sur M. du Bedos et de La Chassagne,

auxquels M. le vice-procureur général syndic a offert de s'adjoindre, ce qui a été adopté ; et sur ce qu'ils ont observé que les soins de la rédaction pourraient exiger un temps considérable, il a été délibéré qu'ils seraient dispensés d'assister régulièrement aux séances des bureaux auxquels ils seraient attachés ; mais qu'on attendait de leur zèle qu'ils s'y rendraient toutes les fois que leur travail particulier leur en laisserait le temps.

Un membre a dit, que les affaires extraordinaires et non comprises dans l'attribution des quatre bureaux précédents, paraissait devoir exiger l'établissement d'un cinquième bureau.

Cette proposition a été unanimement accueillie, et pour que chacun ait le temps de choisir les matières les plus convenables à son goût et à ses connaissances, la formation des cinq bureaux a été renvoyée à la séance de ce soir.

M. Monestier, vice-procureur général syndic, a ensuite présenté un tableau des opérations du Directoire, depuis qu'il est entré en activité, et l'a énoncé de la manière qui suit :

Messieurs,

Le Directoire vous doit, d'après le vœu littéral du décret du 22 décembre 1789, le compte de sa gestion, qui a commencé depuis le 6 juillet dernier, et en remplissant ce devoir, il suit encore mieux l'impulsion de son cœur.

Ce compte embrasse principalement des objets généraux. Tels sont ceux qui sont indiqués par l'instruction adressée, le 9 septembre dernier, par ordre du Roi, au Directoire, dans l'ordre suivant :

1° La remise des papiers par les précédentes administrations ;

2° La transcription et envoi des décrets de l'Assemblée nationale, acceptés ou sanctionnés par le Roi ;

3° Les formes de la correspondance ;

4° Les détails que le Directoire a dû se procurer sur le montant des impôts de 1790 ;

5° Les détails à rassembler sur le montant des rôles de supplément des ci devant privilégiés, pour les six derniers mois de 1789 ;

6° Les dispositions à faire pour hâter la confection des rôles des suppléments des six derniers mois de 1789, qui pourraient n'être pas formés par quelques municipalités ;

7° Les mesures à prendre, pour faire terminer, par les municipalités, l'opération de la confection des rôles de 1790 ;

8° Les dispositions relatives au recouvrement des impositions de 1790 et des années antérieures ;

9° L'examen des demandes formées par les contribuables sur les vingtièmes et sur la capitation, soit en décharge ou réduction, soit en remise ou modération ;

10° L'entretien, réparations, ou reconstructions d'Eglises et de presbytères, ou autres dépenses locales ;

11° L'application et l'emploi de fonds, dont il reste à disposer sur les sommes destinées en 1790, et années antérieures, à faire face, 1° aux frais d'administration ; 2° aux secours de bienfaisance ; 3° aux dépenses qui sont à la charge de l'ensemble du département ; 4° à des ateliers de charité ;

12° L'inspection, surveillance, et suite des ouvrages d'arts, des ponts-et-chaussées, et de ceux relatifs à la confection des chemins, qui auront été assignés pour 1790 sur les fonds communs à l'ancienne consistance de la province de Languedoc ;

13° L'inspection, surveillance et suite des ouvrages approuvés sur les fonds destinés à la confection et entretien des chemins, à la charge des anciennes divisions, ou subdivisions de la ci-devant province de Languedoc ;

14° La contribution patriotique ;

15° La perception des impositions indirectes ;

16° L'administration des biens nationaux ;

17° La vente des mêmes biens nationaux ;

18° La suppression des droits féodaux ;

19° Les questions relatives à la formation des municipalités, à leur organisation, ou réunion ;

20° La mendicité et vagabondage ;

21° Les revenus des communautés, hôpitaux, enfants exposés, et des prisons.

On peut y ajouter autres deux objets indiqués par les articles V et VI du décret des 28 et 30 juin dernier ; savoir : la population du département, avec l'indication des municipalités, qui sont dans sa consistance, et le tableau des routes, ainsi que l'état, dans lequel elles se trouvent, et enfin la situation, tant des ouvrages d'art, que de ceux ci-devant dits corvées.

Le Directoire a eu à remplir d'autres objets généraux ; mais l'explication en sera donnée après avoir discuté ceux que l'on vient d'énumérer ; et d'ailleurs l'assemblée sera priée d'en prendre connaissance immédiate dans ses registres.

Quant aux objets particuliers, ils ont été traités ou décidés avec l'attention qu'exigeaient l'étude et la conduite commandés par les décrets et instructions du Corps législatif, sanctionnés par le Roi ; mais comme ils sont en si grand nombre, que le temps ne permettrait pas que le Directoire en donnât un entier détail, vous êtes priés, Messieurs, ou par vous, ou par des commissaires, d'en faire l'examen.

§ PREMIER.

Remise des papiers par les précédentes administrations.

Celle du ci-devant Directoire de Mende a fait la remise, à peu près, de presque tous les papiers relatifs à la suite des affaires, dont le Directoire devait continuer la gestion. MM. Ferrand et Chazot furent commis par délibération de ce dernier, en date du 26 juillet 1790, pour en faire le retirement, et la délivrance leur en fut fournie par M. Delhermet, ci-devant syndic du pays ; l'Assemblée verra d'après l'inventaire qui fut fait dans ses registres, en quoi consistent ces papiers. L'absence de M. Delhermet retenu à Montpellier par sa promotion au commissariat, qui y avait été établi pour l'administration provisoire du Languedoc, en exécution des lettres patentes du Roi sur le décret de l'Assemblée nationale du 23 mars 1790, n'a pas permis le retirement des autres.

Le Directoire commit encore MM. Ferrand et Chazot, par délibération du 29 du même mois de juillet, pour retirer des mains de M. Blanquet, subdélégué de l'ancienne intendance du Languedoc, les papiers que la nouvelle administration était en droit de réclamer, comme substituée aux fonctions du ci-devant intendant. Vous verrez, Messieurs, par la description qu'en contiennent nos registres, en quoi ils consistent.

Les autres papiers, tant de la même intendance, que ceux de l'ancienne administration de la ci-devant province, qui sont communs à tous les départements, qui en ont été formés, doivent être déposés actuellement dans les archives du département de l'Hérault, d'après ce qui est prescrit à cet égard par l'instruction du Roi, dont j'ai parlé plus haut. Le Directoire a autorisé MM. de Juin et Eimar, commissaires de ce département pour, après la dissolution des affaires de la ci-devant province, dont ils sont occupés à Montpellier, avec les avec les commissaires respectifs des autres départements, retirer la portion qui doit revenir à celui-ci.

Quant à la remise des papiers existant au pouvoir de la Commission secondaire établie à Mende sous l'inspection de celle que les lettres patentes sur le décret du 25 mars 1790 avaient provisoirement déterminé pour administrer la même province, cette remise n'a pu être encore faite, parce que les fonctions des deux commissions viennent à peine d'expirer.

—o—

Séance du cinq novembre mil sept cent quatre-vingt-dix.

La séance a été ouverte par la lecture du procès-verbal d'hier au soir.......

A l'occasion des poids et mesures, un membre à observé qu'il existait une différence sensible entre les aunes matrices de quelques villes du Gévaudan et les mesures étalonées sur l'aune de Montpellier, dont se se servaient les marchands forains, et ajouté, que cette différence avait quelquefois fait prononcer des amendes contre des marchands, qui ne s'étaient rendus coupables d'aucune fraude.

Sur quoi il a été délibéré d'écrire aux districts, pour les charger de recommander aux municipalités une surveillance éclairée sur les poids et mesures.

Le district de Villefort a fait parvenir un mémoire du sieur Barot, habitant de cette ville, relatif à la division du royaume et à l'établissement des corps administratifs et des tribunaux.

La séance a été levée.

AYMEX DE NOYANT, président; PAULET, secrétaire; signés.

—o—

Séance du six novembre mil sept cent quatre-vingt dix.

Le procès-verbal de la veille a été lu.

M. Blanquet, administrateur s'est présenté et à pris place.

Les sieurs Belmas et Ango, successivement introduits à la barre, ont offert, le premier : les cartes séparées de chaque district ; le second : une carte du département, avec la division des districts, cantons et municipalités.

Après la lecture du mémoire, qui accompagnait leur offrande, M. le président leur a répondu, que le corps administratif serait sensible à leur hommage; voyait avec satisfaction les efforts de leur patriotisme et les preuves de leur talent ; et qu'il s'empresserait de les mettre à profit, lorsque les circonstances l'exigeraient.

Sur le désir, qui a été manifesté de connaître les conventions faites avec le sieur La Combe, pour l'impression des décrets et autres articles, le vice-procureur général syndic en a fait lecture, et l'Assemblée y a donné son approbation.

M. Mézins a fait part d'un mémoire sur les mines, contenant des vues précieuses sur la manière de les exploiter à moins de frais ; le renvoi en a été ordonné au bureau des travaux publics.

M. du Bédos a fait la motion de délibérer, qu'il sera imprimé, à la fin de chaque session du Conseil, outre le nombre d'exemplaires de son procès-verbal, qui doivent être distribuées aux districts et municipalités du département, un nombre égal à celui des départements du royaume, que le Directoire sera chargé d'adresser le plutôt possible aux différents corps administratifs, en les priant de faire part, à leur tour, de leurs procès-verbaux au département de la Lozère ; comme aussi que le Directoire sera chargé d'entretenir avec eux une correspondance suivie sur tous les objets d'administration générale, et du bonheur public, dont le résultat, avec l'avis du Directoire, sera mis sous les yeux du Conseil à la session suivante. Enfin le même administrateur a proposé de charger le président d'adresser, de suite, aux présidents de chaque département du royaume, une expédition en forme de l'arrêté, qui serait pris, afin d'ouvrir par là une correspondance, qui semblait promettre tant et de si précieux avantages.

Cette motion a été accueillie avec transport, et à l'unanimité.

La séance a été levée.

Aimex de Noyant, président; Paulet, secrétaire; signés au registre.

—o—

Séance du huit novembre mil sept cent quatre-vingt-onze.

La Séance a commencé par la lecture du procès verbal de samedi.

L'assemblée, pénétrée de l'importance des secours, qu'elle peut retirer des lumières de MM. Eymar et de Juin, ses commissaires à Montpellier, a unanimement arrêté de retenir ces deux membres jusqu'à la séparation. M. le vice-procureur général syndic a été chargé de faire part de la délibération au commissariat établi en cette ville.

M. de Juin a fait son rapport sur la réduction des districts, et a dit : que l'intérêt public et l'économie avaient constamment dirigé les vues du Bureau ; que l'intérêt public exigeait la multiplicité des corps administratifs et judiciaires; que les premiers devaient nécessairement être nombreux dans un pays, où les villes, les bourgs, les villages se trouvent fort éloignés les uns des autres, et séparés par des espaces immenses, par les parties stériles et inhabitées d'un sol agreste et difficile à traverser durant une grande partie de l'année à cause de la rigueur du climat ;

Que les tribunaux surtout étaient d'une grande nécessité, soit parce que le vœu général était de rapprocher la justice des justiciables, soit par ce que dans tous les temps ils seraient accablés de procès, la mauvaise foi et la malice des hommes étant plus ingénieuse pour multiplier les contestations et les difficultés, que la loi ne pourrait avoir de prévoyance dans ses moyens pour les empêcher et les résoudre ;

Qu'il paraîtrait moins difficile de rédimer les administrations, si les lois constitutionnelles permettaient d'établir plus de tribunaux de justice que de districts, quoique d'ailleurs les administrations même ne soient que très imparfaitement suppléés par les municipalités, à cause des connaissances et de la surveillance assidue qu'exigent les grands objets qui leur sont confiés.

Quant à l'économie, il a prouvé qu'elle n'existe point de véritable économie toutes les fois qu'elle est en opposition avec le bien public ; qu'une administration doit se livrer aux dépenses qu'il commande, parce que son unique fin est le bonheur des administrés.

D'après ces considérations générales, il a observé que des motifs particuliers encore militaient pour la conservation de chaque district pour les uns, l'importance et la position de leurs villes pour les autres, les engagements formels pris avec leurs chefs-lieux, lors de leur accession libre et volontaire au département, pour certains encore l'espérance fondée, qu'ils donnent de voir le département s'accroître, par la confiance qu'inspirent leurs administrateurs à plusieurs villes et communautés limitrophes, et le danger au contraire des pertes énormes, de la dilapidation, et de ruine totale du département, si l'on venait à détruire un seul de ces précieux établissements.

C'est après avoir développé tous les motifs, avec cette méthode éloquente et lumineuse, qui lui est propre, que le rapporteur a conclu à la conservation des sept districts, dont le département est composé.

Il a ensuite observé que, cependant si l'utilité manifeste des administrés n'a pas permis, au bureau de Constitution, de voter la réduction d'aucun des districts, la misère du pays l'obligerait néanmoins, d'après le principe adopté, de mettre sans cesse en regard les ressources de l'économie avec les intérêts de l'ordre public. Il propose à l'assemblée de voter la diminution d'un tiers sur tous les appointements des juges, commissaires du Roi, administrateurs, procureurs-syndics et greffiers, diminution, dont le district de Villefort, le premier de tous ceux du royaume, avait donné le généreux exemple;

Que dans les mêmes vues, il est proposé, par le bureau, de réduire à cinq les membres du Directoire du département, et à trois ceux des Directoires des districts, réduction toutefois qui ne pourrait avoir lieu que lors d'une seconde élection, puisqu'on ne serait privé, qu'à regret, des lumières et des talents de ceux qui répondent d'une manière si distinguée au choix qu'on a fait d'eux ;

Qu'il paraîtrait encore à propos, que les frais de construction ou de loyer, nécessaires pour tous les établissements, soient, pour les deux tiers, à la charge des villes, dans lesquelles ils sont placés ; et l'autre tiers seulement à celle de toutes les communautés de chaque district respectivement.

En suivant les mêmes vues, il a exprimé le vœu du bureau, pour que la Nation entière supporte à l'avenir tous les frais d'administration et de justice, ainsi que ceux du culte.

Il a cru enfin, qu'il serait convenable de demander, au Corps législatif, d'ordonner que tous les juges, tant de paix que de districts, décernassent des amendes contre la partie qui perdra son procès, même en première instance, lesquelles amendes seront versées dans la même caisse que celles dont la condamnation doit être prononcée contre ceux qui succomberont en cause d'appel.

Ce plan, a-t-il dit, est de M. du Bedos, qui le développera dans un mémoire particulier, et il suffit d'observer, que de là résulterait une somme considérable, qui soulagerait, dans chaque district, les contribuables aux honoraires des juges.

Parlant ensuite de l'avantage qui résulterait du plan du Comité pour maintenir la paix et la concorde dans toute l'étendue du département, M. de Juin a fait remarquer, qu'il y avait dans un des districts un objet, qui paraîtrait peut-être à l'Assemblée administrative, digne d'être pris en considération ; qu'il s'agissait des villes de St-Chély et du Malzieu, villes très voisines et rivales (rivalité qui, à en juger par les membres de l'une et l'autre placés dans le nombre des administrateurs, ne saurait être que celle des lumières, de zèle et de talent,) que l'Assemblée nationale ayant fixé tous les établissements à St Chély, la sagesse des administrateurs pourrait leur inspirer des moyens de conciliation et de rapprochement entr'elles.

Pour étayer son rapport, M. de Juin a présenté un tableau, duquel il résulte que les frais nécessaires pour les tribunaux et pour l'administration des sept districts, qui composent le département, doivent, au moyen de la réduction du traitement proposé, ainsi que par la suppression des membres des Directoires, se porter à soixante-sept mille livres de moins, que si l'on les conservait tous avec la totalité des appointements ;

Qu'en se livrant au contraire à réduire les sept Districts à quatre, chose absolument impraticable à cause des localités, et ne diminuant pas les traitements, il en coûterait encore quatre mille sept cent livres de plus que dans le projet formé par le bureau.

Sur quoi il a cru devoir observer que le traitement de chacun des juges et des administrateurs, ainsi réduit, équivaudrait encore pour eux, dans ce pays misérable, à celui que leur a assigné l'Assemblée nationale ;

Que d'ailleurs, on devait d'autant plus espérer qu'elle approuverait sur cela le vœu du département, qu'on ne pouvait ignorer qu'elle avait déjà applaudi à de pareils sacrifices déterminés dans plusieurs autres lieux, et qu'ils rentreraient absolument dans les vues proposées dans quelques articles des diverses instructions qu'il a cités.

Aymen de Nouant, président ; Pallet, secrétaire ; signés au registre.

Du huit novembre mil sept cent quatre vingt-dix.

M. Rozière de la Chassagne a dit, que le bureau de Constitution ayant terminé son rapport par exposer que le district de St-Chély renfermait dans son enclave une autre ville qui, par son importance et sa position, méritait de participer à la faveur des nouveaux établissements, et qu'il désirerait, que l'Assemblée pût trouver des arrangements conciliatoires entre ces deux cités ; que cette cité était celle du Malzieu ; qu'en qualité de citoyen du Malzieu, il croyait de son devoir d'exposer, qu'il était triste pour le Malzieu d'être la seule ville a former des réclamations et des plaintes, lorsque toutes les autres applaudissaient aux bienfaits de la nouvelle Constitution ; que les considérations proposées par la ville du Malzieu étaient autant fondées sur l'intérêt public que sur les devoirs d'une justice rigoureuse ; que sa demande de partager les établissements, fixés à St-Chély, paraissait de toute évidence, si on voulait considérer que le Malzieu a autant de population que sa rivale ; qu'il est grevé d'une beaucoup plus forte masse d'impôts ; qu'il perd par le nouvel ordre des choses une prévôté royale et de ressort, un Chapitre collégial et un couvent de religieuses ; qu'il est privé de tout commerce, qui puisse compenser l'équivalent de ses pertes ; qu'il n'est exactement qu'à une heure de St-Chély, dans une position plus agréable et un climat plus tempéré ; qu'il existe entre ces deux villes un beau chemin de communication, construit depuis quelques années ; que le Malzieu renferme dans son sein un Auditoire et des prisons, qui forment un objet important d'économie pour le district ; qu'enfin, si elle est exclue de toute espèce d'établissement, il est sensible qu'il se fera une émigration de ses habitants, capables d'opérer sa ruine, d'où il résultera un reflux de ses impositions sur la totalité du département ; que la France étant devenue une vaste famille, il est juste de faire un partage fraternel des présents, que nous offre la Constitution ;

Que d'un côté, on peut dire avec vérité, que St-Chély est déjà considérable par son commerce de grains et de cadisserie, et encore par la route provinciale qui la vivifie, obtient par la Révolution le siége et tous les corps administratifs et judiciaires, et par suite une prépondérance, qui peut entraîner des dangers ; que tant d'avantages d'un côté, et une privation absolue de l'autre, ont établi et n'entretiendront malheureusement que trop entre les citoyens de deux villes une rivalité funeste, contraire au bonheur public et à l'esprit de la Constitution ; qu'un peu plus de centralité dans une ville n'était pas une raison suffisante d'y réunir toutes les institutions ; que beaucoup de chefs-lieux de départements et de districts sont placés à l'extrémité de leur territoire · que par les considérations, auxquelles il n'avait pas cru qu'il lui fut permis de donner plus d'étendue, il faisait la motion que l'Assemblée prononçât un vœu pour le partage des établissements du district de St Chély, entre St-Chély et le Malzieu, en laissant néanmoins l'option à St-Chély.

Sur cette motion, M. le président, comme administrateur du district de St-Chély, a jugé digne de sa délicatesse de quitter le fauteuil, avant que l'Assemblée se livrât à la discussion, et l'ayant quitté, M. de Marence, ex-président, a pris sa place. Après quoi, la motion a été fortement combattue par MM. Chazot et Monteils, administrateurs de la ville de St-Chély ; ils ont soutenu l'un et l'autre, que tout avait été irrévocablement décidé par les décrets de l'Assemblée nationale, qui avait placé l'administration et le tribunal à St-Chély ; que ces décrets étaient conformes aux vœux des électeurs qui, assemblés à St Chély pour former l'administration de district, s'étaient déterminés en faveur de St-Chély, à la majorité de trente-quatre voix contre cinq ; qu'ils étaient conformes au vœu du plus grand nombre des villes et paroisses du district ; que le corps administratif n'avait pas le droit d'émettre un vœu, qui heurterait directement le texte des décrets ; que les tribunaux et les administrations n'étaient faits que pour le plus grand avantage des administrés et des justiciables, et qu'on ne pouvait pas douter, que ce plus grand avantage ne se trouvât dans le placement des uns et des autres en la ville de St-Chély, puisque le plus grand nombre des municipalités l'avait ainsi demandé.

M. de la Chassagne a répondu, que l'Assemblée nationale n'avait d'autre objet que d'opérer le bonheur des peuples, mais que placée à 150 lieues de distance du département, elle pouvait être aisément trompée sur l'exécution de ses vues ; que par cette raison elle avait voulu s'entourer du secours des lumières des corps administratifs qui, par leur opposition, étaient mieux à même qu'elle de connaître les besoins et les véritables intérêts des administrés ; que toutes les fois qu'ils lui avaient présenté des erreurs à corriger ou même des vues plus utiles à remplir, elle s'était empressée d'adopter les changements qui lui avaient été proposés par les assemblées administratives ; que les vœux des municipalités étaient insignifiants, parce que tout le monde sait de quelle manière on parvient à les obtenir ; et qu'enfin, dans cette importante question, l'Assemblée ne consulterait que les grands principes de raison et de justice, qui l'ont jusqu'ici constamment dirigée.

M. le vice-procureur général syndic entendu, a fait un résumé des moyens employés de part et d'autre, et après les avoir discutés dans un grand détail, il a pensé que l'Assemblée n'était pas inhibée de manifester un vœu, quel qu'il dut être, sur le partage des établissements du district de St-Chély, entre cette dernière ville et celle du Malzieu.

Sur quoi l'assemblée, l'ayant chargé de poser lui-même la question, il l'a fait comme il suit :

Y a-t-il lieu d'exprimer un vœu pour le partage des établissements du district de St-Chély, entre la ville de St Chély et celle du Malzieu ? Oui ou non.

L'assemblée a délibéré, qu'il y avait lieu à émettre ce vœu par la voie du scrutin et à la majorité de dix-neuf suffrages contre quatorze.

Aymex de Noyant, président ; Trescazal de Marence, ex-président ; Paulet, secrétaire ; signés au registre.

Du neuf novembre mil sept cent quatre-vingt-lix.

Après la lecture du procès verbal, les sieurs Varennes, ingénieurs de la ci devant province de Languedoc, ont été reçus à la barre.

L'un d'eux a fait la lecture d'un mémoire relatif à des vues économiques sur la manière d'ouvrir promptement les grandes routes du pays, accompagné d'un plan explicatif qu'il a offert.

Il a présenté ensuite des observations sur les filatures de laine et de coton, et sur une machine dont il se dit l'inventeur, également propre à multiplier cette filature et à donner un grand épargne, par le moyen d'une seule lampe qui éclaire tous les ouvriers.

Il a fourni des projets qui paraissaient importants sur une nouvelle mouture économique.

Il a proposé d'établir une meûnerie dans la capitale, avec offre de la diriger par lui ou par son frère.

Enfin il a demandé, que l'assemblée voulut bien continuer sa confiance à son frère, et faire ordonner le payement des salaires qui lui sont dus.

Après avoir pris l'avis du vice procureur général syndic, les mémoires ont été renvoyés au quatrième bureau, la demande en payement des salaires au commissariat de la province, et l'offre du plan agréé.

Le sieur Boissonade, cadet, est venu présenter, au

nom de son frère et au sien, l'hommage de leur reconnaissance, de leur respect et de leur dévoûment à l'intérêt du pays.

Un membre a représenté, que le département du Gard ayant fait réparer ses chemins jusqu'aux frontières du département de la Lozère, il était instant que l'Assemblée s'occupât des mêmes objets, afin que les communications ne souffrissent pas de retard ; il a donné connaissance d'une lettre de l'entrepreneur des voitures de Florac, portant que l'état de dégradation de ces routes était une des causes de la lenteur qu'éprouvaient les chambres à sel dans leurs approvisionnements.

Cette pétition a été renvoyé au quatrième bureau, pour en faire son rapport au premier jour.

Le bureau de féodalité a fait un rapport sur les Champarts et droits seigneuriaux, à suite duquel était un projet de délibération qui, après quelques amendements, a été adopté comme il suit : Sur ce qu'un administrateur a observé que, par une fausse interprétation du décret de l'Assemblée nationale, du 15 mars dernier sanctionné par le Roi le 28 du même mois, certains particuliers, confondant les droits ci-devant seigneuriaux rachetables avec les droits seigneuriaux supprimés sans indemnité, se refusent au payement desdits droits; qu'un pareil refus est souverainement injuste et va directement contre le texte et le vœu de la loi ; qu'il est du devoir de l'assemblée de le faire cesser, autant par sa surveillance sur l'exécution des décrets, que par son attention à en faire connaitre les dispositions d'une manière claire et précise ; l'assemblée administrative du département, après avoir ouï l'avis de M. Monestier, vice-procureur général syndic, a délibéré et délibère, que le décret du 15 mars dernier sera exécuté suivant forme et teneur ; ce faisant, que toutes redevances seigneuriales, connues sous le nom d'agrier, champart ou quart, dixmes inféodées, censives et autres objets étant le prix d'une concession, continueront d'être payées jusqu'à l'achat effectué, à peine de contravention et de désobéissance ; mande aux Directoires des districts de tenir la main à l'exécution de la présente délibération, dont M. le vice-procureur général syndic leur fera parvenir un nombre suffisant d'exemplaires imprimés, à l'effet, par ces Directoires, de les faire parvenir à leur tour aux municipalités, pour être transcrite dans leurs registres, publiée et affichée, même pour en être fait lecture, à la diligence de MM. les officiers municipaux, par les curés, à l'issue de leur prône paroissial.

Les députations des municipalités d'Estables, Rieutort, Chastel-Nouvel et le Born, introduites dans l'assemblée, ont mis sur le bureau des délibérations tendantes à demander qu'il soit fixé un canton au village de Rieutort, dans lequel elles désirent d'être placées.

Après qu'elles ont été sorties, le renvoi des pièces a été ordonné au bureau de constitution.

La séance a été levée. — Aymen de Noyant, président ; Paulet, secrétaire ; signés au registre.

Du dix novembre mil sept cent quatre-vingt-dix.

La séance a commencé par la lecture du procès-verbal.

M. Brudy, administrateur, a pris rang.

Le rapport du quatrième bureau sur les dégradations des chemins et les réparations urgentes qu'ils exigent, a été ajourné à vendredi prochain.

Arrêté du même bureau, tendant à demander que le postillon de Langogne soit tenu d'exécuter les conditions de son bail avec la ferme générale des postes, et qu'à cet effet il arrive aux jours et heures marqués, à cheval et avec une malle bien et dûment conditionnée, pour que les lettres et paquets soient garantis de la pluie.

Il a été délibéré, que le postillon serait mandé à la première séance du bureau.

Sur la lecture d'un autre arrêté du même bureau, MM. Ferrand et Chazot ont été chargés de continuer, sans délai, l'inventaire des papiers, que l'ancienne administration doit rendre, pour remettre au bureau les cartes et autres pièces relatives aux travaux publics.

M. de Beauregard à représenté, que l'arrivée des Courriers du Puy à Mende éprouvait, dans la saison de l'hiver, des variations et des retards fréquents, occasionnés par les neiges, dont étaient couverts les pays froids et montueux, qu'il fallait traverser; que le même postillon ne pouvait faire, qu'avec danger, le trajet dans deux jours ; qu'un motif d'humanité, autant que le bien et l'exactitude du service, devait engager l'assemblée d'écrire à l'administration des postes, pour l'établissement, pendant l'hiver, de quatre courriers qui, distribués sur la ligne de Mende au Puy, à des distances égales et se relevant de trois en trois lieues, porteront la malle avec plus de célérité et moins de danger pour la vie ; sa motion a été accueillie, et M. le président prié d'écrire à l'administration des postes.

Le supérieur du séminaire de Chirac a fait parvenir une adresse, où il expose sa situation ainsi que celle des prêtres retirés avec avec lui dans cette maison, et sollicite l'assemblée de vouloir s'occuper de leur traitement.

La séance a été levée. Aymex de Noyant, président ; Paulet, secrétaire, signés au registre.

—o—

Du onzième novembre mil sept cent quatre-vingt-dix.

Le procès-verbal de la veille a été lu.

Les bureaux de l'Assemblée, chargés de l'examen des impositions des routes et des objets de bienfaisance publique, ont fait un rapport pour proposer, en 1791, l'imposition d'une somme de cent trente mille livres pour la continuation ou confection des routes, qui pourront être autorisées, et que, sur cette somme, on pourrait sur les moyens qu'indiquerait l'assemblée, faire l'application provisoire de celle de vingt-quatre mille livres pour secourir les pauvres du département, durant le cours de l'hiver et du printemps prochain, en les employant aux travaux publics, qui pourraient être faits pendant ces saisons.

La séance a été levée. Aimex de Noyant, président; Paulet, secrétaire, signés au registre.

—o—

Du samedi treize novembre mil sept cent quatre vingt-dix.

Le sieur Ango a présenté un nouveau mémoire, pour demander d'être attaché au département en qualité de minéralogiste, avec offre de se contenter d'un traitement annuel et provisoire de trois cent cinquante livres.

L'assemblée, délibérant sur l'objet de cette demande, a nommé le sieur Ango, d'une voix unanime, minéralogiste du département, et lui a assigné pour son traitement par chaque année, conformément à sa demande, une somme de trois cent cinquante livres provisoirement.

La séance a été levée : Aimex de Noyant, président; Paulet, secrétaire, signés au registre.

Du samedi treize novembre mil sept cent quatre-vingt-dix, au soir.

M. l'abbé de Juin a fait lecture d'un mémoire, où il établit, que les fonds ne doivent pas être l'unique base de l'impôt ; que le numéraire est également imposable, avec d'autant plus de raison, que les fruits, qu'il produit, ne sont jamais subordonnés à l'influence des saisons, ni aux autres accidents, qui affectent les productions du sol. Faisant ensuite l'application des principes généraux au département de la Lozère, M. l'abbé de Juin prouve, qu'il y aurait une souveraine injustice, en répartissant la contribution personnelle sur les départements, de prendre pour base la population active de la Lozère, parce que ses habitants ne sont pour la plus grande partie qu'agricoles ou manouvriers, que le commerce y est très-faible, et que ceux qui s'y livrent, ne sont que des commissionnaires, travaillant sur des fonds étrangers.

Pénétrée de l'utilité du mémoire, l'assemblée, sur l'avis du vice-procureur général syndic, a délibéré, à l'unanimité, de le transcrire en entier dans son procès-verbal, et de prier son Président d'en faire l'envoi le plus prompt au Corps législatif. Suit le mémoire.

Observations du département de la Lozère sur l'impôt à établir à raison de la population et du commerce.

Il est non-seulement prouvé, mais démontré, d'après le mémoire donné par M. Eymar, que le sol du département de la Lozère ne saurait, sans la plus grande des injustices, être imposé proportionnellement avec les autres à raison de la surface, la sienne étant généralement ingrate, inculte et trompeuse.

Maintenant il est à propos d'établir encore, qu'à moins d'être aussi abusé par des aperçus infidèles, on ne saurait le taxer respectivement au reste du royaume à raison de sa population.

Nulle de ces deux bases ne peut, pour un pays aussi infécond, que dénué de ressources, être regardée comme juste, sous un point de vue comparatif, et les règles même d'approximation disparaissent à défaut de tout espèce de terme moyen.

Ce n'est pas, que le département de la Lozère prétende que les impôts doivent peser sur les terres, même les plus fertiles ; il pense au contraire, (et il désire, que ces principes soient adoptés par l'Assemblée nationale,) qu'une grande partie des impositions, qui seront jugées nécessaires, doit être rejetée sur les riches négociants, sur ces professions aisées et lucratives, sur ces fortunés capitalistes, qui recueillent sans semer et sans éprouver n'y tant d'accidents funestes à l'agriculture, ni l'intempérie des saisons.

S'il était vrai, en effet, comme des faiseurs des systèmes ont tenté de le persuader, sans doute, que pour ajouter un paradoxe de plus à tous ceux que l'exubérance du génie a enfanté, que la terre seule est productive des richesses dans un Etat, il serait donc aussi vrai de dire, que nul pays ne pourrait étendre ses richesses au delà de la valeur de son fonds.

Or, cette assertion démentie par la situation de l'Angleterre et de la Hollande, dans l'intérieur du royaume par la comparaison de plusieurs villes, telles que Limoges, Orléans, Montpellier, villes mercantilles et commerçantes, avec Clermont, Blois, Toulouse, dont le sol est bien plus fertile.

Cette assertion, disons-nous, ainsi en opposition avec l'expérience, ne l'est pas moins avec la saine raison.

Dans le système que nous combattons, en effet, il serait faux de prétendre, que le commerce augmente le produit des richesses territoriales, qu'il ajoute à la somme du numéraire le produit d'un travail purement industriel, et surtout qu'il aide à supporter le fardeau des impositions ; vérités pourtant universellement reconnues, posées comme des principes incontestables, par tous ceux qui ont écrit sur la source des richesse des Etats, sur les avantages du commerce, et sur la faveur qui est due à tout ce qui tend à l'étendre et à l'encourager.

D'où que soit donc sorti le numéraire, qu'on a cru pouvoir supposer de deux milliards, il existe : et qui pourrait dire, que ce fond était réparti de manière, qu'il se trouve dans les mains des possesseurs des terres dans une juste coéquation avec leurs propriétés foncières. pour leur aider à les mettre en valeur.

Il ne serait sans doute pas moins absurde de prétendre qu'en quelques mains qu'ils soit, il ne sert qu'à donner du prix à la valeur des possessions territoriales, puisque c'est autant au commerce extérieur qu'intérieur qu'il est est appliqué, puisque par l'importation des denrées de toute espèce, à laquelle il est employé, il fait souvent baisser le prix des productions nationales.

Cependant tel homme, qui n'a que de l'argent, retirera toujours plus, et souvent le triple du revenu d'une propriété en numéraire, que n'obtiendra d'un fond égal de valeur réelle, celui qui s'y trouve borné.

Il est donc vrai de dire, que le total du numéraire donne un revenu absolument indépendant de celui des terres, et qu'à quelque somme qu'on les évalue en capital, le produit de celui ci ne sera à celui de l'agent mis dans le commerce, que dans la proportion de trois à six tout au plus.

Or, ce revenu clair, net et immense échappe, quoi qu'on en dise, à l'impôt, si l'on adopte le système insoutenable que nous combattons.

Le département de la Lozère craindrait d'abuser de l'attention de l'Assemblée nationale, s'il donnait un plus grand développement à ces réfléxions, et il se borne à manifester ses regrets sur ce que sa population, qu'on peut porter à plus de cent vingt mille âmes, (et cela d'après le calcul le plus exact, bien opposé à ceux qui ont été imaginés et hasrdés avec tant de légèreté dans quelques écrits,) ne présente que des agriculteurs, que de pénibles travailleurs d'un sol agreste, peu de commerçants, quelques négociants commissionnaires, presqu'aucun artisan, que son métier fasse vivre, en un mot, que des propriétaires mal aisés, que de pauvres ménagers, que des mendiants sans ressources.

Le reste de la séance a été employé à la lecture du procès-verbal de l'assemblée administrative du District de Mende, et, cette lecture finie,

La séance a été levée. AYMEN DE NOYANT, président; PAULET, secrétaire, signés au registre.

Du lundi quinze novembre mil sept cent quatre-vingt dix.

La séance a été ouverte par la lecture du procès-verbal de la veille.

M. Cabanel procureur-syndic du district de Meyrueis, et député de ce même district, a porté à l'assemblée le tribut de respect et de reconnaissance de ses commettants ; il a surtout exprimé de leur part le plus vif désir de voir ranimer le commerce, et délivrer l'agriculture des entraves qui l'enchaînent.

M. le Président lui a répondu, que les vœux de ceux qui l'envoyaient, étaient précisément les mêmes que ceux de l'assemblée, dont les travaux ne tendent qu'à soulager le laboureur, et à rétablir le commerce du pays anéanti par les malheurs du temps, et sans que cela pût tirer à conséquence pour l'avenir, et l'a invité à assister à la séance.

M. Forestier a fait la lecture d'une lettre, contenant le détail des malheurs et des dommages arrivés, dans la ville de Langogne, le 10 du courant, par l'effet d'une inondation subite dans un quartier, à la suite d'une pluie de plusieurs jours.

Pénétrée de la douleur la plus profonde, l'assemblée a unanimement voté, en faveur de cette ville, un secours de la somme de deux cent quarante livres, à prendre sur les fonds des dépenses imprévues, pour être employée au déblai des maisons abattues, à étançonner celles, qui ont été ébranlées, et à rendre à la rivière les dimensions de son lit, afin de prévenir les dangers bien plus redoutables encore d'une seconde inondation.

La séance a été levée. AYMEN DE NOYANT, président ; PAULET, secrétaire, signés au registre.

—o—

Du dix-sept novembre mil sept cent quatre vingt-dix.

Le procès-verbal de la veille a été lu.

Un membre a représenté, qu'il arrivait journellement au Directoire des paquets plus ou moins considérables, lesquels avaient été laissés dans les divers bureaux de poste, d'où ils partaient ; que pour ne pas se livrer à des dépenses excessives, le Directoire avait refusé de les recevoir jusqu'ici ; que cependant il ne pouvait se dissimuler, que dans le nombre il devait s'en rencontrer d'importants, et qu'en conséquence il proposait de solliciter, auprès de l'Assemblée nationale, la franchise des lettres et paquets adressés, tant à l'assemblée administrative qu'au Directoire du département ; ce qui a été accueilli d'une voix unanime.

M. Monestier, vice-procureur général syndic, a observé, que la dernière irruption du torrent de Merdanson a porté une telle quantité de pierre et de gravier dans toute l'étendue de son cours jusqu'à la rivière du Lot, que la route de Mende à Badaroux se trouvait totalement obstruée auprès des Cordeliers, et qu'il devenait instant de faire rétablir les lieux.

On a délibéré que le quatrième bureau manderait, dans le jour, l'entrepreneur de cette route, pour lui donner les ordres les plus précis de la réparer promptement.

La séance a été levée. AYMEX DE NOYANT, président ; PAULET, secrétaire, signés au regristre.

—o—

Du vendredi dix neuf novembre mil sept cent quatre-vingt-dix.

La séance a été ouverte par la lecture du procès-verbal de la veille.

On a consulté l'Assemblée sur la question de savoir, si les notables pourraient être assujettis à monter la garde ; elle a jugé a propos de ne point leur imposer ce devoir, parce qu'ils se l'imposeront eux mêmes si les circonstances l'exigent.

MM. Forestier, du Bedos et Polge ont fait, au nom du bureau de Constitution, chacun un rapport sur les différentes paroisses qui, détachées de l'ancien pays de Gévaudan, demandent à rentrer sous son régime et à faire partie du département, ou qui étrangères jusqu'ici à notre administration expriment un vœu formel pour être adoptées.

L'assemblée a chargé le bureau de constitution de faire sur toutes les pétitions des mémoires circonstanciés, où les parties détachées et celles qui, pour la première fois, réclament d'être unies au département, seraient distinguées avec soin, pour être lesdits mémoires remis à M. de la Chassagne, comme cet objet formant une partie essentielle de sa mission.

Un membre a dit, que tout bon français frémissait d'horreur à la lecture des atrocités commises au château de Versailles les 5 et 6 octobre 1789 ; que plusieurs départements en avaient déjà témoigné leur indignation, et qu'il penserait que celui de la Lozère doit s'empresser de suivre cet exemple ; sur quoi, après avoir ouï le vice-procureur général syndic, il a été unanimement délibéré, que l'Assemblée nationale serait très humblement suppliée de faire continuer la procédure.

La séance a été levée. AYMEX DE NOYANT, président ; PAULET, secrétaire, signés au registre.

—o—

Du samedi vingt novembre mil sept cent quatre-vingt-dix.

Le procès-verbal de la veille a été lu.

M. Mézins, au nom du bureau de constitution, a fait le rapport sur la nouvelle formation des cantons.

D'après son avis, le district de St-Chély a été réduit à

six cantons, lesquels ont été approuvés après une courte discussion, ainsi qu'il suit.

Le premier canton est fixé à St-Chély, et composé des paroisses de St-Chély, Rimeize, Bessons, la Fagette, Termes-le-Baron, Arcomie, Blavignac, Albaret Ste-Marie.

Le second, le Malzieu, Verdezun, St-Pierrre-le-Vieux, Prunières, St-Léger, St-Privat, Paulhac, Chaulhac, Julianges.

Le troisième, St-Alban, Lajo, Ste-Eulalie.

Le quatrième, Aumont, la Chaze, le Fau de Peyre.

Le cinquième, Serverette, Javols, Fontans.

Le sixième, Fournels, Albaret-le-Comtal, Arzenc, St Juéry, Noulhac, St-Laurent-de-Veyrès, Chauchailles, la Fage-Montivernoux, Brion, Grandval.

Le district de Florac a été réduit à sept cantons, lesquels ont été approuvés ainsi qu'il suit.

Le premier canton est fixé à Florac, et composé des paroisses de la Salle-Montvaillant, Bédouès, Cocurès.

Le second, Ispagnac, Quézac, les Bondons.

Le troisième, le Pont-de-Montvert, Fraissinet-de-Lozère, Grizac, St-André-de-Lancize, sauf à cette communauté de manifester un vœu contraire, pour être réunie à tout autre canton.

Le quatrième, Barre, le Pompidou, le Bousquet, les Baumes, St-Julien-d'Arpaon, Cassagnas.

Le cinquième, Vebron, St-Laurent, St-Martin-de-Cancellade.

Le sixième, St-Etienne-de-Valfrescesque, St-Martin-de-Boubaux, St-Germain.

Le septième, Ste-Croix, Gabriac, Molezon, Moissac, St-Martin-de-Lansuscle.

Le district de Langogne a été réduit à quatre cantons.

Le premier Langogne, Luc, St-Flour-de-Mercoire, Rocles, le Chatanier.

Le second, Châteauneuf, Chaudeyrac, qui prétend, que les rixes, qui existent entre ses habitants et ceux de Châteauneuf, ne permettent pas leur réunion ; mais comme il propose un cinquième canton, dont la formation, outre l'inconvénient de la dépense, diminuerait trop ceux de Langogne et de Châteauneuf, votre comité a cru devoir lui laisser le choix se réunir de gré à gré à Châteauneuf ou à Langogne : peut-être l'intérêt de Châteauneuf emmènera-t-il une conciliation entre ces communautés. Pierrefiche, Arzenc, St-Sauveur-de-Ginestoux.

Le troisième, Grandrieu, St Paul-le-Froid, la Panouse, St-Symphorien, Ste-Colombe.

Le quatrième, Auroux, Laval, St-Bonnet, Fontanes, Naussac St-Jean-la-Fouillouse.

Le district de Villefort a été réduit à cinq cantons.

Le premier, Villefort, St-André, Pourcharesse, Combret provisoirement, les Aidons, les Salses, Chazornes, Planchamp, la Garde annexe et ses dépendances provisoirement, jusqu'à ce que la réunion de quelques paroisses voisines de Chazornes, et actuellement des départements d'Ardèche et du Gard, ayant été réunies suivant leur vœu à celui de la Lozère, puissent former ses cantons, dont Chazornes sera alors, et est désigné d'hors et déjà pour être le chef-lieu.

Le second, Cubières, Cubeyrette, Altier.

Le troisième, Chasseradès, St-Frézal-d'Albuges, Belvezet, Puylaurant, Prévenchères.

Le quatrième, le Collet-de-Dèze, St-Michel-de-Dèze, St-Hilaire-de-Lavit, les Points, St-Privat-de-Vallongue.

Le cinquième canton, les Vialas, St-Maurice-de-Ventalon, St-Andéol-de-Clerguemont, St-Frézal-de-Ventalon.

La séance a été levée. Aymex de Noyant, président ; Paulet, secrétaire ; signés au registre.

—o—

Du lundi vingt-deux novembre mil sept cent quatre-vingt-dix.

L'ordre du jour était la discussion du plan du premier bureau sur la nouvelle formation des cantons du district de Mende ; les débats ont été aussi vifs que multipliés. Le comité proposait de mettre un canton à Bagnols, et d'y annexer les paroisses de Ste-Hélène, Chadenet, St-Julien, et le Bleymard ; sur quoi, M. Chevalier a réclamé l'arrangement projeté au bureau par diverses parties intéressées, pour former un canton, dont Bagnols serait le chef-lieu, et auquel serait joint Allenc, qui aurait l'alternat pour les Assemblées primaires, tandis que les établissements seraient fixés à Bagnols ; ce qui ayant été rejeté, on a soumis au scrutin la question de savoir, qui de Bagnols ou du Bleymard serait chef-lieu, sauf au

Bleymard ensuite à former un canton à lui seul, ou à se réunir, où il jugerait à propos de Bagnols ou d'Allenc, et le dépouillement du scrutin ayant été fait, il s'est trouvé 19 voix pour Bagnols et 14 pour le Bleymard ; en conséquence, les cantons ont été réglés comme il suit.

Il a été arrêté, que le district de Mende serait composé de huit cantons.

Le premier, Mende.

Le second, Allenc, la Rouvière, le Bleymard ;

Le troisième, Bagnols, Ste-Hélène, Chadenet, St-Julien ;

Le quatrième, St-Amans, St-Denis, les Laubies, St-Gal, Ribennes ;

Le cinquième, Rieutort, la Villedieu, Estables, la Champ, Servières, Chastel-Nouvel, Coulagnets, la Gaugne, Badaroux, le Born ;

Le sixième, St-Etienne-du-Valdonnez, Lanuéjols, St-Bauzile, Brenoux, Balsièges ;

Le septième, Chanac, Barjac, Cultures, le Villard, Esclanèdes ;

Le huitième, Ste-Enimie, Prades.

La séance a été levée. AYMEX DE NOYANT, président ; PAULET, secrétaire, signés au registre.

Du mardi vingt-trois novembre mil sept cent quatre-vingt-dix.

La séance a commencé par la lecture du procès-verbal.

M. Mézins, a continué son rapport sur les cantons du district de Marvejols, qui ont été fixés de la manière suivante.

Le District de Marvejols a été composé de six cantons.

Le premier, Marvejols, Montrodat, Gabrias, Grèzes, Antrenas, Palhers, St-Laurent-de-Muret.

Le second, Chirac, le Monestier, St-Bonnet, Pin et Moriès, les Salelles.

Le troisième, la Canourgue, St-Frézal, Banassac, St-Saturnin, Canilhac, Laval. la Capelle, Estables-de-Rive-d'Olt, Salmon.

Le quatrième, St-Germain, les Salces, les Hermaux, Trélans, St-Pierre-de-Nogaret.

Le cinquième, Nasbinals, Recoules-d'Aubrac, Marchastel, Malbouzon.

Le sixième, St-Sauveur, Prinsuéjols, Ste-Colombe, le Buisson, St-Léger-de-Peyre, avec Recoules-de-Fumas son annexe, en leur donnant l'option de se joindre audit canton, ou à celui de Marvejols, ou de faire un canton à lui seul.

Le plan du bureau sur la nouvelle division des cantons du district de Meyrucis a excité une très-longue discussion.

La première difficulté, qui s'est élevée, gissait dans le point de savoir, s'il était permis de scinder les paroisses, afin de les comprendre partie dans un canton, et partie dans un autre, les suffrages étant partagés, M. le président, revêtu de la voix prépondérante, a fait passer la délibération à la négative.

La séance a été levée. Aymex de Noyant, Président ; Pallet, secrétaire, signés au registre.

—o—

Du Jeudi vingt-cinq novembre mil sept cent-quatre-vingt-dix.

M. Mézins s'étant abstenu, par délicatesse, de continuer le rapport de son bureau sur la division des cantons du district de Meyrueis, ce rapport a été fait par M. de Marance.

Le bureau proposait d'établir un canton au village de la Malène ; un membre a soutenu, qu'il serait mieux placé à St-Hilaire de la Parade ; de part et d'autre on a fait valoir des moyens, qui paraissait également plausibles ; enfin, il a été décidé, que St-Hilaire de la Parade demeurerait chef-lieu de canton à la pluralité de dix-huit voix contre quinze recueillies par la voix du scrutin. La formation des autres cantons n'ayant donné lieu à aucune espèce de difficulté, ils ont été arrêtés de la manière qui suit :

Le district de Meyrueis est réduit à trois cantons.

Le premier, Meyrueis, Gatuzières, Fraissinet.

Le second, St-Hilaire de la Parade, Hures, St-Pierre-des Tripiers, St-Chély-du-Tarn, le Rozier, avec la municipalité de Peyrelau réunie au Rozier, où est le clocher, en vertu de l'article premier du décret du 20 janvier 1790, avait l'option de se réunir au canton de Meyrueis, la Malène en lui laissant l'option de se réunir au canton de St-Georges.

Le troisième canton, St-George, à la charge de tenir les assemblées primaires à Soulages ou à Massegros, au choix du canton en général, le Recours, Inox, St-Rome, St-Préjet.

Après quoi, M. Mezins ayant repris la continuation du rapport, il l'a terminé en proposant de n'adopter la composition actuelle de tous les cantons du département que provisoirement, avec réserve d'y faire des changements que l'expérience indiquera par la suite, et d'y appliquer le règlement convenu pour les districts, qui consiste a faire supporter les deux tiers des frais d'établissement par les chefs-lieux, et l'autre tiers par toutes les municipalités du canton ; ce qui a été unanimement délibéré.

Sur la pétition des municipalités des Aidoux et les Salses, avec le Chambon et les Balmelles et les deux Pourcharesses, et après avoir entendu M. le vice-procureur général syndic, il a été délibéré, qu'elles demeureraient réunies entre elles, sauf à celle de Pourcharesse à se réunir, si bon lui semble, à celle de Villefort ; et cependant, que chacune d'elles conserverait sa taillabilité particulière ; comme aussi il a été délibéré, que la municipalité de Combret demeurerait jointe à celle d'Altier, sous la même modification.

La séance a été levée. AYMEX DE NOYANT, président ; PAULET, secrétaire, signés au registre.

—o—

Du samedi vingt-sept novembre mil sept cent quatre-vingt-dix.

Le procès-verbal a été lu.

Il a été ensuite présenté un tableau des prisonniers détenus aux prisons de Mende, soit pour dettes, soit pour crimes ; ces derniers ont surtout excité la commisération de l'assemblée, par le manque absolu du linge et des couvertures, et plus encore peut-être par la durée de leur captivité, sans qu'il paraisse qu'on se soit occupé de suivre leur instruction, ce qui a déterminé un membre à proposer de nommer des commissaires pour vérifier si la détention de tous est conforme aux décrets et aux lois, et en faire leur rapport ; comme aussi de leur accorder sur le champ quelques légers secours, qu'on ne peut refuser à tout être souffrant et malheureux. Sur quoi il a été unanimement délibéré, sur l'avis de

M. le vice-procureur général syndic, de leur faire expédier un mandat de cent livres à prendre sur les dépenses imprévues ; et, les commissaires nommés pour la vérification de leurs écrous, sont MM. Monestier, Monteils, Chazot et la Chassagne, qui procéderont en présence de M. le vice-procureur général syndic.

La séance a été levée. Aymex de Noyant, président ; Paulet, secrétaire ; signés au registre.

—o—

Du lundi vingt-neuf du mois de novembre mil sept cent quatre-vingt-dix.

Après la lecture du procès-verbal, M. Bonnet la Devèze a pris rang.

Un membre du bureau de Constitution a fait le rapport d'une pétition de l'annexe de Pomaret, qui réclame l'établissement d'une municipalité dans son sein, la nullité de la dernière élection des municipaux de la paroisse de Cubières, et la vérification des dommages qu'elle a souffert ; il a été délibéré, sur l'avis du vice-procureur général syndic, que ces demandes seraient notifiées à la municipalité de Cubières pour y répondre.

Une députation du bourg de Châteauneuf, introduite à la barre, a présenté un mémoire dont l'objet était de faire ordonner, que la paroisse de Chaudeyrac demeurerait définitivement unie au canton de Châteauneuf, sans avoir égard au choix, qui lui a été laissé de s'agréger au canton de Langogne. Après que la députion a été sortie, sur les conclusions du vice-procureur général syndic, on a déclaré n'y avoir lieu à délibérer.

Le sieur Beaufils, tisserand du bourg de St-Léger-de-Peyre, est venu proposer d'introduire, dans le département, la fabrication des étoffes en coton ; il a observé que la filature du coton formant une des principales ressources du peuple de nos campagnes, il serait important de l'accroître par la fabrication et l'emploi de la matière première, surtout dans les circonstances actuelles où le commerce des serges est presque anéanti ; il a ajouté qu'aucun pays n'offrait autant d'avantages pour l'établissement de cette fabrique, puisqu'une multitude de bras y étant employés à filer de coton, on bonifierait évidemment les frais de transport, en même temps qu'on trouvait des tisserands en abondance, à plus bas prix que dans les grandes villes ; que cette double économie fournirait le moyen de livrer les articles fabriqués à beaucoup meilleur compte que partout ailleurs. A l'appui de ses assertions, le sieur Beaufils a présenté plusieurs mouchoirs de sa fabrications, qu'il vend à quatre sous meilleur marché que les colporteurs ; et il a fini par représenter, que si son offre était accueillie il solliciterait quelques légères avances pour être en état de monter quatre métiers, sous la surveillance de telle personne qu'on jugerait à propos de commettre. Sur quoi l'Assemblée, frappée de l'utilité que le pays pouvait retirer d'une manufacture de coton, a chargé le quatrième bureau d'examiner avec soin la proposition du sieur Beaufils et ses essais, pour lui en faire son rapport.

La séance a été levée. Aymex de Noyant, président ; Paulet, secrétaire, signés au registre.

—o—

Du mardi trente novembre mil sept cent quatre-vingt-dix.

M. de Noyant étant indisposé, M. de Marance, ex-président, a pris le fauteuil.

Le procès-verbal de la veille a été lu......

Un autre membre a observé, que d'après l'article XIII du décret sur le traitement du clergé actuel, les ecclésiastiques qui, sans être pourvus des titres, sont attachés à des Chapitres, sous divers noms, ainsi que les officiers laïques, organistes, musiciens, et autres personnes, employées pour le service divin, sont susceptibles d'obtenir un traitement ; en conséquence il a fait la motion de demander de suite aux districts un état détaillé de ces sortes de personnes, conformément audit article, ce qui a été unanimement adopté par l'assemblée, qui a chargé le procureur général syndic d'en écrire incessamment.

La séance a été levée. Trescazal de Marance, ex-président ; Paulet, secrétaire ; signés au registre.

Du mercredi premier décembre mil sept cent quatre-vingt-dix.

M. de Noyant a présidé.

Le procès-verbal a été lu. Après quoi on a également entendu la lecture d'un mémoire sur les avantages qui résulteraient de l'établissement d'une pépinière. L'examen de ce mémoire a été renvoyé au quatrième bureau.

M. Bonnel a présenté des observations intéressantes sur la culture et la conservation des bois, dont la rareté, croissant de jour en jour, fait craindre une disette, qui peut n'être pas très éloignée, si les mêmes abus continuent. Pour les réprimer, il propose deux moyens sages, dont l'exécution pourrait procurer un meilleur aménagement de forêts. L'assemblée, convaincue de l'importance non seulement de conserver, mais d'accroître une production si nécessaire dans le climat rigoureux sous lequel le département est placé, a délibéré qu'une copie du mémoire, de M. Bonnel, serait remise à chaque bureau, pour le prendre dans la plus sérieuse considération.

La municipalité de Mende a pris hier une délibération tendant à ce que les honoraires du prédicateur de l'Avent, du Carême et des autres sermons établis en l'église cathédrale, fussent pris dorénavant sur les revenus des biens nationaux, et qu'au surplus les prédicateurs continuassent d'être nommés par l'évêque, comme par le passé. Sur l'avis du Directoire du district, et celui du vice-procureur général syndic, il a été unanimement délibéré de l'autoriser, afin que la municipalité en suive l'exécution.

La séance a été levée. Aymex de Noyant, président ; Pallet, secrétaire, signés au registre.

—o—

Du jeudi soir, deux décembre mil sept cent quatre-vingt-dix.

La séance a commencé par la lecture du procès-verbal de la veille.

M. Chazot, au nom des commissaires envoyés pour la visite des prisons, et la vérification des écroués, a fait un rapport duquel il résulte, que le plus grand nombre de ces actes est irrégulier, et que les détenus, dont aucun n'a subi l'interrogatoire, depuis qu'ils sont dans les fers, sont réduits à un état de désespoir ; qu'ils supplient l'assemblée de presser l'instruction de leur procès, pour parvenir à leur justification, s'ils sont trouvés innocents, ou à leur condamnation, s'ils sont déclarés coupables. L'assemblée après avoir entendu M. le vice procureur général syndic, l'a chargé d'exciter, avec le plus grand zèle, l'activité des tribunaux de justice en exercice, et de ceux qui vont les remplacer, à l'effet d'obtenir une prompte justice à ces malheureux qui la demandent.

M. du Bedos, au nom du bureau de Constitution, a dit, que la partie du Rosier, faisant partie du district de Meyrueis, avait dans sa dépendance plusieurs villages, situés dans la ci-devant province de la Haute-Guyenne, et entr'autres le lieu de Peyrelau, qui formait une municipalité ; que malgré l'article premier du décret du 20 janvier 1790, qui ordonne, que les villes, villages, paroisses et communautés, qui ont été jusqu'à ce jour mi-parties entre différentes provinces, se réuniront pour former qu'une seule et même municipalité, dont l'assemblée se tiendra dans le lieu où est le clocher ; la municipalité du lieu de Peyrelau, sommée par acte du 30 octobre dernier, à la requête du procureur syndic de Meyrueis, de se réunir à la municipalité du Rosier, en vertu du décret sus-énoncé, a déclaré par sa réponse, ainsi que le district de Milhau, par son arrêté du...... qu'à la formation des départements elle a été placée dans celui de l'Aveyron, et que loin de se réunir au Rosier, elle prétend l'amener comme un lieu de sa dépendance. M. du Bedos a conclu à ce que l'Assemblée sollicite un décret de l'Assemblée nationale, qui ordonne l'exécution de celui du 20 janvier 1790. L'assemblée, ouï ce rapport, et M. le vice-procureur général syndic entendu, a unanimement délibéré de supplier l'Assemblée nationale de déclarer, qu'en exécution du son décret du 20 janvier 1790, sanctionné par le Roi, la municipalité de Peyrelau est de droit unie au lieu du Rosier, dont elle dépend, et où est situé le clocher, et d'ordonner qu'ils ne feront ensemble qu'une même municipalité, dépendante du département de la Lozère et du district de Meyrueis, auquel effet, il sera adressé par M. Monestier, vice-procureur général syndic, un extrait de la présente délibération à l'Assemblée nationale.

La séance a été levée. AYMEX DE NOYANT, président ; PAULET, secrétaire ; signés au registre.

—o—

Du vendredi matin, trois décembre mil sept cent quatre-vingt-dix.

M. de Noyant étant indisposé, M. de Marance, ex-président, a pris le fauteuil ; le procès-verbal de la veille a été lu.

Députation de la ville de St-Urcize, du département du Cantal. Deux députés de cette ville ont été reçus à la barre; M. Pagés, l'un d'eux, a exprimé, de la part de ses commettants, les sentiments du plus pur patriotisme, et le plus grand désir de voir unir leur ville au département, et il a proposé la lecture d'une délibération de sa municipalité, tendant à demander sa distraction du département du Cantal, et son union au département de la Lozère. M. le président les a invités à assister à la séance. Lecture faite de la délibération de la municipalité de St-Urcize, M. le vice-procureur général syndic entendu, l'assemblée a délibéré de renvoyer la proposition de cette ville à son bureau de Constitution, pour en faire incessamment le rapport.

Un membre a fait lecture d'un mémoire des tisserands de Mende, qui se plaignent de l'inobservation des arrêtés du Directoire des 9 et 31 octobre, concernant l'échange du numéraire des caisses des receveurs publics avec des assignats en faveur des marchands acheteurs des serges. L'assemblée, après avoir entendu le vice-procureur général syndic, la chargé d'ordonner aux procureurs syndics des districts, et aux receveurs des impôts directs et indirects, la plus exacte exécution des arrêtés du Directoire.

La séance a été levée. Trescazal de Marance, ex-président ; Paulet, secrétaire, signés au registre.

—o—

Du samedi matin quatre décembre mil sept cent quatre-vingt-dix.

La séance a été ouverte par la lecture du procès-verbal de la séance du matin.

Sur la popositon de M. de Soulages, M. le vice procureur général syndic entendu, l'Assemblée a prié M. le Président d'écrire de suite à M. de Capelly, l'un de ses députés extraordinaires auprès de l'Assemblée nationale, et de lui envoyer les différentes pétitions du département pour en solliciter l'effet, et spécialement celui de la demande des paroisses des environs de Saugues, pour être distraites du département de la Haute-Loire et réunies à celui de la Lozère.

Il a été en même temps observé, que l'ancien syndic de la chambre ecclésiastique s'étant déclaré débiteur envers le sieur Lacombe, imprimeur et libraire de cette ville, d'une somme de deux cent quatre-vingt-huit livres pour frais d'impression d'un rituel à l'usage du diocèse, composé par M. l'abbé de Siran ; plus, qu'il porte par aperçu les frais a faire pour terminer cet ouvrage à environ dix-huit cent livres ;

Que l'administration succédant pour la nation aux engagements pris par ledit syndic, par police du 22 mars 1786, se trouve obligée non-seulement à payer les 288 livres dues à l'imprimeur pour reste du prix des feuilles déjà composées et tirées, mais encore, qu'en laissant cet ouvrage imparfait, elle lui devrait des dommages pour les avances qu'il a faites en achat de caractères, notes de chant et papier, qui lui deviendraient inutiles pour tout autre objet ; qu'en employant donc toutes les sommes ci-dessus à la perfection de cet ouvrage, l'administration réunira l'avantage d'utiliser une dépense considérable déjà faite, et celle qu'il faudrait y ajouter à pure perte, en se procurant un livre d'ailleurs indispensablement nécessaire aux paroisses ; que d'un autre côté par cet emploi de résidu des comptes du greffier des insinuations, l'administration ne fait qu'acquitter une dette légitime sur les fonds qui lui étaient destinés ;

Ce qui ayant été, après une mure discussion, unanimement adopté, il a été décidé, que le syndic de la Chambre ecclésiastique demeurerait valablement déchargé de sa gestion, moyennant la remise qu'il a faite, à l'instant, de la somme de vingt-quatre livres dix-sept sous, laquelle serait de suite versée dans la caisse de l'ancien receveur des décimes avec celle de 259 livres, dont le greffier des insinuations a été ci-devant déclaré reliquataire, pour avec celle de 1,449 livres 10 deniers, provenant du gras de caisse de l'imposition des décimes, être, sur les mandements du Directoire, employée au fur et à mesure à payer l'impression du Rituel, sous l'inspection de M. l'abbé de Siran, dont les offres, pour continuer cet ouvrage, ont été acceptées avec reconnaissance.

La séance a été levée. AYMIX DE NOYANT, président; PAULET, secrétaire, signés au registre.

—o—

Du samedi soir quatre décembre mil sept cent quatre-vingt-dix.

MM. Guin de La Roche des Cambous, et Ourson, citoyens de St-Etienne de Valfrancesque, ont été reçus à la barre; ils se sont plaints, tant pour eux, que pour plusieurs autres citoyens de la même paroisse, contre la municipalité dudit lieu de St-Etienne, et ont représenté, qu'en vertu de leurs titres, ils ont jusqu'ici joui du droit de banc dans l'église de paroisse; que les décrets de l'Assemblée nationale, qui ont supprimé les bancs honorifiques des seigneurs, ne proscrivent pas bancs dont les particuliers jouissent en vertu des actes à titre onéreux ; que la municipalité de St-Etienne, quoi qu'instruite du droit des suppliants, délibéra les premier et 24 août dernier de faire sortir, de son autorité, lesdits bancs, et, malgré les actes qui lui furent dénoncés par les suppliants, elle fit exécuter les délibérations ; mais comme les suppliants ont des titres valables pour jouir du droit de banc, comme ils ont fait jusqu'ici ; titres dont ils ont donné connaissance à la municipalité, qu'ils ne peuvent en être dépossédés, que par jugement des tribunaux sur défenses contradictoires ; que d'ailleurs l'exécution des délibérations de la municipalité de St-Etienne, pour la sortie desdits bancs, sans être approuvées par l'administration du département ou de son Directoire, sur l'avis de celui du district, est une véritable voie de fait, une contravention formelle aux décrets de l'Assemblée nationale, et un attentat à l'autorité de l'administration du département ; ils ont supplié l'Assemblée de réprimer l'entreprise de cette municipalité, qui les vexe journellement ; ordonner que les officiers municipaux feront, sur l'heure du commandement qui leur sera fait, remettre leurs bancs dans l'église et à leurs places, et que l'arrêté qui sera pris par l'assemblée sera transcrit dans les registres de la municipalité. Les susdits susnommés retirés, la matière mise en délibération, et M. le vice-procureur général syndic entendu, lecture faite de l'avis du district de Florac du 2 de ce mois, l'assemblée, à la très grande majorité, a déclaré que la municipalité de St-Etienne a mal procédé, en exécution des ses délibérations des premier et 24 août dernier ; en conséquence arrête, que sur l'injonction, qui lui sera faite par M. le vice procureur général syndic, elle fera, sans aucun retard, remettre dans l'église de St-Etienne, et aux places où ils étaient, les bancs des sieurs Guin des Camboux et Ourson, et ceux des autres citoyens déplacés par leur ordre : ordonne auxdits officiers municipaux de mieux se conformer à l'avenir aux décrets de l'Assemblée nationale, sauf à ladite municipalité à se pourvoir ainsi que de droit, après s'être faite autoriser par l'Assemblée ou par le Directoire, sur l'avis de celui du district ; ordonne, que le présent arrêté sera transcrit dans les registres de ladite municipalité, qui certifiera de son entière exécution, auquel effet, M. le vice-procureur général syndic en fera parvenir un extrait au procureur de la commune.

La séance a été levée. AYMEX DE NOYANT, président, PAULET, secrétaire, signés au registre.

—o—

Du lundi matin six décembre mil sept cent quatre-vingt-dix.

M. de Noyant, président, étant malade, M. de Marance, ex-président, a pris le fauteuil.

La séance a été ouverte par la lecture du procès-verbal de celle de samedi soir.

M. Valette ayant représenté, que plusieurs paroisses situées sur les affreuses et misérables montagnes d'Aubrac, à l'extrémité du département, confrontant ceux de l'Aveyron et du Cantal, allaient être privées de toute ressource, par la suppression de la riche et charitable maison hospitalière des chanoines réguliers d'Aubrac qui, fondée pour recevoir les voyageurs, les passants sans ressource, et les malades, non contente de remplir ces devoirs, elle faisait encore de grandes aumônes, indépendamment de très considérables en grains et en argent, qu'elle était obligée, par les titres les plus authentiques, à distribuer à chacune de ces paroisses ; qu'il supplie donc, en leur nom, l'assemblée administrative, d'inviter le département de l'Aveyron, sur le territoire duquel cet hôpital et hospice est situé, tandis qu'une grande partie de ses possessions se trouve dans celui de la Lozère, à se réunir à elle, pour obtenir de l'Assemblée nationale la conservation d'une maison, qui est du nombre de celles dont ses décrets, sages et religieux, garantissent l'existence ; maison, qui par sa position isolée sur une route assez fréquentée, dans un pays sans ressource, ne fournirait bientôt, si elle était abandonnée, qu'un asile à des brigands, après avoir été durant tant de siècles, le refuge précieux et assuré de l'humanité souffrante ;

Que d'ailleurs, toutes les aumônes établies par titres et possessions immémoriales, réclamées par un pays réduit, sans secours, à la plus affreuse misère, doivent être conservées sur les biens de cette maison, vinssent-ils par son anéantissement à être déclarés nationaux et vendus.

Après quoi, M. Mézins a exposé la triste situation de

l'hôpital de Meyrueis, et de suite un des Messieurs du bureau des hôpitaux, ayant fait un rapport relatif au même objet, et exposé que beaucoup de paroisses de ce département verraient périr leurs hopitaux, leurs maisons de charité, et se trouveraient sans aucune ressource dans ce pays peuplé de misérables, d'infirmes et d'enfants hors d'état de gagner leur vie une grande partie de l'année, dans un climat aussi rude, si l'administration n'employait tous les soins, et ne faisait tous ses efforts pour faire maintenir, dans leurs droits de perception sur les biens nationaux, les rentes établies par des titres incontestables sur lesdits biens, comme à Langogne, Meyrueis, et une foule de paroisses de la campagne, à la misère desquelles, déjà excessive, se joindraient bientôt les horreurs du désespoir, si cette ressource, qu'elles regardent avec tant de raison comme leur patrimoine, venait à leur être arrachée. Sur quoi, après avoir pris dans la haute considération qu'elles méritent les pétitions des communautés voisines d'Aubrac, et le rapport du bureau des hôpitaux, il a été unanimement délibéré de solliciter, auprès de l'Assemblée nationale, la conservation de l'hôpital d'Aubrac, et d'inviter le département de l'Aveyron à joindre ses réclamations, pour un objet aussi important, à celles du département de la Lozère, et dans tous les cas supplier l'Assemblée nationale de conserver auxdites communautés et aux villes de Langogne et Meyrueis, ainsi qu'à toutes les paroisses et communautés du département, les rentes établies par titres et possessions qu'elles ont, soit en argent sur les biens et revenus ci-devant ecclésiastiques. Il a été encore arrêté d'envoyer au plutôt à l'Assemblée nationale l'état des pauvres du département, celui desdites aumônes fondées, et de réclamer des secours pour les communautés qui n'ont pas de semblable ressource.

Pétition du sieur Dugois, négociant à Marvejols. Le vice-procureur général syndic entendu, il a été délibéré qu'en sa présence et de M. Bancillon, chargé d'apposer les scellés aux archives de l'évêché, de M. l'Evêque ou de son procureur fondé, M. Dugois est autorisé à prendre communicatios des titres qui lui sont nécessaires ; délibère encore, que dans huitaine, à compter de ce jour, il sera procédé par le Directoire du district de Mende à l'inventaire de tous les titres et papiers de l'évêché ; et que M. le vice procureur général syndic demeure chargé de communiquer de suite la présente délibération, tant à M. l'Evêque qu'au Directoire du district de Mende.

La séance a été levée. TRESCAZAL DE MARANCE, ex-président ; PAULET, secrétaire ; signés au registre.

—o—

Du mardi sept décembre mil sept cent quatre-vingt-dix, à laquelle lesdits sieurs administrateurs ont assisté.

M. de Marance a pris le fauteuil, à cause de l'indisposition de M. de Noyant.

Un membre a proposé de délibérer sur le traitement, que l'administration doit accorder au directeur et aux inspecteurs des travaux publics.

La matière longtemps discutée, et M. le vice-procureur général syndic entendu, le traitement annuel du sieur Boissonnade aîné, directeur, a été fixé à dix-huit cent livres ; celui du sieur Boissonnade cadet, inspecteur, à dix-sept cent livres ; celui du sieur Belmas, autre inspecteur, à seize cent livres.

M. de Siran a lu un mémoire de M. de Chaulnes, ancien syndic de l'hôpital de Langogne, pour obtenir à cet hôpital une indemnité proportionnée aux ravages que lui a causés l'inondation du mois de novembre dernier. L'assemblée après avoir entendu M. le vice-procureur général syndic a donné de justes éloges au 7 le de M. de Chaulnes, et délibéré qu'il serait fait une adresse à l'Assemblée nationale en faveur de cet hôpital.

La séance a été levée. Trescazal de Marance, ex-président ; Paulet, secrétaire ; signés au registre.

—o—

Du mercredi huit décembre mil sept cent quatre-vingt-dix.

M. de Noyant, président, étant encore malade, M. de Marance a pris le fauteuil.

La lecture du procès-verbal de la veille a été faite.

Pétition de la paroisse de Grizac pour être unie à celle de Frutgères et le Pont-de-Montvert, et ne former avec elle qu'une seule et même municipalité. L'assemblée après avoir entendu M. le vice-procureur général syndic, a unanimement arrêté, que la paroisse de Grizac sera à l'avenir unie à celle de Frutgères et le Pont-de-Montvert, et que lesdites deux paroisses ne formeront ensemble qu'une seule et même municipalité.

La séance a été levée. TRESCAZAL DE MARANCE, ex-président ; PAULET, secrétaire ; signés au registre.

—o—

Du samedi onze décembre mil sept cent quatre-vingt-dix, au matin, à laquelle lesdits sieurs administrateurs ont assisté.

Après la lecture faite du procès-verbal, M. de la Chassagne, de retour, a tenu la plume.

Il a été fait lecture d'une lettre du département du Jura, en date du 24 novembre dernier, relative à la circulation des assignats ; on y observe que cette circulation procurera une gêne considérable si les administrateurs et directeurs des postes, dans le cas où les assignats ne leur soient pas exhibés, ne portent leur responsabilité que jusqu'à trois cent livres ; que dans le cas contraire, ils exigent pour frais de transport cinq pour cent des valeurs en commerce ; l'administration du département du Jura a présenté une adresse à l'Assemblée nationale pour demander, que les directeurs des postes soient tenus de s'en charger, moyennant un quart pour cent de frais de transport et d'assurance de tous les assignats qui leur seront remis à découvert ; et, après avoir entendu le vice-procureur général syndic, l'assemblée applaudissant au zèle patriotique de Messieurs les administrateurs du département du Jura, a unanimement adhéré à leurs vues et à leurs pétitions, et, en conséquence a délibéré que M. le Président serait prié d'adresser incessamment un extrait du présent arrêté au Comité des finances de l'Assemblée nationale.

La séance a été levée. AYMEX DE NOYANT, Président ; PAULET, secrétaire, signés au registre.

—o—

Du lundi matin treize décembre mil sept cent quatre-vingt-dix.

La séance a été ouverte par la lecture du procès-verbal.

Lecture faite d'un arrêté du district de Villefort en date du 11 courant, ensemble des pièces y énoncées, il a été unanimement délibéré, que le Directoire du département s'occupera sans délai de communiquer, aux départements voisins, les pétitions des municipalités et paroisses qui sollicitent d'être détachées de leur administration, pour passer sous le régime du département de la Lozère, afin que des commissaires, respectivement nommés, puissent les examiner de concert, et qu'en cas de contrariété dans leur avis, l'Assemblée nationale, sur les mémoires qui lui seront adressés, soit mise a portée de rendre un décret conforme au plus grand avantage des administrés.

Il a été lu un nouveau mémoire du ci-devant clergé de Mende, tendant 1° à être déchargé de contribuer au payement de la congrue du prêtre desservant la succursale de la Bastide ; 2° à obtenir la main levée d'une retenue de six mille livres, ordonnée lui être faite sur le montant de ses revenus, en représentation d'un capital de pareille somme, dont le remboursement lui avait été induement fait, le 21 avril dernier, en vertu des ordres de l'ancienne administration. M. le rapporteur du bureau des comptes, et le vice-procureur général syndic entendus, il a été déclaré n'y avoir lieu à délibérer, et néanmoins que l'annexe de la Bastide sera provisoirement conservée.

La séance a été levée. Axmex de Noyant, Président ; Paulet, secrétaire, signés au registre.

Du lundi soir treize décembre mil sept cent quatre-vingt-dix.

Le procès-verbal a été lu. M. de Noyant étant indisposé M. de Marance, ex-président, a pris le fauteuil.

Il existe deux municipalités à Meyrueis : une pour la ville et l'autre pour la paroisse. Elles ont, l'une et l'autre, exprimé leur vœu de réunion, et le district l'a confirmé par son avis. Sur quoi, l'assemblée persuadée que l'agrégation de plusieurs municipalités est conforme à l'esprit des décrets, a unanimement délibéré que celles de la ville et paroisse de Meyrueis, n'en formeraient qu'une seule à l'avenir, sous la condition expresse que leur taillabilité demeurera toujours distincte, et que celle de la paroisse ne contribuera en rien aux charges locales de la ville, que suivant la proportion qui sera fixée par le règlement général que l'assemblée se propose d'arrêter sur cet objet.

La succursale établie au lieu de Montbrun manque d'ornements nécessaires à la décence du culte, tandis que la ci-devant collégiale de Quézac, à qui la dîme appartenait, en possède un grand nombre, qui lui deviennent inutiles par la suppression du Chapitre. Tels sont les faits exposés dans une requête de la municipalité et du desservant de Montbrun. L'assemblée, en les prenant en considération, a délibéré que par un membre du Directoire du district de Florac, assisté d'un prêtre, il sera procédé à la visite des ornements, linges, et objets nécessaires au service divin, tant dans ladite annexe de Montbrun, que dans la ci-devant collégiale de Quézac, lesquels seront tenus de rapporter, dans leur procès verbal, quels sont les articles manquant dans l'annexe, et ceux surabondants dans la collégiale, pour, sur le vu dudit procès-verbal, être statué ce qu'il appartiendra.

La séance a été levée. TRESCAZAL DE MARANCE, ex-président ; PAULET, secrétaire, signés au registre.

—o—

Du mardi matin, quatorze décembre mil sept cent quatre-vingt-dix.

M. de Noyant a présidé. Le procès-verbal de la veille a été lu.

On a lu par extrait un mémoire sur une nouvelle route à ouvrir de Montpellier et Nimes jusqu'en Auvergne, en passant par St-Hippolyte ; l'examen en a été renvoyé au Directoire.

Les municipalités de St-Flour-du-Pompidou, Molezon, et St-Martin-de-Cancelade, formant, dans l'ancienne division, un canton qui a été provisoirement supprimé, on a proposé de le rétablir. La question mise aux voix, il a été déclaré n'y avoir lieu à délibérer.

Une semblable prétention, formée de la part de St-Germain-de-Calberte, a eu le même sort.

La séance a été levée. AYMEX DE NOYANT, Président ; PAULET, secrétaire, signés au registre.

Du mardi soir, 14 décembre, mil sept cent quatre-vingt-dix.

On a lu le Procès-verbal du matin.

La pétition de MM. de Morangiés, relative aux Eaux de Bagnols, dont on avoit prononcé, dans une des précédentes séances, l'ajournement, ayant été discutée, après de longs débats, on a délibéré, après avoir ouï M. le Procureur-général-syndic, presque unanimement, que la Municipalité de Bagnols seroit tenue de veiller, de tout son pouvoir, à ce qu'il ne soit donné aucun trouble ni empêchement à la possession de leurs droits.

Le bourg de Grandrieu sollicite l'établissement d'un marché dans son sein tous les lundis ; le Directoire de Langogne a cru devoir accueillir cette demande. L'Assemblée a unanimement délibéré d'exprimer un vœu à cet égard auprès du Corps législatif.

On imposoit annuellement en faveur du Collège de Mende, pour augmentation provisoire de sa dotation, et à condition qu'il entretiendrait un second professeur de Philosophie, une somme de douze cents livres. Cet objet a éprouvé des difficultés, et après un long débat, vu l'importance de l'enseignement public, et l'obligation de fournir à l'entretien nécessaire des régents, il a été délibéré au scrutin d'emprunter, pour cette année seulement, ladite somme de 1,200 liv., et d'en demander l'autorisation à l'Assemblée Nationale. Et si cependant le Corps Législatif donnoit cette autorisation avant l'époque de l'imposition, il conviendroit de ne pas effectuer l'emprunt, pour éviter le payement de l'intérêt, et alors le Directoire demeure autorisé à en faire l'imposition.

M. de Marance ayant représenté la triste situation de M. Rodier, ancien vicaire du diocèse, accablé de viellesse et d'infirmités, et que se trouvant sans ressource par la suppression des secours que lui fournissait la Chambre ecclésiastique ; M. l'Abbé de Siran a fait, à ce sujet, un rapport au nom du Comité de Constitution, sur la situation aussi fâcheuse, et provenant des mêmes causes d'une infinité d'autres ecclésiastiques, épars dans le Département, tels que tous les Bénéficiers de la Cathédrale de Mende, qui étoient réduits à une manse sur l'université des revenus du Clergé, tels encore que MM. Barlet et Boutel, ancien curé et vicaire retirés à Chirac ; tel que M. Daudé, prêtre aveugle, ancien curé de Balsièges ; M. Gibert, ancien vicaire ; M. Gourdon, prêtre, demeurant à Salmon ; MM. Jean-François Rouveirols, Jean-Baptiste Forestier, retirés à Langogne ; Lascite, de la paroisse de Rocles ; Grousset, de celle de St-Enimie, et plusieurs autres. M. le Rapporteur a cru devoir insister principalement sur l'extrême misère à laquelle se trouvoient réduites les Religieuses de Notre-Dame de Langogne, préposées à l'instruction de la jeunesse, dont la maison, presque sans revenus, ne se soutenait depuis sa fondation même qu'au moyen de la dot qu'apportait le sujet qu'on y recevait ; sur quoi, il a proposé à l'Administration d'émettre, auprès de l'Assemblée Nationale, un vœu en faveur de tous ces infortunés Ministres de la Religion, et de ces Religieuses utiles et édifiantes ; ce qui a été unanimement délibéré.

M. le Président ayant donné connoissance à l'Assemblée d'une délibération de la Garde Nationale de la communauté du Collet-de-Dèzes, qui manifeste son vœu pour que ce Bourg demeure uni au Département de la Lozère, il a été unanimement délibéré que M. le Président seroit prié d'écrire au Commandant de la susdite Garde Nationale, pour lui exprimer la satisfaction avec laquelle cette délibération a été accueillie.

Beauregard, Mezins, Eimar, Duclaux, Valentin, Michel du Bedos, Forestier, Bonnel fils, du Cayla, Meysouzac, Paul, Pagès, Monestier, Chazot, Polge, La Porte de Belviala, d'Agulhac de Soulages, de Juin de Siran, Lozeran de Fressac, Panafieu, Bonnet la Devèze, Trescazal de Marance, Pintar, Monteils, Ferrand, Bancillon, Blanquet, Aymex de Noyant, *Président,* Paulet, *Secrétaire.*

Aymex de Noyant, Président ; Monestier, Vice-Procureur-général-syndic ; Paulet, Secrétaire-général, signés au registre.

PROCÈS-VERBAL

DU DIRECTOIRE DU DÉPARTEMENT DE LA LOZÈRE

PENDANT LA TENUE

DU CONSEIL GÉNÉRAL.

Du sixième jour du mois de décembre mil sept cent quatre-vingt-dix, présent, MM. de Beauregard, vice-président, Chazot, Bonnet Ladevèze, Bonnel, Ferrand, Cayla, Monestier.

La séance a commencé par la lecture de la loi, donnée à Paris le 5ᵉ novembre dernier, sur un décret de l'Assemblée nationale du 2ᵉ du même mois. Le vice-procureur-général-syndic entendu, la transcription en a été ordonnée ainsi qu'il suit : Loi portant que les directoires des départements et des districts ne cesseront point d'être en activité pendant les assemblées des Conseils de département et de district, donnée à Paris, le 5 novembre dernier. Louis par la grâce de Dieu et par la loi constitutionnelle de l'état, roi des Français, à tous présent et avenir salut. L'Assemblée nationale a décrèté et nous voulons et ordonnons ce qui suit :

Décret de l'Assemblée nationale du 2ᵉ novembre 1790, l'Assemblée nationale décrète ce qui suit : les directoires de département et de district ne cesseront point d'être en activité pendant les assemblées des Conseils de département et de district ; ils continueront les fonctions particulières qui leur sont attribués ; les conseils de département et de district, ne devant pas s'occuper des affaires d'exécution, ceux qui composent les directoires ne pourront pas pour cela se dispenser ou être empêchés d'assister à l'Assemblée générale dont ils sont membres.

Nous avons sanctionnés et par ces présentes signées de notre main sanctionnons le présent décret, mandons et ordonnons aux tribunaux, Corps administratifs de municipalités, que ces présentes ils fassent transcrire sur leurs registres, lire, publier et afficher dans leurs ressorts et départements respectifs et exécuter comme loi du royaume, en foi de quoi nous avons fait signer et contresigner lesdites présentes, auxquelles nous avons fait apposer le sceau de l'Etat. A Paris, le 5ᵉ jour du mois de novembre, l'an de grâce 1790, et de notre règne le 17ᵉ. Signé, Louis, et plus bas : l'archevêque de Bordeaux, et scellées du sceau de l'Etat.

Après quoi, il a été procédé, en conséquence des instructions adressées par ordre du Roi au Directoire du département, sur le contentieux des impositions indirectes, et signées Lambert, et des lettres patentes du Roi sur les décrets de l'Assemblée nationale, du 9ᵉ octobre dernier, à l'élection et nomination de trois commissaires pris dans le sein même du Directoire pour former un Comité contentieux provisoire, lequel, jusques au moment où les juges des districts seront en activité, connaître sur la réquisition du fermier ou du redevable, après avoir ouï le procureur général syndic du contentieux de celles des impositions indirectes et autres parties du service ou administration, dont la connaissance avait été attribuée aux commissaires de partis, et qu'au surplus, les procès criminels, relatifs aux droits dont la connaissance appartenait aux commissaires départis, seront portés par devant les juges ordinaires. La pluralité des suffrages s'est réunie en faveur de MM. Bonnel, Ferrand et Bonnel-Ladevèze, qui ont été nommés commissaires, à l'effet de former le susdit Comité contentieux.

Beauregard, vice-président, Chazot, Bonnel le fils, Ferrand, Bonnet-Ladevèze, du Cayla, Monestier, vice-procureur général syndic, Paulet, secrétaire général.

....

—o—

Du trente-un janvier 1791, en Directoire, MM. de Beauregard, vice-président ; Monestier, Ferrand, Chazot, Du Cayla, Bonnet-Ladevèze.

M. Monestier, vice-procureur général syndic, a dit que depuis la publication du décret du 25° novembre dernier, sanctionné par le Roi le 26e décembre suivant, relatif au serment que doivent prêter les ecclésiastiques fonctionnaires publics, l'assemblée a vu par la lettre qu'elle a reçue de M. l'Evêque de Mende, le 24 de ce mois, le refus formel de ce prélat d'obéir à ce décret, ainsi que plusieurs protestations que la même lettre contient contre d'autres objets de la constitution civile du clergé ; ce premier acte a été suivi d'un second qui doit fixer plus particulièrement les regards de l'assemblée, il a paru le jour d'hier, une autre lettre en son nom, intitulée : *Lettre pastorale de Mgr l'Evêque de Mende, au clergé séculier et régulier, et aux fidèles de son diocèse*, commençant par ces mots : Jean Arnaud de Castellane, et finissant par ceux-ci : les portes de l'enfer ne prévaudront jamais contre elle. Elle a été lue et publiée le même jour, dans l'église de Mende, à l'issue du prône paroissial, et il est à présumer que la même lecture a du être faite ou se fera dans les autres églises, du ci-devant diocèse de Mende. Cet écrit imprimé, dont M. le vice-procureur général a fait lecture et a remis un exemplaire sur le bureau, contient non-seulement les principes détaillés dans la lettre du vingt-quatre mais on y invite, on y sollicite, de la manière la plus pressante, les curés et autres ministres des cultes à tenir la conduite dont M. l'Evêque s'honore, et à engager les peuples soumis à leur gouvernement spirituels à la défendre, à s'unir d'intention avec eux, et enfin à opposer, tout comme lui, la même improbation et la même résistance à une loi établie par le concours du pouvoir législatif, et du meilleur ainsi que du plus sage des rois. L'étonnement porte à ce sujet sur ce qu'il est indubitable, que les lois existantes sont toujours à respecter, jusqu'à ce qu'elles aient été révoquées, et d'ailleurs si, comme l'écrit, répandu au nom de Mgr l'évêque de Mende, l'ajoute, le décret du 27 novembre, ainsi que la Constitution du clergé, quoique selon le même écrit attentoire à la religion de la France, peuvent être néanmoins acceptés, au moyen de la sanction du pontife de Rome, pourquoi ne pas se taire jusqu'à la décision de ce dernier, et l'attendre, pour concilier les intérêts religieux d'avec les intérêts politiques ! Ici, se présentent d'autres considérations qu'il est inutile de développer et que l'assemblée sent mieux, qu'elles ne seraient exprimées ; c'est pourquoi M. le vice-procureur général syndic se réduit à la solliciter de délibérer la conduite qu'elle a à tenir sur l'écrit déféré.

Sur quoi, le Directoire a unanimement délibéré de dénoncer à l'Assemblée nationale : 1° le refus formel de Mgr l'Evêque de Mende, de prêter le serment prescrit par les décrets à tous les ecclésiastiques fonctionnaires publics ; 2° la lettre pastorale publiée ce jour d'hui au nom dudit sieur Evêque dans l'Eglise cathédrale de la même ville, à l'issue du prône paroissial, dont les instructions, fournies au Directoire, font présumer que pareille publication a du être faite ou se fera dans toutes les églises paroissiales du ci-devant diocèse de Mende ; 3° que de la même lettre dans laquelle l'on trouve la transcription littérale de celle que Mgr l'Evêque écrivit le 24 de ce mois au Directoire, il en sera, dès aujourd'hui même, adressé trois exemplaires, visés par le secrétaire général du département, à la diligence du vice-procureur général syndic, savoir : un à l'Assemblée nationale, ainsi qu'un extrait de la présente délibération, l'autre à M. le président de cette assemblée, et le troisième aux députés du département pour être, par le Corps législatif, prononcé sur le tout, ce que sa sagesse lui inspirera.

BEAUREGARD, vice-président, CHAZOT, DU CAYLA, BONNET-LADEVEZE, MONESTIER, vice-procureur général syndic; PAULET, secrétaire général.

. . . .

—o—

Du 4 février mil sept cent quatre-vingt-onze, en Directoire, MM. de Beauregard, vice-président; Monestier, Bonnel, Bonnet-Ladevèze, Du Cayla, Ferrand.

Vu la délibération de l'Hôpital de Mende du 25° janvier dernier, celle du Directoire du district de la même ville, du 28° du même mois; extrait du registre de la liève raisonnée des rentes, revenus et dettes de l'hôpital, collationné: Malaval ; considérant qu'il résulte desdites délibérations et liève raisonnée, ainsi que des actes contenant baux à ferme et comptes de recettes énoncées en la délibération de l'hôpital, qu'il est dû à cet hôpital une rente foncière et annuelle de vingt setiers de seigle et vingt setiers d'orge, sur les fonds et revenus ci-devant appartenant à l'évêché de Mende, aujourd'hui à la Nation, et particulièrement au pré appelé Pré-Vival ; que cette rente foncière est due à l'hôpital à raison d'une tradition de fonds, faite par la communauté en faveur de l'évêché ; que ce même fonds, ainsi grevé de la rente, ne doit être aliéné qu'avec la charge d'acquitter cette même rente à perpétuité, M. le vice-procureur général syndic entendu, le Directoire du département arrête que les experts nommés pour l'estimation du Pré-Vival, en conséquence de la soumission de la municipalité, pour en faire la soumission, défalqueront et distrairont de la somme totale, à laquelle ils porteront la valeur réelle du Pré-Vival, le capital de la rente foncière, de vingt setiers seigle et vingt setiers d'orge, à raison du denier vingt-cinq, et après avoir fait l'évaluation des grains sur les fours, taux de la ville des quatorze dernières années, distraiyant les deux plus fortes et les deux plus faibles, proportion adoptée par les décrets de l'Assemblée nationale ; ordonne en outre, que lors des enchères et adjudication, il sera exactement observé de ne recevoir des offres et surdite et ne consentir l'adjudication, qu'à la charge par l'acquéreur ou les acquéreurs d'acquitter à perpétuité, en faveur de l'hôpital, ladite rente de quarante setiers de grains, moitié seigle et moitié orge comme rente foncière, et provenant de tradition de fonds ou d'en payer le capital aux administrateurs de l'hôpital, conformément au décret sur le rachat des rentes foncières; à la charge encore, par ces derniers, d'en faire le placement conformément aux lois, et qu'extrait du présent arrêté sera remis au Directoire du district de Mende.

Beauregard, vice-président, Bonnel, Ferrand, Bonnel-Ladeveze, du Cayla, Paulet, secrétaire général.

Du cinq février mil sept cent quatre-vingt-onze, en Directoire, MM. Beauregard, vice-président; Monestier, Bonnet-Ladevèze, Bonnel, Ferrand, Du Cayla.

M. Monestier, vice-procureur général syndic, a dit que, M. Géraud Julhe, officier municipal de la commune du Mur de Barres, au district de la même dénomination, dans le département de l'Aveyron, se présentant pour demander le visa au bas de l'état des domaines nationaux, faisant partie de ceux de la ci-devant domerie et Chapitre d'Aubrac, situés sur le territoire du département de la Lozère, que la municipalité du Mur-de-Barrès, s'est soumis d'acquérir ; il est essentiel d'observer, en consentant ce visa, si le Directoire de ce dernier département l'accorde ; par délibération du Conseil général du même département, du 6 décembre dernier, il fut arrêté de solliciter, auprès de l'Assemblée nationale, la conservation des biens de la maison d'Aubrac qui, dans son établissement et la destination constante qu'elle a toujours eue, ne peut être considérée que comme un hôpital ou hospice, applicable aux secours de l'humanité souffrante, dans les contrées de cette maison ; que la délibération dont il s'agit a été adressée au Corps législatif, par M. le Président du département, qui, n'y ayant pas été encore prononcé, il conviendrait de faire un nouvel envoi de la même délibération, à l'Assemblée nationale et de lui adresser de nouvelles pièces pour y avoir égard ; qu'enfin, si le visa sollicité par M. Julhe, officier municipal de Mur-de-Barres, lui est accordé, ce ne soit que dans la délibération que le Directoire va prendre, et en la transcrivant tout au long au dos de l'état ou ce visa doit être apposé.

Sur quoi, le Directoire du département déclarant n'entendre donner aucun consentement à l'aliénation des biens nationaux, faisant partie de la ci-devant domerie et Chapitre régulier d'Aubrac, situés sur le territoire dudit département, soumis par la municipalité de Mur-de-Barres, ou toutes autres, à moins que, contre le vœu du Conseil général du département, exprimé dans sa délibération ci-devant énoncée, l'Assemblée nationale ne voulut point les excepter de la vente générale des biens nationaux ; déclare, néanmoins, avoir vérifié l'exactitude des objets énoncés dans l'état de ceux soumis par ladite municipalité, tant d'après le visa du Directoire du district de Marvejols, mis au bas, que d'après l'examen des actes mentionnés dans le même état, charge le vice-procureur général syndic, de faire de suite un nouvel envoi, à l'Assemblée nationale, de la délibération dont il vient d'être parlé, pour obtenir d'elle la conservation de la maison et des biens d'Aubrac ; de faire parvenir un extrait de la même délibération à MM. les députés du département, auprès de cette assemblée, pour appuyer cette demande, et un troisième extrait, aux administrateurs des départements de l'Aveyron et du Cantal pour y concourir.

Ont signé : BEAUREGARD, vice-président ; BONNEL, DU CAYLA, BONNET-LADEVÈZE, FERRAND, PAULET, secrétaire général.

Du 6 février 1791.

M. Bonnel a dit :

Messieurs : L'Assemblée nationale, par son décret du 15 juin 1790, a accordé, à chaque département, la somme de 30,000 livres pour être employée à des ateliers de secours et autres objets de bienfaisance publique. Le Conseil général du département a indiqué l'emploi que vous devez en faire, et, malgré la détresse des moyens, il a destiné aux mêmes usages une somme relative à des besoins impérieux et indispensables. Vous êtes les uns et les autres dans le plus grand embarras, pour savoir d'où viendrait cette somme, mais heureusement l'Assemblée nationale a ajouté aux premiers secours, par un décret du 16 décembre, une somme de 80,000 livres, pour fournir à l'établissement des ateliers de secours dans chaque département.

Cette somme, quelque considérable qu'elle soit, sera d'une petite ressource pour un département aussi misérable et aussi maltraité que le notre par les dernières inondations.

Qu'il est consolant, Messieurs, d'apprendre que ces 80,000 livres, promises à chaque département, ne seront pas le *maximum* de la bienfaisance de nos législateurs envers certains de nos départements ; vous le savez, les ravines du mois d'octobre et de novembre dévastèrent entièrement notre pays ; à la place des prairies étroites mais fertiles de nos vallons sont des grèves immenses ;

les terres préparées par le labour et nouvellement ensemencées furent entraînés, et presque une moitié de nos champs ne présentent plus que le roc ; une ville a été considérablement dégradée ; plusieurs maisons ont été emportées en différents endroits ; nombre de personnes ont péri de toutes parts ; une infinité de bœufs, de mules, de chevaux, de moutons ont été entraînés et ont été perdus par nos agriculteurs.

Ces malheurs, dont votre âme sensible a été si souvent émue, ont été d'autant plus fâcheux que, par une fatalité particulière en Gévaudan, ce pays n'a eu qu'une récolte des plus médiocres ; que le prix du grain y est excessivement cher ; que son commerce de cadisserie, son unique ressource, est presque anéanti. Mais pourquoi vous tracer des tableaux que vous voyez tous les jours ? des milliers de bras forcément oisifs, malgré la sollicitude paternelle du département, qui, malgré des secours extraordinaires accordés aux circonstances, n'a pu voir dans la confection des chemins vicinaux qu'un moyen d'existence borné et momentané ; des pères sollicitant les larmes aux yeux la charité impuissante des bons citoyens pour une épouse, pour des enfants prêts à périr, victimes des horreurs de la faim ; la plus grande partie des chemins du département ravagés, dix ponts emportés, plusieurs communications essentielles interceptées ! tel est Messieurs, le spectacle déchirant qui nourrit dans votre cœur comme dans le mien les soucis les plus justes et les plus inquiétants ; il serait impossible de l'observer mieux que nous le faisons sans le désir de porter remède à tant de calamités, et aurions nous pu seulement en concevoir le projet, si notre administration eut été livrée à ses propres forces, et à ses seuls moyens ; Non, Messieurs ! quelque vif que soit notre zèle pour le bien de notre patrie, il était ridicule d'en conserver l'espoir.

Un rayon d'espérance n'a commencé à luire pour nous que lorsque nous avons appris que l'Assemblée nationale avait décrété qu'elle destinait quinze millions au soulagement des départements ; empressons nous donc de solliciter de sa justice les secours plus particuliers qu'elle destine à ceux qui en ont le plus besoin ; en attendant, les districts nous feront connaître les ouvrages qui sont dans le cas de mériter des faveurs plus particulières.

Un des objets qui mérite surtout de fixer l'attention et les soins des représentants des Français, est la route de Bayonne à Lyon ? Elle partirait de Lisbonne, parcourrait les côtes septentrionales de l'Espagne, traverserait la France du Sud-Ouest au Nord-Ouest, et conduirait en Allemagne et dans les parties les plus reculées du Nord. Celle qui doit conduire du Languedoc en Auvergne, en passant par Milhau, Marvejols et St-Chély, présente la même utilité générale.

L'utilité de ces magnifiques routes est jugée depuis longtemps ; l'administration de la ci devant province de Languedoc, en avait senti l'importance et promis des sommes assez considérables pour leur confection.

Le département de la Lozère n'a joui que quatre ans de ces ateliers ; néanmoins ces routes sont déjà passantes dans quelques points, et il serait facile d'en ouvrir d'autres qui donneraient la plus grande aisance au commerce ; une de ces routes abrège de cinquante lieues le trajet de Bayonne à Lyon, et l'autre infiniment celui de Madrid à Paris.

Le mouvement des troupes, de la célérité desquels dépend souvent le sort d'un empire, seraient infiniment plus prompte et moins dispendieux ; les soldats éprouveraient beaucoup moins de fatigues en parcourant un climat tempéré et abondant en sources, qu'en se traînant péniblement dans les plaines brûlantes et arides du Dauphiné et de Languedoc ; plusieurs journées pour le voyageur et bien davantage pour les rouliers, feraient que ces routes seraient fréquentées de préférence à toutes celles qui sont connues.

Mende, chef-lieu du département qui vient de perdre par la révolution les plus grands moyens de son existence, en retrouverait par l'ouverture d'une de ses routes pour éviter sa ruine entière ; elle pourrait devenir l'entrepôt et le lieu où se ferait l'échange des marchandises qu'on tire de Bordeaux pour Lyon et réciproquement, de celles que le couchant reçoit du levant du royaume ; Marvejols, la seconde ville du département éprouverait les mêmes avantages pour l'autre route.

Mais, Messieurs, outre ces avantages inappréciables qu'il serait trop long de développer en détail, et que vous connaissez aussi bien que moi, le plus grand de tous serait celui du moment, celui de donner du travail à des milliers de malheureux en leur fournissant les moyens d'avoir du pain et de les attacher à la Constitution, qui aurait su, par ses bienfaits, les arracher à la misère et au désespoir.

J'ai donc l'honneur de vous proposer, Messieurs, 1° d'écrire de nouveau aux Directoires des districts en retard, pour leur demander, dans le plus court délai, l'état des pertes qu'ils ont essuyées par les inondations du mois d'octobre et de novembre, afin d'envoyer de suite au ministre et à l'Assemblée nationale, l'état de nos malheurs et de nos besoins pour solliciter des indemnités particulières ; 2° de solliciter de suite, de l'Assemblée nationale, la somme de cent cinquante mille livres pour réparer les dégradations de nos routes, reconstruire ces ponts les plus essentiels ; 3° vu les avantages que doit procurer à tout le royaume l'ouverture de Bayonne à Lyon et de Madrid à Paris, à travers le département et la misère affreuse dont il est au moment de devenir la victime, de supplier l'Assemblée d'accorder des secours pour la contribution de ces deux routes, qui intéressent également toutes les parties du département, et la France entière, et deviennent l'unique moyen de soustraire des possessions nationales très considérables à leur ruine totale, si l'on ne les met par là d'ailleurs à l'abri des torrents qui les environnent.

Sur quoi, le Directoire du département, après avoir ouï M. Monestier, vice-procureur général syndic, a délibéré de supplier l'Assemblée nationale : 1° d'accorder, sur les huit millions, six cent mille livres dont il reste à disposer en faveur des départements les plus maltraités par les inondations, au moins la somme de cent mille livres, pour dédommager faiblement le grand nombre de malheureux propriétaires du département qui ont été les victimes des inondations des mois d'octobre et novembre dernier et dont les dommages s'élèvent au moins à quinze cent mille livres ; 2° d'accorder pareille somme de cent cinquante mille livres pour réparer les routes dégradées et interceptées, reconstruire les ponts emportés et faire tous les autres ouvrages relatifs aux communications publiques, dont l'utilité intéresse plusieurs départements ; 3° d'accorder cent mille livres, pour continuer les deux grandes routes de Bayonne à Lyon, et de Madrid à Paris, déjà commencées par l'administration de la ci-devant province de Languedoc, seule faveur que le pays, composant aujourd'hui le département, ait obtenu depuis qu'il était en société avec cette province ; sur laquelle somme il sera employé celle de soixante mille livres entre Mende et Langogne, et celle de quarante mille livres entre Marvejols et St-Chély ; auquel effet le Directoire, charge M. le vice-procureur général syndic, d'adresser de suite la présente délibération à l'Assemblée nationale, au ministre du roi, au département, et à MM. les députés de ce dernier auprès du Corps législatif, pour en solliciter le succès.

BEAUREGARD, vice-président, BONNEL, DU CAYLA, BONNET-LADEVÈZE, FERRAND, PAULET, secrétaire général.

....

—o—

Du septième février mil sept cent quatre-vingt-onze. En Directoire, MM. de Beauregard, vice-président ; Monestier, Bonnet-Ladevèze, Bonnel, Ferrand, du Cayla.

Vu la requête présentée au Directoire du district de St-Chély par le procureur de la commune de ladite ville, la communication qui en a été faite aux Sœurs de Miramions de ladite ville, la délibération prise par le conseil général de la commune, le mémoire en exception donné par lesdites Sœurs ; l'avis du Directoire du district de St-Chély, le 12 de ce mois, le tout relatif à la prétention de la commune de St-Chély, de déposséder les sœurs Miramiones de la maison qu'elles habitent pour y faire les établissements publics, et la demande contraire desdites Sœurs, en date du 8ᵉ juillet 1704, que la bienfaitrice a voulu doter une maison d'éducation et des décrets de l'Assemblée nationale du 22 avril 1790, que le corps législatif a non seulement permis, mais même ordonné la conservation des Corps enseignants. Le Directoire du département, après avoir ouï M. Monestier, vice procureur général syndic, déclare la municipalité de St-Chély mal fondée dans sa demande et qu'il a été mal décidé par ledit Directoire du district de la même ville ; déclare encore *la municipalité de St-Chély*, que les maisons des Jacobins et des Récollets de la ville de Paris, prises d'autorité de l'Assemblée nationale, pour y faire des établissements publics, ne sauraient servir d'exemple pour autoriser l'administration à déposséder les Sœurs de Miramions, attendu que les Jacobins et Récollets ne sont nullement considérés en France comme des corps enseignants, et qu'encore les corps administratifs et les municipalités n'ont pas, à beaucoup près, l'autorité du Corps législatif, ordonné en conséquence que les sœurs Miramiones jouiront de leur maison et y vacqueront à l'instruction publique, comme elles l'ont toujours fait, jusqu'à ce qu'il soit autrement ordonné par l'Assemblée nationale, et fait défense à la ville de St-Chély et à tout autre de les y troubler.

BEAUREGARD, vice-président, BONNEL, FERRAND, DU CAYLA, BONNET LADEVEZE, PAULET, secrétaire général.

Du 8 février mil sept cent quatre-vingt-onze, en Directoire, M. de Beauregard, vice-président; Monestier, Bonnet-Ladevèze, Bonnel, du Cayla.

Vu la pétition formée par le Conseil général de la Canourgue, le Directoire du département, ouï le rapport et l'avis de M. Monestier, vice-procureur général syndic, a ordonné et ordonne, que par le sieur Delmas, inspecteur des travaux publics du département, il sera procédé de suite à la visite de l'Eglise paroissiale de la Canourgue ; qu'il rapportera l'état de ladite église ; quelles sont les réparations qui peuvent y être à faire et de quelle manière elles doivent être faites, et qu'enfin il en dressera un devis estimatif séparé, pour le tout être ensuite ordonné par le Directoire du département ce qu'il appartiendra.

BEAUREGARD, vice-président, DU CAYLA, BONNEL, BONNET-LADEVÈZE, PAULET, secrétaire général.

—o—

Du quatorzième jour du mois de février mil sept cent quatre-vingt-onze en Directoire. M. de Beauregard, vice président ; Monestier, Bonnet-Ladevèze, Bonnel, Chazot, du Cayla.

Sur la pétition faite par M. Jean-Joseph de Béranger, habitant du lieu de Cassagnas, associé aux mines métalliques dudit lieu de Cassagnas, contre la dame Marie Bernard de Voiys, de Barre, ci-devant comtesse de Grézigny, associée aux mêmes mines, et tant en son nom qu'en celui de M. Paul-Henri-François de Barres, chevalier de Malte, concessionnaire et associé en reddition et clôture des comptes respectifs entre co-associés ; estimation avec inventaire des matières extraites et des outils et usines, vérification et rapport de la situation des travaux faits et description des travaux à faire, pour, sur les rapports du tout, être accordé audit sieur Béranger le payement des sommes qui pourront lui revenir des fonds de la société ; vu la requête et mémoire dudit sieur Béranger, l'arrêté du Directoire du 20 janvier dernier, qui en ordonne la communication faite le 22e du même mois à la dame de Grésigny pour elle et M. de Barres par Paulard, huissier commissaire, le 23 le tout en même cahier ; autre mémoire du sieur Béranger ; mémoire en exception adressé par la dame de Grésigny et par elle signé ; contract de société, contenant quinze articles ; fait entre la dame de Grésigny et Joseph Nicolas Savoye, fondés des pouvoirs du sieur Chevalier de Barres, contenant association pour le sieur Béranger, devant M^e des Essarts et son confrère, notaires au Châtelet de Paris ; le 8e août 1788 ; toutes ces pièces paraphées par M. de Beauregard vice-président ; ouï, sur ce, le rapport fait par un administrateur, et l'avis du vice-procureur général syndic, le Directoire du département de la Lozère, ordonne que le compte d'entre les associées et l'exploitation des mines de Cassagnas, sera entendu et clôturé par M. Campredon, juge de paix du canton de

Barre, d'où dépend le lieu de Cassagnas, et, en cas de légitime récusation par le juge de paix du canton de Florac, que le Directoire commet à ces fins auquel effet, il lui sera remis les pièces et actes ci dessus mentionnés, les états de régie et administration que chaque intéressé aura tenu ou fait tenir et toutes autres pièces, actes et impugnations dont les intéressés voudront se servir après les avoir communiqués ; ordonne encore que par des experts, gens de l'art convenus et sermentés devant le même commissaire, ou qui en défaut seront par lui nommés d'office, il sera procédé à la vérification de l'état actuel des travaux faits à la mine qui est l'objet de la société ; lesquels rapporteront qu'elle est la quantité des matières déjà extraites, et en estimeront la valeur, feront la description des travaux à faire et l'inventaire des outils et usines, qui sont dans les galeries et ateliers, pour, sur le rapport des verbaux du commissaire et de la relation des experts, être définitivement prononcé comme il appartiendra, et seront les frais de la procédure avancés par le sieur Béranger, qui sera tenu d'ajourner les parties intéressées à jour et heures fixes et lieu compétent par ledit commissaire, qui paraphera toutes les pièces et actes que les parties produiront devant lui.

BEAUREGARD, vice-président, DU CAYLA, BONNEL, BONNET-LADEVEZE, PAULET, secrétaire général.

Du seize février mil sept cent quatre-vingt-onze. Dans la salle du Directoire du département. M. de Beauregard, vice-président ; Monestier, Bonnet-Ladevèze, Bonnel, du Cayla, Chazot.

M. Monestier, vice-procureur général syndic, a dit que l'Assemblée ayant été priée par une lettre de l'officier qui commande les brigades de la maréchaussée du département, en date du premier de ce mois, de leur procurer la solde de leur traitement pour le courant du mois dernier; que tant l'officier particulier de la brigade de Mende que les cavaliers de cette brigade s'étant présentés pour faire la demande, et ayant représenté qu'il ne leur est pas possible de continuer leur service s'ils ne sont payés, parce qu'ils n'ont d'autres moyens de subsistance ; considérant enfin que l'utilité de ce service, auquel il lie l'ordre public, ne permet pas qu'il soit interrompu, et que d'ailleurs c'est dans le vœu bien exprimé du Corps législatif, qui a décrété la création d'une gendarmerie nationale en remplacement des anciennes maréchaussées, d'où s'évince la preuve visible qu'elle pourvoira au traitement de cette nouvelle troupe ainsi que des maréchaussées qui n'auront pas été payées jusqu'à ce remplacement; sur toutes ces considérations, le sieur vice-procureur général syndic propose de faire faire provisoirement l'avance sur les fruits des biens nationaux de ce qui revient aux brigades de la maréchaussée du département.

Sur quoi, le Directoire, mû par la légitimité des mêmes considérations, a délibéré et délibère, que les brigades de cette troupe établies à Mende, Marvejols, Florac, Villefort et Langogne, seront provisoirement payées de leur traitement pour le mois de janvier dernier, et à l'avenir de mois en mois, sur l'exhibition des commissions dudit traitement, fait et certifié par l'officier commandant les brigades, chacun par le receveur du district, établi dans la ville de leur arrondissement, sur les fonds des biens nationaux, lesdites commissions préalablement visées par le procureur syndic du district; que le traitement cessera de la part desdits receveurs, dès qu'il y sera pourvu de toute autre manière, et les mêmes receveurs remboursés de leurs avances au moyen de ce qui pourra être indiqué pour ce remboursement; auquel effet charge, pour l'exécution de la présente délibération, le vice-procureur général syndic d'en adresser un extrait aux Directoires des districts de Mende, Marvejols, Florac, Langogne et Villefort, pour concourir à la même exécution, chacun dans son ressort.

Beauregard, vice-président, du Cayla, Bonnel, Bonnet-Ladevèze, Paulet, secrétaire-général.

Du seize février mil sept cent quatre-vingt-onze. En Directoire, MM. de Beauregard, vice-président ; Monestier, Bonnel, Bonnet-Ladevèze, du Cayla, Chazot.

Vu le procès-verbal dressé par M. Breschet, juge de la ville de St-Chély, sur le réquisitoire de M. Gaillardon, procureur fiscal en la même juridiction, ensemble un extrait des délibérations du bureau de l'hôpital de la même ville du 16⁰ mars 1790, toutes pièces relatives à l'exposition d'un enfant devant la porte dudit hôpital ; vu encore le procès-verbal du 16⁰ janvier dernier, dressé par l'administration du même hôpital, sur l'exposition et la réception d'un autre enfant; l'extrait des livres journaux de M. Breschet, trésorier, et de Mme Vigne, directrice dudit hôpital, la requête présentée par les administrateurs de l'hôpital à ceux du Directoire de ce district ; le Directoire du département, ouï le rapport d'un de ses membres, et l'avis de M. le vice-procureur général syndic, a ordonné et ordonne, conformément à la loi du 10⁰ décembre dernier, que les deux enfants exposés et reçus dans l'hôpital de St-Chély, seront entretenus et nourris aux frais du trésor public, savoir : celui qui a été reçu dans le mois de mars 1790, depuis l'époque du 1er janvier 1791, où la loi qui en décharge le ci-devant seigneur haut justicier de l'obligation de nourrir les enfants abandonnés a été proclamée ; et, comme dans le Directoire du district c'est à l'administration de l'hôpital à réclamer les frais avancés pour la nourriture de cet enfant, du ci-devant seigneur de St-Chély, de la manière qu'elle avisera ; et celui qui a été reçu le 16e janvier 1791, depuis l'instant de son exposition, charge en conséquence le receveur, du district de St-Chély, d'acquitter les frais réclamés par l'administration de l'hôpital, à compter des dites époques, sur les fonds tenus en compte, à raison de 9 livres par mois, pour entiers frais de nourriture et d'entretien; permet en outre audit receveur, d'acquitter à l'avenir les mêmes frais sur les mêmes taux, à la charge par l'administration de l'hôpital de justifier préalablement au Directoire du district de la vie des dits enfants, jusques au moment ou l'Assemblée nationale aura décrété le régime qu'il convient d'adopter pour la conservation et l'éducation des enfants trouvés.

Beauregard, vice-président, Bonnel, du Cayla, Bonnet-Ladevèze, Paulet, secrétaire général.

—o—

Du 18 février mil sept cent quatre-vingt-onze. En Directoire, MM. de Beauregard, vice-président, Monestier, Chazot, du Cayla, Bonnet-Ladevèze, Bonnel.

Vu la pétition présentée par le sieur Boulanger, cidevant inspecteur des manufactures du ci-devant pays du Gévaudan, le Directoire du département, après avoir ouï le rapport et entendu M. Monestier vice-procureur général syndic a autorisé et autorise ledit sieur Boulanger, a retirer, des mains de mon dit sieur Monestier, la somme de cent livres, que la ci devant province de Languedoc lui servait annuellement pour partie de ses salaires, frais de voyage ou poinçons; laquelle somme a été payée à mon dit sieur Monestier, par mandement du commissariat, établi à Montpellier pour les départements formés de la ci-devant province, et ce pour l'année dernière mil sept cent quatre-vingt-dix.

BEAUREGARD, vice-président, BONNEL, DU CAYLA, BONNET-LADEVÈZE, CHAZOT, PAULET, secrétaire général.

—o—

Du 18 février mil sept cent quatre-vingt-onze. En Directoire, MM. de Beauregard, vice-président; Monestier, Bonnet-Ladevèze, Bonnel, Chazot, du Cayla.

Il a été fait lecture d'une délibération du Directoire du district de Villefort, dans laquelle est insérée la copie d'une lettre écrite par le maire de Gravières au maire de Villefort, portant qu'il s'est élevé des troubles à Uzès et dans les environs ; que cette ville a été assiégée et prise par les habitants de la Gardonnenque ; qu'il y a eu des massacres ; qu'un corps de volontaires qui y ont échappé, se sont réfugiés à Barias et ont demandé des secours ; la même lettre exhorte les citoyens de Villefort à prendre des arrangements et à prévenir la montagne d'en prendre pour la cause commune. La délibération du district de Villefort, porte que rien n'étant plus pressant que de veiller à la chose publique et que le danger paraît éminent, puisque d'autres lettres particulières ont annoncé les mêmes nouvelles, il est arrêté de prier le Directoire du département, d'autoriser celui du district de Villefort, à permettre provisoirement, non seulement à la municipalité de Villefort, mais encore à toutes celles de son district, les emprunts qu'elles pourraient demander dans ces fâcheuses circonstances, pour se procurer les moyens d'une légitime défense, avec promesse d'user avec modération, et seulement dans les cas urgents, de l'autorisation qu'il demande ; la lettre d'envoi de M. Borelly, procureur syndic, annonçant que des lettres particulières avertissent le pays de se tenir en garde.

Cette lecture faite, la chose mûrement examinée et le vice-procureur général entendu, le Directoire du département, considérant : 1° qu'il est absolument nécessaire que dans les circonstances malheureuses les citoyens puissent se pourvoir de tous les moyens de secours qu'exige la sécurité du pays et une légitime défense; 2° Que, dans des moments de crise, il serait impossible au district de Villefort et aux municipalités de son arrondissement d'avoir assez-tôt l'autorisation du département pour les différents objets de leurs besoins qu'ils ne sauraient prévoir d'avance, et cela à cause de l'éloignement et de la rigueur de la saison; 3° Que le Directoire du district de Villefort, n'a cessé depuis qu'il est en activité, de donner des preuves de zèle, d'exactitude, de prudence ;

que, par les raisons ramenées, il mérite la confiance du département, et que même les circonstances la rendent indispensable, a autorisé et autorise le même Directoire du district de Villefort, à permettre, non seulement à la municipalité de ladite ville, mais encore à toutes celles de son arrondissement, tous les emprunts qu'elles lui demanderont quand il les aura jugés nécessaires et convenables, à la charge, par les municipalités autorisées, de lui rendre un compte exact pour le transmettre au Directoire du département ; s'en rapportant sur tous les points à la prudence du Directoire du district de Villefort, que le Directoire du département exhorte à l'instruire, aussi promptement qu'il sera possible, de tout ce qui pourra être intéressant, lui offrant dans les circonstances, les secours de toute espèce, qui seront à sa disposition.

Beauregard, vice-président, Bonnel, du Cayla, Chazot, Paulet, secrétaire général.

—o—

Du 20° jour du mois de février mil sept cent quatre-vingt-onze. En Directoire, MM. Beauregard, Bonnel, du Cayla, Chazot, Bonnet-Ladevèze.

M. Monestier, vice-procureur général syndic, a dit avoir reçu du sieur Montheux, directeur général des messageries à Toulouse, une lettre en date du 5 de ce mois qu'il lui annonce être nanti d'une boîte à son adresse, contenant, d'après la déclaration portée dans les registres de ladite messagerie, une somme de soixante-quinze mille livres en assignats, dont l'envoi avait été précédemment annoncé au Directoire, par une lettre de M. le Directeur général du trésor public, du 22e janvier dernier, et dont la destination d'après ce dernier, doit servir au payement du clergé séculier et régulier du département ; qu'enfin, comme le directeur de la Messagerie sollicite d'en faire faire le retirement, ledit sieur vice-procureur général syndic propose de délibérer sur la meilleure et plus prompte manière dont il doit être fait.

Sur quoi, le Directoire du département a délibéré et délibère que M. Vachin, notaire royal, habitant de Mende, sera prié de se rendre incessamment à Toulouse, pour retirer, des bureaux de la Messagerie de cette ville, la boite adressée au procureur général syndic du département et contenant, d'après la déclaration dont elle est chargée, une somme de soixante-quinze mille livres en assignats; qu'avant de faire ce retirement et de se charger de la boîte, il ira prier, de la part du Directoire et d'après une lettre écrite à ce sujet par le vice-procureur général syndic, M. le procureur général de la Haute-Garonne, pour permettre que l'ouverture de cette boîte soit faite en sa présence, et du directeur de la Messagerie qui en est chargé, afin de constater ce qu'elle contient ; que cet objet rempli et constaté, il se chargera, vis à vis de ce dernier, tant de la boîte que de ce qu'elle contiendra, la fera sceller, et sollicitera de M. le procureur général une attestation signée également du directeur de la messagerie, qui établisse l'exécution de tous ces faits ; qu'enfin il se rendra le plutôt à Mende, et y apportera, au pouvoir du Directoire, tout ce qui lui aura été remis ; auxquelles fins, M. Vachin ayant été invité de se rendre ici pour déclarer s'il peut remplir le mandat qu'on lui propose et dont il lui a été donné connaissance, il a répondu et promis de l'exécuter au moyen d'une somme de quatre-vingt-quatre livres, à titre de frais, dont le payement lui a été assuré à son retour et à signé.

Vachin, Beauregard, vice président, Bonnel, du Cayla, Bonnet-Ladevèze, Chazot, Paulet, secrétaire général.

—o—

Du 21e jour du mois de février mil sept cent quatre-vingt-onze. En Directoire, MM. Beauregard, vice-président, Monestier, Bonnet-Ladevèze, Bonnel, du Cayla, Chazot.

Vu la délibération du Conseil général de la commune de Mende, du 11 septembre dernier ; ouï le rapport et l'avis de M. Monestier, vice-procureur général syndic, le Directoire du département de la Lozère a autorisé et autorise la municipalité de Mende, de concert avec le commandant de la garde nationale de la même ville, à se faire remettre et apporter, dans la même commune, tous les fusils appartenant à ladite municipalité, en quelles mains qu'ils soient, pour être ensuite vérifiés, réparés s'ils en ont besoin, et distribués à qui la municipalité et le commandant jugeront à propos.

Beauregard, vice-président, Bonnel, du Cayla, Bonnet-Ladeveze, Chazot, Paulet, secrétaire général.

—o—

Du vingt-trois février mil sept cent quatre vingt-onze. En Directoire, MM. Beauregard, vice-président, Monestier, Bonnet-Ladevèze, Bonnel, du Cayla, Ferrand, Chazot.

Vu la délibération du Conseil général de la commune de Villefort, du 22 de ce mois, et celle du district de la même ville du même jour, qui est à suite, le Directoire du département, ouï le rapport de M. Monestier, vice-procureur général syndic, répétant ici les témoignages d'intérêt et de sensibilité qu'il a donné dans sa délibération du 18° courant, aux habitants et à la contrée de Villefort, ajoutant à cela les sentiments pénibles qu'il éprouve de nouveau pour les avis réitérés du Directoire du district de Villefort et de la municipalité de cette ville, d'une continuation des mêmes alarmes qui ont altéré la tranquillité de cette contrée ; donnant enfin un juste hommage de satisfaction et même de remerciement, tant au Directoire qu'à la municipalité de leurs avis à ce sujet et de leur surveillance sur des objets de crainte, qui ne seront peut-être que spécieux, ou du moins, dont il est à désirer, n'avoir à éprouver aucune suite funeste, et que par là, il est à prévenir par toutes les précautions dont la sagesse est susceptible ; par ces considérations, à délibéré et délibère que le sieur de Beaucourt, officier commandant la brigade, de la maréchaussée à Mende, ensemble ladite brigade, se rendront dès demain à Villefort ; que sous les ordres du Directoire du district de la même ville, réunis aux autres moyens de secours que celle-ci a dans son sein, ou dans sa contrée, relativement à la disposition que ce Directoire en a, et peut en faire selon la sagesse, ils surveilleront la garde de cette ville et de ladite contrée contre toute invasion extérieure ; qu'ils ne quitteront point la résidence de Villefort pour revenir à Mende que d'après la permission du district, et après que ce dernier croira que cette résidence n'est plus nécessaire ou utile ; que les ressources nécessaires au sieur de Beaucourt et à sa brigade, durant la même résidence, leur seront fournis au moyen des emprunts que le Directoire du district ou la municipalité demeurent autorisés à faire, sauf à être ensuite pourvu à leur remboursement par le département ; déclare enfin que si, contre toute attente, et sur les avis que le même Directoire, ainsi que la municipalité de Villefort, sont invités à ne cesser de fournir au Directoire du département, il est nécessaire de procurer des secours plus abondants à cette ville et à sa contrée, ils leur seront transmis sans retard et dans la mesure de leurs besoins ; charge tant le Directoire du district que la municipalité d'engager tous les citoyens de cette contrée à s'unir d'intention, de sagesse, et d'un accord relatif à tout ce qui n'est pas permis par celle-ci pour prévenir toute attaque extérieure, pour l'éviter et de se borner à une défense légitime ; ordonne à ces fins que la présente délibération sera adressée, par le vice procureur général syndic, au Directoire du district, pour en procurer l'exécution en ce qui le concerne, et en outre que l'ordre à transmettre au sieur de Beaucourt, et à sa brigade pour se rendre à Villefort, leur sera de suite communiqué.

BEAUREGARD, vice-président, DU CAYLA, CHAZOT, FERRAND, BONNET-LADEVÈZE, BONNEL, PAULET, secrétaire général.

—o—

Du vingt-quatre février mil sept cent quatre-vingt-onze. En Directoire, MM. Beauregard, vice-président ; Monestier, Bonnet-Ladevèze, Bonnel, Du Cayla, Chazot, Ferrand.

Vu l'extrait de la délibération de la municipalité de Florac, du 22 de ce mois, et celle du Directoire du district de la même ville qui est à suite, le Directoire du département, ouï le rapport et l'avis de M. Monestier, vice-procureur général syndic, très sensiblement pénétré de tout ce qui pourrait altérer le bon ordre et la tranquillité sur le territoire de cette municipalité, et de ses environs, lui donnant, aussi qu'au Directoire du district, les justes témoignages de satisfaction et même de reconnaissance qui leur sont dus pour leur active surveillance, sur ce qui peut prévenir tout mouvement contraire à la paix, et voulant enfin que les habitants du pays puissent se mettre à l'abri de toute invasion extérieure, a autorisé et autorise la municipalité de Florac à emprunter la somme de cent cinquante livres, au moyen de laquelle elle puisse se procurer les moyens de secours nécessaires à la légitime défense dont les dits habitants pourraient être susceptibles sur leurs foyers ; déclare qu'il n'a pas été possible de permettre à ladite municipalité la perception de cette somme sur les fonds résultant de l'imposition des privilégiés de la commune, attendu que l'interversion d'aucuns fonds, ayant une destination particulière, n'est jamais praticable.

BEAUREGARD, vice-président, CHAZOT, FERRAND, DU CAYLA, BONNET-LADEVEZE, BONNEL, PAULET, secrétaire général.

—o—

Du vingt-huit février mil sept cent quatre-vingt-onze. En Directoire, MM. de Beauregard, vice président ; Monestier, Bonnet-Ladevèze, Chazot, Bonnel, Du Cayla.

Un membre a fait lecture d'une lettre écrite au Directoire du département par le sieur Lolive, directeur des messageries au Puy, il résulte qu'il lui a été remis à l'adresse de l'administration de ce département, une boîte contenant trente-sept mille livres en assignats ; il a observé que l'envoi de cette somme avait été précédemment annoncée par une lettre du ministre des finances pour servir au traitement du clergé séculier et régulier, qu'il est instant de la faire retirer, vu surtout, que le directeur de la poste a refusé de s'en charger ; il a proposé en conséquence de délibérer sur la manière la plus prompte et la plus sûre d'opérer la remise de cette somme.

Sur quoi le Directoire du département, après avoir entendu M. Monestier, vice-procureur général syndic ; considérant que le payement de ce qui revient au clergé est une dette privilégiée que l'Assemblée nationale a pris les mesures les plus efficaces pour l'assurer; qu'il ne reste plus qu'aux administrateurs du département de l'effectuer, d'après les divers moyens qui leur en sont fournis ; a délibéré et délibère que le sieur Toquebœuf, habitant de la ville de Mende, sera chargé de se rendre dès demain à la ville du Puy, pour retirer, du directeur des Messageries, une boîte à l'adresse de l'administration ou du vice-procureur général syndic, contenant, d'après la déclaration insérée dans la lettre du directeur des Messageries, une somme de trente-sept mille livres en assignats; qu'avant de faire ce retirement, et pour constater ce que la boîte contient, M. le procureur général syndic du département de la Haute-Loire, sera prié, au nom du Directoire, de permettre qu'elle soit apportée chez lui pour en être fait l'ouverture en la présence du directeur des Messageries et du sieur Toquebœuf, afin de vérifier l'état, le nombre et la valeur des assignats ; que cet objet rempli, lesdits assignats seront de nouveau déposés dans la boîte ; celle-ci fermée et scellée du sceau du département de la Haute-Loire, et enfin chargée tant de la signature dudit sieur procureur général syndic, que du directeur de la Messagerie et dudit sieur Toquebœuf ; qu'à ces fins, M. Monestier demeure chargé de lui écrire pour lui adresser les pièces au même Directoire, au même sujet ; donne en outre pouvoir au sieur Toquebœuf, de fournir toute quittance et décharge valable, de la remise de la boîte en question et de ce qu'elle contient ; auquel effet ledit sieur Toquebœuf ayant été invité de se rendre de suite ici pour déclarer s'il accepte la commission, il a promis, après en avoir pris connaissance, de partir dès demain pour la ville du Puy, pour aller remplir et apporter ici, tant la boîte qui en est l'objet et ce qu'elle contiendra, moyennant une somme de cinquante-livres à titre de frais, qui lui seront payés à son retour, et à signé.

Toquebœuf, Beauregard, vice-président, du Cayla, Bonnet-Ladeveze, Bonnel, Chazot, Paulet, secrétaire général.

Du 1er mars mil sept cent quatre-vingt-onze. En Directoire, MM. de Beauregard, vice-président, Monestier, du Cayla, Chazot, Bonnet-Ladevèze.

Un administrateur a fait lecture de la délibération du district de Villefort, qui représente que les troubles survenus à Uzès, de l'assemblement des gardes nationales au camp de Jalès, et les différents attroupements dont il ne connaît ni les causes ni les motifs, font craindre que cette ville ne soit la victime des mal intentionnés ; que journellement elle est menacée d'invasion ; que les gardes nationales de Villefort, quoique bien disposées, ne pourraient opposer qu'une résistance insuffisante, si une troupe considérable d'assaillants se présentait ; que Villefort est la clé du département de la Lozère du côté des Cévennes ; que si des troupes de brigands pouvaient une fois y pénétrer avec succès, ils se répandraient ensuite avec facilité dans plusieurs paroisses de la montagne et y porteraient la désolation ; qu'il est intéressant de tenir ce poste dans un état de défense respectable ; que la municipalité de Villefort est depuis quelque temps chargée de dépenses, quoique n'ayant que très peu de facilités ; qu'en conséquence le Directoire du département est supplié d'y établir en garnison un détachement de troupes de ligne aux frais du département.

Le même administrateur a observé, au nom de la municipalité de Villefort, que les lundi et jeudi de chaque semaine, il s'y tient deux marchés aux grains, des plus considérables du département, où se rendent les habitants de toutes les paroisses des Cévennes et du Vivarais et de plus de vingt paroisses du Gévaudan, pour y acheter, vendre et échanger les grains et provisions de bouche ; que les catholiques et non catholiques s'y rencontrent, et qu'il est à craindre qu'il y arrive des évènements fâcheux, auxquels la municipalité ne pourrait, dans certains moments, opposer aucune force. Sur quoi, la chose mûrement examinée, M. le vice procureur général syndic entendu, le Directoire du département, considérant que la ville de Villefort et les paroisses limitrophes peuvent être exposées à des excès de la part des attroupements ; qu'il est intéressant que les marchés sy tiennent avec tranquillité; que Villefort étant l'entrée du département, il est nécessaire d'y placer des forces capables d'arrêter les mal intentionnés et les empêcher de répandre dans les autres paroisses ; que la brigade de maréchaussée de Mende, commandée par le sieur de Beaucourt, sous-lieutenant, a été envoyée pour renforcer celle de Villefort, mais que son retour à Mende est absolument indispensable, arrête d'écrire aujourd'hui même, une lettre à M. de Bouzols, commandant des troupes de ligne de la ci-devant province de Languedoc, pour le requérir d'ordonner, que sans retard, un détachement de 60 hommes se rende à Villefort pour y tenir garnison tant qu'elle y sera nécessaire ; et vu que cette garnison, sera placée dans la ville pour un objet d'utilité publique intéressant une partie du département, il est délibéré que le loyer de la maison qui servira de caserne sera supporté par le département et payé sur le mandat du Directoire, en justifiant, par la municipalité de Villefort, du contract de loyer, quelle aura passé et que les frais de corps de garde, pour bois et chandelles, seront supportés par la municipalité de Villefort.

Beauregard, vice-président, Chazot, Bonnel, Bonnet-Ladevèze, Paulet, secrétaire général.

—o—

Du quatre mars mil sept cent quatre-vingt-onze : MM. de Beauregard, vice-président, Monestier, Bonnet-Ladevèze, Bonnel, Chazot, Cayla.

M. Monestier, vice procureur général syndic, a dit : Messieurs, les neiges qui ont si longtemps couvert nos campagnes et porté toutes sortes d'obstacles aux travaux publics, utiles et nécessaires, déterminés dans la session du Conseil général de l'administration, commencent à quitter nos vallons et ne tarderont pas à disparaître de nos montagnes ; il est donc instant d'employer à l'établissement des ateliers de secours, délibérés par l'assemblée administrative, le 15° décembre dernier, les bras oisifs et misérables qui réclament, avec tant d'empressement, les secours les plus prompts et les plus abondants, il est nécessaire que vous communiquiez, sans aucun délai, aux Directoires des districts du département: 1° un état des chemins vicinaux qui doivent être faits sur leur territoire, 2° un extrait de la délibération qui détermine le mode dont chaque district doit employer les fonds qui lui sont destinés pour cet usage, et la manière d'en faire l'adjudication, 3° enfin, d'autoriser chaque Directoire de district, à retirer des mains de M. Bourillon, receveur de l'ancien pays du Gévaudan, pour l'année 1790, les sommes qui reviennent à chacun d'eux pour les ouvrages qui doivent être faits sous leur surveillance, toutes les fois que les mandats, qui lui seront présentés, auront été préalablement visés par le Directoire du département.

Mais avant tout, Messieurs, il est une opération indispensable : c'est celle de charger vos ingénieurs de se rendre, sans délai et successivement, dans les chefs-lieux des districts, pour se concerter avec leurs Directoires sur les ateliers, que les circonstances locales dépendantes de plus ou moins grands besoins, et surtout du plus ou moins de facilité que la nature du climat peut donner pour l'établissement plus ou moins prochain, et, toutes les observations faites, les faire tracer de suite, pour que les adjudications en soient faites sans aucun retard. En donnant ces instructions aux Directoires des districts, vous devez leur faire sentir que ces ouvrages ne peuvent avoir une utilité durable que tant qu'on emploiera, soit pour déterminer leur direction, soit pour la solidité de leur construction, les mêmes règles que s'il s'agissait d'une grande route, et qu'en se conformant strictement aux conditions indiquées par la délibération de l'assemblée administrative du département, en date du ..... décembre dernier.

Sur quoi, le Directoire, intimément persuadé de la nécessité de mettre tout en œuvre, pour procurer à la classe indigente les moyens de pourvoir à sa subsistance, a délibéré et délibère, conformément à l'exposé ci-dessus, de charger M. Monestier, vice-procureur général syndic, de faire parvenir sans aucun délai, à chaque Directoire de district, un extrait de la présente délibération, ensemble celle du Conseil général de l'administration en date du ..... décembre dernier, et le tableau des chemins vicinaux qui doivent être construits sur son Directoire, à la charge, par ceux-ci, de se conformer aux différentes dispositions qui y sont contenues; délibère en outre de stimuler et d'enjoindre les ingénieurs du département de mettre la plus grande célérité et la plus grande attention dans le tracé de ces différents ouvrages, ainsi que de remettre les plans et devis, soit aux Directoires des districts, soit à celui du département. Fait à Mende, les jours et aux susdits.

BEAUREGARD, vice-président, BONNEL, BONNET-LADEVÈZE, CHAZOT, PAULET, secrétaire général.

—o—

Du même jour, quatre mars mil sept cent quatre-vingt-onze. MM. de Beauregard, vice-président, Bonnet-Ladevèze, du Cayla, Chazot, Bonnel, Monestier, vice-procureur général syndic.

M. Monestier, vice-procureur général syndic, a dit, que M. Vachin, avocat et notaire royal, habitant de

Mende, étant de retour de Toulouse où il avait été remplir l'objet d'un mandat que le Directoire du département lui avait déféré par sa délibération du 20 février dernier ; il a apporté, audit M. Monestier, deux lettres datées du 27 du même mois, l'une du directeur des messageries de ladite ville, et l'autre de M. le procureur général syndic du département de la Haute-Garonne, qui lui certifient que M. Vachin a exactement rempli ce mandat ; qu'en conséquence, il est porteur des deux boîtes cachetées au sceau dudit département, et adressées au procureur général syndic de celui de la Lozère, qui contiennent, suivant les lettres dont on vient de parler et une déclaration particulière signée, tant par M. Vachin que par le Directeur des Messageries, et le procureur général syndic de la Haute-Garonne, datée de Toulouse du susdit jour 27 février, la somme de soixante-quinze mille livres d'un côté et celle de trente-huit mille livres d'autre, consistant en assignats de trois cent livres, deux cent livres, cent livres et cinquante livres ; qu'il ne reste qu'à faire l'ouverture desdites boîtes, dont les sceaux ont été reconnus être dans leur parfaite intégrité, faire la vérification desdites sommes ou assignats, et appeler M. Malaval, receveur du district de Mende, dans la caisse duquel ils doivent être versés, conformément à la lettre adressée par M. le Directeur général du Trésor public au Directoire du département, pour en être ensuite reversé dans la caisse de chacun des autres districts, à concurrence de ce qui peut leur revenir pour pourvoir au traitement du clergé séculier et régulier du département.

M. le vice-procureur général syndic a encore ajouté que le sieur Toquebœuf, habitant de Mende, qui avait a été chargé par délibération du Directoire, du 28 février dernier, pour se rendre au Puy, et y retirer une autre boîte, adressée au procureur général syndic de ce département, contenant la somme de trente-sept mille livres en assignats, dont la destination doit être également faite à l'acquit du traitement du clergé, il est arrivé et à apporté, à M. Monestier, une lettre du procureur général syndic du département de la Haute-Loire, datée du Puy, du deux de ce mois, qui certifie que ladite boîte ayant été ouverte en sa présence, du directeur des messageries du Puy et du sieur Toquebœuf, elle a été vérifiée contenir lesdites trente sept mille livres en assignats ; qu'elle a été ensuite cachetée du sceau du département, et qu'enfin ledit sieur Toquebœuf, en étant le porteur, il ne reste qu'à l'ouvrir de nouveau pour faire une seconde vérification de ce qu'elle contient ; et après avoir fait appeler M. Malaval procureur du district de Mende, en faire le versement dans sa caisse, le charger du montant ainsi que celui des deux boites précédentes, et en décharger tant M. Vachin que le sieur Toquebœuf, chacun en ce qui les concerne, et faire payer, audit sieur Toquebœuf, la somme de cinquante livres qui lui a été promise à titre de ses frais, par la délibération du 28 février dernier, M. Vachin ayant été payé à Toulouse par le Directeur de la Messagerie, de celle de quatre-vingt-quatre livres qui était l'objet du traitement fait avec lui dans la délibération du 20 du même mois.

Sur quoi, le Directoire du département, ayant fait procéder à l'ouverture des trois boîtes apportées par M. Vachin et le sieur Toquebœuf, et ayant fait la vérification des sommes en assignats qu'elles ont contenu, il a été trouvé que celles remises par M. Vachin ont renfermé, l'une soixante-quinze mille livres et l'autre trente-huit mille livres et celle dont le sieur Toquebœuf était porteur, la somme de trente-sept mille livres ; au moyen de laquelle remise ils ont été valablement libérés de tout ce à quoi ils étaient tenus, par les délibérations des Directoires, des 20 et 28 février dernier ; et, à l'instant, M. Malaval receveur du district de Mende, s'étant rendu sur l'invitation qui lui en a été faite, et ayant fait la vérification des sommes ou assignats dont il s'agit, la remise lui en a été faite pour être versée dans sa caisse à l'effet de servir à l'acquit du traitement du clergé séculier et régulier et pour en être distrait en reversement, dans les caisses des autres districts, à concurrence de ce qui pourra leur revenir pour le même objet ; M. Malaval a déclaré en conséquence en faire son chargement, dont le montant s'élève à la somme de cent cinquante mille livres, a signé avec M. Vachin et le sieur Toquebœuf, auxquels il sera fourni, pour établir leur libération, un extrait de la présente délibération ; et enfin, il a été ordonné, pour l'acquit de la somme de cinquante livres à revenir audit sieur Toquebœuf pour le d'effrai de sa mission, qu'il lui sera consenti, en la forme ordinaire, un mandement de pareille somme à percevoir sur les susdites sommes, comme cet objet faisant suite des dépenses nationales relatives au payement du clergé.

Vachin, Toquebœuf, Malaval, Beauregard, vice-président ; Bonnel, Bonnet-Ladevèze, du Cayla, Chazot, le vice-procureur général syndic: Monestier, Pallet, secrétaire général.

Du quatre mars mil sept cent quatre-vingt-onze. En Directoire. MM. de Beauregard, vice-président ; Bonnel, Bonnet-Ladevèze, du Cayla, Chazot.

M. Bonnel a dit : Messieurs, une misère affreuse et générale, causée par la ruine du commerce de nos ouvrages de laine, et de l'autre par la cherté excessive des grains et l'abandon des grands ateliers, ouverts les années précédentes, dans les pays par l'administration de la ci-devant province de Languedoc, et de ceux que l'ancien pays du Gévaudan soutenait, de ses propres deniers, pour ouvrir dans son sein des routes utiles et nécessaires, furent les premiers objets qui fixèrent les regards de notre administration régénérée.

Vous partageâtes, Messieurs, avec tous vos collègues, la sollicitude que devait faire naître dans vos cœurs une perspective aussi affligeante que réelle ; vous sentîtes la nécessité d'occuper un si grand nombre de bras oisifs, capables de tout entreprendre faute de travail; mais avec lui dociles aux lois ; vous recherchâtes les moyens avec ce zèle qui en assure le succès ; plusieurs rapports furent faits sur cet objet dans les différentes séances du Conseil général ; leur nombre et les amples discussions, auxquels ils donnèrent lieu, seront à jamais une preuve éclatante de l'esprit public et du désir du bien général qui régnaient dans l'Assemblée, et la meilleure réponse aux regrets de ceux qui pouvaient en conserver pour l'ancien régime ; dans les nouveaux, les moyens se déploient avec la nécessité ; un surcroît de malheur amène, pour ainsi dire, un surcroît de secours; un désastre est reparé aussitôt que souffert, parce que la prévoyance et l'exactitude la plus soutenue veillent à l'intérêt commun et que le désir de répondre à la confiance de ses concitoyens, dirige constamment les administrateurs dans la carrière du bien général.

Ce fut assez de sentir que l'on devait aller au secours de la classe indigente pour s'occuper des moyens d'y pourvoir d'une manière efficace ; on en proposa plusieurs ; l'incertitude du nouveau plan qu'adoptaient nos législateurs pour les grandes routes, les frais considérables que les ouvrages d'art, qui sont nécessaires à leur confection, nécessitent le besoin d'occuper à des ouvrages de terre qui sont les plus propres à employer des bras, ne permirent pas de s'arrêter à ces premiers moyens ; la confection des chemins vicinaux ne présentant aucun de ces inconvénients fut adoptée, et, malgré la détresse, nous pouvons dire la nullité des moyens du département, il fut décidé qu'on emploierait à ouvrir ces routes aussi intéressantes que nécessaires, absolument négligées jusqu'ici, tous les fonds qu'on pouvait se procurer, après toutefois en avoir prélevé les sommes nécessaires au payement des entretiens des routes ouvertes dans ce pays, qui se portent à la somme de 30,966 livres 4 sols, non compris ceux des routes qui n'étaient pas dans l'ancien Gévaudan, comme celles d'une partie du district de Villefort et de celui de Meyrueis, pour lesquels on jugea à propos de réserver 1,033 livres 16 sols qui restait d'une somme de 32,000 livres qui furent dès cet instant destinées aux entretiens des routes.

Le restant des sommes dont on avait résolu l'imposition à raison des besoins impérieux du moment ne s'élevait qu'à celle de 98,000 livres, secours faible pour les circonstances ; mais qu'on ne pouvait accroître, sans danger, dans un département aussi surchargé que le notre d'impositions ; on résolut d'augmenter les fonds, destinés à ces ouvrages, de 30,000 livres accordées à chaque département ; mais avant de les employer on résolut d'en destiner 24,000 en achats de blé, dont plusieurs districts craignaient de manquer, sauf à y réserver dans les suites qui proviendraient de la vente de ces grains.

Ce projet ainsi arrêté, vous n'aperçutes qu'un embarras pour l'exécuter : ce fut celui de vous procurer de suite les fonds nécessaires pour faire mettre la main à l'œuvre. On proposa d'ouvrir un emprunt ; les moyens de l'effectuer parurent difficiles ; on chercha ceux de l'accélérer, et l'assemblée administrative les laissa à votre prudence. Vos recherches jusqu'ici paraissaient devoir être infructueuses ; mais heureusement la sage prévoyance de nos législateurs est venue vous tirer d'embarras ; les vues qui ont déterminé le décret bienfaisant du 16 décembre dernier sont essentiellement les mêmes que les vôtres : celles de venir au secours de la classe indigente; empressons-nous de leur soumettre les plans des routes vicinales dont l'assemblée administrative avait arrêté l'établissement et de solliciter leur autorisation pour en poursuivre, sans aucun délai, la confection, en y employant : 1° 80,000 livres qui doivent provenir au département de leur don du 16 décembre dernier; 2° en destinant, au même objet, les 50,000 livres déjà accordées dans le mois de mai, et dont le premier emploi a été destiné à l'achat des grains nécessaires à la consommation du pays, sous la condition de prélever, sur cette somme, les pertes inévitables et nécessaires qu'on pourra y faire. N'en doutez pas, Messieurs, notre vœu sera accueilli ; c'est l'expression de celui du peuple qui le fait, par l'organe de ses administrateurs, aux représentants du peuple. Non! ils ne le rejetteront pas, parce qu'ils sont persuadés, comme vous, que l'utilité de ces routes vicinales intéresse spécialement les campagnes ; que si les grandes lignes sont la ressource du commerce et le bonheur de celui qui voyage, ce sont les communications qui rendent les grandes routes utiles ; que c'est par leurs moyens, que les denrées transportables, dans tout le temps, acquièrent leur vraie valeur et mettent à portée d'acquitter l'impôt ; que c'est par elles que le commerce, perçant toutes les parties d'un département, établira, entre les divers cantons, les divers districts des départements voisins du nôtre, ces relations et ces rapports qui doivent à jamais unir les citoyens d'un même empire et établir entre des voisins le seul niveau dont la providence a permis qu'ils fussent susceptibles ; mais quelqu'avantageux que soit, sous ce rapport, l'établissement prompt de ces ateliers de secours, les besoins du moment vous en démontrent mieux la nécessité ; un peuple nombreux sans pain et sans argent, et qui plus est, sans aucun moyen de s'en procurer, les réclame avec instance pour se soustraire à la faim ; habituellement misérable parce qu'il habite le pays le plus infertile et le climat le plus rigoureux de la France, ses chétives possessions ont éprouvé, l'automne dernière, les plus grands désastres, et pour comble de malheur, la main d'œuvre des ouvrages de laine, qui lui donnait le moyen d'exister, n'a plus aucun prix ; en lui donnant les moyens de vivre par les ateliers de secours, vous les conduirez jusqu'à la saison où les travaux de la campagne pourront l'occuper ; et, en lui fournissant du pain, vous entretiendrez la paix et la concorde dans le pays et vous l'attacherez, de la manière la plus indissoluble, à une constitution qui doit faire son bonheur par l'effet de la prospérité publique.

Sur quoi, le Directoire, après avoir examiné avec la plus scrupuleuse attention ce qui vient d'être articulé par un de ses membres ; considérant que cette exposition présente le tableau le plus exact et le plus vrai des besoins du département, en même temps quelle trace la seule route que doivent prendre les administrateurs, pour soulager la partie la plus souffrante de leurs concitoyens, et après avoir entendu l'avis de M. Monestier, vice-procureur général syndic, a unanimement délibéré de supplier l'Assemblée nationale : 1° d'autoriser la délibération du Conseil général de l'administration du ...... décembre dernier, qui détermine l'emplacement des ateliers de secours, qu'il a jugé à propos d'établir dans les différentes municipalités de chaque district, et sous-divisées sur chaque municipalité à raison de leur population, de leur contribution et de leurs besoins 2° d'ordonner que des 80,000 livres du don du 16 décembre dernier, et des 30,000 livres, accordées au mois de mai 1790, il sera employé à la confection des chemins vicinaux et ateliers de secours déterminés par ladite délibération, la somme de 98,000 livres qui y était délibéré d'emprunter, emprunt dont la cause et les motifs cessent par l'effet de la bienfaisance de nos législateurs, 3° de permettre, au Directoire du département, d'employer les douze mille livres restant de celles de quatre-vingt et de trente mille livres, en achat de grains absolument nécessaires à un grand nombre de paroisses du département, qui en manquent presque totalement, et qui, sans ce secours seront livrées à la disette la plus désespérante 4° d'autoriser le Directoire lorsque la somme de douze mille livres, destinée à l'achat des grains, rentrera à l'employer encore en ateliers de secours et chemins vicinaux dans les communautés dont les besoins seront jugés urgents, ou qui, dans la première répartition, n'ont pas suffisamment reçu, en prélevant, sur ces 12,000 livres, la perte inévitable qui se fera sur les grains ; que sur le troisième article, concernant l'achat des grains, il sera représenté que cet emploi est d'autant plus indispensable, que le département du Cantal, qui est le grenier ordinaire de la partie de celui de la Lozère, qui manque aujourd'hui de grains, en est même dépourvu, puisqu'il a sollicité le décret du 13 novembre dernier, qui lui permet de prendre, pour le même objet, le montant des rôles de supplément des ci-devant privilégiés.

CHAZOT, BEAUREGARD, vice-président, BONNEL, BONNET-LADEVÈZE, PAULET, secrétaire général.

Du cinquième mars, mil sept cent quatre-vingt-onze. En Directoire. M. de Beauregard, vice président; Monestier, Bonnèl, Bonnet-Ladevèze.

Vu la délibération de la municipalité de Grandrieu, du 9 janvier dernier, l'avis du Directoire du district de Langogne à suite du 15 février dernier, autre avis du même Directoire du 25 du même mois, ensemble l'extrait d'arrêté pris par l'Assemblée administrative le 14 décembre précédent, le Directoire du département, sur le rapport d'un de ses membres, considérant que la pétition du bourg de Grandrieu pour l'établissement d'un marché dans son sein, tous les mardis de chaque semaine de l'année, à des motifs légitimes ; que ces marchés sont non-seulement avantageux à ce canton et tout le voisinage, mais même très nécessaires, d'après surtout la suppression de la dîme dont le produit qui formait un grenier considérable, alimentait l'artisan et le manouvrier de ces contrées ;

Considérant encore qu'on ne saurait trop favoriser le propriétaire pour le débit de ses bestiaux et de ses denrées ; que le débit lui devient très-pénible par son éloignement des villes voisines, et qu'il est néanmoins nécessité par des besoins journaliers ;

Considérant enfin que cette partie du département, soit à raison de son éloignement des villes de Saugues, Langogne, le Malzieu et St-Chély, dont elle occupe positivement le centre ; que de sa position froide et du manque de chemins, mérite d'autant plus des égards pour l'établissement proposé, que sans lui, elle est forcée à renoncer à toute espèce de commerce, et à perdre un temps précieux à l'agriculture pour se rendre aux marchés éloignés ; par tout ce concours de circonstances également décisives, le même Directoire du département, M. le vice-procureur général entendu, a délibéré et délibère qu'il y avait lieu d'autoriser la susdite pétition du bourg de Grandrieu, et de l'appuyer, auprès du Corps législatif, afin d'en obtenir le succès; auquel effet copie de la présente, avec les pièces y énoncées, sera adressée à Messieurs nos députés à l'Assemblée nationale.

BEAUREGARD, vice-président, BONNEL, BONNET-LADEVÈZE, PAULET, secrétaire-général.

—o—

Du dixième mars mil sept cent quatre-vingt-onze. En Directoire ; M. de Beauregard, vice-président ; Monestier, Bonnel, Bonnet-Ladevèze.

M. Monestier, vice-procureur général syndic, a dit, que la somme de cent cinquante mille livres, versée, en vertu de la délibération du Directoire du département, du 4 de ce mois, dans la caisse du sieur Malaval, receveur du district de Mende, pour servir à l'acquit du traitement du clergé séculier et régulier, devant être distribuée en reversement dans la caisse des autres districts, à concurrence de leurs besoins relatifs au même objet, et cette distribution étant sollicité d'ailleurs par plusieurs Directoires des mêmes districts, attendu qu'ils sont sans ressources pour continuer le payement de ce qui est dû aux ecclésiastiques, il convient de déterminer ce qui revient à chacun et d'autoriser les receveurs respectifs à retirer, de la caisse de celui de Mende, l'objet de cette détermination ; auquel effet, ledit sieur vice-procureur général syndic a mis sous les yeux du Directoire l'état approximatif des dépenses des districts qui forment l'objet de leurs besoins.

Sur quoi le Directoire du département, ayant calculé d'après cet état ce qui peut être réparti à chaque district sur la somme de cent cinquante mille livres énoncée ci devant, à déterminé et détermine que le receveur du district de Mende se retiendra celle de cinquante-sept mille livres ; que celui de Marvejols retirera de sa caisse la somme de vingt-quatre mille livres, le receveur du district de Florac, celle de vingt-mille livres, celui du district de St-Chély, la somme de dix-huit mille livres, celui du district de Villefort, la somme de huit mille livres, et enfin celui du district de Meyrueis celle de six mille livres, lesdites sommes formant ensemble la précédente de cent cinquante mille livres ; qu'à cet effet M. le vice-procureur général syndic fournira, à chaque receveur pour être payé de ce qui lui revient, un mandement en la forme ordinaire sur celui du district de Mende, à la charge, tant par les uns que par les autres, d'en faire l'emploi à l'acquit du traitement des ecclésiastiques séculiers et réguliers, porteurs de délibération ou mandement qui les autorisent à s'en faire payer ; charge en outre ledit sieur vice-procureur général de solliciter de tous les receveurs à faire, avec toute diligence, le recouvrement des revenus nationaux et d'en faire la destination la plus exacte, conformément aux décrets et instructions qui la leur indiquent.

Beauregard, vice-président, Bonnel, Bonnet-Ladeveze, Pallet, secrétaire général.

—o—

Du quatorze mars, mil sept cent quatre-vingt-onze. En Directoire, MM. de Beauregard, vice-président ; Monestier, Bonnel, Ferrand, Bonnet-Ladevèze, du Cayla.

Un membre a dit, que M. de La Coste, chevalier de St-Louis, lieutenant-colonel d'infanterie et ci-devant commandant pour le roi, dans la partie des montagnes de l'Ardèche, de la Haute-Loire et de la Lozère, désirerait obtenir du Directoire un certificat de ses longs et pénibles services, du zèle et de l'activité infatigable qu'il a toujours mis à s'en acquitter, d'une conduite constamment soutenue de trente-six ans employés au maintien du bon ordre, de la sûreté et de la tranquillité publique, à prévenir toutes sortes de troubles, de dissentions et de crimes, à délivrer la contrée des malfaiteurs, à défendre enfin les propriétés et la vie de ses concitoyens, par les moyens les plus sages et les plus efficaces ; et ce brave officier, qui a sacrifié pendant si longtemps son repos et la majeure partie de sa fortune à servir sa patrie ne demanderait aujourd'hui, pour toute récompense sur le déclin de ses jours, que la conservation de son emploi qu'il a si bien rempli et du traitement qui y était attaché.

Le même membre a mis sur les bureaux deux délibérations des départements de l'Ardèche et de la Haute-Loire, avec plusieurs autres pièces qui attestent la légitimité et la justice d'une pareille demande.

Sur quoi, le Directoire, M. le vice-procureur général syndic entendu, considérant combien il est également de la justice et de la reconnaissance de ce département de donner, dans cette occasion, à M. de La Coste, les témoignages les plus flatteurs et les mieux mérités sur le zèle, l'activité, la vigilance, la sagesse et la générosité qu'il a manifestée de tout temps, dans l'exercice des fonctions qui lui étaient confiées.

Considérant enfin combien sa conservation est même nécessaire à ce pays, journellement exposé aux incursions des brigands, a unanimement délibéré et délibère qu'il y avait lieu et qu'il était instant d'exprimer le vœu le plus pressant et le plus sincère auprès du Corps législatif, en faveur de M. de La Coste pour la conservation de son emploi et de son traitement, et, à cet effet, il lui sera adressé un extrait de la présente.

BEAUREGARD, vice-président, FERRAND, BONNEL, PALLET, secrétaire général.

Du 14 mars, mil sept cent quatre vingt-onze. En Directoire : MM. Beauregard, Monestier, Bonnet-Ladevèze, Bonnel, du Cayla, Ferrand.

M. Monestier, vice-procureur général syndic, a dit, que lorsque le Conseil général délibéra, le 6 novembre dernier, de continuer aux MM. Boissonnade, ingénieurs la confiance que leur avait donnée au plus juste titre l'ancienne administration, il ne crut pas que ce ne fut un droit qui lui était acquis ; le vœu unanime, qui consacra à ce sujet la délibération, ferait l'éloge le plus marqué de Messieurs Boissonnade, et l'on peut ajouter encore que ces deux frères, dont l'aîné est attaché au département depuis près de trente ans et le cadet depuis douze, ne paraîtraient devoir rien à craindre du nouvel ordre de choses. La lettre que M. de Lessart ministre des finances écrivit au Directoire, le 21e janvier dernier, semblait garantir l'avantage de conserver deux sujets, qui ajouteraient aux services rendus, de plus grands encore que leur patrie en attend.

On lit en effet dans cette lettre que, quoique par l'article 5 du titre 5 du décret relatif aux ponts-et-chaussées, la nomination des ingénieurs soit réservée à l'administration chargée de ces objets, le Roi donnera la préférence à celles que les départements proposeront, à moins que sa majesté fut déterminée, par des considérations impérieuses qui tiendraient au bien public, a en user autrement. Le ministre ajoute en conséquence, dans la même lettre, que le Directoire n'avait qu'à lui indiquer nominativement les ingénieurs qu'il désirait conserver, et la réponse fut l'émission du vœu le plus précis, en faveur de Messieurs Boissonnade. Malgré qu'il soit à croire que le succès ne peut qu'en être obtenu, et que si, contre toute attente, il en était autrement, l'administration éprouverait une perte réelle, par la privation de ces deux sujets ; malgré en outre, qu'il ne soit pas possible de répéter avec plus d'ardeur le vœu émis, à leur égard, M. le vice-procureur général syndic, a fini par prier l'assemblée de le présenter d'une manière plus particulière. Sur quoi, le Directoire du département a délibéré et délibère : 1° que M. Delessart, ministre des finances et au département de l'intérieur, sera prié de nouveau de solliciter, de sa majesté, la nomination de M. Jean-Joseph Boissonnade, l'aîné, habitant de Mende, à la place d'inspecteur des ponts-et-chaussés des trois départements de la Lozère, de l'Aveyron et de l'Ardèche, et de M. Pierre-Jean Boissonnade, le cadet, aussi habitant de la même ville, à celle d'ingénieur du département de la Lozère; 2° Que M. de la Millière, intendant des ponts-et-chaussées, sera également prié d'étayer le même vœu auprès de sa majesté ;

5° Qu'à ces fins, M. le vice-procureur général syndic fera incessamment parvenir, tant à M. de la Millière qu'à M. Delessart un extrait de la présente délibération.

BEAUREGARD, vice-président, FERRAND, BONNEL, PAULET, secrétaire général.

Du quatorzième jour du mois de mars, mil sept cent quatre-vingt-onze. En Directoire. MM. de Beauregard, vice-président, Monestier, Bonnet-Ladevèze, Bonnel, du Cayla, Ferrand.

M. Monestier, a dit que par délibération du ....
... le Directoire a chargé ceux des districts de faire exécuter incessamment les opérations préliminaires à l'établissement des ateliers de secours, sur les divers chemins vicinaux du département ; que cette délibération leur a été envoyée; mais que, pour parvenir de suite à fournir des moyens de subsistance aux malheureux, dont les cris excités par la misère la plus excessive, ne cessent de se faire entendre, il conviendrait de simplifier ces opérations et de les dépouiller des formes qui n'en retardent que l'utilité et l'exécution ; ces formes en effet, telles qu'elles ont été prescrites par une délibération du Conseil général du département du .... exigent des courses à l'infini de la part des ingénieurs, pour vérifier les chemins à réparer, des devis des détails estimatifs, des affiches pour parvenir aux adjudications ; tous ces préalables essentiels, lorsqu'il s'agit de routes principales, deviennent inutiles et même préjudiciables pour des chemins dont les frais ne se portent qu'à cinquante livres, cent livres, deux cent livres et à autres dépenses de peu de valeur ; que ceux d'un coût plus considérable ; et en outre il peut en résulter qu'un entrepreneur n'étant pas domicilié dans les lieux où les

ateliers doivent être ouverts ne se rendra adjudicataire qu'en offrant des pertes, du montant desquelles les manouvriers profiteront sur ces lieux. Il est donc à présumer que si le Directoire accueille ces considérations, elles le justifieront auprès du Conseil général du département, et que ce dernier verra même avec sensibilité que si les règlements qu'il avait adoptés sur la confection des chemins vicinaux n'ont pas été suivis, le Directoire a été nécessité à les modifier par une conduite impérieusement commandée par les besoins et les réclamations des malheureux. L'on peut même ajouter que les vues du Conseil général étant que les chemins vicinaux fussent faits avec toute la célérité possible, elles ne seraient pas remplies en ce que le temps de l'année qui court, ne suffirait pas pour remplir toutes les règles prescrites pour leur confection ; enfin s'agissant à cet égard des fonds de toute autre nature que ceux qui y avaient été destinés, ceux-ci ne devant être faits que par la voie onéreuse de l'imposition et les autres étant une libéralité du corps législatif, il est visible que les malheureux qui en ont été l'objet ne devant pas en être privés pour des temps trop durables, tout ce qui pourrait retarder cette jouissance, la justice exige de ne pas l'adopter.

Sur quoi, le Directoire du département a délibéré et délibère : 1° de confier aux municipalités le soin de faire dépenser, sur leur territoire et sous la surveillance d'un piqueur nommé par le même Directoire, les sommes qui leur reviennent pour les ateliers de secours à placer sur les chemins vicinaux, pourvu que ces sommes n'excèdent pas particulièrement celle de 600 livres.

2° Que, pour justifier l'emploi de ces sommes, les

piqueurs seront tenus de tenir des contrôles exacts des journées des manouvriers, telles qu'elles auront été taxées par les municipalités et des autres dépenses à faire, relatives aux ouvrages.

3° Que ces contrôles, visés chaque semaine par la municipalité, seront, à la fin des ouvrages, adressés par elle aux Directoires des districts qui les viseront aussi et pourront les impugner s'il y échoit, après quoi, chacun d'eux les adressera au Directoire du département pour y être suffisamment arrêtés.

4° Conformément à la précédente délibération du..... il sera donné de nouveaux ordres aux ingénieurs de se transporter sur les lieux auxquels l'on a destiné, pour ateliers de secours, des sommes plus considérables prises partiellement, à l'effet de subvenir à leur établissement, selon les formes prescrites par la délibération du Conseil général du département, du 13 décembre 1790.

5° Enfin que M. le vice-procureur général syndic fera incessamment parvenir un extrait de la présente délibération à chacun des Directoires des districts, pour en instruire les municipalités qui y ont intérêt et pour la faire mettre à exécution ; que pareil extrait sera encore remis aux ingénieurs pour, par eux, s'y conformer.

BEAUREGARD, vice-président, BONNET-LADEVEZE, BONNEL, DU CAYLA, MONESTIER, vice-procureur général syndic, PAULET, secrétaire général.

Du quinze mars mil sept cent quatre-vingt-onze. En Directoire. MM. de Beauregard, vice président ; Monestier, Bonnet-Ladevèze, Bonnel, Du Cayla.

Vu la délibération du Directoire du district de Florac, du 2 de ce mois, ensemble les pièces y énoncées, le Directoire du département, ouï le rapport et l'avis de M. Monestier, vice-procureur général syndic ;

Considérant qu'il est dans l'esprit des décrets de l'Assemblée nationale de réunir le plus grand nombre possible de municipalités, surtout celles dont la consistance est peu considérable, et qui se trouvent dans l'enceinte de la même paroisse; considérant enfin que cette réunion est économique, en ce que le régime de plusieurs municipalités réunies en une seule exige moins d'agent et par suite moins de dépenses, que la division des mêmes municipalités établies sous plusieurs régimes ; qu'en outre, la refonte de l'impôt, dont la répartition doit être faite dans le cours de l'année courante, mettant toutes les communautés dans le cas de procurer une juste égalité dans cette répartition, aucune association des unes aux autres ne peut leur nuire ; a ordonné et ordonne que les municipalités d'Ispagnac, du quartier de Causse, et de celui des Vallats, établies sur le territoire de la paroisse d'Ispagnac, seront réunies en une seule connue, sous le nom de municipalité d'Ispagnac, dont la formation se fera, dans ledit lieu, par tous les citoyens actifs de la paroisse ; que tous les lieux dépendant de cette paroisse, seront subordonnés au seul régime de ladite municipalité et qu'elle seule en répartira les impôts, à compter même de la présente année 1791, et, en conséquence, défend à toutes les autres de s'y ingérer et de continuer aucunes fonctions municipales ; ordonne pareillement, que la municipalité de Quézac, dont la formation se fera dans ledit lieu par tous les citoyens actifs de la paroisse ; que tous les lieux dépendant de celle-ci, seront subordonnés au seul régime de ladite municipalité, et qu'elle seule en répartira les impôts à compter même de la présente année 1791 ; en conséquence défend à toutes autres de s'y ingérer et de continuer aucunes fonctions municipales ; réserve que dans ce cas, tous les citoyens actifs des paroisses de Quézac et Ispagnac n'aient pas concurus ou été invités, à la formation des municipalités actuellement existante sous la dénomination de municipalité de Quézac, et d'Ispagnac, il sera procédé incessamment à une nouvelle formation ; à cet effet, le procureur de la commune de chacune de ces municipalités, sera tenu de suite, de convoquer les citoyens actifs des deux paroisses, de tout quoi, il sera certifié au Directoire du district de Florac, et par celui ci, au Directoire du département.

BEAUREGARD, vice président, BONNEL, DU CAYLA, BONNET-LADEVEZE, MONESTIER, vice-procureur général syndic, PAULET, secrétaire général.

Du dix-sept mars mil sept cent quatre-vingt-onze. En Directoire. MM. Beauregard, vice-président, Bonnet-Ladevèze, Bonnel, du Cayla, Ferrand.

Sur la pétition faite par les habitants et contribuables du lieu de Banassac, soumis au régime de la municipalité de la Canourgue à ce que tous les villages formant la paroisse de Banassac, soient réunis en une municipalité dont ledit lieu de Banassac soit le chef-lieu, pour être tous lesdits villages administrés par elle séparément de celle de la Canourgue, tant pour les impôts réels et personnels, que pour tous autres objets soumis à l'administration des municipalités, à compter de cette année 1791 ; la demande aussi faite par les habitants et contribuables des lieux de la même paroisse de Banassac, soumis au régime de la municipalité de Canilhac, tendant aussi à être séparés de cette municipalité pour être réunis et n'en former qu'une, avec ledit lieu de Banassac, leur chef-lieu ; et enfin par la demande de la commune de Montferrand, qui veut ne plus former une municipalité isolée, mais être réunie et n'en former qu'une avec ledit lieu de Banassac, leur chef-lieu ;

Vu la délibération des habitants de Banassac, du 6e de ce mois ; celle des habitants de différents villages de ladite paroisse, du 7e du même mois, et celle de la municipalité de Montferrand, du même présent mois ; ouï le rapport, et après avoir ouï un administrateur, pour le procureur général syndic, M. Monestier, s'abstenant, le

Directoire du département avant de statuer définitivement sur les pétitions sus-nommées, ordonne que les habitants de Banassac, ceux des villages de ladite paroisse, soumis à la municipalité de Canilhac, la municipalité de Montferrand, celle de la Canourgue et enfin la municipalité connue sous la dénomination de municipalité de Banassac, seront entendus par le Directoire du district de Marvejols, en leurs dires, raisons et exceptions respectives, pour être par ce Directoire, son procureur syndic entendu, donné un avis raisonné et motivé, et ensuite, sur le rapport du tout, prononcé définitivement par le Directoire du département, ainsi qu'il appartiendra.

BEAUREGARD, vice-président, BONNEL, DU CAYLA, BONNET-LADEVÈZE, PAULET, secrétaire général.

—o—

Du dix-neuf mars mil sept cent quatre-vingt-onze. En Directoire. MM. de Beauregard, vice-président, Monestier, Bonnet-Ladevèze, Bonnel, du Cayla, Ferrand.

M. Monestier, vice-procureur général syndic, a dit : que la misère excessive, et connue du département, les réclamations qu'elle excite et la nécessité d'accroître les moyens de subsistance dus aux malheureux, ne permettent plus de différer de la leur procurer ; les délibérations prises d'ailleurs à ce sujet, par le Conseil général du département, durant sa dernière session, exigent de ne point discontinuer ces démarches que l'on a fait, mais inutilement jusqu'ici ; et comme de ces démarches il ne résulterait plus aucun doute qu'on ne trouverait point dans le département les grains nécessaires à remplir les besoins des nécessiteux, il propose à l'assemblée de délibérer sur les moyens les plus économiques et les plus prompts, d'en faire venir d'ailleurs.

Sur quoi, le Directoire du département, mû par des considérations dont l'importance n'a cessé de l'occuper, a délibéré et délibère : que M. Blanquet-Polvère, négociant de Mende, sera prié de procurer, le plutôt possible, la quantité de cent salmées de seigle, venant du Languedoc, au prix le plus économique, et que, dès ce blé rendu à Mende, le payement en sera fait aux vendeurs ou à M. Blanquet, le plutôt également possible ; auquel effet, ce dernier ayant été invité de se rendre ici, il a déclaré qu'il allait remplir sans retard le mandat, dont on le chargeait, et a signé.

Polvère-Blanquet, Beauregard, vice-président, Bonnet-Ladevèze, du Cayla, Bonnel, Monestier, Paulet, secrétaire général.

Du vingt-trois mars, mil sept cent quatre-vingt-onze. En Directoire. MM. de Nogaret, Beauregard, Ladevèze, Chazot, Ferrand, Bonnel, Du Cayla.

Les brigadiers et cavaliers de la maréchaussée des résidences de Marvejols, Florac, Villefort et Langogne, s'étant rendus à Mende, le 19 de ce mois, et y ayant séjourné jusqu'à ce jour, en conséquence des ordres du Directoire, pour veiller à la tranquillité publique pendant la session de l'Assemblée électorale, convoquée pour l'élection de l'évêque du département, ont demandé qu'il leur soit accordé ce que le Directoire trouvera juste pour leur subsistance et celle des chevaux pendant le voyage, séjour et retour; ouï sur ce les rapports, et M. le procureur général syndic entendu, le Directoire du département arrête qu'il sera fait un mandat de soixante dix-huit livres pour un brigadier et 4 cavaliers de Marvejols · un de soixante dix huit livres pour un brigadier et 4 cavaliers de Florac, un de soixante-dix-huit livres pour un brigadier et 4 cavaliers de Langogne, un de soixante-trois livres pour un brigadier et trois cavaliers de Florac, et enfin un de quatre-vingt-trois livres dix sols, pour un brigadier et quatre cavaliers de Villefort, ce brigadier et un gendarme ayant été retenus un jour de plus. Le tout sur le pied de trois livres par jour, pour chaque brigadier, et de deux livres dix sols pour chaque cavalier; et que lesdits mandats seront tirés sur MM. Malaval, receveur du district de Mende à prendre sur les fonds versés dans sa caisse par M. Talansier, receveur en exercice en 1789, comme fonds libres de ladite année.

AYMEX DE NOYANT, président; BEAUREGARD, vice président, BONNET-LADEVÈZE, CHAZOT, FERRAND, BONNEL, DU CAYLA, RIVIÈRE fils, PAULET, secrétaire général.

—o—

Du vingt-quatre mars mil sept cent quatre-vingt-onze. En Directoire. MM. de Noyant, président, Beauregard, vice-président, Monestier, Bonnet-Ladevèze, Bonnel, Ju Cayla, Ferrand, Monestier, Rivière, Chazot.

Le Directoire du département, considérant que les vues qui ont déterminé la loi du 19 décembre dernier sont de venir au secours de la classe indigente ; que les besoins semblent se multiplier journellement; qu'il est instant de les prévenir; que les opérations préliminaires à l'établissement des ateliers de secours, sur les chemins vicinaux, sont déjà effectués dans plusieurs districts; que les fonds destinés à ces ateliers, en ce qui concerne ce département, doivent être remis à sa disposition par le receveur général de la ci-devant province de Languedoc sur leur présentation, soit par le sieur de Joubert soit par le receveur particulier du ci-devant pays du Gévaudan; après avoir entendu le procureur général syndic a délibéré et délibère ce qui suit:

Art. 1er — Il sera délivré à chacun des receveurs des sept districts, qui composent ce département, la moitié des sommes qui leur a été accordée par la délibération du Conseil général de l'administration pour l'établissement des ateliers de secours et ouverture des chemins vicinaux.

Art. 2. — Le montant de la moitié de ces sommes sera pris sur les fonds accordés au département pour subvenir aux dépenses des travaux de secours.

En conséquence, il sera payé, en vertu des mandats qui seront délivrés par le Directoire au receveur du district de Mende, la somme de neuf mille six cent quarante livres dix-huit sols ;

A celui du district de Marvejols, celle de neuf mille six cent quatre-vingt-dix livres ;

A celui du district de St-Chély, celle de sept mille neuf cent quarante-six livres ;

A celui du district de Florac, celle sept mille neuf cent cinquante-quatre livres ;

A celui du dictrict de Langogne, celle de cinq mille deux cent treize livres ;

A celui du district de Villefort, celle de cinq mille vingt-huit livres ;

Et à celui du district de Meyrueis, celle de trois mille neuf cent vingt-huit livres 10 sols.

Art. 3. — Ces différentes sommes seront remises, à fur et à mesure des besoins, sur les mandats du Directoire de chaque district et d'après le certificat des municipalités dans l'étendue desquelles se trouveront assis les ateliers de secours.

Art. 4. — Les Directoires des districts sont tenus de surveiller ces différentes remises et de se conformer en tout aux diverses délibérations sur les chemins vicinaux, soit du Conseil général de l'administration soit du Directoire.

Art. 5. — Le receveur du District de Mende demeure tenu de précompter, sur la somme de neuf mille six cent quarante livres dix sols ci-dessus accordée, celle de quatre mille neuf cent quatre-vingt-une livres déjà payée pour les ateliers de secours assis dans l'étendue de son district.

Art. 6. — Le Directoire du département se réserve de faire faire incessamment la remise du surplus des sommes destinées aux ateliers de secours.

Aymex de Noyant, président, Chazot, Ferrand, Beauregard, vice-président, Cayla, Bonnel, Bonnet-Ladevèze, Monestier, procureur général syndic, Rivière, Pallet, secrétaire général.

—o—

Du 30ᵉ jour du mois de mars mil sept cent quatre-vingt-onze au matin, MM. de Beauregard, vice-président, Monestier, Chazot, du Cayla, Bonnel, Rivière, procureur général syndic ;

Un membre a exposé à l'assemblée que M. de Noyant, président du Conseil général du département, a témoigné le désir d'obtenir un emploi dans la gendarmerie nationale à la nomination du Roi, et qu'il est très digne du choix de sa Majesté à cet égard, même pour être promu a un des emplois supérieurs de cette troupe ; que le sentiment dont toute l'assemblée et les peuples du département de la Lozère sont pénétrés à ce sujet, méritent d'émettre un vœu auprès du Roi, et de M. le Ministre de la guerre pour que M. de Noyant, obtienne ce qui est dû à son patriotisme, à ses services et à ses vertus, en conséquence, il propose cette émission.

Sur quoi, le Directoire du département, ouï le rapport de M. Rivière, procureur général syndic, a délibéré et délibère d'émettre un vœu auprès du Roi et de M. le Ministre de la Guerre, pour que M. de Noyant, obtienne des bontés de sa Majesté un des emplois supérieurs quelle a à conférer dans la gendarmerie nationale. Fait à Mende, dans la salle du Directoire du département de la Lozère.

BEAUREGARD, vice-président, BONNET-LADEVÈZE, CAYLA, CHAZOT, BONNEL, MONESTIER, RIVIÈRE, procureur général syndic, PAULET, secrétaire général.

—o—

Du 31° jour du mois de mars, mil sept cent quatre-vingt-onze, au matin. MM. Beauregard, vice-président, Chazot, Cayla, Bonnel, Rivière, procureur général syndic délibérants.

Vu de nouveau la demande formée par les habitants

de Banassac, le 6 de ce mois, à ce que tous les villages composant la paroisse dudit lieu, soient réunis sous une seule municipalité formée dans le même lieu ; la délibération prise le lendemain par plusieurs autres habitants de la même paroisse, soumis au régime de la municipalité de Canillac pour fournir leur adhésion à cette demande ; autre délibération du Conseil général de la commune de Montferrand, dans ladite paroisse du 14 de ce mois pour être réunie à la même municipalité ; l'arrêté du Directoire du département du 17, qui ordonne que tous les habitants et municipalités ci-dessus désignées; que celles de la Canourgue et de la commune foraine de Banassac seront entendues par le Directoire du district de Marvejols, pour, sur l'avis de ce dernier, être définitivement statué ce qu'il appartiendra. Vu en conséquence la délibération fournie, devant ce Directoire, par le Conseil général de la commune de la Canourgue, la lettre de la municipalité foraine de Banassac, et la requête de celle de Canillac, adressée au même Directoire, enfin l'avis de ce dernier, sur le tout en date dujourd'hui, le Directoire du département, ouï le rapport et M. Rivière, procureur général syndic entendu ; considérant qu'il est dans le vœu le plus exprimé des décrets et instructions de l'Assemblée nationale, surtout celui du 12 novembre 1789, de former une municipalité dans chaque paroisse, au seul régime de laquelle doivent être soumis tous les lieux qui la composent, et conséquemment de réunir celles qui se trouvent établies dans les différentes parties de son territoire, surtout lorsque leur consistance est partiellement peu considérable ; considérant en outre que cette réunion est économique, en ce que le régime de plusieurs municipalités réunies en une seule exige moins d'agents et par suite moins de dépenses que la division des mêmes municipalités établies sous plusieurs régimes ; qu'en outre la refonte de l'impôt, dont la répartition doit être faite dans le cours de la présente année, mettant toutes les communautés dans le cas d'éprouver une juste égalité dans cette répartition, aucune association des unes ou des autres ne peut leur nuire ; considérant enfin qu'une pareille décision n'est qu'une suite de celle que le Corps législatif, depuis l'émission de ses décrets, l'assemblée administrative du département, durant sa dernière session et le Directoire, depuis celle-ci, y ont consacré vis à vis de plusieurs municipalités qui étaient dans l'espèce de la délibération actuelle, a ordonné et ordonne, que tous les villages composant la paroisse de Banassac, seront réunis au régime d'une seule municipalité, connue à l'avenir sous le nom de municipalité de Banassac, dont la formation se fera, dans ledit lieu, par tous les citoyens actifs de la paroisse et cela à compter de la présente année mil sept cent quatre-vingt-onze ; qu'ils seront par elle administrés, et qu'elle seule en répartira les impôts, tant réels que personnels, dès la même époque ; et en conséquence défend à toutes autres municipalités, tant celles qui étaient établies sur le territoire de ladite paroisse, que ceux dudit territoire de s'y ingérer et de continuer aucunes fonctions municipales; ordonne que, pour parvenir à la formation de la nouvelle municipalité, tous les citoyens actifs seront incessamment convoqués, par le procureur de la commune foraine de Banassac, à l'effet d'y procéder selon les formes prescrites par les décrets ; délibère enfin, que les villages de Cadoule et Paulhac, soumis au régime de la municipalité de la Canourgue dans la paroisse de laquelle ils se trouvent, et par elle seule administrés, à compter de la présente année mil sept cent quatre-vingt-onze, avec défense à toutes autres de s'y ingérer. Fait à Mende, dans la salle du Directoire du département, le susdit jour, trentième mars, mil sept cent quatre-vingt-onze.

Beauregard, vice-président, Chazot, Bonnel, Bonnet-Ladevèze, Cayla, Paulet, secrétaire général.

—o—

Du trentième jour du mois de mars mil sept cent quatre-vingt-onze. MM. de Beauregard, vice-président ; Bonnel, Cayla, Chazot, Rivière.

Un membre a dit: Messieurs, parmi les établissements fondés par la charité, un des plus intéressants, sans doute, est celui qui a pour objet d'assister les enfants abandonnés, et de leur faire trouver, dans les soins de la bienfaisance, les secours qu'ils doivent attendre de la nature et qu'elle leur refuse. Cette sorte d'établissement a toujours été réservé aux grandes villes, et aucune de celles qui sont dans le département n'a eu d'hospice consacré à cette destination, tous les hôpitaux ou maisons de charité qu'elles ont dans leur sein infiniment au dessous de leurs besoins, doivent leur origine et leur dotation, à la charité des citoyens ; leurs propriétés territoriales ou mobilières leur sont parvenues successivement et partiellement, par suite de donations particulières, faites au profit des pauvres et des malades ; on n'en connait aucun qui ne tienne le moindre bienfait de la libéralité de nos rois ; aussi n'y a-t-il aucun des établissements qui soit chargé par sa fondation de recevoir les enfants abandonnés. Vous savez comme moi, Messieurs, que les ci-devant seigneurs, hauts-justiciers, étaient chargés, en cette qualité, de l'obligation d'entretenir et nourrir les enfants exposés et abandonnés dans leur territoire. C'étaient donc eux seuls qui étaient chargés de cette dépense, dans notre département, mais dégagés de cette obligation par un décret de l'Assemblée nationale, du 29 novembre dernier, les enfants abandonnés qui avaient été reçus sur leur compte dans les hôpitaux qui ne sont nullement chargés de ce genre de dépense, par le titre de leur établissement ; ce n'est plus à leurs frais, mais bien à ceux du trésor public, que cette dépense doit être faite. Déjà plusieurs de nos hôpitaux ont réclamé le payement des pensions depuis l'époque du décret ; déjà vous avez ordonné à plusieurs maisons de charité, les plus voisines des lieux ou l'exposition des enfants avait été faite, de s'en charger sous la promesse de payer la pension ; l'hôpital de Mende, grevé d'une quarantaine d'enfants trouvés, réclame surtout le payement de ce qui lui est dû par le trésor public, pour fournir aux frais d'une dépense dont il lui est impossible de continuer de faire les avances, à raison de l'état de détresse ou il se trouve réduit, soit par la réduction de ses revenus, le nombre extraordinaire des pauvres que la misère des temps l'ont forcé à recevoir, soit enfin que ses revenus fixes étant annuellement et habituellement au dessous de ses charges et de ses dépenses, il s'est vu privé, depuis la révolution, de la libéralité d'un nombre infini d'ecclésiastiques et de citoyens qui n'ont plus eu le moyen de lui en faire ressource, qu'on pouvait regarder comme certaine, puisque depuis nombre d'années elle suppléait à cette insuffisance, et établissait le niveau entre la dépense et la recette.

Il est instant, Messieurs, que vous preniez en considération un objet digne de votre sollicitude, et que vous chargiez les Directoires des districts de vous envoyer, dans le plus court délai, un état exact et certifié par la municipalité des lieux, des enfants abandonnés reçus dans les hôpitaux ou maisons de charité, qui devaient être ou étaient à la charge des ci-devant seigneurs hauts-justiciers, état qui constatera, tout à la fois, leur âge, le lieu où ils ont été exposés, l'état de santé ou d'infirmité dans lequel ils se trouvent, la somme qui est nécessaire pour fournir à leur pension, mois par mois, enfin qui ne laissera aucun doute que l'enfant, déclaré à la charge de la nation, n'apporte à l'hôpital, qui s'en est chargé, aucune espèce d'avantage par remise d'une somme quelconque, convention, pacte ou promesses faites par les parents ou autres personnes à cette occasion.

Ces divers états reçus de chaque district, je vous proposerai d'en faire un tableau général, qui vous servira à régler, par trimestre, le service de cette partie intéressante de l'administration.

Mais comme il est instant de venir au secours des hopitaux qui réclament avec tant de justice ce qui leur est dû, j'ai l'honneur de vous solliciter d'adresser de suite un extrait de votre délibération à M. Delessart, ministre de l'intérieur, et au comité de mendicité de l'Assemblée nationale, et de les supplier de faire verser, dans la caisse du receveur du district de Mende, une somme de 5,000 livres pour fournir, sur votre mandat, aux divers hôpitaux du département, les moyens de payer la pension des enfants trouvés, ou de fournir à leur subsistance et à leur entretien s'ils ont déjà quitté la nourrice.

Sur quoi, le Directoire du département, pénétré de la nécessité de procurer aux hopitaux du département les moyens les plus prompts et les plus assurés de fournir à une dépense aussi légitime que celle des enfants abandonnés ou exposés, a délibéré et délibère, après avoir entendu M. le procureur général syndic : 1° de demander sans délai à chacun des Directoires des districts l'état exact et certifié par les municipalités des lieux où se trouvent situés les hôpitaux ou maisons de charité des enfants exposés ou abandonnés, qui étaient ou devaient être à la charge des ci-devant seigneurs hautsjusticiers; état qui constatera, de la manière la plus précise, leur âge, leur sexe, le lieu où ils ont été exposés, l'état de santé ou d'infirmité dans lequel ils se trouvent, la somme nécessaire pour fournir à la pension et à l'entretien de chacun d'eux ; enfin qui ne laissera aucun doute que l'enfant, déclaré à la charge de la Nation, n'a porté à l'hôpital, qui s'en est chargé, aucun espèce d'avantage par remise d'une somme quelconque par convention, pactes ou promesses faites par les parents ou autres personnes ;

2° Que, dès que les états lui seront parvenus, il sera

dressé un tableau général qui servira à régler, de trois mois en trois mois, les services et les payements nécessaires pour cet objet ;

3° D'adresser, sans délai, à MM. du comité de mendicité de l'Assemblée nationale et à M. Delessart, ministre de l'intérieur, un extrait de cette délibération pour les prier de faire verser, dans la caisse du receveur du district de Mende, une somme de 5,000 livres, pour fournir sur le mandat du Directoire, aux administrateurs de divers hôpitaux du département, le moyen de fournir à la subsistance et à l'entretien des enfants exposés ou abandonnés dont ils se trouvent grevés.

Beauregard, vice-président ; Chazot, Cayla, Bonnel, Bonnet-Ladevèze, du Monestier, Rivière, procureur général syndic, Paulet, secrétaire général.

—o—

Du 1ᵉʳ avril mil sept cent quatre-vingt-onze. En Directoire. M. de Beauregard, vice-président ; Bonnet-Ladevèze, Chazot, Cayla, Monestier, Rivière procureur général syndic.

M. le procureur général syndic a dit :

Messieurs,

Des nouvelles affligeantes sur la santé du Roi ont jeté l'alarme sur le peuple dont il est le père; il a craint que le restaurateur de la liberté française ne fut enlevé à son amour et à sa reconnaissance.

Mais les craintes ont été bientôt dissipées ; ce Roi si chéri et si digne de l'être est rendu à nos vœux, il pourra encore achever et consolider notre Constitution ; il fera encore le bonheur de son peuple, et, en vous proposant de rendre au ciel de solennelles actions de grâce, je ne fais que prévenir votre empressement.

Ainsi Messieurs, j'ai l'honneur de vous proposer de faire chanter, dimanche prochain, un *Te Deum* dans l'église paroissiale de cette ville, et d'y inviter tous les corps administratifs, municipaux et judiciaires qui y siègent, ensemble la garde nationale.

Sur quoi, l'Assemblée a délibéré de faire chanter un *Te Deum* dans l'église paroissiale, pour rendre grâce à Dieu de la guérison du Roi ; auquel effet M. Bonnet-Ladevèze se rendra chez M. le curé pour le prier d'en faire la cérémonie, et seront invités à y assister tous les corps administratifs, municipaux et judiciaires ensemble MM. de la garde nationale.

Beauregard, vice-président, Chazot, Bonnet-Ladevèze, Cayla, Monestier, Rivière, procureur général, Pallet, secrétaire général.

—o—

Dudit jour, premier avril mil sept cent quatre-vingt-onze. En Directoire. MM. de Beauregard, vice-président, Bonnet-Ladevèze, Chazot, Cayla, Rivière procureur général.

Vu le procès-verbal tenu le 20 février dernier par M. Fontibus, maire de St-Alban, et signé par lui et par le sieur Pélissier, procureur de la commune, au sujet d'une affiche séditieuse trouvée audit St-Alban, et des discours aussi séditieux tenus dans l'église paroissiale et le trouble donné au curé de ladite paroisse au moment où il voulait prêter le serment civique, ordonné par le décret du 27 novembre dernier ; vu aussi ladite affiche paraphée *ne varietur* par ledit sieur Pélissier, procureur de la commune, et l'avis du Directoire du district de St-Chély, du seize mars dernier ; ouï le rapport, et M. le procureur général syndic entendu, le Directoire du département de la Lozère a arrêté et arrrête que le procureur syndic du district de St-Chély dénoncera, sans délai à l'officier chargé des fonctions d'accusateur public près du tribunal du district dudit St-Chély, ladite affiche, propos tenus et troubles occasionnés dans l'église de St-Alban, pour être, par ce tribunal, informé des délits commis, leurs circonstances et dépendances, et les coupables jugés conformément aux lois ; ordonné en conséquence que lesdites pièces et le présent arrêté seront envoyés au procureur syndic du district qui sera tenu de certifier M. le procureur général syndic de la réception et de l'exécution.

BEAUREGARD, vice-président, CHAZOT, BONNET-LADEVÈZE, CAYLA, MONESTIER, RIVÈRE, PAULET, secrétaire général.

Du quatre avril, mil sept cent quatre-vingt-onze. En Directoire. MM. de Beauregard, vice-président ; Bonnet-Ladevèze, Chazot, Cayla, Monestier, Rivière, procureur général syndic.

Vu la délibération du Directoire du district de St-Chély, du premier février dernier, relative à la demande, formée par le Conseil général de la commune de St-Chély, de l'établissement d'une foire en la même ville, le jeudi qui précède le jeudi gras de cette année, ensemble les pièces énoncées dans ladite délibération, le Directoire du département, ouï le rapport de M. le procureur général syndic entendu, émettant un vœu auprès du Corps législatif pour l'établissement de la foire dont il s'agit, a autorisé et autorise le Conseil général de la commune de St-Chély, à solliciter, de ce Corps suprême, le succès de la demande par lui formée de ladite foire.

Beauregard, vice-président, Cayla, Chazot, Bonnet-Ladevèze, Monestier, Rivière, procureur général, Paulet, secrétaire général.

Du six avril mil sept cent quatre-vingt-onze. En Directoire. M. de Beauregard, vice président ; Chazot, Bonnet-Ladevèze. Monestier, Cayla, Rivière, procureur général syndic.

Vu la nouvelle requête présentée par M. Bérenger, associé aux mines de Bluche, paroisse de Saint-Privat-de-Vallongue, contre la dame de Grésigny et le chevalier de Barre, autres associés, en reddition et clôture de leurs comptes respectifs, estimation des matières, vérification des travaux et inventaire des ustensiles, le Directoire du département de la Lozère, après avoir entendu l'avis de M. le vice-procureur général syndic, déclare que les contestations d'entre parties doivent être portées devant les tribunaux de justice compétents, pour être par eux statué.

BEAUREGARD, vice-président, CAYLA, CHAZOT, BONNET-LADEVÈZE, MONESTIER, RIVIÈRE, procureur général syndic, PAULET, secrétaire général.

—o—

Du neuf avril mil sept cent quatre-vingt-onze. En Directoire. MM. de Beauregard, vice-président, Chazot, Cayla, Bonnet-Ladevèze, Monestier, Bonnel, Rivière, procureur général syndic.

Vu 1° les lettres de promotion à la place de lieutenant dans le régiment de Noailles, en faveur de M. de Framond de Grèzes, en date du 22 juillet 1739 ; 2° celle d'enseigne à la compagnie colonelle dudit régiment, du 27 août 1740 ; 3° lettres de passe pour une lieutenance dans la compagnie de Grèzes, même régiment, du 5 décembre 1742 ; 4° brevet de cornette au régiment de Du Romain-cavalerie, du 10 juillet 1746, 5° Commission de capitaine au même régiment, du 1er mars 1748 ; 6° lettres de chevalier de St-Louis accordées à M. de Grèzes de Framond, du 11 décembre 1756, avec l'extrait de sa réception, du 6 janvier 1757 ; 7° commission de lieutenant des maréchaux de France, au département de Gévaudan, du 22 juillet 1760 ; 8° nomination à la place de lieutenant des maréchaux de France, au département de Marvejols, du 30 décembre 1772 ;

Et la pétition de M. de Grèzes de Framond, tendant à ce que, vu lesdits actes de ses longs services, le Directoire émette un vœu en sa faveur auprès du Roi et de son ministre, pour qu'il soit promu à une place de lieutenant-colonel dans la gendarmerie nationale ;

Le Directoire, ayant fait lecture desdits actes ; ouï M. le procureur général syndic, a délibéré d'émettre un vœu en faveur de mon dit Sr de Grèzes de Framont, afin que le Roi et son ministre de la guerrre, lui accordent une place de lieutenant-colonel dans la gendarmerie nationale.

Beauregard, vice-président, Chazot, Bonnel, Cayla, Bonnet-Ladevéze, Monestier, Rivière, procureur général, Paulet, secrétaire général.

Du neuf avril mil sept cent quatre-vingt-onze. MM. Beauregard, vice-président, Monestier, Chazot, Bonnet-Ladevèze, Cayla, Rivière procureur général syndic.

Un membre a dit : que, par une délibération du onze octobre dernier, l'assemblée chargea le sieur Boissonnade, inspecteur des travaux publics, de vérifier les dégradations survenues sur plusieurs routes du département et de distinguer : 1° celles dont les réparations étaient à la charge des entrepreneurs ; de l'entretien de celles dont le montant devait être au contraire supporté par le département ; 2° de désigner, dans l'état de ces derniers, celles qui étaient urgentes, et séparément celles qui étaient susceptibles de perfection ; 3° enfin de bailler à prix fait ou par économie, les réparations les plus urgentes ainsi que la reconstruction, en bois, des divers ponts emportés, ou aux entrepreneurs des entretiens ou à tous autres, pourvu que l'adjudication s'en fît en présence de quelqu'un des administrateurs du département, ou, en défaut des districts ou des officiers municipaux des lieux ; que le sieur Boissonnade ayant vérifié, en présence de M. Pagès, administrateur du département, les dégradations survenues sur les parties des chemins royaux des Cévennes, dans les paroisses de Frutgères, St-Frézal-de-Ventalon, et St-Andéol-de-Clerguemont, fit le seize du mois d'octobre, à St-Étienne, Pantel du Pont-de-Montvert, l'adjudication des ouvrages urgents à faire pour les réparer, consistant en un nombre de toises carrées de mur, emportées par le débordement du torrent de Valmalette, en la reconstruction en maçonnerie sèche, du pont de Roubillon, et enfin, en certaines autres réparations, pour mettre en état les chemins des trois paroisses, savoir la maçonnerie avec applanissement, à 5 livres la toise carrée, celle sans aplanissement à 4 livres 10 sols, aussi chaque toise carrée, la reconstruction du pont, au prix de 425 livres, et la totalité des autres réparations à celui de 550, livres dont 250 livres seront prises sur le montant de l'entretien arriéré d'une année, en faveur du sieur Pantel, entrepreneur de l'entretien, et 300 livres à la charge du département, le tout payable après la vérification des ouvrages faits conformément au rapport du sieur Boissonnade, qui précède leur adjudication ; qu'enfin ces ouvrages, ayant été faits et vérifiés par le sieur Belmas, l'un des inspecteurs du département le 3 de ce mois, en présence de M. Pagès administrateur susnommé, il résulte qu'il est dû, à l'entrepreneur, la somme de quatre cent quatre-vingt-dix-huit livres quinze sols, pour le montant de cent dix toises cinq pieds carrés de maçonnerie à pierre sèche, sans aplanissement, à quatre livres dix sols chaque toise, et celle de deux cent vingt-cinq livres pour celui d'autres quarante-cinq toises carrées, avec aplanissement, à raison de cinq livres chacune ; plus, pour la reconstruction du pont de Roubillon, la somme de quatre cent quatre-vingt-cinq livres, ci-dessus énoncée, et enfin celle de trois cent livres, pour le montant des réparations faites pour rendre en état le chemin depuis le Pont-de-Montvert jusqu'à la baraque, indépendamment de celle de deux cent vingt-cinq livres, ayant pour objet le restant desdites réparations et à prendre sur le montant de l'arriéré de l'entretien de l'entrepreneur, dont ce dernier ne rapporte aucune vérification ; que, conséquemment, l'assemblée a à délibérer de quelle manière il doit être payé des autres sommes dont la totalité s'élève à quatorze cent quarante huit livres quinze sols.

Sur quoi, le Directoire du département, ouï le rapport et après avoir entendu M. Rivière, procureur général syndic, a délibéré et délibère qu'Etienne Pantel sera payé de ladite somme de quatorze cent quarante-huit livres quinze sols sur les fonds résidus et libres de ceux destinés aux ateliers de secours existant, entre les mains de M. Joubert, trésorier de la ci-devant province de Languedoc ; et qu'à cet effet il sera consenti un mandement, de pareille somme, en faveur du sieur Pantel, sur ledit M. de Joubert, dont le montant lui sera alloué en rapportant ledit mandement quittancé ; charge ledit Pantel de rapporter, sans délai, un certificat en la forme ordinaire de la vérification des réparations qu'il n'a pas justifié avoir faites et dont le montant doit être pris sur les fonds arriérés de l'entretien.

BEAUREGARD, vice-président, CAYLA, BONNET-LADEVÈZE, MONESTIER, RIVIÈRE, procureur général, PAULET, secrétaire général.

Du onzième du mois d'avril mil sept cent quatre-vingt-onze. En Directoire. MM. de Noyant, président, Beauregard, vice-président, Monestier, Ferrand, Chazot, du Cayla, Ladevèze, Bonnel, Rivière.

Un des membres a dit, que, par le décret de l'Assemblée nationale des 23, et 24 décembre et 16 janvier dernier, sanctionnés par le Roi, le 16 février aussi dernier, il était mandé, aux Directoires des départements, d'élire un capitaine dans la gendarmerie nationale, ayant servi dix années au moins en qualité d'officier ; quatre lieutenants ayant servi au moins six ans comme officiers, ou huit ans comme maréchaux des logis, ou sergent dans les troupes réglées, dans la maréchaussée ou dans les compagnies supprimées de la maréchaussée ; que, par la même loi, les places de maréchaux de logis dans ladite gendarmerie nationale, doivent être données moitié à des brigadiers, au choix des Directoires des départements, et l'autre moitié, par le même choix, soit aux brigadiers de la maréchaussée, soit à des sous-officiers servant maintenant dans la ligne ou n'ayant pas quitté le service depuis plus de trois ans ; qu'en exécution de cette loi, plusieurs personnes s'étant faites inscrire comme éligibles aux places de ladite gendarmerie avaient été averties, par une lettre circulaire, de produire les actes établissant leur éligibilité ; qu'en conséquence, MM. Vital Urbain, Auguste de Borrel, natif de Mende, ancien page du roi, garde du Corps et commandant la garde nationale du district de Mende et breveté capitaine de cavalerie, avait produit les pièces à l'appui ; Alexandre Aurez Vallongue de Valdezon, du lieu de Vebron, garde du Corps de Monsieur, frère du Roi ; Hyacinthe Ligier, de Marvejols, lieutenant au régiment de Barrois-infanterie ; François-Urbain-Baptiste Borrel de Mende, lieutenant au régiment de Bassigni-infanterie, Charles-Jean-Pierre Cabot de La Fare de Florac, ancien chevau de la garde ordinaire du Roi ; Pierre Thomas Auguste de Borrel, de Mende, ancien garde de la marine et sous-lieutenant de remplacement au régiment de Rouergue-infanterie et actuellement major de la garde nationale de la ville de Mende ; Trophime Laffont, ancien Lieutenant dans le bataillon d'Anduze, actuellement de la garde nationale de la ville de Marvejols ; Jean Laget-Duclos, de Meyrueis, ancien capitaine au régiment d'Angoulême-infanterie ; Claude Thouzellier, de Mende, garde du Corps de Monsieur, frère du Roi ; Sylvestre Bout de Marnhac, d'Aumont, ancien mousquetaire de la garde du Roi ; Jean Charles de Delchamp, natif de Mazienne, diocèse de Laudun, ancien sous-lieutenant de la maréchaussée ; Joseph Portanier, de la Rochette, ancien lieutenant du régiment de Brie-infanterie ; Christophe de Langlade de Montgros, ancien lieutenant dans le régiment de Flandre-infanterie ; Jean-Pierre Roquier de La Valette, ancien mousquetaire de la garde du Roi ; Jean Joseph Victor Randon de La Roche, de Mende, ancien lieutenant au régiment de Chartres, et surnuméraire dans les gendarmes de la garde du Roi ; Jean-Bruno Quinart, de Langogne, ancien gendarme de la garde ; Marie-François Leblanc, de Florac, garde du Corps du Roi ; Pierre-

Jean de Moré, de Montivernoux, ancien gendarme; M. de Lavedrine, de St-Chély, ancien gendarme de la garde et chevalier de St-Louis ; M. du Lauze, ancien capitaine dans le régiment de Touraine-infanterie et chevalier de St-Louis; Antoine-Raymond Bout, chevalier de Marnhac, d'Aumont, ancien mousquetaire de la garde du Roi, se sont fait inscrire et demandent d'être promus aux places de capitaine ou lieutenant dans la gendarmerie nationale, qui sont au choix du Directoire ; que les sieurs Annet de Langlade du Cayla, anciens sous-lieutenants dans le bataillon de Languedoc ; Henri Martin, du Malzieu, ancien brigadier dans le régiment de colonel général ; Isidore Dumont, ancien fourrier du régiment de Lescure; Joseph Cayroche, de Langogne, ancien brigadier au régiment des evéchés ; Antoine Fabre, ancien brigadier au régiment de Conflans-hussard, et actuellement sergent-major de la garde nationale de Marvejols ; M. Alger, ancien maréchal des logis dans le régiment de cavalerie de la reine, major de la garde nationale de St-Chély ; Théodore Ligier de Marvejols, ancien maréchal des logis dans le régiment d'Orléans ; Gabriel Causse, de Meyrueis, ancien sergent des grenadiers dans le régiment de Beauvoisis ; Jean Louis Vieillevigne, de Banassac, premier maréchal des logis du régiment de Hainaut, décoré du médaillon ; Gabriel Cyr Paul, du Collet-de-Dèze, a servi dans le régiment des gardes françaises et actuellement dans les gardes soldées de la ville de Paris ; André Gal, sergent au régiment de Penthièvre ; Louis Plantier de Montvert, du Collet-de-Dèze, sergent dans le Boulonnais ; Breschet, de St-Chély, se sont aussi fait inscrire et demandent d'être élus aux places de maréchaux de logis et de brigadier dans la gendarmerie nationale, qui sont au choix du Directoire; que le sieur Charles Chaldargues, brigadier de la maréchaussée, à la résidence de Langogne, et le sieur Maron, brigadier en ladite maréchaussée, en résidence de Mende, demandent les places des maréchaux de logis destinées aux ci-devant brigadiers de la maréchaussée, et qu'enfin un grand nombre des sujets, inscrits à la liste annexée du présent procès-verbal, demandent d'être élus en qualité de gendarmes nationaux ; que tous les sus-nommés ont produit les actes de leur éligibilité, qu'il propose au Directoire de procurer de suite: 1° à l'examen desdits actes établissant l'éligibilité des sujets qui demandent à être nommés aux places de capitaine et lieutenant à ladite gendarmerie nationale ; 2° à l'examen des preuves d'éligibilité de ceux qui demandent à être élus aux places de maréchaux de logis brigadiers et gendarmes nationaux, et M. Rivière, procureur général syndic ayant été entendu, il a été délibéré de procéder de suite à la vérification desdits actes, et ledit examen ayant été fait par tous les administrateurs du Directoire et le procureur général syndic entendu, il a été déclaré que MM. Ligier, Cabot de La Fare, de Borrel, de Lagrange, Laffont, Duclaux, Thouzellier, de Borrel, cadet. Bout de Marnhac, de Belchamp, Portanier de la Rochette, de Borel l'aîné, de la Lédrine, de Montgros, Randon de la Roche, Roquière de La Valette, Quinzart, de Vallongue, Leblanc, de Moré, d'Alauze et le chevalier de Marnhac, avaient rempli les preuves exigées par la loi du 16ᵉ février dernier et étaient éligibles aux places de capitaine ou de lieutenant dans la gendarmerie nationale, et de suite, ayant été procédé au scrutin pour la place de capitaine, et chacun des administrateurs, ayant l'un après l'autre mis son billet dans le scrutin, et lesdits billets ouverts et recensés, M. Vital Urbain Auguste de Borrel, de Mende, a été déclaré avoir été élu par l'unanimité des suffrages; et, attendu qu'il était déjà fort tard, la séance a été levée, et la suite a été levée et la suite des opérations a été remise à demain 8 heures du matin, et ont signé MM. les administrateurs, procureur général syndic, et secrétaire greffier.

Beauregard, vice-président, Bonnet-Ladevèze, Cayla, Bonnel, Monestier, Rivière, procureur général syndic, Paulet, secrétaire général.

—o—

Du douzième jour du mois d'avril, mil sept cent quatre-vingt-onze, heures de huit du matin, M. de Noyant, président, Beauregard, vice-président, Monestier, Ladevèze, Chazot, Cayla, Bonnel, Ferrand, Rivière,

Et procédant à la continuation des opérations discontinuées par le procès-verbal du jour d'hier ; chacun des administrateurs ayant mis un billet dans le scrutin, et lesdits billets recensés, M. Claude Thouzellier de Mende a été déclaré élu à la pluralité absolue des voix à la place de lieutenant à la gendarmerie nationale, et de suite il a été procédé au scrutin pour la seconde place ; et les billets ayant été mis et recensés, M. Hyacinthe

Ligier, de Marvejols, a été déclaré élu à la pluralité absolue des suffrages. Il a été procédé au 3ᵉ scrutin et, les billets ayant été lus et recensés, il a été déclaré que personne n'avait obtenu la pluralité absolue des suffrages ; et ayant procédé à un autre tour de scrutin, les billets lus et recensés, M. Alexandre Aurès, de Vallongue et Randon de La Roche, ont été proclamés avoir obtenu le plus grand nombre suffrages, mais aucun la pluralité absolue, et qu'en conséquence, il serait procédé à un troisième scrutin sur ces deux Messieurs ; et ayant procédé audit 3ᵉ scrutin et les billets lus et recensés, ledit sieur de Vallongue a été déclaré élu à la place de lieutenant de la gendarmerie nationale, et, ayant procédé au scrutin pour la 4ᵉ place, et les billets lus et recensés, il a été déclaré que personne n'avait obtenu la pluralité absolue des suffrages ; et, ayant procédé à un nouveau tour de scrutin, M. Christophe de Langlade de Montgros, a été déclaré avoir obtenu la pluralité absolue des suffrages, et être nommé à la place de lieutenant de la gendarmerie nationale, et, dans le temps qu'on allait procéder au scrutin des maréchaux de logis, un des membres a dit : qu'il était autorisé à prier l'assemblée, au nom des sieurs Trophime Laffont et Thomas Auguste de Borrel de Lagrange, déclarés éligibles pour les places d'officier de la gendarmerie nationale, de les nommer à celles de maréchaux de logis, qu'ils accepteraient avec plaisir ; et de suite, ayant procédé par scrutin, les billets lus et recensés, ledit sieur Pierre-Thomas-Auguste de Borrel de La Grange, a obtenu la pluralité absolue des suffrages et a été proclamé premier maréchal des logis. Il a été procédé à un second scrutin, et, les billets ouverts lus et recensés,

M. Trophime Laffont, a été proclamé à la seconde place de maréchal des logis, ayant obtenu la pluralité absolue des suffrages, et, ayant été procédé à un autre scrutin, les billets lus et recensés, M. Henri Martin, du Malzieu, ayant obtenu la pluralité absolue des suffrages, a été déclaré élu à la 5e place de maréchal des logis ; et, attendu que par la loi du 16e février dernier, la moitié des places de maréchaux de logis doit être donnée à des brigadiers de l'ancienne maréchaussée, au choix des Directoires des départements, un membre a proposé de procéder de suite, au choix desdits maréchaux de logis, entre ceux desdits brigadiers qui ont été déclarés éligibles par le procès-verbal.

Il a été en conséquence procédé à un premier scrutin et les billets lus et recensés, le sieur Judergues, brigagadier à Marvejols, a obtenu la pluralité des suffrages, est déclaré élu maréchal des logis. On a procédé à un second scrutin et les billets lus et recensés, M. Noyer, brigadier à Langogne, ayant obtenu la pluralité absolue des suffrages a été aussi élu maréchal des logis ; et, ayant été procédé à un troisième scrutin les billets lus et recensés, M. Marron, brigadier à Mende, a été élu maréchal des logis, comme ayant obtenu la pluralité des suffrages.

Après quoi, un des membres a dit : qu'il fallait procéder à la vérification des titres d'éligibilité des anciens sous-officiers, servant maintenant dans la ligne depuis plus de trois ans, qui réclamaient les places de brigadier dans ladite gendarmerie nationale, dont le nom est inscrit dans la liste annexée au présent procès-verbal, et M. le procureur général syndic entendu, il a été délibéré de procéder à ladite vérification ; mais, pendant ladite opération, il s'est élevé entre MM. les administrateurs deux difficultés : la première, si la loi du 19 janvier dernier, qui porte que les officiers de tout grade, qui ayant servi dans les troupes de ligne jusqu'au commencement de la révolution, sont entrés depuis cette mémorable époque dans les gardes nationales et y ont fait un service continuel et actif jusqu'au moment de la nouvelle organisation de l'armée, ont conservé leur titre d'activité, était applicable aux sous-officiers et soldats; et si ceux d'entre eux qui avaient quitté le service depuis moins de trois ans avant la révolution, ceux qui, depuis cette époque, avaient fait un service continuel et actif dans les gardes nationales, jusqu'à ce moment, étaient éligibles aux places de brigadier et de gendarmes nationaux ; la seconde, si l'âge déterminé par l'article 6 de la loi du 16e février entre 25 et 45 pouvait être exigé par les brigadiers et gendarmes nationaux dans la formation actuelle ; et, pour éclaircir ces deux difficultés, il a été unanimement délibéré de consulter le ministre du Roi, et de suspendre la nomination des brigadiers et la formation de la liste des gendarmes nationaux jusques au moment ou l'on aura pu recevoir sa réponse, et de suite il a été procédé, par scrutin, à la nomination du secrétaire en ladite gendarmerie, et, les billets ayant été ouverts, le sieur Renouard, ayant obtenu la pluralité absolue des suffrages, lequel, ayant été mandé venir, a prêté le serment civique et promis de bien et fidèlement remplir les fonctions de sa place.

Après quoi, un des membres a dit : que le choix fait des sieurs Sadergues, Noger et Marron, pour la place de maréchaux des logis, laissait vacantes trois places de brigadier, qui, au terme de l'article 10 du titre 7 de la loi du 16 février, doivent être données à ceux des cavaliers de la ci-devant maréchaussée, qu'ils jugeront les plus dignes ; et, comme le Directoire n'a pas encore recueilli les diverses notes qui attesteront la capacité et les talents des divers cavaliers qui forment les brigades en activité dans le département de la Lozère, il a proposé différer cette nomination jusqu'au moment où l'on procédera à l'élection des autres brigadiers, et M. le procureur général syndic entendu, cette proposition à été unanimement adoptée. Fait, clos et arrêté ou rendu en Directoire, le susdit jour 12 avril, mil sept cent quatre-vingt-onze.

BEAUREGARD, vice-président, CAYLA, BONNET-LADEVÈZE, BONNEL, MONESTIER, RIVIÈRE, procureur général syndic, PAULET, secrétaire général.

—o—

Du quatorze avril, mil sept cent quatre vingt-onze. MM. Beauregard, vice-président,, Cayla, Bonnet-Ladevèze, Ferrand, Rivière, procureur général syndic.

Vu la lettre écrite par le sieur Limouzin, fermier des herbages et montagnes de la Villedieu, qui se plaint de ce que quelques particuliers veulent s'opposer à ce qu'il jouisse desdits herbages appartenant à la Nation, et inquiéter les bergers du Languedoc, à qui on les sous-afferme pendant l'été, et l'avis du Directoire du district de Mende du 13e de ce mois ; ouï le rapport, et M. Rivière, procureur général syndic entendu, le Directoire du département de la Lozère, enjoint à la municipalité de la Villedieu, de procurer, par tous les moyens qui sont en son pouvoir, au fermier de la Nation, la libre exploitation et paisible jouissance des herbages et montagnes de la Villedieu, et, en cas de résistance ou entreprise de la part de quelque habitant, d'en faire la dénonciation circonstanciée au Directoire, à peine, par les officiers municipaux, en cas de négligence de leur part, de répondre en leur propre nom de la non perception des revenus nationaux.

BEAUREGARD, vice-président, CAYLA, BONNET-LADEVEZE, RIVIÈRE, procureur général syndic, PAULET, secrétaire général.

—o—

Du quatorzième avril, mil sept cent quatre-vingt-onze. MM. de Beauregard, vice-président, Monestier, Ferrand, Bennet-Ladevèze, Cayla, Rivière, procureur général syndic.

Un membre a dit, que M. Viennet, capitaine lieutenant de la ci-devant maréchaussée, avait obtenu, des administrateurs du Directoire du département de l'Hérault, une délibération qui, rendant compte des services qu'il a rendus dans la ci-devant province du Languedoc, et attestant la manière loyale et désintéressée avec laquelle il s'est acquitté de ses fonctions, a arrêté, à l'unanimité, que le Ministre de la guerre serait prié de demander au Roi, qu'il veuille bien le nommer à la place de colonel, chef de la division de la gendarmerie nationale, pour les trois départements de l'Hérault, du Gard et de la Lozère ; que ces administrateurs, plus à portée que nous d'apprécier les vertus, les talents et le civisme dudit sieur Viennet, n'ont émis ce vœu, qu'afin de procurer à cette division, un colonel capable de procurer, aux trois départements, tous les avantages qui doivent résulter de la formation de la gendarmerie nationale ; qu'en conséquence, il propose de concourir, autant qu'il sera en nous, à l'admission de ce vœu. Et M. le procureur général syndic entendu, il a été arrêté à l'unanimité, qu'en joignant les instances du Directoire à celles des administrateurs du département de l'Hérault, le ministre de la guerre sera prié de demander au Roi, qu'il veuille bien nommer, à la place de colonel en chef de la division de la gendarmerie nationale pour les trois départements de l'Hérault, du Gard et de la Lozère, le sieur Jean-Antoine-Esprit Viennet, lieutenant, commandant actuellement la maréchaussée dans l'ancienne province de Languedoc.

BEAUREGARD, vice-président, DU CAYLA, BONNET-LADEVÈZE, MONESTIER, RIVIÈRE, procureur général, PAULET, secrétaire général.

Du 26ᵉ avril, mil sept cent quatre-vingt-onze. MM. de Beauregard, vice-président, Monestier, Bonnel, Cayla, Rivière, procureur général syndic.

Vu le procès-verbal d'adjudication des ouvrages à faire pour réparer quatre parcelles de la grande route du Bas-Languedoc en Auvergne, dans l'étendue de la 5ᵉ Division, et entre les possessions de la demoiselle Mercier et la fontaine du Bois des Prêtres, qui a été faite par le district de Mende, le 9 du courant, à Amouroux et Lapize, sous le cautionnement de Bros, au prix de 512 livres, moyennant lequel ils ont promis de faire les réparations conformément au devis qui en a été dressé par le sieur Boissonnade, cadet ; le Directoire du département, ouï M. le procureur général syndic, a autorisé et autorise ladite adjudication.

BEAUREGARD, vice-président, BONNEL, CAYLA, MONESTIER, PAULET, secrétaire général.

—o—

Du vingt-huit avril, mil sept cent-quatre-vingt-onze. En Directoire. MM. Beauregard, vice-président, Cayla, Monestier, Bonnel, Rivière, procureur général syndic.

Un membre a dit : Messieurs, l'Assemblée nationale, en décrétant les limites des départements et des districts, a sans doute prévu que sa sagesse pourrait avoir été quelquefois trompée sur les localités. Elle a vu que les députés des baillages, intéressés à favoriser les villes qui les avaient honorés de leurs suffrages, faisaient les plus grands efforts pour leur procurer les établissements les plus avantageux, et sacrifiaient quelquefois dans la démarcation des limites déterminées, n'étaient que provisoires et ne devaient subsister que jusqu'à ce que le Corps, éclairé par les observations de divers départements, aurait connu qu'elles doivent être maintenues ou changées.

L'Assemblée nationale a invité tous les corps administratifs à lui faire connaître les erreurs, pour qu'elle put les réparer. Par son instruction sur les fonctions des assemblées administratives, elle trace les règles que les administrateurs du département doivent suivre pour y parvenir.

Si les Directoires des deux départements sont d'accord, ils feront parvenir leur aveu commun au Corps législatif ; s'ils ne sont pas d'accord, ils lui adresseront des mémoires. Dans l'un et dans l'autre cas, ils enverront, avec leurs mémoires, les avis des Directoires des districts intéressés, qu'ils auront préalablement entendus.

Les paroisses de Chanaleilles, Thorax, Véreyroles, St-Vénérand, St-Christophe, Vabres, Croisances, Vazeilles, Esplantat, Grèzes-la-Clause, Monistrol, Cubelles, Ventuéjols, la Bessière-St-Mari, St-Préjet-d'Allier, qui formaient partie de l'ancien Gévaudan, vous ont porté des vœux réitérés, pour, qu'en suivant ces formes, vous les fissiez parvenir au Corps législatif.

Vous avez écrit au Directoire du département de la Haute-Loire pour lui proposer cet accord. Il s'est refusé à vos sollicitations, il ne nous reste donc qu'à entendre le district intéressé, et à envoyer vos mémoires à l'Assemblée nationale.

Mais, c'est à vous à faire connaître les obstacles physiques et moraux, qui s'opposent à la conservation des limites établies par vos députés.

Vous le savez, Messieurs, la ci devant province du Gévaudan est bornée au Nord et partie à l'Est, par la montagne de la Margeride, qui se prolonge plusieurs lieues dans le Velay ; cette montagne, l'une des plus élevées qu'ait la France, est coupée de l'Est à l'Ouest, et la rivière d'Allier, qui servait de limite aux deux provinces ; les bords sont tellement escarpés et profonds qu'il est impossible de les gravir à cheval, et qu'un voyageur emploie au moins trois heures à parcourir un quart de lieu de superficie, qu'ils présentent sur la carte.

Jamais l'on n'a pu y asseoir un pont ; les Romains le tentèrent vainement, le seul qui existe est presque à sa source et aux portes de la ville de Langogne.

Dans les sinuosités et les vallons que forment cette montagne jusqu'à l'Allier, il existe quatorze paroisses et une ville, celle de Saugues ; le seul commerce qu'elles ont c'est avec Langogne ; un chemin tracé dans les bas fonds les y conduit aisément et sûrement dans toutes les saisons de l'année ; quelques unes d'elles n'en sont éloignées que de quatre lieues.

En parcourant la carte du pays, l'on y voit un seul

chemin tracé, dont les embranchements conduisent : l'un à Langogne et l'autre à Mende ; l'on s'aperçoit qu'il est même très difficile d'en établir un de Saugues au Puy. outre les obstacles insurmontables que présente le passage de l'Allier, les ingénieurs ne pourraient suivre aucun vallon, ils sont tous dirigés dans un sens contraire ; il faudrait lui faire gravir toutes les montagnes et les sinuosités que forme la Margeride dans le Gévaudan et dans le Velay.

Cette route, qui couterait des sommes immenses, serait même impraticable plus de six mois de l'année ; elle serait obstruée par les neiges qui couvrent alors ces montagnes.

Les députés du Gévaudan et du Velay connaissaient sans doute ces localités ; ils ne pouvaient ignorer que, lorsque pendant l'hiver les habitants de ces paroisses sont forcés de se rendre au Puy, il faut nécessairement qu'ils abandonnent la ligne droite, qu'ils viennent passer à Langogne, et fassent ainsi près de quinze lieues, ou qu'ils descendent par Langeac et par Murat, et parcourent plus de douze lieues ; ils savaient bien que ces paroisses n'étaient éloignées que de quatre lieues de Langogne, où l'on établissait un district, et qu'ils étaient séparés de celle du Puy, par une distance de plus de huit lieues à vol d'oiseau, qui est bien augmentée par les distances que forment les sinuosités des montagnes.

Les députés du Gévaudan avaient dit, dans la note qu'ils firent imprimer, page 10, « les obstacles moraux ne sont pas moins puissants ; les habitants de ces pays n'ont pas les mêmes habitudes, le même caractère ; tout diffère entre eux ; une espèce d'antipathie, qu'on sent plutôt qu'on ne définit, les sépare depuis des siècles.

La nature a isolé ces pays, et elle les a bornés par des barrières insurmontables, il est absurde de vouloir les franchir.

Pourquoi donc ces députés ont-ils franchi ces barrières ? Pourquoi n'ont-ils pas donné à ces départements les mêmes limites que la nature avait donnés ? Pourquoi ont-ils méprisé, pour ces paroisses seules, les règles qu'ils ont suivies pour les autres ? Pourquoi n'ont-ils pas craint pour elles les dangers que présentaient ces rapprochements entre gens divisés par une espèce d'antipathie ?

Le Gévaudan était séparé du Velay par la rivière de l'Allier : c'était une limite naturelle que les décrets leur enjoignaient de respecter.

Les dangers que présentait cette réunion avaient été peints avec une énergie et une vérité qui avaient mérité à vos députés l'estime de leurs commettants. Ils ne pouvaient donc pas abandonner, pour une partie, les conséquences qui résultaient de leurs principes.

Et ne croyez pas, Messieurs, que la superficie qu'occupent ces paroisses soit bien considérable et que le département de la Haute-Looire souffrit beaucoup de cet abandon.

Cette superficie n'est que de quatorze lieues carrées, et elle est si peu habitée qu'on ne peut en former qu'un seul canton qui ne présente qu'environ trois cent citoyens actifs.

Mais ces paroisses sont habitées par des hommes robustes et vigoureux ; l'âpreté du climat influe prodigieusement sur leur caractère et leurs mœurs ; et ce n'est que par des soins continuels, que les municipalités voisines, que les amis de la paix et de la Constitution, sont parvenus à les empêcher de s'en venger sur Saugues, qu'ils accusent être la cause de ce qu'ils regardent comme un véritable malheur, et à les porter à déférer, à l'Assemblée nationale, leurs plaintes et leurs réclamations.

La ville de Saugues était, et est encore partagée entre deux partis ; le juge et les praticiens sont à la tête de celui qui domine ; les cultivateurs sont ceux qui sont opprimés. A la fin de janvier, des députés, de la ville du Puy, vinrent leur proposer de prendre une délibération pour consentir à être réunis au département du Puy, le prix de cette délibération était une Cour de justice.

L'on sent aisément que la proposition ne fut pas rejetée ; mais à peine cette délibération fut-elle connue, qu'elle excita les plus vives réclamations ; les paroisses voisines craignirent qu'on ne pensât que ce vœu était le vœu général du pays, et que son intérêt demandait que cette partie du Gévaudan fut séparée du département de la Lozère.

Nous étions alors dans les circonstances critiques où les habitants des campagnes, brisant le joug sous lequel ils avaient gémi, pendant tant de siècles, sentaient enfin leurs forces individuelles, et paraissaient décidés à s'en prévaloir. Le premier cri, qui se fit entendre, fut celui de l'indignation, et la première résolution prise fut celle d'aller châtier une ville, qui avait cru pouvoir disposer arbitrairement du sort des paroisses qui l'entourent.

La nouvelle qui parvint dans le moment que cette délibération avait eu son effet, acheva d'exalter cette première effervescence : Saugues fut dans le plus grand danger.

Les municipalités voisines furent obligées d'employer leur modération ; elles eurent bien de la peine à faire consentir les habitants à porter leurs réclamations à l'Assemblée nationale ; on leur indiqua la route que la loi leur avait tracée, et ils n'ont négligé aucun des moyens qu'elle leur avait indiqués.

Le 25 avril, ces paroisses, extraordinairement assemblées, ayant appris que les commissaires du Roi étaient proposés pour entendre les plaintes, et faire droit aux réclamations, délibérèrent de les rendre les interprètes de leur respect, pour les décrets de l'Assemblée nationale, de l'affliction qu'elles éprouvèrent de voir que les réclamations, qu'elles avaient déjà faites, n'avaient pas été écoutées ; de recevoir des ordres de commissaires de la Haute-Loire, pour concourir à la formation de ce département ; de l'impossibilité où elles étaient de consentir librement à cette réunion. En conséquence elles prièrent instamment les commissaires de les admettre provisoirement à concourir à la formation du département de la Lozère, persuadées que, tôt ou tard, l'Assemblée nationale aurait égard à leurs justes reclamations.

Les commissaires du Roi, de ce département, déférèrent ces plaintes à ceux du département de la Haute-Loire.

Mais, ce ne fut que sur les plus pressantes sollicitations d'un député à l'Assemblée nationale que ces habitants consentirent à envoyer des électeurs aux assemblées du canton et du département de la Haute-Loire, et si les électeurs ont suivi leur mandat, ils n'ont dû s'y présenter que pour énoncer leurs protestations.

Et comme ils sont persuadés que cette décision influera puissamment sur leur tranquillité et sur leur bonheur, ils ont réclamé l'appui de la municipalité de Langogne, du district de cette ville du département de la Lozère.

Ils exposent les obstacles, physiques et moraux, qui s'opposent à leur réunion au département de la Haute-Loire et au district du Puy ; ils supplient l'Assemblée nationale de ne pas rompre les liens politiques qui les unissent, depuis tant de siècles, au Gévaudan ; de ne pas multiplier, pour eux, les difficultés de leur procurer l'avantage, dont jouissent les français, de parvenir aisément auprès de leurs juges et de leurs administrateurs.

Voilà, les principales raisons sur lesquelles les habitants de ces paroisses forment leurs réclamations et les communiquent au Directoire du département de la Haute-Loire, et les portant à l'Assemblée nationale. Vous remplirez votre devoir et vous préparerez les moyens qui peuvent remplir les vœux des habitants de ces paroisses.

Ainsi, j'ai l'honneur de vous proposer de consigner mon dire dans vos registres, pour servir de mémoire ; d'entendre ce district de Langogne, pour, sur le vu de son avis, être pris telle délibération qu'il conviendra.

Sur quoi, ouï le procureur général, il a été délibéré de consigner le dire ci-dessus, dans le registre des délibérations du Directoire, pour servir de mémoire, et d'en envoyer copie au district de Langogne, pour, sur son avis, être statué ce qu'il conviendra.

BEAUREGARD, vice-président, BONNEL, CAYLA, MONESTIER, PAULET, secrétaire général.

Du sept mai, mil sept cent quatre-vingt-onze. MM. de Beauregard, vice-plésident, Ferrand, Bonnet-Ladevèze, Rivière, procureur général syndic.

Vu les pétitions nombreuses, qui ont été faites par les curés des différents districts du département à ce qu'ils soient autorisés à obtenir un terrain de l'étendue d'un demi-arpent, mesure du Roi, pour établir leur jardin, conformément au décret du 18e octobre 1790, sanctionné le 25 du même mois, le Directoire du département, considérant que la loi qu'on invoque ne peut souffrir aucun doute vis-à-vis des curés dans la dominicature desquels il y a des fonds qui puissent être destinés à cet usage, arrête, d'après le rapport et l'avis de M. le procureur général syndic, que tous les Directoires des districts des départements sont autorisés d'envoyer sans délai, dans toutes les municipalités dans lesquelles les curés ont formé ou formeront des pétitions de cette nature, un expert, qui, en présence de la municipalité procédera à mesurer l'étendue des jardins dépendant des presbytères, et s'ils n'ont pas celle d'un demi arpent mesure du Roi, dont la détermination se trouve fixée fixée dans le titre 3 des décrets, concernant la contribution foncière à cinquante deux perches de vingt-deux pieds chacune, et contient par conséquent, vingt-quatre mille deux cent pieds carrés, ou six cent septante-deux toises carrées et deux neuvièmes, la toise de six pieds et le pied de douze pouces, on leur donnera, dans les fonds du presbytère les plus voisins de l'ancien jardin, ou encore mieux, des fonds qui peuvent les confronter, pourvu qu'ils appartinsent, par le passé, à la cure, autant de terrain qu'il pourra en manquer pour qu'ils aient pour l'établissement de leur jardin la contenance déterminée par le décret. Arrête en outre, que les curés, qui n'avaient pas de jardin, seraient également autorisés à en réclamer un, de l'étendue d'un demi-arpent, sur les fonds de toute autre nature qui appartenaient à leur bénifice, engageant les experts, commis à cet effet, et les municipalités, devant lesquelles on procèdera à ces vérifications, de choisir les fonds les plus rapprochés de la maison curiale, les plus propres, par la nature de leur terrain, à être cultivés en jardin et ceux dont la soustraction pourra le moins nuire à la vente des biens. Arrête enfin qu'il n'y a lieu à délibérer, quant à présent, sur la pétition de tous les curés, qui ne se trouvent pas dans les cas déterminés dans la présente délibération.

BEAUREGARD, vice-président, BONNET-LADEVÈZE, BONNEL, FERRAND, RIVIÈRE, vice-procureur général syndic, PAULET, secrétaire-général.

Du 9ᵉ mai, mil sept cent quatre-vingt-onze. En Directoire, MM. Beauregard, vice-président, Chazot, Ferrand, Ladevèze, Bonnel, Rivière.

Sur la pétition faite par la commune du Pompidou, que les communes de St-Martin-de-Cancellade, et de Molezon, formassent un canton dont le Pompidou serait le chef-lieu ; vu la délibération et l'avis du district de Florac ; ouï le procureur général syndic, le Directoire du département a renvoyé à prononcer sur ladite pétition, lorsqu'en exécution du § 3 de l'instruction de l'Assemblée nationale, concernant les fonctions des assemblées administratives, il formera l'ensemble de tous les cantons du département de la Lozère.

BEAUREGARD, vice-président, BONNEL, BONNET-LADEVÈZE, FERRAND, CHAZOT, RIVIÈRE, procureur général, PAULET, secrétaire général.

—o—

Du même jour, neuf mai mil sept cent quatre-vingt-onze. En Directoire, MM. de Beauregard, vice-président, Chazot, Ferrand, Ladevèze, Bonnel, Rivière.

Un des membres a dit, que le conseil d'administration

avait délibéré, le 25 novembre dernier, que la paroisse de St-Germain-de-Calberte serait et ressortirait du du canton de St-Etienne-de-Valfrancesque ; que celle de St-André-de-Lancize, ressortirait du Pont-de-Montvert, et celle de St Martin-de-Lansuscle, de celui de Ste-Croix ; que les municipalités ont pris différentes délibérations dans lesquelles elles exposent les obstacles physiques qui s'opposent à cette formation et les avantages qui résulteraient pour elles de leur union en un seul canton dont le chef-lieu serait St-Germain-de-Calberte; que depuis le mois de novembre ils n'ont pu participer au bienfait de la Constitution ; qu'un vœu prononcé si fortement par les administrés a été accueilli par les administrateurs du district de Florac qui, par leur délibération du 11e janvier dernier, qu'il est impossible, dans le moment, de juger définitivement cette question ; que les cantons doivent être formés dans un plan général qui embrasse tous les points du département, et l'avis du Directoire du district appuyé des motifs qui l'ont dirigé, mais que rien n'empêche que, provisoirement, le Directoire ne permette à ces municipalités de former le canton dont elles demandent l'établissement avec tant d'instance ; qu'en conséquence, il propose de distraire la paroisse de St-Germain-de-Calberte du canton de St-Etienne-de-Valfrancesque; celle de St-André-de-Lancize, de celle du Pont-de-Montvert ; celle de St-Martin-de-Lansuscle, de celui de Ste-Croix, et d'en former un canton dont le chef-lieu serait St-Germain-de-Calberte. Sur quoi, le procureur général syndic entendu ; vu la délibération desdites municipalités et l'avis du district de Florac, énoncé, il a été délibéré que la paroisse de St-Germain-de-Calberte serait distraite du canton de St-Etienne-de-Roqueservière ; celle de St-André-de-Lancize de celui du Pont-de-Montvert, et celle de St Martin-de-Lansuscle de celui de Ste-Croix, et que, provisoirement, il sera formé, desdites trois paroisses, un canton dont le chef-lieu sera le bourg de St-Germain-de-Calberte.

Beauregard, vice président, Chazot, Bonnet-Ladevèze, Bonnel, Ferrand, Rivière, procureur général, Paulet, secrétaire général.

—o—

Du même jour, neuf mai mil sept cent quatre-vingt-onze. En Directoire. MM. Beauregard, vice président, Chazot, Ladevèze, Bonnel, Ferrand, Rivière.

Un des membres a dit que les papiers publics annoncent que le deux de ce mois, l'Assemblée nationale, frappée des inconvénients qu'entraînaient nécessairement les alternats, avait décrété que le comité de division du royaume serait tenu, sous huitaine, de présenter un décret sur leur suppression ; qu'il paraîtrait convenable de faire connaître la position des villes de Mende et de Marvejols, qui ont été désignées pour recevoir alternativement l'administration du département de la Lozère;

Que Mende, est au centre du département ; qu'il n'est aucun canton, aucune municipalité d'où l'on ne puisse y arriver dans un jour ; que Marvejols est totalement excentrique ; que tous les chemins, faits depuis quarante ans, sont dirigés vers le centre et très peu vers Marvejols ;

Que de tous les cantons du district de Langogne, de celui de Villefort, et de quelques-uns de celui de Florac, il faut passer par Mende pour aboutir à Marvejols ;

Que telle est au contraire la position de Marvejols, qui, placée sur la même ligne que Mende, du couchant au levant, et n'ayant derrière elle que les montagnes d'Aubrac, peu de cantons sont obligés de passer par Marvejols pour aboutir à Mende, de la Canourgue, et de la plus grande partie du district de St-Chély, l'on parvient, dans un temps à peu près égal, à ces deux villes, et que de quelques districts l'on ne peut pas arriver à Marvejols dans une seule journée ; que la population de Mende est au moins un tiers plus considérable que celle de Marvejols ; que les établissements de tout genre y sont multipliés ;

Que le vœu du département n'est pas équivoque ; que lors de l'Assemblée baillagère, cette question fut agitée pour la formation d'un tribunal d'appel, où devait ressortir toute l'ancienne province du Gévaudan ; que sur 80 commissaires votants, Marvejols obtint trois voix ; les sieurs Sevennes et Osty, députés de cette ville et le consul de Chirac, soixante-dix-sept se décidèrent en faveur de Mende ;

Qu'à ces considérations puissantes, je joint encore des convenances que la révolution a amenées ;

Que le conseil d'administration et le Directoire du département se sont assemblés à Mende et y font leur établissement ; que le 7 mars dernier, l'Assemblée nationale a rendu un décret, qui autorise ses administrateurs à acquérir, de la municipalité de Mende, la maison commune et ses dépendances, pour y placer le département et le district ; qu'elle les a aussi autorisés à y faire les réparations au devis estimatif, montant cinq mille deux cent quatorze livres à la charge, par la municipalité, d'acquérir, des deniers de la vente, celle des Carmes ou toute autre maison nationale ; qu'en exécution de ce décret, les plans des réparations mis aux enchères l'adjudication est sur le point d'être faite, et, que la municipalité a pris des arrangements pour acheter la maison des Carmes pour y changer les établissements.

D'après ces motifs, il a été proposé d'énoncer un vœu à l'Assemblée nationale et à son Comité de division du Royaume, pour qu'ils veuillent bien fixer l'alternat de l'administration du département de la Lozère dans la ville de Mende.

Sur quoi, ouï le procureur général syndic, il a été unanimement délibéré de faire transcrire, dans ses registres, les faits co-arrêtés et de former un vœu auprès de l'Assemblée nationale et du Comité de division du Royaume, pour que l'alternat soit fixé dans la ville de Mende.

BEAUREGARD, vice-président ; CHAZOT, BONNET-LADEVÈZE, BONNEL, FERRAND, RIVIÈRE, procureur général, PAULET, secrétaire général.

Du 9ᵉ jour du mois de mai, mil sept cent quatre-vingt-onze. En Directoire. MM. de Beauregard, vice-président, Ferrand, Bonnet-Ladevèze, Bonnel, Chazot, Rivière, procureur général syndic.

Un membre a dit, que la vente des biens nationaux, qui s'effectue avec tant de célérité dans les départements du Royaume, rend nécessaire de veiller, plus que jamais à Montpellier, à la conservation des biens hypothéqués, dans le département de l'Hérault, aux fondations faites par Urbain V, pape, en faveur des étudiants en droit et en médecine du diocèse de Mende, dont les rentes étaient ci-devant payées par le ci-devant Chapitre de Montpellier, ou par les religieux de l'abbaye de Valmagne, ordre des Citeaux, diocèse d'Agde ; que cette réclamation est aussi légitime que bien fondée, puisque les décrets de l'Assemblée nationale n'ont aucunement déclaré à la disposition de la Nation, les fonds dont le revenu est destiné à l'éducation publique; mais qu'ils les ont au contraire expressément réservés.

Sur quoi, le Directoire, après avoir entendu M. le procureur général syndic, voulant conserver un droit aussi précieux qu'utile au pays, a délibéré et délibère de prier M. Eimar, administrateur du département et l'un des commissaires des départements de l'ancienne province du Languedoc, actuellement à Montpellier, d'employer son zèle ordinaire pour la chose publique, pour faire auprès du Directoire du département de l'Hérault et tous autres, toutes les diligences nécessaires à l'effet de conserver au département de la Lozère, toutes les propriétés hypothéquées et affectées aux colléges et bourses fondées par Urbain V, en faveur des étudiants du pays, ainsi que de fournir tous actes nécessaires et conservatifs à ce sujet.

Beauregard, vice-président, Ferrand, Chazot, Bonnel, Rivière, procureur général syndic, Paulet, secrétaire général.

—o—

Du onze mai, mil sept cent quatre-vingt-onze. En Directoire. MM. Beauregard, vice-président, Chazot, Bonnel, Rivière, procureur général syndic.

Un des membres a dit, que par décret du 7 mars dernier, sanctionné par le Roi, le 20° dudit mois, l'Assemblée nationale a autorisé les administrateurs du Directoire du département de la Lozère : 1° à acquérir, de la municipalité de Mende, la maison commune et ses dépendances, pour y placer le département et le district; 2° à y faire faire, aux frais des administrés, les réparations énoncées au devis estimatif, montant cinq mille deux cent quatorze livres, à la charge, par la municipalité, d'acquérir, avec les deniers qui proviendront de la vente qu'elle aura faite de la maison commune, celle des

Carmes ou tout autre maison nationale, en observant les formalités prescrites par les décrets de l'Assemblée nationale pour la vente des biens nationaux.

Que la maison qu'occupe dans le moment le Directoire du département a été acquise du district de cette ville par M. de Grollier ; que ce propriétaire demande, avec instance, que le Directoire lui en abandonne la jouissance ; qu'il importe donc de hâter l'exécution de la loi du 20 mai dernier.

Sur quoi, ouï M. le procureur général syndic, il a été délibéré que le Directoire autorise M. le procureur général syndic : 1° à acquérir, de la municipalité de Mende, la maison commune et ses dépendances, au prix de 9,000 livres, déterminé par le rapport des experts, sur lequel est intervenue ladite loi, à condition que les deniers, qui proviendront de ladite vente, seront employés par la municipalité à l'acquisition de la maison des Carmes ou tout autre maison nationale et payée aux termes fixés par les décrets de l'Assemblée nationale pour l'acquisition des biens nationaux ; 2° à faire faire, aux frais des administrés, les réparations énoncées au devis estimatif ; auquel effet il sera tenu de donner lesdites réparations à la moins dite, les affiches ordinaires préalablement faites.

BEAUREGARD, vice-président, CHAZOT, BONNEL, RIVIÈRE, procureur général syndic, PAULET, secrétaire général.

Du vingt-trois mai, mil sept cent quatre-vingt-onze. MM. Beauregard, vice-président, La Chassagne, Ferrand, Bonnel, Chazot, Rivière, procureur général syndic.

Ont comparu MM. les maire et officiers municipaux de la ville de Mende, qui ont présenté au Directoire du département une pétition relative à la lettre de M. de Portail, ministre de la guerre, qui leur a été transmise par M. le procureur général syndic, pour le prévenir qu'il allait arriver un détachement de troupes de ligne, dont la majeure partie devait être placée à Mende, et aux ordres donnés pour faire préparer le logement et les lits; et, lecture faite de ladite pétition et de l'avis du Directoire du district de Mende, M. le président a fait apporter, sur le bureau, les registres de la correspondance du Directoire, exhibé les lettres écrites à M. de Lessart, les 13, 18 et 23 de ce mois, celle écrite aux députés du département à l'Assemblée nationale, le 16 dudit mois, celle écrite aux administrateurs du département du Gard, le 12 dudit, et enfin celle qu'on vient d'écrire à M. de Portail ; lesquelles lettres attestent les efforts qu'à faits l'administration pour dissiper les bruits des troubles qu'on cherchait à répandre, et prévenir l'envoi des troupes qu'on sollicitait.

Et la lecture desdites lettres étant faite, M. le Maire a prié le Directoire de vouloir bien en faire remettre une copie à la municipalité; ce qui lui a été accordé. Lesdits sieurs Maire et officiers municipaux retirés ; vu ladite pétition, l'avis du district et ouï le procureur général syndic, le Directoire du département a autorisé ladite municipalité: 1° à écrire à MM. du Portail, et de Lessart, pour les assurer que la paix et la tranquillité règnent dans cette ville ; 2° de faire vérifier la maison des Cordeliers pour savoir si elle est susceptible de recevoir les troupes qui nous sont annoncées, pour, sur le rapport qui sera fait, être ordonné ce qu'il appartiendra.

BEAUREGARD, vice-président, CHAZOT, BONNEL, ROSIÈRE DE LA CHASSAGNE, RIVIÈRE, procureur général syndic, PALLET, secrétaire général.

— o —

Du vingt-quatre mai mil sept cent quatre-vingt onze. En Directoire. MM. Beauregard, vice-président ; La Chassagne, Bonnel, Chazot, Rivière.

Vu le rapport remis par la municipalité de Mende, en exécution de l'arrêté du 25 du courant ; duquel rapport il résulte que la maison des ci-devant Cordeliers, de cette ville, est susceptible de loger plus de deux cent personnes, non compris huit chambres en état de recevoir les officiers, au moyen de quelques réparations à faire aux vitres de certaines fenêtres, portes des chambres et volets, le Directoire, après avoir entendu M. le procureur général syndic, a autorisé et autorise la municipalité de Mende, à se servir *intérim*, et pour cette fois seulement, de ladite maison des ci-devant Cordeliers, pour caserner le détachement des troupes de ligne qui doit être envoyé dans le département et placé, pour la plus grande partie, en cette ville de Mende.

Comme aussi, arrête, qu'avant de faire procéder aux légères réparations énoncées comme indispensables audit rapport, ladite municipalité sera tenue de présenter un état approximatif de la dépense à laquelle ces réparations peuvent s'élever.

BEAUREGARD, vice-président, CHAZOT, ROZIÈRE DE LA CHASSAGNE, BONNEL, RIVIÈRE, PAULET, secrétaire général.

—o—

Du vingt-cinq mai, mil sept cent quatre vingt-onze. MM. Beauregard, vice-président, Chazot, Bonnel, la Chassagne, Rivière, procureur général syndic.

Il a été délibéré sur les projets d'arrondissement des bureaux d'enregistrement des actes, qu'il serait établi des bureaux dans les villes de Mende, Marvejols, la Canourgue, St-Chély, le Malzieu, Langogne, Villefort, Meyrueis, Florac et St-Germain-de-Calberte, et que les projets seraient envoyés à M. Cambasserès, lequel serait prié d'avoir égard à la recommandation du Directoire en faveur de M. Castanet, receveur des droits d'enregistrement à St-Étienne.

BEAUREGARD, vice-président, CHAZOT, ROZIÈRE DE LA CHASSAGNE, BONNEL, RIVIÈRE, procureur général, PAULET, secrétaire général.

Du vingt-sept mai, mil sept cent quatre-vingt-onze.
MM. Beauregard, vice-président, Chazot, Bonnel, la Chassagne, Rivière, procureur général syndic.

Sur la pétition des sieurs de la Védrine et du Cayla, habitants de la ville de St-Chély, et députés à la fédération, pour ledit district, tendant au payement du traitement qui leur a été fixé ; vu l'avis du Directoire dudit district et ouï le procureur général syndic, le Directoire autorise ledit avis, portant fixation, pour chacun d'eux, à la somme de 224 livres et arrête qu'ils en seront payés par le receveur de leur district sur les premiers fonds à ce destinés qui seront versés dans sa caisse.

BEAUREGARD, vice-président, CHAZOT, BONNEL, ROZIÈRE DE LA CHASSAGNE, RIVIÈRE, procureur général syndic, PAULET, secrétaire général.

—o—

Du vingt-sept mai, mil sept cent quatre-vingt-onze.
MM. Beauregard, vice-président, Chazot, Bonnel, la Chassagne, Rivière, procureur général syndic.

Vu la délibération de la commune de Chanac, expositive des vols et autres désordres, commis enc ette ville; l'avis du Directoire du district de Mende; ouï le rapport de M. le procureur général syndic, le Directoire a autorisé et autorise le susdit avis, seulement en ce qui concerne la dénonciation faite par le procureur de la commune à l'accusateur public, près le tribunal du district de Mende, des auteurs, fauteurs, complices et adhérents des faits mentionnés en ladite délibération, et donne, à la commune de Chanac, l'assurance de prompts secours lorsqu'elle les réclamera pour rétablir ou maintenir l'ordre dans son sein.

BEAUREGARD, vice-président, CHAZOT, BONNEL, ROZIÈRE DE LA CHASSAGNE, RIVIÈRE, procureur général syndic, PAULET, secrétaire général.

—o—

Du huit juin, mil sept cent quatre-vingt-onze. MM. de Beauregard, vice-président, Chazot, Bonnel, la Chassagne, Rivière, procureur général syndic.

Vu l'arrêté du Directoire du district de Florac, tendant à être autorisé à accorder, pour l'avenir, des gratifications à ceux qui se présenteront avec des loups tués ou pris en vie ;

Le Directoire du département, considérant qu'il deviendrait trop pénible pour les habitants de la campagne, qui ont pris ou tué des loups, d'être tenus de se rendre à Mende, à l'effet d'y recevoir la gratification qu'on est en usage de leur donner ; ouï le procureur général syndic, a autorisé et autorise le Directoire de chaque district à accorder à l'avenir, à ceux qui se présenteront avec des loups pris ou tués, une gratification de la somme de six livres pour un loup mâle, huit livres pour un loup femelle, et quatre livres pour un louveteau ; à la charge toutefois, par les Directoires, de faire couper, en leur présence, les oreilles desdits animaux.

Beauregard, vice-président, Rivière, procureur général Paulet, secrétaire général.

—o—

Du quatorze juin, mil sept cent quatre-vingt onze.

Un membre a dit : que par la loi du 2 mars dernier, il est ordonné aux départements de choisir et désigner provisoirement, dans l'étendue de leur territoire, les maisons dans lesquelles les ci-devant religieux qui voudront continuer de vivre en commun se retireront, et que la vente des maisons, ainsi choisies et désignées, sera suspendue jusqu'à ce qu'il ait été statué définitivement sur les maisons destinées à réunir lesdits religieux; qu'en exécution de cette loi, il propose de désigner aux ci-devant religieux de ce département, qui voudront continuer à vivre en communauté, la maison ayant ci-devant appartenu aux Bénédictins de la ville de Ste-Enimie ; que cette maison présente tous les avantages qu'on peut désirer pour la couventualité ; qu'elle est située dans le climat le plus chaud du département, et qu'il serait impossible de trouver des acquéreurs ; sur quoi, ouï le procureur général syndic, il a été délibéré que la maison ayant appartenu aux Bénédictins, à Ste-Enimie, serait désignée pour recevoir les ci-devant religieux des maisons du département, qui voudraient continuer à vivre en commun, et qu'à cet effet, la vente de ladite maison sera suspendue jusqu'à ce qu'il ait été statué définitivement sur les maisons destinées à réunir lesdits religieux.

Beauregard, vice-président, Monestier, Cayla, Rivière, procureur général, Paulet, secrétaire général.

—o—

Du quinze juin mil sept cent quatre-vingt-onze.

Le Directoire du département de la Lozère, vu le mémoire du sieur évêque de son département et l'avis du district, de ce jourd'hui ; ouï le procureur général syndic ; considérant que tous les objets énoncés à la dite pétition sont nécessaires pour la décence et la solennité du culte, a délibéré d'émettre un vœu, auprès de l'Assemblée nationale, pour qu'elle veuille bien faire les fonds nécessaires pour les dépenses qu'elles occasionnent, et néanmoins, attendu que l'état actuel des choses ne permet pas de renvoyer les personnes employées aux offices, nommés à la demande de mon dit sieur évêque, il a été délibéré que le garçon de la sacristie, les enfants de chœur, les deux bédeaux, l'organiste et le sonneur de cloches continueront à remplir leurs emplois jusqu'à la réponse de l'Assemblée nationale ; et vu qu'il n'y a point de fabrique dans l'église de Mende, que les frais par conséquent ne peuvent être pris que dans les fonds nationaux, ordonne qu'ils seront payés provisoirement sur les fonds des biens nationaux.

Beauregard, vice-président, Cayla, Rivière, Paulet, secrétaire général.

—o—

Du vingt-cinq juin mil sept cent quatre-vingt-onze. Le vice-procureur général syndic du département de la Lozère, qui a vu la requête présentée, le 24 de ce mois, au tribunal du district de Florac, par le sieur Jacob Meynadier, conseiller au grand Conseil de la République de Genève, tendant à obtenir la main levée, pure et simple, des biens ayant appartenus à autres Jocob et Pierre Meynadier, père et fils, ses aïeuls et père, religionnaire fugitifs de la ville de Barre, leur patrie, et retirés à Genève, les dits biens situés dans le district de Florac, et désignés dans les actes annexés à la requête dudit sieur Meynadier ; vu encore lesdits actes consistant, savoir, en un certificat du Conseil de la République de Genève, qui contate que le même Meynadier, demandeur et le sieur Pierre-François Meynadier son frère, sont descendants de Jacob Meynadier, à qui les biens dont il s'agit appartenaient, ledit certificat, en date du 17 janvier dernier ; puis un extrait en forme de testament dudit Jacob Meynadier, du 7 mars 1750, collationné à Genève, le 14 avril dernier, par les sieurs Richard et Butin, notaires, légalisé le lendemain par le Conseil de cette République et en outre par l'agent des affaires de France près la même République ; plus enfin, les extraits en forme des beaux d'adjudication des biens sus énoncés au profit de la régie, des biens des réligionnaires fugitifs, plus en outre l'ordonnance délibérée du tribunal du district de Florac, mise au dos de la requête du demandeur, en date du susdit jour, 24 de ce mois, portant qu'elle sera communiquée au procureur général syndic, du département, déclare qu'étant établi par les actes ci-dessus énoncés et notamment par le testament de Jacob Meynadier, aïeul du demandeur, ainsi que par le certificat du Conseil de la République de Genève, qu'il n'est pas le seul descendant dudit Jacob Meynadier, et par-conséquent le seul en droit de réclamer ses biens, Pierre-François Meynadier son frère y étant appelé tout comme lui, la moitié des mêmes biens est le seul objet qui puisse être adjugé au demandeur, après que sa demande aura été, quant à ce, bien et duement vérifiée et jugée par le tribunal du district de Florac, conformément à la loi du 15 décembre 1790 et à la charge encore que ce demandeur pour ce qui le concerne sera tenu d'en remplir les dispositions.

Fait à Mende, le vingt-six juin mil sept cent quatre-vingt-onze.

Beauregard, vice président, Chazot, Cayla, Monestier, vice-procureur général syndic, Rivière, procureur-général, Paulet, secrétaire-général.

—o—

Du vingt-sept juin mil sept cent quatre-vingt-onze. En directoire. MM. Beauregard, vice-président, Monestier, Chazot, Cayla, Rivière, procureur-général syndic.

Un des membres a dit : Messieurs, vous connaissez les attentats que des couriers nous ont annoncés ; la Constitution qui devait faire et fera le bonheur des Français est attaquée. Le meilleur des rois, entraîné par des conseils perfides, a abandonné Paris et semble vouloir détruire ces décrets salutaires que sa bonté avait préparés et que son amour pour son peuple lui a fait accepter et sanctionner.

Les représentants du peuple français sauront encore braver ce nouvel orage ; la même fermeté qui les a soutenus depuis deux ans ne les abandonnera pas au terme glorieux de la carrière qu'ils viennent de parcourir.

Mais il serait honteux pour nous, nous serions indignes de la confiance dont nos concitoyens nous ont honorés, si nous gardions le silence dans une crise aussi orageuse. Nous tenons dans nos mains l'étendart de la liberté et de la Constitution, nous devons l'élever et les inviter à se ralier à ce signal auguste. Nous devons leur montrer la constitution en danger et les inviter à réunir leurs efforts à ceux de leurs administrateurs. Nous devons les inviter à oublier des rivalités passagères, à faire le sacrifice des intérêts particuliers. Nous devons les inviter à la paix, à la tranquillité, à l'harmonie, au concours général de l'ordre.

Eh quoi! Messieurs, pouvons-nous douter que les habitants de ce département, qui depuis deux ans ont constamment repoussé les horreurs de l'anarchie ; qui presque seuls ont été exempts et des troubles qui ont fait gémir tant de départements soient sourds à nos invitations. Non, Messieurs, fidèles à leurs principes, ils mépriseront, ils repousseront les insinuations perfides des ennemis du bien public.

Mais, sans douter de leurs sentiments, il est de la prudence de surveiller les évènements; en conséquence je vous propose, etc.

Et M. le procureur général syndic entendu, il a été délibéré : 1° que tous les citoyens seront invités à l'union, à la paix, à la concorde, à la soumission aux lois ; 2° que les Directoires des districts, les municipalités et les gardes nationaux seront invités à redoubler de zèle pour le maintien de la Constitution et d'activité pour protéger les personnes et les propriétés, à maintenir dans toute sa plénitude l'ordre établi par les lois, à ne pas interrompre le cours de l'administration et à continuer toute espèce de service avec la même ponctualité ; 3° et attendu qu'il serait imprudent que les administrateurs du Directoire assumassent sur eux le danger des opérations; qu'ils ne sauraient s'entourer de trop de lumière, arrête que MM. les administrateurs du Conseil seront prévenus que, les circonstances continuent à être dans la crise où elles se présentent, le Conseil général de l'administration seront invités à se réunir de suite.

BEAUREGARD, vice-président, MONESTIER, CAYLA, CHAZOT, RIVIÈRE, procureur général syndic, PAULET, secrétaire général.

—o—

Du vingt huit juin, mil sept cent quatre-vingt onze. En Directoire. MM. Beauregard, vice-président, Monestier, Chazot, Cayla, Rivière.

MM. de la garde nationale de Mende, s'étant présentés au Directoire, MM. de Borrel, commandant, Lacoste, Lavilletreux, Robert, capitaines, et Grilliat, lieutenant, ont dit que la troupe avait été vivement affectée, d'un bruit qui se répendait et qu'on cherchait à accréditer; qu'invitée par le Directoire du district de St Chély d'envoyer un détachement dans cette ville, pour réprimer les troubles qu'on cherchait à y introduire, elle ne s'était pas rendue à cette invitation ; que le soupçon d'une pareille indifférence blessait leur délicatesse ; que liés aux gardes nationales de St-Chély, par les liens de la fraternité et par le serment prêté lors de la fédération du 14 juillet 1790, ils seraient inexcusables, si, instruits du danger, qui semblait menacer leurs frères d'armes, ils n'avaient volé à leur secours ; mais que MM. les administrateurs savaient et qu'ils espéraient qu'ils voudraient bien certifier que le 23 de ce mois, lorsqu'ils eurent reçu le verbal du district de St-Chély, ils ne crurent pas devoir leur faire part de la prière qui y était contenue d'amener des gardes nationales et qu'ils se contentèrent de prier M. le commandant de la garde de prévenir la troupe que, si on avait besoin de son secours, les commissaires nommés leur enverraient une réquisition ; que ce ne fut que le 24 au soir qu'ils furent instruits que les gardes nationales de Marvejols et d'Aumont s'étaient portées sur St-Chély.

M. de Beauregard, président, leur a répondu que le Directoire avait cru inutile de leur faire part de l'invitation que celui du district et MM. les gardes nationales de St-Chély leur avait fait; qu'ils avaient été persuadés que les troubles dont ils se plaignaient seraient dissipés par les voies de conciliation et que la force militaire serait peut être dangereuse ; que c'était dans cette persuasion qu'en arrivant à St-Chély ; ils avaient prié les administrateurs du district d'écrire aux gardes nationales d'Aumont pour les prier de suspendre un voyage que les Commissaires croyaient inutile ; qu'il ne pouvait que rendre d'ailleurs la justice qu'était due aux gardes nationales de St-Chély, de Marvejols et d'Aumont, qui ont observé la discipline la plus exacte pendant leur séjour ; mais que l'ordre qu'avaient établi les Corps administratifs de la ville de St-Chély avaient beaucoup contribué par leur exemple à la soumission aux lois que le peuple a manifesté dans l'élection qui s'est faite dans l'Assemblée primaire, avec tout l'ordre et la régularité possible ; que croyant y être envoyés pour rétablir l'ordre et MM. les Commissaires y ont joui de la douce satisfaction de voir régner cette paix, union et concorde qui servent de base à notre bonheur.

Beauregard, vice-président, Chazot, Cayla, Monestier, Rivière, procureur général, Paulet, secrétaire général.

—o—

Du même jour, vingt-huit juin mil sept cent quatre-vingt-onze.

Se sont présentés, MM. les électeurs du canton de la Canourgue, qui nous ont exposé que, malgré la plainte qui a été déjà faite, au Directoire du département, contre le sieur Cavalier, curé de Banassac, à raison des infractions journalières qu'il commet contre la loi, il ne cesse point ses entreprises; que journellement, il se permet les propos et les prédications les plus incendiaires, tant contre la Constitution que contre les fonctionnaires publics qu'elle a institués ; qu'il représente ces derniers, comme inhabiles à remplir les fonctions qui leur sont commises, et cherche à persuader que son église est la seule orthodoxe ; que non content de publier la bulle dans son église paroissiale, il s'est transporté dans la succursale de la Tieule, pour y annoncer et prêcher les mêmes choses. M. Laurent, curé de St-Frézal, l'un d'eux a ajouté, qu'ayant juré de maintenir la Constitution de tout son pouvoir, il doit, en conscience, déférer au Directoire, qu'un particulier lui a rapporté que ledit sieur curé de Banassac a dit publiquement : que l'Assemblée nationale avait anéanti cinq sacrements, et n'avait laissé subsister que le baptême et le mariage; et, tous lesdits électeurs ont prié l'Assemblée d'employer les moyens que la loi a mis dans ses mains pour faire cesser des excès, qui pourraient compromettre la tranquillité publique, et ont signé :

Laurent, curé, Alcais, Micalet, Bonnemaire, Bonnicel, David, Portal, Fages, Pararadan.

Et lesdits sieurs électeurs s'étant retirés, M. le procureur général syndic a dit, que les infractions à la loi, qui étaient dénoncées au Directoire, étaient trop graves pour pouvoir être dissimulées ; qu'il proposait de déférer ladite dénonciation à l'accusateur public du district de Marvejols, afin qu'il use des voies que la Constitution indique pour les faire punir.

Sur quoi, le Directoire du département de la Lozère, a délibéré de dénoncer, lesdites infractions à la loi, à l'accusateur public, près le tribunal du district de Marvejols ; auquel effet, copie du dire desdits sieurs électeurs et de la présente délibération, lui sera envoyée par M. le procureur général syndic.

Beauregard, vice-président, Chazot, Cayla, Monestier, Rivière, procureur général, Paulet, secrétaire général.

Du deux juillet, mil sept cent quatre-vingt-onze.

Sur la pétition de M. Nogaret, évêque du département, tendant à ce qu'il soit autorisé à prendre possession du secrétariat et des archives de l'évêché ; vu ladite pétition et l'avis du Directoire du district de Mende, à suite ; le Directoire du département, ouï le rapport de M. le procureur général syndic entendu, a ordonné et ordonne que, sur la première réquisition qui sera faite à M. de Castellane, ci-devant évêque du même département, il sera tenu de délivrer audit sieur Nogaret, et sur son récépissé, les titres et registres du secrétariat, dont il se trouve encore chargé, et, sur son refus, il sera assigné, au nom et par devant qui de droit, pour être condamné à ladite délivrance.

BEAUREGARD, vice-président, MONESTIER, ROZIÈRE DE LA CHASSAGNE, RIVIÈRE, PAULET, secrétaire général.

—o—

Du six juillet, mil sept cent quatre-vingt-onze.

Vu la pétition de la dame abbesse de Mercoire, tendant à ce qu'il lui soit permis de retirer, des mains des dépositaires, dix-huit couverts d'argent, six cuilliers à ragoût et onze cuilliers à café, trouvés aux armes de la famille de Saint-Sauveur, et à elle donnés par M. de Nozières, son oncle, et compris dans l'inventaire fait des effets de ladite abbaye, ensemble l'avis du district de Langogne, du 5 mai dernier, attestant que lesdits couverts ont été trouvés aux armes de la maison de Saint-Sauveur.

Le Directoire du département de la Lozère, ouï le rapport du procureur général syndic, a délibéré et délibéré que les dix-huit couverts d'argent, six cuilliers à ragoût et onze cuilliers à café, réclamés par ladite dame abbesse de Mercoire, lui seront remis par les dépositaires qui en ont été chargés en vertu de l'inventaire fait sur les meubles et effets de ladite abbaye de Mercoire, et, moyennant ce, valablement déchargés.

—o—

Du même jour.

Un membre a dit : Messieurs, vous avez cru devoir adresser à M. de Lessart, ministre de l'intérieur, un état des sommes que vous avez jugées nécessaires pour l'entretien et leur continuation des routes de votre département. Vous y avez joint les appointements et les salaires de vos ingénieurs, et le résultat s'est porté à la somme de 267,931 livres 5 livres 6 deniers; le ministre, qu'animent l'amour du bien public et le patriotisme, nous a écrit une lettre, le 28 juin dernier, dans laquelle il nous marque : 1° qu'il pense que, d'après l'époque de l'année à laquelle nous nous trouvons parvenus, il y a lieu de croire, que nous pouvons au plus consommer, d'ici à la fin de la campagne, la somme de 200,000 livres ; il ajoute que nous pourrions craindre que les fonds, que nous allons imposer, ne soient pas assez promptement recouvrés, pour fournir à ces travaux déjà trop retardés ; mais qu'il y a lieu d'espérer que l'Assemblée nationale pourra ne pas se refuser à faire faire des avances sur le trésor public, pourvu qu'elle soit certaine, que nous aurons délibéré les fonds nécessaires pour subvenir à la totalité de la dépense ; que ce fonds est entré dans les sous additionnels et que les contributions directes, ainsi que les sous additionnels sont répartis. Enfin, ce ministre nous invite à nous occuper, dès ce moment, de faire passer les adjudications, pour donner, aux entrepreneurs, le temps de faire leurs préparatifs, et même de continuer les travaux, en se constituant dans les avances, dans lesquelles ils doivent toujours être.

Que cette lettre doit servir de règle au département, qu'il convient de réduire la dépense à la somme de 200,000 livres, et de déterminer les objets auxquels cette somme doit être appliquée, et de hâter, le plus qu'il sera possible, le commencement des travaux qui, dans le département de la Lozère, finissent plutôt que dans aucun autre département du royaume ; mais, que ces adjudications seraient inutiles, si l'Assemblée nationale ne se déterminait à accorder les fonds nécessaires ; et, pour se conformer à ses décrets, nous devons lui assurer que ces contibutions foncière et mobilière, ainsi que les sous additionnels, déterminés par la loi du 10 avril dernier, seront incessamment imposés sur les contribuables du département de la Lozère.

Travaux des routes . . .	183,243 fr.
Ouvrages d'art.	12,086 fr. 3 s. 6 deniers.
Appointements et salaires.	9,800 fr.
Total.	205,129 fr. 3 s. 6 deniers.

Il a été délibéré qu'à la diligence du procureur général syndic, il sera de suite procédé, en la forme de droit après les affiches et proclamations usitées, à l'adjudication des ouvrages contenus à la présente délibération.

Que l'Assemblée nationale sera suppliée de vouloir bien faire verser, dans les caisses du département, ladite somme de 200,000 livres.

4° Qu'il sera certifié, à l'Assemblée nationale, que les sommes imposées sur le département de la Lozère, pour la contribution foncière et mobilière, ainsi que les sous additionnels, déterminés par la loi du 10 avril dernier, seront incessamment répartis sur les contribuables, et payés aussi exactement que les années précédentes, dont les receveurs et trésoriers ont été entièrement acquittés.

BEAUREGARD, vice-président, CHAZOT, ROZIÈRE DE LA CHASSAGNE, MONESTIER, RIVIÈRE, procureur général, PAULET, secrétaire général.

Du sept juillet mil sept cent quatre-vingt onze. En Directoire. MM. de Noyant, président, Beauregard, vice-président, Chazot, Ferrand, La Chassagne, Rivière, procureur général syndic.

Un des membres a dit : Messieurs, vous aviez appris par la voix publique les troubles que le fanatisme a excité dans la ville d'Ispagnac, à l'arrivée du curé constitutionnel ; votre sollicitude a été surprise de ne recevoir aucun procès-verbal, ni de cette municipalité ni du district de Florac, dont le zèle et le patriotisme vous sont connus ; vous leur aviez écrit pour leur demander compte de ce silence extraordinaire ; mais votre exprès a été prévenu par celui que le district de Florac vous a envoyé ; il vous a apporté le procès-verbal dressé par les trois commissaires, que le district avait envoyé dans cette ville pour y maintenir la paix publique ; vous avez été surpris et affligés des excès où le fanatisme a conduit un peuple trompé et séduit.

Auriez-vous jamais pu les prévoir, lorsque vous lisiez les lettres de cette municipalité dans lesquelles elle vous assurait que la tranquillité n'avait pas été troublée, qu'elle ne le serait pas lors de l'arrivée du curé constitutionnel ; auriez-vous jamais cru que les officiers municipaux, abandonnant lâchement leur poste, ne prendraient aucune précaution pour prévenir et arrêter l'effervescence du peuple.

Ce verbal vous présente une municipalité inexcusable ; elle vous annonce un complot formé, des excès punissables, que vous devez dénoncer aux accusateurs publics ; mais, en cherchant à faire punir les coupables vous devez encore veillez à l'exécution de la loi ; vous devez montrer, à ce peuple séduit, la force publique prête à venger les infractions qui lui sont faites ; vous devez faire installer le curé d'Ispagnac ; vous devez lui annoncer qu'étant nommé par la Constitution, elle le protégera et le maintiendra.

Vous aurez bien d'autres précautions à prendre, d'autres mesures à combiner ; mais vous devez les différer jusqu'au retour des commissaires que je vous propose d'y envoyer. Vous avez déjà éprouvé combien le moyen est puissant ; la confiance publique a toujours devancé vos commissaires et la paix a toujours été rétablie à leur arrivée.

Aussi, Messieurs, j'ai l'honneur de vous proposer, etc.

Sur quoi, ouï le procureur général syndic, le Directoire du département de la Lozère a délibéré : 1° que MM. Ferrand et Chazot, membres du Directoire, se transporteront en la ville d'Ispagnac, samedi neuf du courant, à l'effet de faire installer, en leur présence, le sieur Richard, élu à la cure d'Ispagnac, et prendre la mesure que leur prudence leur inspirera pour veiller à la sécurité personnelle et à la paix publique ;

2° déclare qu'il met sous la protection de la loi et du département le sieur Richard ;

3° que les brigades de la gendarmerie nationale de Mende et de Marvejols seront convoquées en la ville d'Ispagnac, et que celle de Florac sera requise d'accompagner le dit sieur Richard à son arrivée en la dite ville ;

4° que les gardes nationales de Florac, Mende et Marvejols seront invitées à se tenir prêtes à marcher, sur la réquisition que leur en sera faite, s'il en est nécessaire, soit par lesdits sieurs commissaires, soit par le Directoire du département et que jusqu'à la dite réquisition chacune d'elle restera dans sa municipalité ;

5° que lesdits sieurs commissaires entendront le maire et les officiers municipaux d'Ispagnac, sur les troubles survenus le 5 de ce mois, sur les mesures qu'ils ont prises pour les prévenir et les arrêter, et prendront les éclaircissements nécessaires à ce sujet, pour, sur leur rapport, être statué ce qu'il appartiendra ;

6° que le procureur général syndic enverra, à l'accusateur public, près le tribunal du district de Florac, une copie certifiée du verbal des commissaires du district de Florac, et que les coupables des complots et excès commis en la dite ville d'Ispagnac, lui seront dénoncés.

7° que copie de la présente délibération et dudit procès-verbal sera envoyé à l'Assemblée nationale et aux ministres du Roi.

BEAUREGARD, vice-président, ROZIÈRE DE LA CHASSAGNE, CHAZOT, RIVIÈRE, procureur général syndic, PAULET, secrétaire général.

Du quinzième juillet, mil sept quatre-vingt-onze.

M. le procureur général syndic a dit : Messieurs, l'éclat qu'a fait, dans le public, l'exhumation du sieur Tremoulet, cordelier ; les troubles qu'a manqué d'occasionner l'effervescence dans le peuple exalté par l'indignation que cette opération a produit, vous ont engagé à prier la municipalité de Mende de vous donner les éclaircissements nécessaires pour asseoir une opinion certaine sur cet évènement.

Cette municipalité vous a apporté la délibération qu'elle avait prise le 10 de ce mois; vous y avez vu que c'était les sieurs Latour et Dibon qui étaient les moteurs de toutes ces opérations ; qu'ils avaient dénoncé sur la rumeur publique un prétendu délit; qu'ils se plaignaient que le corps du sieur Trémoulet avait été enterré dans le caveau des Cordeliers et que, par une dérision indécente, on n'avait laissé aux prêtres constitutionnels qu'un cercueil rempli de pierres.

La conduite qu'a tenu la municipalité dans cette occasion, véritablement embarrassante pour elle, est digne de vos éloges.

Elle a vu le zèle opposé au zèle et cherchant à l'entraîner dans une lutte que des prêtres préparaient entr'eux; elle a vu deux vicaires épiscopaux, armés de la loi, demander une exhumation pour constater la vérité des soupçons dont rien n'attestait la réalité; elle a craint d'être compromise ; elle a nommé des commissaires pour constater les faits dont ils se plaignaient et, si les commissaires se fussent renfermés dans les bornes de leur mandat, ils auraient épargné des soins à l'administration et des regrets à la municipalité qui les a commis.

Vous connaissez les opérations de ces commissaires : vous savez que le caveau des cordeliers a été ouvert ; qu'ils y ont vainement cherché le père Tremoulet, qu'ils se sont transportés au cimetière de Saint-Gervais, qu'ils y ont fait ouvrir la fosse ou avait été déposé le corps de ce Cordelier ; que le cercueil en a été ouvert et que le cadavre a été reconnu.

Je vous épargne, Messieurs, la peinture de l'indécence des recherches qu'on a cru pouvoir se permettre, le fait vous est suffisamment connu.

Vous savez que les officiers municipaux, qui avaient assuré dans leur verbal qu'ils n'avaient fait que céder aux désirs impérieux du peuple, ont été muets à l'interpellation que vous leur avez faite de désigner quelqu'un de ceux qui les avaient ainsi contraints ; vous savez les sentiments que cette exhumation inspira au peuple et comment fut calmé le commencement d'une insurrection générale qu'occasionnait l'imprudence d'une pareille conduite et qui pouvait devenir dangereuse.

Si vous ne consultiez que les règles de la justice, ce serait aux tribunaux que vous renverriez les commissaires de la municipalité ; ils ont excédé leur mandat ; ils ont commis un véritable délit que les lois de tous les peuples policés ont puni des peines les plus rigoureuses.

Mais les principes que vous avez suivis jusqu'à ce

moment, vous inspireront sans doute d'être moins sévère ; ces commissaires ont été poussés, pressés ; ils avaient devant les yeux la dénonce de deux ecclésiastiques, de deux vicaires épiscopaux ; pouvaient-ils présumer qu'ils fussent assez imprudents pour dénoncer à la municipalité un délit dont ils ne fussent pas certains.

La conduite de ces deux vicaires est peut être moins excusable, la constitution en assimilant leur élection à celle des premiers pasteurs de l'Eglise leur en commande impérieusement les vertus. C'est par l'exercice de ces vertus qu'ils doivent gagner les cœurs et faire aimer les nouvelles lois dont ils sont l'organe.

Aussi je me bornerai à vous proposer, etc.

Sur quoi le Directoire du département a délibéré : 1° qu'il approuve la délibération de la municipalité de Mende, du 10 du présent mois de juillet ; 2° qu'il improuve la conduite des sieurs Caupert et Bergougne, dans l'exécution de la commission qui leur avait été commise par la dite municipalité ; 3° qu'il enjoint au sieur de La Tour, premier vicaire de M. l'Evêque de Mende, et au sieur Dibon, second vicaire, d'être plus circonspects à l'avenir ; 4° charge le procureur général syndic de donner connaissance de la dite délibération à la municipalité de Mende, aux sieurs Caupert, Bergougne, La Tour et Dibon.

Aymen de Noyant, Lozeran de Fressac, Beauregard, vice-président, Caila, Rozière de la Chassagne, Monestier, Rivière, procureur général, Paulet, secrétaire général.

Du même jour, quinze juillet mil sept cent quatre-vingt-onze. Un des administrateurs a dit que, par le décret du 27 mai dernier, les 300 millions de livres de contributions foncière et mobilière pour l'année courante, mil sept cent quatre-vingt-onze, avaient été réparties entre les 85 départements qui composent le royaume ; que dans cette masse, la quotité concernant le département de la Lozère, était d'un million vingt-trois mille cinq cent livres, savoir : pour la contribution foncière, vingt-trois mille neuf cent livres, et pour la mobilière, cent soixante-dix-neuf cent livres; que la loi, du 17 juin dernier, prescrivant de mettre la plus grande célérité dans la répartition entre les districts, il proposait de s'en occuper sur le champ, après avoir entendu MM. les procureurs syndic des districts, des lumières desquels le Directoire a cru s'environner, comme devant avoir une connaissance plus exacte des forces et des besoins de ces districts.

Sur quoi, MM. les procureurs syndics des districts étant entrés dans la salle, la discussion s'est ouverte sur le mode le plus avantageux, de diviser l'un et l'autre impôt entre chaque district, en suivant les principes d'une justice rigoureuse; la multitude des vues diverses proposées tant de leur part que de celle des administrateurs du Directoire, a prolongé les débats pendant sept séances.

Et MM. les procureurs syndics des districts s'étant

retirés, le Directoire, après avoir unaniment réfléchi sur les bases de répartition les plus justes, et après avoir mûrement réfléchi sur les bases de répartition les plus justes et avoir entendu le procureur général syndic, a unanimement arrêté que le département des contributions foncière et mobilière, assignées au département de la Lozère serait fait de suite, et à cet effet il a été reconnu :

1° Que la portion contributive du département de la Lozère, dans le principal de la contribution foncière est de la somme de huit cent quarante-trois mille neuf cent livres, ci.................... 843,900 livres

2° Que le sol pour livre de ce principal, destiné aux fonds de non-valeurs, est de quarante-deux mille cent quatre-vingt-quinze, ci........ 42,195 —

3° Que la portion contributive du département dans le principal de la contribution mobiliaire, est cent soixante-dix-neuf mille six cent livres, ci. 179,600 —

4° Que les deux sols pour livre de ce principal, destinés aux fonds de non-valeurs, sont de dix-sept mille neuf cent soixante livres, ci....... 17,960 —

Total des deux impôts et des sols additionnels, destinés aux fonds de non-valeur, un million quatre-vingt-trois mille six cent cent cinquante-cinq, ci.................... 1,083,655 livres

Et, procédant à la fixation des dépenses générales qui

sont à la charge du département, pour la présente année, elles ont été réglées et fixées de la manière suivante :

§ I*er*.

Travaux et ouvrages publics.

1° Pour les ouvrages de confection, entretien, réparation des routes, gages des ingénieurs et autres employés, cent quatre-vingt-huit mille livres, ci.   188,000 livres

2° Pour les ouvrages des ponts, digues et canaux à la charge du département, douze mille livres, ci...   12,000 —

3° Pour le cinquième du prix de l'acquisition des bâtiments destinés aux séances de l'administration, dix-huit-cent livres, ci..............   1,800 —

4° Réparations, trois mille liv., ci.   3,000 —

5° Pour l'entretien ou réparation du tribunal criminel, des prisons et des bâtiments ou établissements publics, à la charge du département, de la nature de ceux ci-dessus désignés, trois mille livres, ci.............   3,000 —

6° Pour le logement de la gendarmerie nationale, si cette dépense est à la charge du département, trois mille livres, ci.................   3,000 —

Total..........   210,800 livres

§ 2.

Agriculture, Commerce, Arts et Métiers.

1° Distribution de graines et outils aratoires, ci......................	4,000 livres
2° Achats de bestiaux de belle race pour être distribués aux cultivateurs les plus intelligents, quinze cent livres, ci......................	1,500 —
3° Destruction des loups, deux cent livres, ci......................	200 —
4° Encouragement à la manufacture des serges, ci................	2,400 —
5° Gratification au sieur Beaufils, fabricant de mouchoirs de coton, restant à St-Léger-de-Peyre..........	240 —
6° Aux commis préposés pour veiller aux manufactures de serges et à leur mesurage..................	1,850 —
7° Au sieur Boulanger, pour pension de retraite, à raison de la place d'inspecteur, suivant la délibération du Conseil général d'administration, du 14 décembre dernier..........	750 —
Total............	7,340 livres

§ 3.

Secours d'humanité et de bienfaisance.

1° Enfants exposés, cinq mille livrès, ci......................	5,000 livres
2° Secours extraordinaires aux hôpitaux, douze mille livres, ci......	12,000 —
3° Dépense pour détruire la mendicité et le vagabondage, en ateliers de charité, quatre-vingt mille livres.	80,000 —
4° Cours d'accouchement, douze cent livres, ci...................	1,200 —
5° Frais pour les épidémies et épizooties, six cent livres, ci.........	600 —
6° Secours aux incendiés, trois mille livres	3,000 —
7° Pour l'entretien des furieux, deux mille livres, ci..............	2,000 —
8° Augmentation de dotation du collége de Mende, douze cent liv., ci.	12,000 —
Total............	105,000 livres

§ 4.

Dépense par aperçu du tribunal criminel non encore formé, trois mille livres, ci........ 3,000 livres

De cette part.................. 326,140 —

Frais d'administration.

Dépenses fixes : 1° Huit membres du Directoire à seize cent livres, douze mille huit cent livres, ci........................ 12,800 —

2° Un procureur général, trois mille livres, ci................... 3,000 —

3° Un secrétaire général, quinze cents livres, ci................... 1,500 —

4° Traitement des chefs et commis, deux mille sept cent livres, ci..... 2,700 —

5° Fourniture du papier, bois et lumières, douze cent livres, ci..... 1,200 —

6° Frais de port de lettres, cinq cent livres..................... 500 —

7° Loyer du lieu des séances, deux cent livres, ci.................. 200 —

8° Frais d'impression, quinze mille 15,000 —

Total............... 36,900 livres

§ 6.

Fonds réservés pour les dépenses imprévues dix mille livres, ci................... 10,000 livres.

Total des dépenses générales, à la charge du département, trois cent soixante - treize mille quarante livres, ci..................... 373,040 livres

Après avoir comparé la somme de 373,040 avec celle de 1,023,500 faisant le montant des contributions foncière et mobilière du département, le Directoire a reconnu, que cette première somme excède de beaucoup les quatre sols additionnels que l'article 5 de la loi du 18 avril dernier; permet aux Directoires de département de joindre au principal de chacune de ces deux contributions, et, en conséquence, en exécution de l'article 6 de la même loi, il a été délibéré que le Corps législatif sera supplié de vouloir bien y suppléer, pour cette fois, par un secours pris sur la caisse des fonds de l'extraordinaire, ainsi qu'aux dépenses de l'administration et de l'ordre judiciaire des districts du département; auquel effet, copie de la présente délibération sera envoyée au Corps législatif, avec les délibérations des districts qui fixeront lesdites dépenses ; les exhortant à les réduire au taux le plus modéré ; ensuite le Directoire a arrêté que les sols additionnels à imposer seront : savoir.

1° Le sol additionnel pour les fonds de non-valeur de la contribution foncière, quarante-deux mille cent quatre-vingt-quinze livres.

2° Les quatre sols pour livre, pour les dépenses à la charge du département, cent soixante-huit mille neuf cent quatre-vingt livres.

3° Les deux sols additionnels, pour les fonds de non-valeur, sur la contribution mobilière, dix-sept mille neuf cent soixante livres.

4° Les quatre sols pour livre pour les dépenses à la charge du département, trente cinq mille neuf cent vingt livres.

Récapitulation des sommes à imposer.

1° Principal de la contribution foncière.................... 843,900
2° Un sol pour livre pour les non-valeurs.................... 42,195
3° Quatre sols pour livre pour les dépenses du département.... 168,780
} 1,054,875 li.

4° Principal de la contribution mobilière.. 179,600

5° Deux sols pour livre pour les non-valeurs..................... 17,960
6° Quatre sols pour livre pour les dépenses du département.... 55,920
} 233,480

Total........... 1,288,355

Savoir : Montant des deux contributions en principal........................ 1,023,500
Montant des sols additionnels des deux contributions......................... 264,855

Même total................. 1,288,355 li.

Partant la somme totale à imposer la présente année mil sept cent quatre-vingt-onze, se porte à un million deux cent quatre-vingt-huit mille trois cent cinquante-cinq livres, ci...................... 1,288,355

Et procédant à la répartition de ladite somme entre les sept districts qui composent le département, le Directoire l'a divisée sur chacun d'eux, comme s'en suit:

Mende	Contribution foncière.............	166,738 livres	
	1 sol additionnel des non-valeurs..	8,336 18 sols	208,422¹ 10ˢ
	4 sols pour livre pour sa portion des dépenses du département......	33,347 12 —	
	Contribution mobilière............	34,229 — —	
	2 sols additionnels des non-valeurs.	3,427 18 —	44,497 14
	4 sols pour livre pour les dépenses.....................	6,845 16 —	
			252,620¹ 4ˢ
St-Chély	Contribution foncière.............	141,853 livres	
	1 sol additionnel des non-valeurs..	7,092 13 sols	177,316 5
	4 sols pour livre pour les dépenses.....................	28,370 12 —	
	Contribution mobilière............	30,142 — —	
	2 sols additionnels des non-valeurs.	3,014 — —	39,184 12
	4 sols pour livre pour les dépenses.....................	6,028 — —	
			39,184 12

— 458 —

Marvejols	Contribution foncière............	152,732 livres 12		
	1 sol additionnel des non-valeurs,	7,656 12		
	4 sols pour le livre pour les dépenses..............	30,556 8	190,915	
	Contribution mobilière............	33,250 —		234,144¹ »
	2 sols additionnels des non-valeurs	3,325 —	43,199	
	3 sols pour livre pour les dépenses	6,646 —		
Florac	Contribution foncière............	136,949 livres		
	1 sol additionnel des non-valeurs.	6,747 9	171,186 5	
	4 sols pour livre pour les dépenses.............	27,489 16		212,059¹ 15ˢ
	Contribution mobilière............	31,441 2		
	2 sols additionnels des non-valeurs.	3,144 2	40,873 6	
	4 sols pour livre pour les dépenses................	6,288 4		

	Contribution foncière.............	79,182 livres 2	
	1 sol additionnel de non-valeurs..	3,959 2	
	4 sols pour livre pour les dépenses.	15,836 8	98,977 10
	Contribution mobilière............	19,525 —	
	2 sols additionnels des non-valeurs.	1,952 6	
	4 sols pour livre pour les dépenses.	3,904 12	25,379 18 } 124,367¹ 8ᵈ
Villefort	Contribution foncière.............	69,736 livres	
	1 sol additionnel de non-valeurs..	3,486 16	
	4 sols pour livre pour les dépenses.	13,947 4	87,170 —
	Contribution mobilière............	12,398 —	
	2 sols additionnels des non-valeurs.	1,239 16	
	4 sols pour livre pour les dépenses.	2,479 12	16,417 8 } 113,278 8
		1,288,355 »	1,288,355 » 1,288,355 »

Total, égal à celui des sommes à répartir : un million deux cent quatre-vingt-huit mille trois cent cinquante-cinq livres.

Le Directoire arrête enfin, qu'extrait de la présente délibération sera incessamment envoyé au Directoire de chaque district du département, avec deux commissions séparées, fixant leur contingent dans chacune des deux contributions, et se reposant absolument sur la sagesse des membres qui les composent ; ne se croyant pas d'ailleurs suffisamment instruit des besoins et des ressources de chaque municipalité ; le Directoire, sans leur proposer aucune base de répartition, se borne à leur représenter que l'agriculture étant le premier des arts et le plus nécessaire à la prospérité de l'empire, ils doivent user, envers les campagnes, de tous les ménagements qui pourront se concilier avec les règles de l'équité.

Fait et arrêté en Directoire, le susdit jour, quinzième juillet mil sept cent quatre-vingt-onze.

BEAUREGARD, vice-président, LOZÉRAN, FRESSAC, CHAZOT, ROZIÈRE DE LA CHASSAGNE, CAYLA, MONESTIER, PAULET, secrétaire général.

—o—

Du vingt-cinq juillet, mil sept cent quatre-vingt-onze.

Vu la délibération prise aujourd'hui, par la municipalité de Mende, pour qu'il soit fait défense à tous citoyens de quel rang qu'ils soient, même aux enfants de chanter aucune chanson, contre l'Evêque de Mende, ni ses vicaires, sous telle peine qu'il appartiendra, et à ce que les pères et mères soient déclarés personnellement responsables des écarts de leurs enfants ; vu en outre l'avis du Directoire du district de Mende du même ; le directoire du département, ouï le rapport et l'avis du vice-procureur général syndic, considérant que toutes personnes sont sous la sauvegarde expresse de la loi, et particulièrement les fonctionnaires publics, tels que l'Evêque du département et ses vicaires, à qui appartient le premier rang dans l'état ecclésiastique, et que conséquemment le blâme qu'en courraient ceux qui leur manqueraient de quelque manière que ce fut, serait on ne peut plus grand, a autorisé et autorise la municipalité de Mende, à faire défendre, même publiquement, si elle le juge nécessaire, à tout citoyen, de quel rang qu'il soit, ainsi qu'aux enfants, de chanter aucune chanson contre l'Evêque du département ni ses vicaires, en quel lieu que ce puisse être, et de leur faire toute autre injure de quelque genre aussi qu'il puisse être ; autorise même la dite municipalité à rendre les pères et mères responsables, s'ils ne répriment leurs enfants, et à infliger, tant aux uns qu'aux autres, en cas de contravention, telle peine qu'elle avisera, et dans ledit cas de contravention, la charge de rendre compte des coupables au Directoire du département.

BEAUREGARD, vice-président, MONESTIER, LOZÉRAN-FRESSAC, PAULET, secrétaire général.

Du trentième juillet, mil sept cent quatre-vingt-onze.

Vu la délibération du Conseil général de la commune de Bagnols, du 28ᵉ de ce mois, dans laquelle la municipalité expose, qu'étant dans l'impuissance de faire effectuer la perception des droits dus à M. de Morangiés, à raison des eaux minérales de Bagnols, dont le public use ; que d'ailleurs lesdits droits étant à un taux trop considérable, en ce que chaque buveur d'eau est obligé de payer une somme de trente six sols, et enfin en ce que la propriété des eaux, dont il s'agit, n'est point établie en faveur de M. de Morangiès, la municipalité soit déchargée de l'exécution de l'arrêté de l'Assemblée du département du 14ᵉ décembre dernier, qui charge de surveiller la perception des droits de M. de Morangiès; vu encore l'avis du Directoire du district de Mende, du 29 de ce mois ; le Directoire du département, ouï le rapport et après avoir entendu le procureur général syndic, a délibéré et délibère, conformément à l'article 5 du titre 3 du décret du 15 mars 1790, que tant la question de savoir si la propriété des eaux de Bagnols appartient à M. de Morangiès, que celle sur quel taux les revenus desdits eaux doivent les payer, doivent être évalués au jugement des tribunaux judiciaires, et, néanmoins attendu que d'après le même décret, la perception des droits de M. de Morangiès ne peut être suspendue, malgré tout litige, jusqu'à ce qu'il ait été autrement décidé d'une manière loyale et que tant les municipalités que les gardes nationales, doivent protéger les propriétés, ordonne, en exécution de l'arrêté de l'Assemblée administrative du département de la Lozère, sus-mentionnée, que la municipalité et la garde nationale seront tenus de ranimer leur zèle, pour que les droits dûs à M. de Morangiès, tels qu'ils ont été réglés par une ordonnance des juges du Tournel, du 12 mai 1769, qui a été mise sous les yeux du directoire soient exactement payés au dit sieur de Morangiès ou à ses fermiers, jusqu'à ce qu'il en ait été autrement ordonné; auquel effet, la même ordonnance sera affichée pour que personne ne l'ignore et ait à s'y conformer.

Beauregard, vice-président, Monestier, Lozéran-Fressac, Rivière, procureur général, Paulet, secrétaire général.

—o—

Du même jour 30 juillet, mil sept cent quatre-vingt-onze.

Le procureur général syndic a dit, que la loi du 29 mai dernier, décrète que les électeurs du département de la Lozèze, qui ont refusé le serment civique lors de l'élection de l'évêque du département, et qui ont fait signifier, à l'assemblée électorale, l'acte du 21 mars 1791, seront déchus de leur qualité d'électeurs, et que ceux d'entre eux qui remplissent une fonction publique de juges de district, de juges de paix, d'administrateurs ou membres du directoire du département et des districts, ainsi que d'offfciers municipaux sont pareillement déchus des dites fonctions, et qu'en conséquence il sera procédé, par les ordres du Directoire du département, aux nouvelles élections à faire tant des maires et officiers municipaux, que des juges de paix déclarés déchus, et que le remplacement des membres des Directoires et des juges de district, qui sont dans le même cas, sera fait par les suppléants et membres des conseils aux termes des décrets, qu'en conséquence, il propose, etc.

Sur quoi il a été délibéré : 1° qu'à la diligence des procureurs syndics des districts, il sera procédé aux nouvelles élections à faire, tant des maires et officiers municipaux, que des juges de paix déclarés déchus par la dite loi; auquel effet, lesdits procureurs syndics seront tenus de convoquer, en la forme prescrite, les assemblées électorales des municipalités où il échoit faire les dites élections ; 2° attendu que, dans la saison actuelle, tous les cultivateurs occupés aux travaux de la campagne se rendraient difficilement à cette convocation, les procureurs syndics seront invités à fixer la convocation à un jour de dimanche ou de fête ; 3° que le remplacement des membres du Directoire, des districts et des juges de district, déclarés déchus par la loi énoncée, sera fait, en la forme des décrets, conformément à la même loi; 4° que le procureur général syndic enverra, à chacun des directoires des districts, la liste de tous ceux qui sont compris dans la dite loi, signataires de l'acte du 21 mars 1791; et, en conséquence que le secrétaire général du département, entre les mains duquel les originaux des verbaux de ladite assemblée électorale et la copie de l'acte qui fut signifié le 21 mars 1791, ont été remis, sera tenu de les exhiber audit sieur procureur général syndic; auquel effet la présente délibération tiendra lieu de décharge des dites pièces, à M. Monestier, président de l'Assemblée électorale qui en a fait la remise.

Beauregard, vice-président, Monestier, Lozeran-Fressac, Rivière, procureur général syndic, Paulet, secrétaire général.

—o—

Du premier août, mil sept cent quatre vingt-onze. MM. Beauregard, Monestier, de Fressac, Ferrand, Rivière, procureur général syndic.

Un des membres a dit, Messieurs, les opérations, les démarches, les sollicitudes qu'ont nécessité les circonstances critiques où nous nous sommes trouvés depuis le retour des commissaires que le Directoire du département avait envoyés à St-Chély, ont retardé le jugement que vous devez prononcer; mais un retard plus considérable, pourrait devenir funeste à la chose publique. C'est en combinant le verbal du Directoire du district de St-Chély, les réponses du Président de l'Assemblée électorale, et les dire des officiers municipaux, que vous pourrez parvenir à découvrir la vérité des faits et peut-être les causes qui ont produit les troubles que vos commissaires ont été apaiser.

Il résulte du verbal du Directoire du district que les

administrateurs qui le composent, avaient été instruits que l'Assemblée primaire du canton de St-Chély, convoquée pour le 21 juin, avait renvoyé la continuation de ses séances au lendemain; que certains troubles s'y passaient, relativement à l'exécution de la loi qui exige que les citoyens actifs, pour être reçus à voter, soient tenus de prêter le serment civique ; que la plupart des votants voulaient y mettre des restrictions; qu'ils crurent cependant que, devant surveiller l'exécution de la loi et maintenir la tranquillité publique, il était de la sagesse et de la prudence d'envoyer, à l'Assemblée, MM. Filhon et Atrazic, commissaires, pour être présents à ces opérations et surveiller sans cependant le faire trop paraître, que les commissaires se rendirent à l'Assemblée.

M. Monteil, avait été élu Président de l'Assemblée, M. de Berc, secrétaire; l'un est président du tribunal, l'autre administrateur du district.

Il résulte encore de ce verbal, qu'il s'éleva entre le secrétaire et le Président, une dispute au sujet du serment prescrit par la loi ; que celui-ci, prétendit que le Président avait ajouté au serment civique, celui de vivre et de mourir dans la religion catholique, apostolique et romaine, et qu'il recevait le même serment des citoyens actifs ; que cette addition était contraire aux dispositions de la loi et à la formule prescrite; que sa qualité d'administrateur l'engageait à ne pas participer à ces opérations et à donner sa démission de la place de secrétaire, qu'il prie l'Assemblée de l'accepter et d'insérer son dire dans le procès-verbal ; que cette dernière demande fut rejetée.

Il paraît résulter encore de ce verbal que, dans cette

dispute, les vœux et les sentiments ne sont pas en faveur du sieur de Berc ; ils attestent, qu'armés de bâtons, ils avaient parus très-émus ; qu'ils étaient animés par les sieurs Vital, Mialanes, Galvier, le fils de Chardon et autres ; que le sieur de Berc, obéissant au vœu de l'Assemblée se retira, mais que le sieur Brun, citoyen de St-Chély, prit la parole sans que les commissaires eussent pu distinguer ce qu'il disait ; que plusieurs des votants retournèrent contre lui, et le poursuivirent, le bâton levé, jusques hors du lieu de l'assemblée, et que les autres criaient : *donne !*

Ce fut alors que les commissaires dirent à l'Assemblée que, puisque les suffrages n'étaient pas libres, que la paix était troublée et la vie des citoyens en danger, ils rendaient responsables ceux qui avaient excité les troubles, qu'ils allaient se retirer pour dresser procès-verbal de ce qui venait de se passer.

Ils ajoutent que craignant de plus grands risques et ayant entendu en sortant le sieur Ferrière, Perruque, marchand de la ville de St-Chély, qui disait : *Baste may, fau bien,* ils requièrent la garde nationale de venir à leur secours ; qu'ils se transportèrent chez le sieur Dalozier, maire, pour le requérir de convoquer la municipalité de s'assembler, et de faire publier la loi martiale ; que le maire ne se rencontra pas chez lui.

Qu'en revenant, ils trouvèrent la garde nationale sur le pont, à laquelle ils représentèrent l'obéissance à la loi ; qu'ils l'exhortèrent à se contenir dans les bornes de la prudence, afin d'assurer la tranquillité des citoyens ; que l'ayant faite rétrograder jusques au devant de la porte du Directoire, elle témoigna le plus grand zèle et une soumission parfaite à leur réquisition ; que voyant que la fermentation s'était emparée des esprits, et que si l'assemblée se continuait il pourrait arriver des meurtres; de concert avec M. le président, ils avaient renvoyé l'assemblée au 24ᵉ du même mois.

Le narré qui nous a été fait par le Président de l'assemblée électorale, n'est pas en tout conforme à celui du Directoire du district; il rapporte des propos tenus par le sieur de Berc, avant l'assemblée du 22, que s'ils étaient vrais, seraient au moins imprudents ; il avoue qu'il fut convenu dans l'assemblée qu'on prêterait le serment prescrit, et qu'on y ajouterait celui de vivre et mourir dans la religion catholique, apostolique et romaine ; qu'un membre ayant observé que quelques personnes voulaient le prêter sans addition, et qu'il fallait l'exprimer nominativement dans le verbal, cela fut ainsi arrêté ; qu'ayant commencé le scrutin, après que 7 à 8 personnes eurent donné leur billet, le sieur de Berc, dit à l'assemblée qu'il voulait se démettre de sa place de secrétaire; que lui ayant répondu qu'il fallait qu'il donnât sa démission par écrit, il sortit et rentra un instant après, sa démission à la main ; qu'il la lut et que le Président entendant qu'il y disait que les lois n'étaient pas exécutées, il le pria de la faire signifier, et qu'ayant mis aux voix si elle serait acceptée en cette forme, il fut décidé presque à l'unanimité qu'on la refuserait.

Ce Président rapporte encore les propos du sieur Brun, que les commissaires du district ne purent distinguer; ils étaient bien propres à exciter la fermentation dont il manqua d'être la victime ; il dit à l'assemblée qu'il y avait très peu de patriotes. Un des votants soutint que le sieur Brun, n'était pas citoyen actif; un autre cria pour tâcher de rétablir l'ordre. Le président quitta sa place, sortit à la basse cour où il fut suivi par une grande partie de l'assemblée, et la presque unanimité improuva ces excès.

Ce Président ajoute, qu'il entendit qu'on criait, on m'assassine ; que la garde nationale parut un instant après ; qu'elle se plaça à l'entrée du pont ; que le premier rang avait mis les fusils en joue; que s'étant aperçu que quelques-uns étaient dirigés vers lui, il s'avança et les engagea à hausser leurs armes.

Il atteste que le sieur Gaillardon, procureur syndic, vint à lui et lui dit : démettez vous et dénoncez les coupables ; que les sieurs Filhon et Lapeyrouse, commissaires du district, répondirent que cela n'était pas prudent ; que les paysans témoignèrent leur regret de ce qui était arrivé ; qu'ils ne pouvaient pas répondre de l'étourderie de quelques personnes ; qu'ils étaient consternés et ne firent aucun mouvement. Il loue les sieurs Filhon et la garde nationale, de ce zèle qu'ils ont mis pour rétablir l'ordre; il accuse le sieur Bardol, greffier du tribunal et procureur de la commune, des propos les plus indécents; il le représente un fusil à la main, voulant forcer les citoyens actifs de rentrer dans l'église et y mettre toute la garde pour les y contenir, et sans énoncer si c'est de son aveu que l'Assemblée fut renvoyée au 24, il se plaint que le Directoire du district n'a pas daigné se concerter avec lui, pour aucune des opérations.

Vos commissaires ont encore cru devoir entendre le sieur Dalozier, maire de St-Chély; ils lui ont demandé le narré des troubles arrivés dans cette assemblée primaire, des précautions que sa municipalité et lui avaient pris pour les prévenir et les faire cesser.

Il leur a répondu que le sieur Gaillardon, en qualité de procureur syndic, en avait fait l'ouverture par un discours fort long, qu'étant un des plus anciens d'âge il fut nommé scrutateur pour l'élection du Président; que le lendemain il le fut également, en qualité de citoyen actif; que pendant tout le temps qu'il y restât, il ne s'y passa rien contre la décence et la tranquillité publique; que s'étant retiré, il apprit qu'il y avait eu des troubles; qu'on avait appelé la garde ; que deux messieurs du Directoire avaient été la demander chez lui ; que sur le soir, ces messieurs le requirent de commander douze hommes pour la garde de la nuit, ce qu'il fit ; et qu'ayant su, que les administrateurs du Directoire avaient envoyé, sans prévenir la municipalité, des exprès à Mende, à Marvejols et à Aumont, pour demander l'envoi des gardes nationales, il fut faire chercher sur les registres de la municipalité sa démission de la place de maire.

Tels sont les divers aspects, sous lesquels les faits ont été présentés à vos commissaires ; il est certain qu'il y a des troubles dans l'assemblée primaire du canton de St-Chély, mais, ont ils été commis par un complot coupable comme l'indique le verbal du district de St Chély, et surtout la demande qu'il vous a faite de faire punir les coupables et instigateurs ; ou ne devez vous les attribuer qu'à des causes fortuites que personne ne pouvait prévenir? voilà ce qu'il serait difficile de décider dans le moment.

Une procédure juridique peut donner de nouveaux éclaircissements, et amener la preuve des faits que vos commissaires n'ont pas même pu apercevoir dans les réponses qu'ils ont reçues; vous ne devez pas négliger ce moyen, et, s'il existe un complot pour troubler cette assemblée, quels qu'aient été les desseins des coupables et des instigateurs ils doivent être punis.

Mais, en suspendant votre jugement sur l'existence de ce complot réel ou chimérique, vous devez énoncer votre sentiment sur la conduite qu'ont tenue les officiers municipaux, les administrateurs du Directoire du district et l'assemblée primaire.

Vous ne pouvez vous le dissimuler, l'assemblée primaire a transgressé les lois constitutionnelles en permettant que ses membres ajoutassent, au serment civique, celui de vivre et de mourir dans la religion catholique, apostolique et romaine.

Ne semble-t-il pas que la Constitution attaque cette religion sainte, et que le serment de la défendre a besoin d'un second serment explicatif pour lever des scrupules ridicules et détruire des impressions fâcheuses !

L'Assemblée nationale, en manifestant ses sentiments et ses opinions, a ordonné, par la loi du 9e janvier, que le serment serait prêté purement et simplement dans les termes du décret, sans qu'on pût se permettre des préambules, d'explications ou de restrictions.

Si l'assemblée primaire de St-Chély, se fut conformée à cette loi, tout nous fait présumer que les excès qui l'ont troublée n'auraient pas été commis.

Les officiers municipaux se sont écartés aussi des dispositions des lois ; ils n'ont pas exécuté les sages précautions prescrites par celle du 3 juin 1790 pour maintenir la paix et la tranquillité dans les assemblées primaires, et cette négligence est une des principales causes des troubles qui ont eu lieu dans celle de St-Chély.

Si comme l'ordonnait l'article, le maire et les officiers municipaux eussent veillé à ce qu'aucun citoyen actif n'eut porté des bâtons dans cette assemblée, l'on aurait pas poursuivi dans les rues de St-Chély le sieur Deberc; l'on n'aurait pas couru sur le sieur Brun, le bâton levé.

Si, comme le prescrivait l'article 6, l'assemblée elle même eut jugé le propos indiscret du sieur Brun, lorsqu'il dit *qu'il y avait bien peu de patriotes*, l'offense eut été punie légalement, et les citoyens paisiblement actifs et satisfaits aurait continué leurs opérations.

Si l'on se fut conformé à l'article 7, et que les officiers municipaux, tant du chef-lieu que des paroisses dont les habitants composaient cette assemblée primaire, se fussent concertés ensemble pour avoir une force suffisante à l'effet de maintenir la tranquillité publique. la paix y aurait régné, tout y eut été tranquille ou aisément pacifié.

Mais nous sommes forcés de vous le dire; les officiers municipaux de St-Chély et des autres paroisses n'ont pris aucune précaution; ils ont permis que les citoyens actifs entrassent dans l'assemblée armés de bâtons, couverts de l'habit de garde nationale, et ils n'ont pas prévu les troubles qui pouvaient résulter de cette infraction à la loi ; lorsque les citoyens actifs furent sortis de l'église et poursuivirent le sieur Brun, les officiers ne parurent pas, la garde avança d'elle même ; c'était cependant à eux et à eux seuls à lui faire des réquisitions, s'ils eussent été au poste que la Constitution leur avait assigné; les commissaires du district de St-Chély, n'auraient pas eu à remplir les fonctions municipales; leur présence eut contenu la garde nationale.

Nous sommes loin d'inculper ces citoyens soldats; mais s'il était vrai qu'en arrivant sur le pont ils eussent couché en joue les citoyens ; s'il était vrai qu'ils eussent dirigés leurs fusils contre le Président de l'assemblée, une pareille action serait bien inexcusable.

Ce n'est pas pour menacer les citoyens que la loi leur a mis les armes à la main ; elles ne doivent jamais être dirigées contre eux, même pour les intimider, que lorsque la municipalité a requis ; c'est dans le silence qu'ils doivent attendre ces ordre, les prévenir serait un crime.

Nous sommes persuadés que si les officiers municipaux eussent été à leur tête; s'ils eussent pu faire entendre leurs voix ; nous n'aurions pas à leur reprocher cet excès de zèle.

Le maire et le Président de l'assemblée se plaignent que le directeur du district ne s'est pas concerté avec eux, pour les opérations qui ont suivi; qu'ils ont requis la force armée sans leur participation.

Ces administrateurs reprochent à leur tour à la municipalité de n'avoir pas pris les moyens nécessaires pour prévenir et arrêter les désordres; ils disent qu'ils n'ont fait que les suppléer dans les opérations qu'ils auraient dû faire eux-mêmes.

C'est ainsi que naissent entre les Corps administratifs les rivalités et les prétentions réciproques, et la chose publique serait en danger si chacun d'eux ne bornait son zèle aux fonctions que la loi lui a commis ; s'ils ne se renferment dans les limites que la loi leur a assignées, et c'est avec regret que nous sommes forcés d'établir que le Directoire de St-Chély a outre-passé les bornes de ses pouvoirs.

Mais si ces administrateurs se sont mépris, n'en accusez que leur zèle et leur patriotisme.

Ils ont franchi les bornes de leur autorité en envoyant à l'assemblée primaire MM. Filhon et Atrazie, en qualité de commissaires, pour être présents à ses opérations et les surveiller en renvoyant la continuation de ses séances au vendredi suivant, et le concert qu'ils assurent avoir régné entre eux et le Président pour cette dernière opération, n'est qu'une preuve de plus que les uns et les autres ont méconnu les pouvoirs attribués aux places qu'ils occupent.

La liberté la plus entière, l'indépendance la plus absolue doivent régner dans les assemblées primaires; aucune autre autorité ne peut ni ne doit s'immiscer dans leurs opérations.

Toute liberté serait perdue si les corps administratifs pouvaient, sur des soupçons vrais ou supposés, nommer des commissaires et influer sur ces délibérations élémentaires.

Un seul cas peut autoriser le Directoire du département à nommer des commissaires pour y maintenir l'ordre.

Il est prévu dans l'article 2 de la loi du 27 mars dernier, « dans le cas, y est-il dit, où des troubles survenus soit dans les assemblées des communes par communauté entière ou par section, soit dans les assemblées primaires, auraient empêché d'en terminer les opérations, ou donneraient lieu d'en prononcer la nullité, le Directoire du département, pourra, sur l'avis du Directoire du district, convoquer une nouvelle assemblée et y envoyer des commissaires au besoin pour y tenir l'ordre, et à l'égard des assemblées primaires de terminer le lieu où il paraîtra convenable de les convoquer. »

Ce n'est donc que dans le cas où des troubles auraient empêché de terminer les opérations des assemblées primaires ou bien lorsque leur nullité est prononcée, que les Corps administratifs peuvent nommer des commissaires pour y maintenir l'ordre, et, dans le cas prévu, la seule fonction du Directoire de district est de donner son avis; c'est à celui du département à nommer des commissaires. Le Directoire du district de St-Chély ne pouvait ignorer qu'il n'était pas même proposé par la loi, pour juger de la régularité de la convocation, de la formation ni de la teneur de cette assemblée primaire : l'article 2 du § 2 de cette loi, en attribue la première connaissance au Conseil du Directoire du département, et l'appel au Conseil du Directoire du département dont le chef lieu est le plus voisin. Mais ce n'est pas la seule opération où le Directoire du district de St-Chély ait dépassé les limites du pouvoir que la Constitution a mis dans ses mains ; le verbal continue ainsi : « avons déclaré au plus grand nombre des citoyens qui composaient l'assemblée, que nous allions dresser procès-verbal de ce qui s'était passé, et en référer au Directoire du département, pour le prier de nous envoyer deux commissaires, vendredi prochain, pour qu'il soit procédé en leur présence et sous leur inspection à la continuation de ladite assemblée, et de tout ci-dessus nous avons dressé procès-verbal et arrêté, qu'à la diligence du procureur syndic, extrait d'icelui sera adressé de suite au Directoire du département, aux fins que dessus et pour le supplier de délibérer, dans sa sagesse, ce qu'il appartiendra, contre les coupables et instigateurs des troubles; comme aussi pour le prier de nous envoyer cinquante hommes de la garde nationale de la ville de Mende, ainsi que la brigade de la maréchaussée, et encore, vu que l'esprit de coalition qui règne, paraît nous faire craindre les plus grandes insurrections, d'après les rapports qui nous ont été faits, les gardes nationales de Marvejols, d'Aumont et autres municipalités voisines seront pareillement invitées de nous fournir chacune un détachement, pour compléter le nombre de deux cents hommes à l'effet d'assister, le même jour vendredi prochain, à ladite assemblée, pour maintenir l'ordre et la tranquillité publique, et faire exécuter les dispositions de la loi, pour parvenir paisiblement et sans troubles à la nomination des électeurs. »

Si ces administrateurs eussent considéré leur décision comme un simple avis, et attendu votre approbation ou désapprobation, vous ne pourriez qu'approuver leur sollicitude; mais, vous savez déjà que, dans le moment qu'ils vous envoyaient deux délibérations, ils l'exécutaient eux-mêmes; ils en faisaient parvenir une copie au district de Marvejols et à la municipalité d'Aumont ; que ces deux corps requirent à leur tour les gardes nationales; que celles de Marvejols étaient arrivées à St-Chély avant vos commissaires ; que ceux-ci, surpris de cette arrivée et informés que celle d'Aumont devait se mettre en marche vers les quatre heures du matin du lendemain, prièrent les administrateurs de ce district d'envoyer un exprès pour l'engager de se tenir prête, mais de n'arriver que sur des nouveaux ordres, ce qu'ils promirent de faire ; que cet exprès, qui devait partir de suite et qui aurait prévenu le départ de la troupe, ne partit que vers les quatre heures du matin; qu'il la trouva en marche et qu'elle crut ne devoir pas rétrograder.

Ainsi, c'est le Directoire qui, sans votre participation, ni celle de vos commissaires a reçu et fait avancer des troupes et donné à sa délibération toute l'exécution qui dépendait de lui.

Est-ce là, la marche que lui prescrivait la Constitution pour lui faire apercevoir combien il s'en est éloigné! nous sommes forcés de lui rappeler les principes qui ont présidé à l'organisation des districts.

L'article 28 de la section 2 de la loi, pour la Constitution des Assemblées administratives, porte que les administrations et les Directoires du district seront entièrement subordonnés aux administrations et Directoires du département, et, après avoir fait énumération, à la à la section 3, des fonctions qui sont confiées aux administrations du département, ajoute à l'article 3 : « l'administration de district ne participera à toutes ces fonctions, dans le ressort de chaque district, que sous l'autorité interposée des administrations du département ».

Cette autorité est définie avec précision dans le § 5 de l'instruction qui fut jointe à cette loi, on y lit : « Un des points essentiels de la Constitution c'est l'entière et absolue subordination des administrations du district aux administrateurs et aux Directoires de département; sans l'observation exacte et rigoureuse de cette subordination, l'administration cesserait d'être régulière et uniforme dans le département, les efforts des différentes parties pourraient bientôt ne plus concourir au plus grand bien de tous les districts, au lieu d'être des sections d'une administration commune, deviendraient des administrations indépendantes et rivales, et l'autorité administrative dans le département n'appartiendrait plus au Corps supérieur à qui la Constitution lui a conférée sur tout le département. Les conseils de district ne pourront ainsi rien décider ni faire exécuter en vertu de leurs seuls arrêtés dans tout ce qui intéressera le régime de l'administration générale ».

Ne résulte t-il pas évidemment de tous ces principes qu'aucun arrêté du Conseil ou de Directoire de district ne peut être exécuté sans l'approbation de celui du département ? s'il leur était permis de ne le différer à l'administration supérieure qu'après leur exécution, qu'elle serait l'influence de l'autorité qui lui resterait ? à quoi servirait le droit d'approbation et de désapprobation que lui donne la Constitution ?

L'on ne pourrait soutenir le système qu'a suivi le Directoire du district de St-Chély, qu'en prétendant que le droit d'approuver ou d'improuver n'a pas été confié à celui du département, où qu'il est des occasions où l'administration inférieure, s'élevant audessus des règles, peut mettre à exécution ce qu'elle aurait ordonné.

Quelques districts avaient déjà formé les mêmes prétentions et ce fut pour les anéantir dans leur origine que l'Assemblée nationale rendit le décret du 15 mars 1791, sanctionné le 25. « L'article 25 de cette loi décide que, si le procureur syndic requiert ou si le Directoire du district prend des arrêtés contraires, soit aux lois, soit aux arrêtés de l'administration du département, soit aux ordres qui leur auraient été donnés ou transmis par le directoire du département, celui-ci déclarent les actes nuls. L'article 26 ajoute : « si le Directoire ou procureur syndic d'un district mettait à exécution un arrêté d'un Conseil général, d'un district sur lequel le Conseil général de département aurait notifié sa désaprobation ou même refusé son approbation, celui-ci pourrait, sans se servir du mot mander à la barre, citer devant lui le procureur syndic même, un ou plusieurs membres du Directoire du district, leur remontrer qu'en intervertissant l'ordre des pouvoirs constitutionnels, ils mettent la chose publique en danger et prononcer par un arrêté qui sera imprimé, la défense de mettre à exécution les actes déclarés nuls. »

Comment serait-il possible d'exécuter cettte loi ; comment l'administration du département pourrait-elle notifier sa désapprobation, refuser ou accorder son approbation, si les Directoires du district, sans attendre, ni l'un ni l'autre, faisaient exécuter leurs arrêtés et ne les soumettaient à celui du Directoire que lorsqu'il leur serait impossible d'en arrêter l'exécution ; ainsi dans l'hypothèse présente, si le Directoire du département eut pris le parti de désapprouver l'arrêté du Directoire du district de St-Chély, comment aurait-il pu en surprendre l'exécution; il fut pris le 22, il nous parvint le 23 à midi; il portait que l'Assemblée primaire avait été renvoyée au 24; que vous seriez priés d'y envoyer des commissaires, que les gardes d'Aumont et de Marvejols seront invitées à fournir chacune un détachement pour compléter le nombre de 200 hommes.

Si comme l'ordonnait l'article 20 de la loi du 27 mars, et comme le conseillait peut être la prudence, vous eussiez cru convenable de convoquer cette assemblée dans un autre lieu de canton; si des opérations essentielles vous eussent mis dans l'impossibilité d'envoyer deux de vos membres à St-Chély, comment auriez-vou pu dans l'intervalle de quelques heures changer ou modifier l'arrêté de ce Directoire, si vous eussiez pensé que cette force militaire était inutile, que le déplacement de la garde nationale d'un district étranger était dangereuse et pouvait exciter des troubles au lieu de les apaiser; comment auriez-vous pu contremander la marche de celle de Marvejols qui était arrivée à Saint-Chély avant vos commissaires, sur la réquisition du Directoire du district de cette ville.

Une pareille marche rendrait inutiles les lois de la subordination des pouvoirs; l'approbation ou la désapprobation qui est confiée au département serait illusoire, et la crainte énoncée dans l'instruction de l'Assemblée nationale se réaliserait. Les districts au lieu d'être des sections d'une administration commune deviendraient des administrations en chef, indépendantes et rivales, et l'autorité administrative, dans le département, n'appartiendrait plus au corps supérieur à qui la Constitution l'a conférée pour tout le département.

Je vous aurais épargné la longueur de cette discussion si les circonstances ne l'eussent commandé impérieusement; mais vous le savez, le district de Florac et celui de Meyrueis ont imité la conduite de celui de Saint-Chély ; celui de Florac a pris sur lui, sans vous consulter, d'envoyer des commissaires à Ispagnac; sans votre approbation, il a provoqué la force militaire, il a réclamé l'envoi des troupes dans un territoire ; lorsque vous en avez été instruits, elles étaient déjà en marche, et elles sont arrivées sans votre consentement; celui de Meyrueis s'est permis une proclamation dont nous louerions sans doute les principes et que vous auriez certainement approuvé si elle vous eût été soumise.

Il est donc nécessaire de rappeler les principes constitutionnels ; dès qu'ils seront énoncés, n'en doutez pas, vous verrez tous les administrateurs se rallier à leur exécution ; vous connaissez leur civisme et leur patriotisme, et, s'ils ont failli dans l'observation des règles, ce n'est qu'à l'excès de leur zèle que vous pouvez l'imputer.

En conséquence, j'ai l'honneur de vous proposer, etc.

Sur quoi, ouï le procureur général syndic, il a été délibéré : 1° que l'arrêté du Directoire du district de St-Chély, par lequel il envoie, à l'assemblée primaire de St Chély, MM. Filhon et Atrozie, commissaires, pour être présents à ces opérations et les surveiller est nul ; 2° que les administrateurs dudit Directoire seront invités à se conformer aux articles 50 et 51 de la section 2°, aux articles 2 et 3 de la section seconde de la loi du mois de janvier 1790, sur la constitution des assemblées administratives et aux dispositions de la loi du 26 mars 1791 ; 3° que les officiers municipaux de la ville de St-Chély et du canton de la dite ville seront exhortés à mettre à exécution les dispositions des décrets de l'Assemblée nationale, sanctionnés par le roi, et notamment la loi du 5 juin 1790 ; 4° que le procureur général syndic déférera, à l'accusateur public, les auteurs et instigateurs des troubles arrivés dans l'assemblée primaire du canton de St-Chély, le 22 juin dernier; auquel effet il lui sera remis des copies collationnées des verbaux du Directoire du district de St-Chély, du 22 juin et de celui tenu par les commissaires nommés par le Directoire du département, en date du 23 et 24 dudit mois de juin ; 5° enfin, qu'il sera envoyé des copies de la présente délibération à tous les Directoires des districts du département.

Beauregard, vice-président, Cayla, Monestier, Ferrand, F. Lozeran, Rivière, procureur général syndic, Paulet, secrétaire général.

—o—

Du second août mil sept cent quatre-vingt-onze. En Directoire. MM. Beauregard, vice-président, Monestier, Lozeran de Fressac, Ferrand, Rivière, procureur général syndic.

Le procureur général syndic a dit : Vous venez d'entendre la plainte qui a été portée à la municipalité par les sieurs Nogaret, évêque du département, Dibon, Breisse et Brassac, ses vicaires épiscopaux ; ils se plaignent des injures reçues d'un attroupement criminel, d'une poursuite indécente, de menaces atroces.

La municipalité a pensé qu'il convenait de nommer des commissaires et de prendre des renseignements avant de vous déférer ces excès. Cette délibération est une nouvelle preuve de la sagesse et de la prudence qu'elle a toujours mise dans ses opérations ; mais ce n'est pas assez, vous devez, à tous les citoyens, sûreté, liberté et protection, et les fonctionnaires publics, établis par la Constitution sont encore plus spécialemen sous la sauvegarde de la loi.

Vous devez prévenir les attroupements et les suites dangereuses qu'ils pourraient produire; vous devez faire punir les gens mal intentionnés, s'il en existe qui cherchent à séduire le peuple, à l'émeuter et le porter à des excès coupables.

La plainte du sieur évêque et de ses vicaires est trop grave pour n'être pas poursuivie juridiquement; les attroupements, les injures, les menaces qu'il dénonce sont de vrais délits ; et il est étonnant que l'accusateur public n'en ait pas déjà été instruit et n'ait pas porté plainte; vous devez réveiller son patriotisme et exciter son zèle, en conséquence j'ai l'honneur de vous proposer, etc.

Sur quoi, le Directoire du département de la Lozère a délibéré : 1° que la municipalité de Mende sera exhortée à redoubler de soins pour prévenir les émeutes populaires et les injures publiques et particulières ; 2° que la plainte du sieur Nogaret, évêque du département et des sieurs Debon, Breisse et Brassac, ses vicaires, paraphée par le Président, sera remise par le procureur général syndic, au sieur Barbot, accusateur public, et qu'il sera invité à poursuivre, par les voies légales, les coupables et instigateurs desdits excès; 3° que copie de la dite délibération sera envoyée au ministre de la justice et à celui de l'intérieur.

Beauregard, vice-président, Ferrand, F. Lozeran, Rivière, procureur général, Paulet, secrétaire général.

Du 16 août, mil sept cent quatre-vingt-onze. En Directoire. MM. Beauregard, vice-président, Monestier, Chazot, La Chassagne, Rivière, procureur général.

Vu le rapport du sieur Marron, brigadier, commandant la brigade de la gendarmerie nationale, faisant la patrouille, dont la teneur suit.

Rapport du 15 au 16 août, fait et réglé par le brigadier commandant la brigade à la résidence de Mende, remis au lieutenant colonel de la gendarmerie nationale.

« Je soussigné, certifie qu'étant à la tête de ma brigade, en vertu des ordres de notre commandant, à l'effet de visiter les cabarets suspects et autres lieux, assurer la tranquillité publique, sur l'heure de onze et quart du soir, à portée de la porte d'Aigues-Passes, en dehors de la ville, sur le chemin, étaient quatre jeunes gens nommés Boulet fils, Rebeyrol, un ouvrier de Jayard, tailleur, et un autre blondin inconnu, chantaient : *Ça ira! Ça ira,* etc. Sur le même terrain étaient MM. Lagrange, Borrel, Coulange, Culture, Dufraisse, aîné, un abbé inconnu, des demoiselles et autres ; le sieur Lagrange, qui du ton le plus menaçant abordait les chanteurs, apercevant le brigadier et sa brigade qui accouraient au bruit, la querelle fortement engagée. Le sieur Lagrange, commandant, ordonna au brigadier de mettre les quatre jeunes gens désignés en prison ; à quoi il répondit qu'il ne le connaissait pas, qu'il n'avait aucun ordre à recevoir de lui, mais qu'au contraire il protégea la retraite de ceux qui étaient au moment d'être maltraités. De tout quoi, j'ai réglé le présent rapport pour servir et être ordonné ce qu'il appartiendra, les jours et ans que dessus.

Signé : Marron, brigadier.

Vu par nous, lieutenant colonel commandant. Le tout considéré, soit communiqué à MM. les administrateurs du Directoire, pour par eux être statué ce qu'il appartiendra.

Mende le 16 août 1791. Signé, Jossinet.

Vu encore l'ordre qu'il reçut pour arrêter des jeunes gens, qui chantaient *Ça ira*, approuvant sa réponse, le Directoire du département, prenant en considération le renvoi de M. Jossinet, lieutenant colonel, commandant de la gendarmerie nationale, a délibéré et déclare qu'il se repose parfaitement sur la sagesse, l'intelligence et la fermeté dudit sieur Marron, brigadier, en cas de récidive de la part de tous contrevenants à l'exécution des ordres expédiés en faveur de la loi.

Beauregard, vice-président, Chazot, Paulet, secrétaire général.

—o—

Du vingt-deux août, mil sept cent quatre-vingt-onze. En Directoire. MM. Beauregard, vice-président, Monestier, La Chassagne, Chazot, Ferrand, de Fressac, Rivière, procureur général syndic.

Le procureur général syndic, a dit : Messieurs, la

tranquillité dont le peuple du département de la Lozère a joui depuis le commencement de la Révolution, est due à vos soins et à votre constance ; c'est en éclairant vos concitoyens sur les dangers de l'anarchie et les complots des personnes mal intentionnées, que vous êtes parvenus, sans trouble et sans secousses au moment où la Constitution finie, rétablira l'ordre et l'exécution des lois dans tout l'empire.

Votre plan de conduite a produit de trop bons effets pour que vous deviez l'abandonner : aujourd'hui il se répand dans tout le département un bruit que vous devez éclaircir · l'on prétend que le sieur Castellane, ci-devant évêque du département, fait, dans la maison qu'il habite à Chanac, un grand amas d'armes et de munitions : si cet amas existe, vous devez en être instruit; s'il est faux; si des gens mal intentionnés cherchent à tromper leurs concitoyens, vous devez les éclairer, et faire connaître ceux qui abusent ainsi de leur confiance.

Ainsi, j'ai l'honneur de vous proposer, etc.

Sur quoi, le Directoire du département de la Lozère, a délibéré que, par un commissaire nommé par le Directoire du district de Mende, pris dans son sein, et en présence de la municipalité de Chanac, la maison occupée par ledit sieur de Castellane, audit Chanac, sera visitée et que ledit commissaire prendra tous les renseignements nécessaires pour découvrir s'il est vrai qu'il se fait dans ladite maison un amas d'armes et de munitions.

BEAUREGARD, vice-président, CHAZOT, F. LOZÉRAN, PAULET, secrétaire général.

Du vingt-sept août, mil sept cent quatre-vingt-onze. En Directoire. MM. Beauregard, vice président, Monestier, Lozéran, Rivière, procureur général syndic.

Un des membres a dit : Messieurs, par la loi du 18e novembre 1789, tous les titulaires des bénifices furent assujettis à faire une déclaration de tous les biens mobiliers et immobiliers dépendant de leurs bénéfices ; par l'article 12 de la loi du 22 avril 1790, il fut ordonné aux Directoires de district de faire un inventaire du mobilier des titres et papiers dépendant de tous les bénéfices ; par les lois postérieures, la Nation, en prenant la possession réelle de ses biens, s'est chargée de payer aux titulaires un traitement, souvent supérieur à leurs revenus, et la perception a été confiée partie aux receveurs de district et partie à ceux des droits d'enregistrement.

Les lois ont supposé que les percepteurs seraient nantis de tous les titres qui établissaient ces revenus et que les Directoires des districts ou les titulaires particuliers les leur remettraient.

Mais ces mêmes lois avaient laissé à ces bénificiers la faculté de jouir les revenus de l'année 1790, et vos diverses ordonnances leur avaient procuré toutes les facilités possibles. Vous pensiez, avec raison, que leur jouissance finie, ils remettraient sans peine des titres qui devenaient inutiles dans leurs mains et sans lesquels cependant il est impossible de percevoir des revenus qui doivent servir à l'acquittement de leur traitement et de leurs pensions.

Il n'est pas juste que les perceptions soient interrompues par le fait de ceux qui doivent en profiter ; en conséquence j'ai l'honneur de vous proposer, etc.

Sur quoi, ouï M. le procureur général syndic, le Directoire du département de la Lozère a délibéré que tous les ci-devant bénéficiers particuliers remettront au greffe du district, où ressortaient les bénéfices, les livres, baux à ferme, reconnaissances et tous autres titres qu'ils ont en leur pouvoir et qui n'ont pas été compris dans les inventaires faits, ou ceux qui sont sous le scellé, à peine de suspension de leur traitement jusques à la remise effective.

Beauregard, vice-président, Chazot, F. Lozéran, Paulet, secrétaire général.

—o—

Du troisième septembre, mil sept cent quatre vingt-onze.

Pétition qu'ont l'honneur de présenter les citoyens catholiques, non conformistes soussignés, et habitants de la paroisse de St-Martin-de-Lansuscle, à MM. les administrateurs du Directoire du département de la Lozère.

Messieurs,

Plusieurs citoyens actifs, de la paroisse de St-Martin-de-Lansuscle, demandent à exercer le culte de leur religion dans une église qu'ils achèteront ou bâtiront à leurs dépens; et, pour se conformer à la loi, ils demandent que vous vouliez bien leur désigner l'inscription qu'ils mettront au frontispice de ladite église.

Permis. Les suppliants mettront sur le frontispice de leur église pour inscription : Paix et Liberté, Eglise des Non-Conformistes.

Beauregard, vice-président, Cayla, Chazot, F. Lozeran, Paulet, secrétaire général.

—o—

Du quatre septembre, mil sept cent quatre-vingt-onze, vers les huit heures du soir. MM. de Beauregard, vice-président, Monestier, Rozière, Lozeran, Chazot, Ferrand, Cayla, Rivière, procureur général syndic.

Ayant été informés que deux pierres avaient été lancées dans l'église des doctrinaires, où siège l'assemblée électorale du département, se sont assemblés, et leur ayant été annoncée une députation de ladite assemblée, elle a été introduite, et M. Pelet, maire de Florac, portant la parole a dit, que dans la journée, deux électeurs avaient été insultés dans une auberge ; que l'évêque du département, électeur, avait été hué par des enfants en sortant de l'assemblée électorale ; que l'on venait de jeter des pierres dans ladite assemblée ; qu'ils demandaient et requéraient le Directoire du département ; 1° d'employer les moyens que la Constitution a mis en son pouvoir pour veiller à la sûreté et à la tranquillité des électeurs de l'assemblée électorale ; 2° de faire avancer les troupes réglées qui sont à Meyrueis et à Ispagnac ; 3° de demander un régiment qui serait réparti dans les divers chefs-lieux de district pour procurer l'exécution des lois.

Et ces Messieurs s'étant retirés, le Directoire du département de la Lozère, oui le procureur général syndic, a délibéré : 1° que les délits dont se plaignent MM. les électeurs, seront de suite déférés à l'accusateur public, et qu'il sera instamment prié de donner la plus grande activité à cette procédure pour dénoncer et punir les auteurs et coupables de pareilles entreprises ; 2° Que le Directoire prendra tous les moyens que la Constitution a mis en son pouvoir, pour maintenir la sûreté et la tranquillité de l'assemblée électorale et de Messieurs les électeurs ; 3° qu'il sera de suite fait des réquisitions aux commandants des troupes de ligne détachées à Ispagnac et à Meyrueis, pour se transporter, avec la plus grande célérité, en la ville de Mende ; 4° Que la demande des troupes étant une mesure générale, qui ne tient pas aux précautions du moment, sera ajournée pour y être délibéré par le Directoire.

BEAUREGARD, vice président, CAYLA, CHAZOT, F. LOZERAN, PALLET, secrétaire général.

Du douzième septembre mil sept cent quatre-vingt-onze. Sur la proposition de l'un des membres du directoire, le directoire du département de la Lozère; ouï le procureur général syndic, a délibéré de diviser, entre les différentes municipalités qui composent le département, la quantité de 449 fusils qui ont été envoyés par le ministre de la guerre, et de compléter ledit partage à fur et à mesure qu'il en arrivera d'autres jusques et à concurrence de la quantité de 1,480, dont l'envoi a été décrété par l'Assemblée nationale et de prendre pour base de ladite division la population active de chacune desdites municipalités; qu'en conséquence, il sera fait de suite l'envoi desdits fusils à chacun des sept districts, lesquels seront adressés au Directoire du district et par eux envoyés de suite aux municipalités qui les composent; que lesdits Directoires seront tenus dans le délai de 15e de certifier celui du département de l'envoi des dits fusils dans lesdites municipalités, et qu'elles se conformeront à l'article 2 de la loi du 28e janvier dernier.

Beauregard, vice-président, Cayla, Paulet, secrétaire, général.

Dudit jour douzième septembre mil sept cent quatre-vingt-onze. L'on a annoncé trois commissaires nommés par l'assemblée électorale, et ayant été introduits, l'un d'eux a dit, que l'Assemblée venait d'être instruite que le sieur Genuer, électeur du canton de Villefort, avait été assassiné; qu'il avait reçu quatre coups de couteau dans l'estomac ou au ventre ; que sa vie était en danger et qu'il était au lieu de Rieutort dans la maison du sieur Cayroche, aubergiste ; que l'Assemblée avait résolu d'envoyer des commissaires audit lieu de Rieutort; de dénoncer le délit à l'accusateur public et au tribunal du district de Mende; qu'elle désirait qu'on requit douze gendarmes et un détachement de la garde nationale et des troupes de la ligne pour accompagner lesdits commissaires et les juges qui se transporteraient audit lieu de Rieutort; et, lesdits Messieurs retirés accompagnés par Messieurs les administrateurs, le directoire du département de la Lozère, ouï le procureur général syndic, a délibéré : 1° de dénoncer de suite ce délit à l'accusateur public du district de Mende et d'inviter le tribunal à mettre la plus grande activité dans les poursuites ; 2° de quérir le Commandant des gendarmes nationaux de commander 12 gendarmes et les commandants de la garde nationale et des troupes de ligne de fournir un détachement suffisant pour escorter MM. les commissaires de l'Assemblée électorale et les juges qui se transporteront au lieu de Rieutort.

Beauregard, vice-président, Cayla, Pallet, secrétaire général.

Du même jour douze septembre mil sept cent quatre-vingt-onze. Le procureur général syndic a dit qu'il vient d'être instruit que MM. les administrateurs du district de St-Géniès, département de l'Aveyron, cédant au vœu de ceux du Directoire du département de la Lozère, consentent à remettre, à ceux du district de Marvejols, les lettres et papiers relatifs aux possessions ayant appartenu à la cy-devant domairie et maison d'Aubrac, qui étaient dans l'enclave du district de Marvejols et de celui de St-Chély ; qu'il proposait de nommer un commissaire qui put se transporter audit lieu de St Géniès, recevoir lesdits titres et en fournir décharge valable. Sur quoi, ouï le procureur général syndic, le Directoire du département de la Lozère a autorisé M..... administrateur du Directoire du district de Marvejols de se transporter en la ville de St-Géniès pour y recevoir, des mains des dépositaires, les titres et papiers concernant les possessions et droits incorporels ayant appartenu à ladite domerie et maison d'Aubrac, situés dans l'étendue du département de la Lozère et en consentir toute décharge valable.

Beauregard, vice-président, Cayla, Paulet, secrétaire général.

Du quinze septembre mil sept cent quatre-vingt-onze. En directoire. MM. Beauregard, vice-président, Ferrand, La Chassagne, Cayla, Rivière, procureur général.

Un des membres a dit : Messieurs, vous avez déjà reçu plusieurs pétitions qui tendent toutes à décider si la loi du 29 mai dernier, en déclarant les fonctionnaires publics de ce département, qui ont refusé de prêter le serment civique, déchus des fonctions qu'ils tenaient de la Constitution, les rend inhabiles à être nommés dans les nouvelles élections où l'on vient de procéder, le canton de Grandrieu et celui de Châteauneuf ont nommé de rechef les mêmes citoyens pour juges de paix, et l'on doute si leur élection est valable. Pour juger cette question vous devez vous pénétrer de l'esprit de cette loi; elle a voulu punir une infraction, une désobéissance à la Constitution, elle les a privés des fonctions qu'ils exerçaient au moment de la désobéissance; mais vous ne devez pas, vous ne pouvez pas aggraver les peines infligées ; ils n'ont pas été privés du titre de citoyens actifs; s'ils obéissent à la loi, s'ils se soumettent aux obligations qu'elles imposent, s'ils prêtent le serment civique prescrit par la Constitution, ils redeviennent éligibles, ils sont capables de toutes les fonctions civiles; en conséquence je vous propose, etc.

Sur quoi, ouï le procureur général syndic, le Directoire du département de la Lozère a délibéré que les élections faites et à faire des membres compris dans la loi du 29ᵉ mai aux fonctions civiles, sortiront à effet, si lesdits membres prettent le serment civique et se conforment aux décrets de l'Assemblée nationale, acceptés et sanctionnés par le Roi; auquel effet, copie de la pré- de la présente délibération sera envoyée aux dites municipalités de Grandrieu et de Châteauneuf.

Beauregard, président, Cayla, Paulet, secrétaire général.

—o—

Du jour vingt-trois septembre mil sept cent quatre-vingt-onze. Sur la pétition du sieur Estaniol, curé de la paroisse de Ribennes portant que le Directoire du district ne lui ayant réservé, pour le supplément de son demi-arpent de jardin, qu'un champ tout sablonneux, pierreux et inculte, il ne peut s'en contenter avec d'autant plus de raison qu'il y a un petit pré au dessous du cimetière légué par M. de Retz, ancien prieur, à ses successeurs, pour servir aux réparations de la maison prieurale, lequel pré était bien plus propre à être uni au jardin.

Vu ladite pétition présentée au Directoire du département et signée Estaniol; l'ordonnance de renvoi au district; l'avis du Directoire du district de Mende, du 50 juillet, qui pense que la municipalité de Ribennes, réunie en Conseil général, doit être entendue, déclaration du procureur de la commune dudit Ribennes, du 4 août, comme quoi il a pris connaissance de l'avis ci-dessus du district; délibération de la municipalité de Ribennes, du 11 dudit mois d'août; second avis du Directoire du district du 17 du même mois ; le Directoire du département, ouï l'avis de M. le procureur syndic, et avant dire droit à la susdite pétition du sieur Estaniol a ordonné que, par le sieur Panafieu, expert, il sera procédé à la vérification du champ dont s'agit, lequel expert rapportera si réellement ledit champ est sabloneux, pierreux et de telle nature qu'il ne puisse point absolument être converti en jardin, pour ce fait être ordonné ce qu'il appartiendra.

Beauregard, vice-président, Cayla, Paulet, secrétaire général.

—o—

Du vingt-quatre septembre mil sept cent quatre-vingt-onze. En Directoire. MM. Beauregard, vice-président, Cayla, Chazot, Rivière, procureur général syndic. S'est présenté le sieur Velay, secrétaire greffier du district de Florac, qui a dit qu'en exécution de la délibération du Directoire du département, à lui transmise par une lettre de M. le procureur général syndic, il apporte l'original du procès-verbal de l'Assemblée électorale du district de Florac, tenue en ladite ville les 22 et 25 mai dernier.

Et ledit procès-verbal ayant été lu, les élections des curés de St-Martin-de-Lansuscle et de Vebron y ont été rédigées ainsi qu'il suit, etc.

Il a été procédé, toujours en la même forme, à l'élection pour le remplacement du curé de St-Martin-de-Lansuscle. Les scrutateurs, en proclamant le résultat du scrutin, ont annoncé que M. Combes, prêtre, ci devant religieux dominicain, demeurant à Clermont-de-Lodève, département de l'Hérault, était élu.

Il a été procédé, en la même forme, à l'élection pour le remplacement du curé de Vebron. Les scrutateurs, en proclamant le résultat du scrutin, ont annoncé que M. Blanc, prêtre habitué à la paroisse de St-Pierre-de-Lyon, département de Rhône-et-Loire, était élu.

Et ledit original du procès-verbal ayant été rendu audit sieur Velay, il a été remis : 1° un extrait dudit procès-verbal collationné sur la minute originale par le sieur Dalzan, secrétaire, pour être remise aux archives du Directoire du département, dont le collationné est daté du 24 dudit mois de mai;

2° Une suite du procès-verbal de l'assemblée électorale du district de Florac, du 18 de ce mois, contenant deux feuilles, et paginé par le sieur Lozeran, président, et signé par lui et le sieur Dalzan secrétaire.

Et à la fin de la 3ᵉ page et à la 4ᵉ l'élection de la cure de St-Martin-de-Lansuscle, ainsi que suit, etc.

Il a été procédé, toujours en la même forme, à l'élection d'un sujet pour occuper la cure de St-Martin-de-Lansuscle, attendu que le procureur syndic a dénoncé que c'était par erreur que celui qui y remplit actuellement les fonctions de curé y a été placé, puisqu'il avait été élu pour la cure de Vebron. Les scrutateurs, en publiant le résultat du scrutin, ont annoncé que M. Joseph Blanc, prêtre, ci-devant habitué à la paroisse de St-Pierre et St-Saturnin de Lyon, faisant actuellement les fonctions de curé de St-Martin-de-Lansuscle, était élu.

Et, après ladite transcription, ledit sieur Velay, a repris ledit procès-verbal, et l'extrait, collationné par le sieur Dalzan, de celui des 22 et 23 mai, sont remis au sieur Paulet, secretaire du département, et ledit sieur Velay a signé le présent procès-verbal.

Velay, secrétaire de l'administration du district de Florac, Beauregard, vice-président, Chazot, Cayva, Paulet, secrétaire général.

—o—

Dudit jour vingt-quatre septembre, mil sept cent quatre vingt-onze.

Un des membres a dit : Messieurs, la loi du 15° de ce mois, que vous venez de faire promulguer, ordonne que la Constitution soit solennellement proclamée, par les officiers municipaux dans les chefs-lieux de département, le dimanche qui suivra le jour où la Constitution sera officiellement parvenue aux administrateurs du département; et qu'il y sera fait des réjouissances publiques, pour célébrer son heureux achèvement; et, dans les autres municipalités, le jour qui sera fixé par un arrêté du Directoire du département.

Est-il un seul français qui ne doive témoigner la joie de cet heureux évènement !

La France jouira donc enfin d'une Constitution libre et permanente ; les pouvoirs délégués y seront réglés et séparés ; ils cesseront de se heurter et de se combattre ; tous tendront à un seul but, au bien général ; la volonté de tous y trouvera la loi, et la loi règlera les actions de tous les citoyens; les haines les dissentions disparaîtront et la paix ramènera le calme et l'abondance. Tels sont les bienfaits que nous devons à la sagesse et au courage de l'Assemblée nationale et à l'amour du Roi pour le peuple français. J'ai donc l'honneur de vous proposer, etc.

Sur quoi, ouï le procureur général syndic, le Directoire du département de la Lozère a délibéré que demain, 25 de ce mois, il sera chanté, à l'issue de vêpres dans l'église cathédrale de Mende un *Te Deum* en actions de grâce, et, pour célébrer l'achèvement de la Constitution, que le district et la municipalité seront invités à y assister; que le dimanche qui suivra le jour où la Constitution sera parvenue officiellement à l'administration du département, elle sera solennellement proclamée et fait des réjouissances publiques en ladite ville de Mende, et le dimanche d'après dans toutes les municipalités du département ; le Directoire s'en rapportant aux dites municipalités sur l'ordre et les dépenses à faire pour les réjouissances publiques ordonnées.

BEAUREGARD, vice-président, CHAZOT, CAYLA, PAULET, secrétaire général.

Dudit jour] vingt-quatre septembre, mil sept cent quatre-vingt-onze. En Directoire. MM. Beauregard, vice-président, Cayla, Chazot, Rivière, procureur général syndic.

Lecture faite des divers verbaux de la municipalité de St-Martin-de-Lansuscle, des 4, 7, 8 et 11 du présent mois de septembre, ensemble l'avis du Directoire du district de Florac, du 21 dudit mois, un des membres a dit :

Messieurs, la pétition que la municipalité de St-Martin de-Lansuscle vous a présentée ; les verbaux qu'elle a tenus, contiennent des plaintes contre le sieur Blanc, curé ; l'avis du Directoire du district cherche à le justifier, il accuse ces procès-verbaux d'avoir été dirigés par l'humeur et l'animosité.

Si nous avions à prononcer sur les diverses inculpations, nous chercherions les dires respectifs des parties ; nous apprécierions les verbaux où le sieur Blanc a paru comme partie, et qu'il a signé ; nous analyserions les diverses dépositions et nous examinerions s'il dépend d'une municipalité de faire entendre des témoins pour établir d'avance les faits sur lesquels elle veut deférer un fonctionnaire public.

Mais toutes ces questions sont inutiles ; qu'il soit prouvé que le sieur curé se soit plaint du petit nombre de catholiques qui assistaient à sa messe; qu'il ait cherché à y en attirer un plus grand nombre ; qu'il ait témoigné son mécontentement contre un prêtre non-conformiste ; de pareils faits ne sont pas des délits, et si c'était les seules plaintes qui vous fussent déférées, vous devriez rappeler aux citoyens de St-Martin, que la liberté du culte, auquel on est attaché, est un des droits reconnus par la Constitution, et que ce culte, quel qu'il soit, doit être paisib e et protégé.

Vous ne devez pas même scruter, dans ce moment, ce qui est relatif à la nomination du sieur Blanc ; vous avez déjà ordonné l'apport du registre des élections, et lorsque vous délibérez sur cet objet, vous vous feriez remettre, sous les yeux, la justification qu'on a insérée dans l'avis du district de Florac,

Mais, un vrai délit vous est signalé par la municipalité de St-Martin-de-Lansuscle ; elle énonce que les citoyens sont venus troubler la tranquillité dont elle jouissait ; qu'ils les ont menacés de faire venir chez eux des gens qu'ils prétendaient avoir à leurs ordres ; de mettre tout à feu et sang, et qu'ils désignaient ces victimes.

Elle vous a exposé même les craintes que lui occasionnèrent les groupes que formaient ces personnages ; et un pareil délit, s'il est réel, doit être réprimé et puni ; en conséquence, je vous propose, etc.

Sur quoi, ouï le procureur général syndic, le Directoire du département de la Lozère a délibéré de déférer, à l'accusateur public du tribunal du district de Florac, les auteurs et complices de l'attroupement qu'on prétend avoir eu lieu à St-Martin-de-Lansuscle, le 8 de ce mois, et des délits qui en furent les suites, énoncés aux dits procès-verbaux ; auquel effet ils seront envoyés avec une copie de la présente délibération, par le procureur général syndic, à l'accusateur public dudit tribunal de Florac.

Beauregard, vice-président, Chazot, Cayla, Paulet, secrétaire général.

—o—

Du vingt-sept septembre, mil sept cent quatre-vingt-onze.

Un des membres a dit : Messieurs, un des soins principaux qui vous sont confiés, est celui des routes. Dans un pays aussi montagneux que celui qu'occupe le département de la Lozère. Vous ne pouvez perdre cet objet de vue un seul instant, sans craindre des dégradations difficiles à réparer. Jusques ici, vous avez été privé des lumières nécessaires pour embrasser l'ensemble de cette partie de l'administration ; point de cartes routières, point de plans de routes, des devis partiels, des entrepreneurs peu soigneux et accoutumés à ne remplir que la moindre partie de leurs obligations.

Il est temps que cette inexactitude cesse ; que les routes soient mises dans l'état de perfection dont elles sont susceptibles ; que les avenues soient entièrement réparées ; et que vous connaissiez les nouvelles que vous devez continuer et perfectionner.

Les chemis vicinaux appellent aussi votre sollicitude. Vous avez réparti, entre les divers districts, plus de 100,000 livres pour cet objet, et vous ignorez encore si cette somme a été employée et si elle l'a été utilement. En conséquence j'ai l'honneur de vous proposer, etc.

Sur quoi, ouï le procureur général syndic, il a été délibéré que les Directoires des districts seront invités à se faire rendre compte, par les municipalités, des sommes employées par elles aux chemins vicinaux, et qu'ils enverront lesdits comptes au Directoire du département, au plus tard au 20 du mois d'octobre prochain.

2° Que, par les ingénieurs du département, il sera fait, dans le courant dudit mois d'octobre, la visite de tous les chemins entretenus et entrepris au dépens du département et du trésor public, et qu'ils en rapporteront le verbal exact.

3° Que lesdits ingénieurs seront invités de visiter, dans la tournée qu'ils feront, les chemins vicinaux des municipalités du département et de rapporter, dans leur verbal, l'état desdits chemins et les ouvrages qui y ont été faits et ceux qu'il convient d'y faire ; auquel effet, il sera envoyé, par le procureur général syndic, copie de la présente délibération a tous les Directoires des districts du département, ainsi qu'au sieur Boissonnade, l'un des ingénieurs en chef du département, afin qu'il la communique aux sieurs Boissonnade, cadet, et Belmas. ingénieurs ordinaires, et combiner avec eux les districts que chacun doit parcourir.

Chazot, Cayla, Paulet, secrétaire général.

Du vingt-huit septembre mil sept cent quatre-vingt-onze. En directoire. MM. Chazot, Cayla, Ferrand, Rivière, procureur général syndic.

Le procureur général syndic, a dit, que Messieurs les administrateurs du district de Mende viennent de représenter que, pour satisfaire aux lois et aux instructions relatives aux obligations des ci-devant communautés, il conviendrait de faire ramasser, dans un seul endroit, la totalité des livres épars dans les maisons des ci-devant Capucins, Cordeliers et Carmes de cette ville; en conséquence, il propose, etc.

Sur quoi, le Directoire du département de la Lozère, a autorisé le Directoire du district de Mende, de faire transporter, dans la salle capitulaire du ci-devant Chapitre de cette ville, tous les livres qui sont dans les maisons des ci-devant Cordeliers, Capucins et Carmes dudit Mende; de recenser, avant le transport, l'inventaire qui en a été fait.

Chazot, Cayla, Pallet,

—o—

Du quatre octobre mil sept cent quatre-vingt onze. MM. Ferrand, Cayla, La Chassagne, Rivière.

Le procureur général syndic, a dit: Messieurs, la confiance des électeurs du département de la Lozère, uous a privés de quatre membres du Directoire ; de MM. Beauregard, Chazot, Monestier et de Fressac, qui ont été députés à l'Assemblée nationale. La loi du 29 mai, nous a encore privés du sieur Bonnet Ladevèze, et le Directoire se trouve réduit à MM. Rozière, Cayla et Ferrand. Vous devriez, peut-être, en exécution de la loi du 17 avril dernier, désigner cinq membres pour remplir les places vacantes ; mais vous seriez forcés d'en choisir quatre parmi les administrateurs nouvellement élus, et vous préviendriez par là le choix du Conseil d'administration ; il doit s'assembler le 15 de ce mois prochain, et vous devez lui donner cette marque de déférence, en suspendant cette nomination, et attendant son choix ; mais rien ne peut vous dispenser de choisir celui des anciens administrateurs qui doit occuper la quatrième place vacante, ainsi j'ai l'honneur de vous proposer, etc.

Sur quoi, le Directoire du département de la Lozère a délibéré de nommer, à ladite place, un des membres du Conseil du département, par la voie du scrutin ; et, le scrutin fait en la forme ordinaire et les billets ouverts, la majorité des suffrages a été déclarée se réunir en faveur de M. Blanquet, du lieu et paroisse de Javols, membre du Conseil du département ; et en conséquence, le procureur général syndic a été chargé de lui envoyer un extrait de la présente délibération, et de l'inviter à venir occuper la place qui lui est destinée.

Paulet, secrétaire général.

Du cinq octobre mil huit cent quatre-vingt onze.

En Directoire. MM. Ferrand, Rozièze, Cayla, Rivière, procureur général syndic.

Lecture fatie de la pétition de la municipalité de la ville de Mende, contenant le verbal dressé par le sieur maire, le 2ᵉ de ce mois, et l'avis du district de Mende du jour d'hier.

Un des membres, a dit : Messieurs, vous vous méprendriez étrangement si vous pouviez penser que ce fut la punition des délits commis dans la nuit du 2 de ce mois, que la municipalité de Mende a voulu vous defférer ; elle n'ignore pas que les bruits et les attroupements nocturnes sont classés, par l'article 19 du titre 1ᵉʳ de la loi du 22 juillet dernier, parmi les délits de la police municipale, et que les peines décernées sont une amende du tiers de leur contribution mobilière, qui ne peut être au dessous de 12 livres, et peut être agravée suivant la gravité du cas à une détention de huit jours dans les villes.

Les officiers municipaux savent très bien que, par l'article 19 du titre 2 de la même loi, les outrages ou menaces par paroles ou par gestes, faites aux fonctionnaires publics dans l'exercice de leurs fonctions, doivent être punis d'une amende qui ne peut excéder dix fois la contribution mobiliaire, et d'un emprisonnement qui ne peut excéder deux années ; que la peine doit être double en cas de récidive, et que ces délits sont renvoyés au tribunal de la police correctionnelle.

Cette loi est si claire et si précise que la municipalité de Mende n'a pu en méconnaître les dispositions. Mais avant de prononcer, elle a cru devoir vous avertir des dangers que couraient la tranquilité publique ; elle a craint peut être de voir son autorité compromise et elle a voulu appuyer ses démarches de votre suffrage.

Dans le temps ou l'Assemblée électorale tenait ses séances dans ses murs, elle a vu un rassemblement de plus de cent cinquante personnes, chanter dans les promenades publiques et dans la ville, et troubler ainsi la tranquilité des citoyens ; elle a cru que les circonstances exigeaient qu'elle ne fît aucune démarche pour les dissiper. La proclamation de la Constitution appelait des réjouissances publiques, mais la municipalité avai désiré qu'elles ne fussent pas tumultueuses, et, en permettant au club des amis de la Constitution, de faire des feux d'artifice et de faire battre des chamades dans l'enceinte du jardin de l'évêché, où ils tiennent leurs séances, elle ne prévoyait pas que des personnes mal intentionnées se serviraient de ce prétexte pour former un attroupement tumultueux, qui risquait de compromettre la tranquilité publique ; elle a accueilli le verbal du maire qui dénonçait les délits qui en ont été la suite ; mais, incertaine si elle devait les dissimuler ou les punir, elle a pris le parti prudent de vous les déférer.

Vous devez la rassurer et presser d'exécuter les lois conservatrices de la sûreté et de la tranquillité des citoyens ; vous devez lui annoncer que, s'il se trouvait des personnes assez entreprenantes pour s'opposer à l'exécution des lois, vous déployeriez tous les moyens que la Constitution a mis dans vos mains ; mais vous devez aussi rappeler au maire de cette ville, qu'il a transgressé cette loi en envoyant en prison Barbut, le fils, au lieu de le faire conduire chez le juge de paix, comme l'ordonne l'article 52 du 1er titre ; ainsi, j'ai l'honneur de vous prier, etc.

Sur quoi, ouï le procureur général syndic, le Directoire du département de la Lozère, a délibéré de déclarer ne pouvoir statuer sur les délits compris dans la pétition de la municipalité de Mende, attendu que la loi du 22 juillet les attribue à la police municipale ; et à la police correctionnelle d'inviter les officiers municipaux de la ville de Mende, de se conformer aux règles qui y sont établies, et charge le maire de donner connaissance, au Directoire du département, des opérations et des suites de cette affaire.

Paulet, secrétaire général.

—o—

Du sept octobre, mil sept cent quatre-vingt-onze.

Un des membres a dit : Messieurs, vous avez déjà exécuté une partie des dispositions de la loi du 16 février dernier. Vous avez procédé à la nomination des officiers et des gendarmes nationaux ; mais la partie qui vous reste est tout au moins aussi essentielle. Vous devez répartir provisoirement ces forces que la loi a créés ; vous devez proposer une distribution définitive des brigades ; et vous devez, dans cette opération importante, consulter les localités et les convenances. Vous devez procurer la facilité du service et des correspondances, et faire en sorte qu'aucun point du département ne soit privé du secours des gendarmes nationaux.

La loi a voulu que le nombre provisoire et moyen des brigades fut de quinze par département, et que néanmoins il put n'y en avoir que douze, et que le nombre put être porté à dix-huit.

Vous avez différé a prendre une détermination sur tous ces objets, afin de vous aider de l'avis du colonel de la division à laquelle le département est uni.

Vous l'avez vu parmi vous, occupé du bien du service; vous avez applaudi à son zèle, et si vous n'avez pas pu adopter quelque emplacement, vous n'avez attribué cette différence de vues qu'à la connaissance plus exacte que vous avez des localités ; en conséquence je vous propose un plan de distribution des brigades et des officiers qui les commanderont. Ce plan s'éloignera très peu de celui que vous a laissé le colonel de la gendarmerie.

Mais l'objet essentiel, celui sur lequel vous devez insister avec force, est de demander, au Corps législatif, une augmentation du nombre de brigades jusqu'à dix-huit et qu'elles soient toutes à cheval.

Que de motifs puissants pour les obtenir ; un climat rude, un pays montagneux coupé d'une infinité de ravins et de torrents, percé de chemins encore imparfaits obstrués de neige qui les rendent très difficiles pendant six mois de l'année, et impraticables aux gens à pied ; des sinuosités immenses qui augmentent prodigieusement les distances, le caractère des habitants, qui, doux et paisible dans le commerce de la vie, s'enflamme aisément et produit des rixes souvent sanglantes.

La multiplicité des foires que nécessite la vente des bestiaux, presque l'unique revenu de ses montagnes ; la protection à accorder aux propriétaires des bois, que la misère attaque et dévaste et qu'on ne peut défendre sans une force coactrice.

Enfin, Messieurs, une raison très forte, que vous devez faire valoir auprès du Corps législatif, est que votre département n'a et ne peut avoir que difficilement des troupes de ligne.

Aucune de ses villes n'a de casernes ni de magasins et rien de ce qui est absolument nécessaire pour des garnisons.

Sur quoi, ouï le procureur général syndic, il a été délibéré, 1° que le Directoire sollicitera, auprès du Corps législatif et du Roi, qu'il soit accordé à ce département dix-huit brigades de gendarmes nationaux.

2° Qu'elles soient toutes à cheval.

3° Que l'emplacement provisoire sera déterminé d'après le tableau annexé en la présente délibération, et que, si la demande de dix-huit brigades est accueillie, les trois dernières seront placées à Grandrieu, à Nasbinals et à St-Germain.

4° Que copies de la présente délibération seront envoyées au Corps législatif, aux ministres du Roi, et aux députés du département.

Suit le tableau de l'emplacement provisoire dessus énoncé.

DÉPARTEMENT DE LA LOZÈRE.

GENDARMERIE NATIONALE.

Emplacement provisoire des brigades de la gendarmerie nationale. — L'on propose de la diviser en deux compagnies : la première comprendra les districts de Mende, St-Chély, Langogne et Villefort ; la seconde ceux de Marvejols, Florac et Meyrueis ; l'on ne désignera pas le siège des capitaines, estimant qu'on doit leur laisser le choix de leur résidence. Le lieutenant colonel et le secrétaire greffier résideront à Mende, chef-lieu du département.

1re Cie Lieutenance de Mende.

1 Lieutenant à Mende.
1re brigade de Mende, ancienne.
1 maréchal des logis et 4 gendarmes à cheval.
2e brigade de Mende, nouvelle.
1 brigadier et 4 gendarmes à cheval.

Lieutenance de Langogne.

1 Lieutenant à Langogne.
Brigade de Langogne, ancienne.
1 maréchal des logis et 4 gendarmes à cheval.
Brigade de Châteauneuf, nouvelle.
1 brigadier et 4 gendarmes à cheval.

L'on croit qu'une brigade serait utile à Grandrieu, et que, si l'on peut en obtenir 18, l'on doit y en placer une composée d'un brigadier et de 4 gendarmes à cheval.

— 512 —

Lieutenance de Villefort.

1 Lieutenant à Villefort.
Brigade de Villefort ancienne.
Un maréchal des logis et 4 gendarmes à cheval.
Brigade du Bleymard, nouvelle.
1 brigadier et 4 gendarmes à cheval.

Lieutenance de St-Chély.

1 Lieutenant à St-Chély.
Brigade de St-Chély, nouvelle.
1 brigadier et 4 gendarmes à cheval.
Brigade du Malzieu, nouvelle.
1 maréchal des logis et 4 gendarmes à cheval.

Anciennes.... 3 }
Nouvelles.... 6 } Total en brigades... 9

2ᵉ Cⁱᵉ. *Lieutenance de Marvejols.*

1 Lieutenant à Marvejols.
Brigade de Marvejols ancienne :
1 Maréchal des logis et 4 gendarmes à cheval.
Brigade de la Canourgue nouvelle.
1 brigadier et 4 gendarmes à cheval.

Une brigade serait essentielle à Nasbinals. C'est le siège de plusieurs foires considérables ; et ce bourg est éloigné de toutes les résidences de la gendarmerie nationale.

Lieutenance de Florac.

1 Lieutenant à Florac.
Brigade de Florac, ancienne.
1 maréchal des logis et 4 gendarmes à cheval.
Brigade du Pompidou, nouvelle.
1 brigadier et 4 gendarmes à cheval.
Brigade du Pont-de-Montvert, nouvelle.
1 brigadier et 4 gendarmes à cheval.
Une brigade serait utile à St-Germain pour protéger toutes les paroisses qui l'avoisinent.

Anciennes. . . . 2
Nouvelles . . . . 4 } Total des brigades. . . 9

Brigades anciennes. 5
— nouvelles. 10
— demandées. . . . 3
Total définitif 18

Vu et approuvé au Directoire du département de la Lozère, le sept septembre, mil sept cent quatre-vingt-onze.

Les administrateurs du Directoire du département de la Lozère.

Rozière, vice-président, Cayla, Ferrand, Rivière, procureur général syndic, Paulet, secrétaire général, signés audit tableau.

Du onze octobre, mil sept cent quatre-vingt-onze.

Vu la pétition du sieur de Castellane, et l'avis du district de Mende, le Directoire du département de la Lozère, le procureur général syndic entendu, a ordonné que ladite pétition, relative à la modération du don patriotique, sera communiquée à la municipalité de Mende, pour, sur son dire, être statué ce qu'il appartiendra.

Paulet, secrétaire général.

—o—

Du quinze octobre, mil sept cent quatre-vingt-onze. En Directoire. MM. Cayla, Blanquet, Ferrand, Rivière, procureur général syndic.

Vu l'extrait d'une délibération du Directoire du district de Villefort, du 8e de ce mois, portant que l'Assemblée nationale et le Roi seront priés de prendre en considération, etc.

Le procureur général a dit : Messieurs, vos soins avaient déjà prévenu la sollicitude du Directoire du district de Villefort, depuis le mois de juin ; vous n'avez cessé de solliciter, auprès de l'Assemblée nationale et du Roi, les secours dont le département avait besoin, pour ses subsistances ; le 20ᵉ juillet, vous prîtes un arrêté, où, après avoir énoncé que les gelées du 12, 13, et 14 juin, avaient fait périr plus des deux tiers de la récolte de ce pays ; que les malheureux cultivateurs, obligés dans plusieurs municipalités de faucher les blés pour profiter au moins de la paille, étaient hors d'état d'ensemencer leurs terres si l'on ne venait à leur secours, vous délibérâtes :

1° De donner connaissance à l'Assemblée nationale et au Roi de ces désastres.

2° De les prier d'autoriser le Directoire à faire acheter deux mille setiers de seigle, dont une partie serait fournie aux municipalités qui sont hors d'état de se procurer les grains nécessaires pour ensemencer les terres, et l'autre partie serait disposée dans des greniers pour servir de secours contre la disette qui menace ce département.

3° Qu'il serait prié de faire, pour cet objet, les avances nécessaires des fonds du trésor public, et d'accorder au département les secours les plus prompts et les plus efficaces.

Cette délibération fut envoyée au Président de l'Assemblée nationale, au ministre de l'intérieur et aux députés du département, du nombre desquels était M. Châteauneuf-Randon ; vos lettres les ont sollicité depuis ce moment pour accélérer ce secours et, n'en recevant pas, vous aviez déjà fait quelques achats partiels, lorsque le 12 de ce mois, vous reçûtes une lettre de M. de Lessart, ministre de l'intérieur, où il vous annonçait que l'Assemblée nationale avait mis une somme de 12 millions pour secourir ceux des départements qui, comme celui de la Lozère avaient besoin de secours ; ce ministre proposait encore de nommer à Paris un des députés à la législature pour stipuler les intérêts du département auprès du comité qui devaient se tenir pour déterminer la masse de ces secours, et vous nommâtes M. de Beauregard, en son absence MM. de Fressac et Chazot les seuls députés arrivés à Paris ; vous les autorisâtes à stipuler pour vous et à solliciter des secours assez considérables pour assurer la subsistance des administrés qui vous ont honoré de leur confiance.

Si le Directoire du district de Villefort se fut contenté de vous expoer les besoins de son ressort, qui ne sont que trop réels ; s'il se fut borné à solliciter M. de Châteauneuf-Randon de joindre ses instances à celles des députés de la législature, vous leur annonceriez que vos soins ont prévenu leur sollicitude; mais la forme donnée à la délibération du 8ᵉ de ce mois, nous force d'en réclamer la désapprobation ; elle est évidemment inconstitutionnelle. La loi du 5 janvier 1791 défend, aux administrateurs de département et de district, de nommer ni entretenir des agents auprès du roi et du corps législatif ; et cette délibération nomme M. de Châteauneuf-Randon, pour solliciter des secours auprès du Corps législatif et du roi ; elle présente encore l'inconvénient d'un district qui isole ses demandes de celles qui doivent être formées au nom collectif de tout le département.

La seconde demande qu'il forme est encore fondée sur une équivoque. Le décret du 10 septembre autorise les commissaires de la trésorerie d'établir un bureau pour les échanges des gros assignats contre ceux de cinq livres en faveur des manufacturiers, cultivateurs et autres, qui occupent un grand nombre d'ouvriers, et ordonne que les échanges se feront sur les états arrêtés par le comité de trésorerie et d'après les demandes par écrit et appuyées des certificats des corps administratifs.

Les besoins du district de Villefort; les avantages qui résulteront dès l'échange des gros assignats contre de petits sont évidents ; vous ne vous refuserez jamais à autoriser et à favoriser une pareille opération, mais elle doit être faite au nom des particuliers désignés dans le décret et non par les Corps administratifs qui, n'ayant en mains aucun fonds en gros assignats, ne peuvent faire aucun échange en leur nom propre.

Dès que la route sera tracée, ne doutez pas que le Directoire ne se hâte de la suivre; il l'indiquera lui-même aux administrés qui se trouvent dans le cas prévu; ainsi je vous propose, etc.

Sur quoi, le Directoire du département, a délibéré de refuser son approbation à la délibération du Directoire du district de Villefort, du 8ᵉ de ce mois, et que la présente délibération lui sera notifiée par le procureur général syndic.

Cayla, Ferrand, Rivière, procureur général, Paulet, secrétaire général.

Du dix neuf octobre mil sept cent quatre-vingt-onze. En Directoire. MM. Blanquet, Ferrand, Cayla, Rivière, procureur général syndic.

Vu la pétition de la municipalité de Mende, du 28 août dernier, énonçant les pertes occasionnées la présente année sur les revenus de l'hôpital de ladite ville, et l'avis du district de Mende, du 30 dudit mois ; vu aussi leur état duquel il résulte ; 1° que, sur ledit revenu, les administrateurs ont été forcés d'indemniser les fermiers des dommages occasionnés à la récolte par la gelée du mois de juin, et jusques et à concurrence de 210 setiers qui, au prix courant, donnent une somme de cinq mille deux cent cinquante livres : 2° que la retenue sur les rentes du 5° des grains ou en argent occasionnent une diminution de prix de deux mille livres, ce qui diminue très-considérablement les revenus de cet hôpital qui n'excède pas dix huit mille livres ; le Directoire du département de la Lozère, ouï le procureur général syndic a déclaré de renouveller ses instances auprès du corps législatif et du roi, pour qu'ils veuillent bien, sur les fonds à ce destiné, accorder des secours à cet hôpital.

Cayla, Rivière, procureur général syndic, Paulet, secrétaire général.

Du vingt-deux octobre, mil sept cent quatre-vingt-onze. En Directoire. MM. de la Chassagne, vice-président, Cayla, Blanquet, Ferrand, Rivière, procureur général syndic.

L'un des membres a dit : Messieurs, depuis le commencement de la Révolution vous avez été témoin du courage, de la prudence et de la fermeté de M. de Borrel, colonel de la garde nationale de Mende, et commandant de celles du district ; si vous avez joui de la tranquillité, si la sûreté des personnes, si la propriété ont été respectées, c'est à ses soins principalement que vous en êtes redevables.

Vous avez saisi l'occasion de lui témoigner votre reconnaissance en l'élisant à la place de capitaine de la gendarmerie nationale, que la loi avait laissé à votre choix.

Et c'est ce choix qui va vous priver de lui ; vous deviez espérer que la prompte exécution des lois, sur la formation de la gendarmerie nationale rendait moins utiles les gardes nationaux, et suppléerait à leur service. Cependant cette organisation traîne en longueur et encore aujourd'hui vous êtes réduit aux mêmes forces qui protégeaient les citoyens depuis 1789.

Le bruit public vous annonce même qu'elles vont diminuer, quoique les officiers de la gendarmerie que nous avons élus ne soient point en activité, qu'ils n'aient pas été reçus ni reconnus à la tête de leur troupe, les commandants veulent, dit-on, forcer M. de Borrel à abandonner dans le moment le commandement de la garde nationale.

Sans doute, lorsque la gendarmerie nationale sera en activité il devra faire l'option de deux places incompatibles ; mais jusqu'alors est-il juste qu'on prive le district d'un commandant en qui il a mis sa confiance sans replacer cette force par celles que permettent les lois.

Vous ne pouvez ni ne devez vous immiscer dans les ordres qui sont donnés aux troupes de ligne et aux gendarmes nationaux, mais vous pouvez exposer vos motifs aux ministres du Roi ; vous pouvez les solliciter de permettre à M. de Borrel, de continuer de commander la garde nationale de Mende et du district, jusqu'à ce que la Compagnie de la gendarmerie nationale de Mende et du district, soit en activité.

Cayla, Ferrand, Rivière, procureur général syndic, Paulet, secrétaire général.

—o—

Du vingt-quatre octobre, mil sept cent quatre-vingt-onze. En Directoire. MM. Rozière, vice-président, Cayla, Ferrand, Blanquet, Rivière, procureur général syndic.

M. Vallongue, habitant de Vebron, district de Florac, et Prolhac, habitant de la Garde, paroisse d'Albaret-Ste-

Marie, district de St-Chély, ont exposé qu'ils étaient chargés, par plusieurs habitants des mêmes paroisses, de demander au Directoire la permission de consacrer un bâtiment au culte de la religion qu'ils professent; qu'ils désireraient qu'il leur indiquât l'inscription qui doit être placée sur la porte de chacun desdits bâtiments ; le Directoire du département de la Lozère, ouï le procureur général syndic, a permis, à chacun desdits sieurs Vallongue et Prolhac, de consacrer au culte de la religion qu'ils professent un bâtiment à leur dépens et d'inscrire sur la porte : *Paix et Liberté, Eglise des non-Conformistes.*

Rozière, vice-président, Cayla, Rivière, procureur général syndic, Paulet, secrétaire général.

—o—

Du vingt-cinq octobre mil sept cent quatre-vingt-onze. En Directoire. MM. Rozière, vice-président, Blanquet, Cayla, Ferrand, Rivière, procureur général syndic.

Le procureur général syndic a dit : Messieurs, le bruit public vous avait annoncé que, dans la nuit du 23 au 24 de ce mois, l'on avait planté une potence dans la ville de Marvejols, vis à vis la maison du sieur de Labarthe, dont le fils était accusé d'avoir émigré, et qu'on y avait attaché un écriteau qui menaçait quelques citoyens ; que ce signe d'insurrection et de mort avait resté exposé aux yeux du public, jusqu'à onze heures du matin, sans que la municipalité ni le district l'eussent fait enlever.

Ne recevant aucune nouvelle de ces corps administratifs, vous leur témoignâtes votre surprise de ne pas être informés par eux d'une entreprise si condamnable ; vous venez de recevoir enfin une lettre du Directoire de ce district, signée seulement d'un administrateur et du procureur syndic, dans laquelle ils vous annoncent que cette potence avait été dressée au milieu de la place publique et non au devant de la maison d'aucun particulier ; que l'inscription qui y était attachée désignait des émigrés ; que le maire l'avait fait enlever ; que cet évènement n'avait produit aucune sensation ; qu'aucun particulier ne s'en était plaint ; qu'ainsi, il n'avait pas cru devoir s'en occuper ni par conséquent vous en instruire.

Une pareille insouciance est inconcevable ; il est étonnant que ces administrateurs n'aient pas prévu les suites que pouvaient avoir un pareil évènement ; mais, puisqu'ils ont cru devoir se taire, vous, que la confiance de vos concitoyens a placé pour surveiller et remplacer les administrations inférieures, vous devez réveiller leur zèle et appeler sur la tête des coupables le glaive des lois.

Vous le savez, lorsque dans le mois de juin, la nouvelle de la fuite du Roi jetta l'alarme dans tout le royaume, toutes les municipalités du département de la Lozère, parvinrent à maintenir dans leur sein la tranquillité et le calme ; celle de Marvejols fut la seule où des citoyens osèrent désarmer des citoyens, et mettre en prison un commerçant qui refusait d'obéir à cet ordre arbitraire ;

lorsque dans le mois de mai le peuple de la municipalité de Chirac, se souleva contre les gardes nationales qui accompagnaient l'évêque du département et que les gardes blessèrent citoyens, le Directoire du district et l'accusateur public gardèrent le silence comme ils font aujourd'hui.

La loi du 15 septembre dernier a interdit toutes les poursuites qui sont antérieures à cette époque, mais elle a assez annoncé, à toute la France, qu'il était temps que les lois reprissent leur force et leur empire, et qu'elles punissent tous ceux qui attenteraient à la sûreté et à la tranquillité pubique des personnes, ou qui tenteraient d'exciter des insurrections ou des troubles. Ainsi, j'ai l'honneur de vous proposer, etc.

Sur quoi, le Directoire du département de la Lozère, a délibéré :

1° De rappeler, à celui du district de Marvejols, que les lois le chargent expressément de veiller au maintien de la sûreté et de la tranquillité publique ;

2° De déférer à l'accusateur public, près le tribunal du district de Marvejols, le délit commis dans cette ville la nuit du 23 au 24 de ce mois, en plantant au devant de la porte du sieur Labarthe, une potence et en y attachant un écriteau désignant des victimes;

3° D'envoyer copie de la délibération à M. de Lessart, ministre de l'intérieur, et à M. Duport, ministre de la justice.

CAYLA, ROZIÈRE, vice-président, RIVIÈRE, procureur général, PAULET, secrétaire général.

Du vingt-sept octobre, mil sept cent quatre-vingt-onze.

Le procureur général syndic a dit : Messieurs, M. de Montesquieu m'a envoyé la copie collationnée par le Directoire du département du Gard, des pouvoirs que le roi lui a accordés de lieutenant général commandant les troupes de ligne de la 9ᵉ division militaire.

Vous avez admiré les talents qu'il a déployés dans l'Assemblée nationale constituante et vous devez vous féliciter de voir que les troupes de ligne de cette division, dont vous faites partie, sont confiées à un lieutenant général dont le patriotisme est connu. Je requiers que ladite copie collationnée ensemble le collationné des registres du Directoire du département du Gard, soient transcrits, et que copie collationnée sera envoyé à tous les districts du département.

Rivière, procureur général de syndic.

Suivent lesdits pouvoirs : De par le Roi, Sa Majesté jugeant à propos de conférer le commandement de la 9ᵉ division des troupes de ligne, réparties dans les départements du Tarn, de l'Hérault, de la Lozère, de l'Aveyron, du Gard et de l'Ardèche, elle a cru ne pouvoir faire un meilleur choix que du sieur de Montesquieu, l'un des lieutenants généraux des armées, vu la connaissance qu'elle a de sa capacité et de son dévouement à la chose publique ; en conséquence elle l'a commis, ordonné et établi, commet, ordonne et établit pour commander les troupes de la 9ᵉ division militaire ; il les emploira et fera agir partout ou besoin sera, et les fera marcher à la réquisition des corps administratifs, conformément aux décrets de l'Assemblée nationale, sanctionnés par le Roi, lorsqu'ils jugeront qu'il sera indispensable de déployer la force militaire; il fera vivre les dites troupes en bon ordre et police et il leur fera faire tout ce qu'il jugera nécessaire et à propos, pour le bien du service ; mande et ordonne, sa majesté, aux dites troupes de la 9ᵉ division aux officiers généraux employés près d'elle, aux commissaires des guerres et à tous autres officiers qu'il appartiendra, de reconnaître ledit sieur Montesquieu, en ladite qualité de leur commandement, et de lui obéir et faire obéir sans difficulté par ceux étant sous leurs ordres, en tout ce qu'il prescrira pour le bien du service, à peine de désobéissance. Fait à Paris le 20 mai, mil sept cent quatre-vingt-onze. Signé, Louis et plus bas Duportail, signé. Certifié conforme à l'original transcrit dans les registres du Directoire du département du Gard et retiré par M. de Montesquieu, à Nimes le 22 octobre 1791, et signé,

Rigal, secrétaire général.

Dudit jour, vingt-sept octobre mil sept cent quatre-vingt-onze.

Un des membres a dit : Messieurs, la municipalité de St-Martin-d-Lansuscle réclame avec instance votre décision sur la prise de possession de la cure de ce lieu par le sieur Blanc.

Ces citoyens prétendent que ce prêtre n'est pas leur véritable curé ; que c'est par un faux qu'il a été mis à la place du sieur Combes, que le choix des électeurs leur avait destiné.

C'est par le rapport des faits et la lecture des actes que vous pourrez vous guider dans cette discussion véritablement fâcheuse. Ce fut le 22 mai dernier que les électeurs du district de Florac procédèrent au remplacement des fonctionnaires publics ecclésiastiques qui avaient refusé de prêter le serment ;

Il résulte du verbal : 1° Qu'il fut procédé à l'élection pour le remplacement du curé de St-Martin-de-Lansuscle ; que les scrutateurs en proclamant le résultat du scrutin annoncèrent que M. Combes, prêtre, ci-devant religieux dominicain, demeurant à Clermont-de-Lodève, département de l'Hérault, était élu ;

2° Qu'ensuite l'on procéda à l'élection pour le remplacement du curé de Vebron ; que les scrutateurs en proclamant le résultat du scrutin annoncèrent que M. Blanc, prêtre, habitué à la paroisse de St-Pierre et St-Saturnin, de Lyon, était élu ;

3° Enfin, que l'ancien curé de Vebron se présenta à l'assemblée électorale ; qu'il mit sur le bureau l'expédition du verbal du Conseil général de la commune de Vebron, dans lequel est insérée une déclaration, faite le dimanche précédent, contenant une nouvelle prestation de serment dudit curé, en rectifiant celui ci-devant prêté ; qu'il pria l'assemblée, moyennant ce nouveau serment, de ne pas donner d'effet à l'élection faite pour le remplacer, attendu qu'il avait prêté le serment avant le scrutin ; que l'assemblée ci-devant à ses instances déclara l'élection du sieur Blanc, comme non-avenue.

Observez, Messieurs, que c'est le sieur Dalzan, procureur syndic du district de Florac, qui avait été élu secrétaire et qui en fit les fonctions.

S'il faut en croire le sieur Blanc, le sieur Dalzan lui écrivit une première lettre pour lui annoncer sa nomination à la cure de St-Martin-de-Lansuscle, et lui enjoindre de se rendre de suite auprès du sieur Nogaret, évêque du département ; qu'il réitéra ses instances dans trois lettres consécutives.

Il est sans doute difficile d'admettre l'excuse qu'on trouve dans l'avis du district, que c'est une erreur du copiste qui a produit celle qui transfère le sieur Blanc à la cure de St-Martin.

Vous avez le collationné, qui vous a été remis, du verbal d'élection, il est daté du jour de la clôture de l'assemblée, et il est entièrement écrit de la main du sieur Dalzan ; comment ce secrétaire, qui met tant d'intérêt à presser le sieur Blanc de venir occuper cette cure, a-t-il pu faire une pareille méprise !

Mais le sieur Dalzan, n'est pas le seul qui soit inculpé

par le sieur Blanc, suivant l'article 35 du titre 2 de la loi du 24 août 1790 : celui qui aura été proclamé et élu curé, doit se présenter, en personne, à l'évêque avec le procès-verbal de son élection et proclamation, à l'effet d'obtenir de lui l'institution canonique.

Cependant le sieur Blanc atteste que, le 5 août, pour obtenir l'institution canonique, il parut devant l'évêque, qui lui demanda le procès-verbal de son élection ; qu'il lui montra une lettre du sieur Dalzan, par laquelle il disait avoir laissé le procès-verbal entre ses mains, et que l'évêque lui répondit qu'il avait vu le procès-verbal, mais que M. Dalzan l'avait retiré ; ce que sachant, que ce procès-verbal existait et pour lui éviter un second voyage, il lui donna l'institution canonique ; qu'il se rendit alors auprès du sieur Dalzan à Florac, qui l'amena le lendemain à St-Martin.

Le sieur évêque a énoncé, dans le certificat qu'il a remis aux députés de cette communauté, que le procès-verbal de l'élection des fonctionnaires publics ecclésiastiques du district de Florac, lui fut présenté et qu'il fut repris par ceux qui le lui avaient présenté.

En combinant ce certificat avec les faits connus et ceux qui sont allégués, il en résulterait que le procès-verbal d'élection des fonctionnaires publics, qui fut présenté à l'évêque, fut falsifié puisque, sur son vu, il donna l'institution canonique, au sieur Blanc, de la cure de St-Martin, tandis que c'était le sieur Combes qui avait été élu à cette place, où que cet évêque à coopéré à cette erreur inexcusable en donnant cette institution sans voir le verbal.

Mais, poursuivons ; tout est vraiment extraordinaire dans cette affaire ; le sieur Combes n'a jamais paru, il n'a jamais réclamé, et il ne pouvait pas le faire dans le système adopté par le district de Florac, puisque le sieur Dalzan, trompé par l'erreur du copiste, n'a pas pu lui donner avis de son élection.

Cependant, le 18 septembre, en qualité de procureur syndic, le sieur Dalzan dénonça, à l'assemblée électorale du district de Florac, que c'était par l'effet d'une erreur que celui qui remplit actuellement les fonctions de curé de St-Martin-de-Lansuscle, y a été placé, puisqu'il avait été élu pour la cure de Vebron, et, qu'en conséquence, il y a lieu de nommer à cette cure et, sur cette assertion, les électeurs élurent le sieur Blanc qui prit une seconde institution canonique.

Il est bien étonnant que le procureur syndic ne se soit pas aperçu que le seul moyen de réparer l'erreur commise, si ce n'est qu'une erreur, était d'envoyer au sieur Combes le procès-verbal de son élection, et que cet ecclésiastique ayant un droit acquis à cette place ne pouvait la perdre que par une démission.

Cette élection est annoncée à la municipalité de St-Martin ; le maire, en lui donnant connaissance de la lettre du district, lui rappelle la dénonce qui vous avait été faite par son organe, mais il l'exhorte à obéir aux ordres qui lui sont transmis.

Sur quoi, il fut délibéré d'installer le sieur Blanc, et de vous envoyer de suite copie de cette délibération ; ce qui fut exécuté.

Voilà MM. les faits dont la connaissance est nécessaire à la décision de la contestation qui vous est soumise. Il est certain que vous êtes incompétents pour la prononcer ; il s'agit d'un faux commis dans l'extrait du procès-verbal d'élection pour substituer à un curé élu une personne sur qui le choix des électeurs n'était pas tombé ;

D'une acquisition, d'une contravention commise par un évêque en donnant l'institution canonique à cette personne sans avoir le verbal de son élection ;

D'une seconde élection faite ; d'une cure qui n'était pas vacante, et, toutes ces contestations doivent y être jugées par les tribunaux.

Il est vrai qu'un administrateur se trouve impliqué dans toutes ces accusations, et qu'un administrateur ne doit être traduit devant les tribunaux à raison de délit commis en qualité d'administrateur que par une délibération de l'administration supérieure.

Mais si le sieur Dalzan est coupable de ce faux, s'il ne l'est que d'une erreur, ce n'est pas à vous à le juger ; ce n'est pas comme administrateur qu'il a commis ce délit ou cette faute; il remplissait alors la place de secrétaire de l'assemblée électorale, et non celle de procureur syndic.

Ainsi, Messieurs, c'est aux tribunaux a qui vous devez déférer toutes ces contestations; mais un nouveau doute s'élève, est-ce au tribunal du district de Florac à qui cette dénonce doit être faite ! Le sieur Dalzan est justiciable de ce tribunal, mais l'évêque du département ne l'est pas; nous rendons à ce prélat la justice de croire qu'il est innocent, et nous sommes persuadés que ce n'est pas pour se disculper que le sieur Blanc à cherché à l'inculper dans sa déclaration.

Dans ces circonstances, la prudence exige que vous vous adressiez au Ministre de la justice, afin que, guidés par ses lumières, vous suiviez la route qu'il vous tracera.

Sur quoi, ouï le procureur général syndic, le Directoire du département de la Lozère, a délibéré d'envoyer le rapport ci-dessus et la copie de la déclaration, du sieur Blanc, à M. le Ministre de la justice et le prier de tracer au Directoire la route qu'il doit tenir.

Cayla, Rivière, procureur général syndic, Paulet, secrétaire général.

—o—

Le trente octobre, mil sept cent quatre-vingt-onze. En Directoire. MM. Blanquet, Cayla, Ferrand, Rivière, procureur général syndic.

Vu la copie du procès-verbal dressé par le sieur Chapus, curé de St Sauveur, et certifié véritable par la brigade de la gendarmerie nationale de Marvejols ; le tout collationné par les administrateurs du Directoire du district de Marvejols, ensemble une lettre écrite par lesdits administrateurs : ce jour d'hui ; un membre a dit : MM. le maire et officiers municipaux de St-Sauveur, sont gravement inculpés dans ce verbal ; si les faits qui y sont rapportés sont vrais, » ils sont bien coupables ; mais vous ne pouvez les condamner sans les entendre ; c'est une maxime que la Constitution a déclarée. Ainsi, je vous propose, etc.

Sur quoi, ouï le procureur général syndic, le Directoire du département de la Lozère, a délibéré que le maire de St-Sauveur sera appelé devant lui pour venir rendre compte et se justifier, sous délai de huitaine, des inculpations contenues audit procès-verbal; auquel effet, copie de la présente délibération sera adressée au Directoire du district de Marvejols, afin qu'il le notifie audit maire, avec la copie du procès-verbal.

Cayla, Rivière, procureur général syndic, Pallet, secrétaire général.

—o—

Du cinq novembre, mil sept cent quatre vingt-onze.

Vu les extraits des délibérations de l'administration générale du district de St-Chély, du 27° octobre susdit, et 4 du présent mois, le procureur général syndic a dit : Il est bien étonnant, Messieurs, que l'assemblée administrative de St-Chély ne vous ait fait parvenir qu'aujourd'hui son arrêté du 27 octobre dernier, c'est à quatre heures du soir qu'il vous a été remis par le porteur de St-Chély, et le même porteur vous a remis, en même temps, la délibération du 4. Celle-ci vous apprend que, sans soumettre à votre approbation ou désapprobation les mesures combinées dans le Conseil de l'administration, elle a été envoyée aux municipalités et mise à exécution ; que loin d'y ramener le calme elle a été le prétexte des nouveaux troubles ; que pour les faire cesser, cette administration à nommé des commissaires pour aller à Chauchailles installer le curé élu ; qu'elle a convoqué les gardes nationales de St-Chély, d'Aumont et des autres municipalités voisines ; qu'elle a ordonné, aux officiers municipaux, d'héberger et loger les troupes jusqu'à ce que le calme soit rétabli.

Une pareille délibération, qui peut avoir des suites si graves, ne pouvait être exécutée qu'après avoir été approuvée par vous, et cependant elle ne vous parvient quelques heures avant son exécution ; il est de votre prudence d'en arrêter l'effet, s'il est encore possible ; avant de prononcer vous devez chercher à connaître la cause de ces troubles et les coupables qui les ont exécutés. Ce n'est pas sur une simple lettre que vous devez asseoir votre jugement ; lorsque vous aurez acquis les éclaircissements nécessaires, vous emploierez sans doute les mêmes moyens qui vous ont si bien réussi jusqu'à ce jour ; ainsi, je vous propose, etc.

Sur quoi, le Directoire du département de la Lozère a délibéré que l'exécution de la délibération de St Chély, du 4 de ce mois, sera suspendue et que le maire de Chauchailles, du Malzieu et de Termes seront appelés devant le Directoire du département et invités de s'y rendre, dans le délai de trois jours, pour rendre compte des insurrections qui ont troublé leurs municipalités, et les obstacles qui ont empêché l'installation des curés élus ; auquel effet, le procureur général syndic enverra des copies de la présente délibération tant aux Directoire et procureur syndic de St-Chély, qu'aux maires de Chauchailles, du Malzieu et de Termes afin qu'ils s'y conforment sous leur responsabilité personnelle.

Cayla, Ferrand, Rivière, procureur général syndic, Paulet, secrétaire général.

—o—

Du neuf novembre, mil sept cent quatre-vingt-onze. En Directoire. MM. Blanquet, Rozière, vice-président, Cayla, Rivière, procureur général syndic.

Vu la pétition du sieur Valette, syndic de l'hospice d'Aubrac, tendante à fin de remboursement de la somme de 569 livres dix-huit sols payée, mal à propos et à son insu, par le sieur Daudé, pour l'imposition des six derniers mois de 1789, à la municipalité de Nasbinals; l'avis du Directoire du district de Marvejols, notre arrêté du 9 août dernier, ensemble toutes les pièces y mentionnées ; le Directoire du département, après avoir ouï le procureur général syndic, considérant que le ci devant Chapitre d'Aubrac, est en même temps un hospice établi pour fournir des secours aux passants et aux malades ; que par les décrets de l'administration des revenus des hopitaux, est encore laissée à ceux qui les ont gouvernés, et que ledit sieur Valette a rempli le préalable ordonné ; que par notre susdit arrêté au moyen de l'inventaire auquel il a fait procéder par le Directoire du département de l'Aveyron, le 7 octobre dernier, arrête qu'il y a lieu de compenser la somme de huit cent quatre-vingt livres six sols, avec les cinq cent soixante-neuf livres dix huit sols payés au collecteur de la communauté de Nasbinals, pour la contribution dudit hospice au rôle des biens privilégiés des six derniers mois de 1789 ; en conséquence ordonne que ladite somme de cinq cent soixante-neuf livres dix-huit sols sera retournée au sieur Valette par le collecteur de ladite communauté, ou en cas qu'il lui l'ait rendu ses comptes, par le receveur dans la caisse duquel les fonds ont été versés.

Rozière, vice-président, Cayla, Rivière, procureur général syndic, Paulet, secrétaire général.

—o—

Du neuf novembre, mil sept cent quatre-vingt-onze. En Directoire. MM. Rozière, vice-président, Cayla, Blanquet, Rivière, procureur général syndic.

S'est présenté, devant nous, Étienne Planchon, maire de la municipalité de St Sauveur, en exécution et pour satisfaire à notre arrêté du 31 octobre dernier ; lequel après serment prêté de nous dire la vérité, nous a déclaré que le procès-verbal du sieur Chapus, nommé par l'assemblée électorale du district de Marvejols à la cure de St-Sauveur était faux, dans presque toute sa contexture : 1° la basse-cour du presbytère avait été fermée plusieurs heures avant l'arrivée du sieur Chapus dans le village de St-Sauveur ; elle demeura fermée pendant tout le temps que ledit sieur Chapus resta au devant de la porte de l'église et ne fut ouverte que longtemps après son départ ; en sorte qu'il est impossible que ledit sieur Chapus ait vu sortir, de ladite basse-cour, deux cent personnes armées de pierres, comme il l'annonce dans son verbal ;

2° Le répondant assure n'avoir mis aucun retard à se montrer ar sieur Chapus, aussitôt qu'il fut instruit de son arrivée, et, comme le peuple qui s'était rassemblé craignait sans doute que le répondant ne voulut installer le sieur Chapus, il se jeta sur lui, et fit les plus grands efforts pour l'emmener, et le délibérant ne parvint à le calmer qu'en lui disant : qu'il allait exécuter la délibération du Conseil général de la commune du 28 octobre dernier, dont il nous a remis une expédition en forme Ce fut en exécution de cette délibération qu'il annonça au sieur Chapus, de la part de toute la paroisse, que celle ci voulant vivre et mourir dans la religion des non-conformistes, elle ne voulait point de curé conformiste, et qu'il priait le sieur Chapus de se retirer ; ce que celui-ci fit, quoique avec peine, voyant bien que, d'après la disposition générale des esprits, il lui serait impossible de parvenir à son installation.

Ledit sieur Planchon, maire, a ajouté que les femmes et les enfants avaient hué le sieur Chapus jusqu'à sa sa sortie du village ; mais qu'il ne lui avait été fait aucun mauvais traitement.

Observe encore, ledit sieur Planchon, que tous les habitants de la paroisse sont tellement prévenus du danger, qu'ils croient que la religion catholique court, par l'admission des curés constitutionnels, qu'il a été menacé d'avoir ses possessions brûlées, s'il se prêtait à les installer ; que, pour éviter le danger de compromettre sa personne et ses biens et de manquer à son devoir en qualité de maire, il allait donner sa démission, ne pensant pas que personne eut le courage d'accepter la place dans des circonstances aussi difficiles ; observe enfin, que sept à huit paroisses voisines, instruites des efforts qu'on fesait pour établir les nouveaux curés, s'étaient offertes pour venir aider à les repousser ; que si on insistait dans ces moyens de violence, il croyait pouvoir vous prédire qu'il arriverait des malheurs ; que la persuasion et la douceur lui paraissaient les seuls moyens propres à réussir ; et qu'il voyait avec peine que ces moyens n'étaient pas ceux auxquels les Corps administratifs donnaient la préférence. Lecture à lui faite de sa déclaration a dit à elle contenir la vérité et a signé avec nous ledit jour et an. J'approuve ci-dessus,

PLANCHON, maire.

Et après avoir signé, ledit sieur Planchon nous a dit que, pour nous convaincre de la fausseté du verbal dudit sieur Chapus, il nous priait et requérait, en tant que de besoin, de vouloir bien les faire comparaître l'un et l'autre devant nous à tel jour qu'il nous plairait indiquer, pour être confrontés, de quoi lui avons donné acte et signé avec nous.

PLANCHON, maire, ROZIÈRE, vice-président, BLANQUET, CAYLA, RIVIÈRE, procureur général syndic, PAULET, secrétaire général.

Du même jour neuf novembre, mil sept cent quatre-vingt-onze. En Directoire. MM. les sus nommés.

En exécution de notre arrêté du cinq novembre 1791, s'est présenté devant nous Guillaume Pradene, maire de la municipalité de Termes, lequel après serment par lui fait de dire la vérité et lecture à lui faite de la plainte portée par le sieur Jean Pélegry, curé constitutionnel de la paroisse des Termes, à Messieurs les administrateurs du district de St Chély ; sur le contenu d'icelle a déposé ainsi que suit :

1° Qu'à l'arrivée du sieur Pélegry pour prendre possession de la cure de Termes, le maire conduisit le sieur Pélegry à l'église, que de là, il le conduisit à la maison curiale dont les portes se trouvèrent fermées, peut-être par la raison qu'il avait accordé un délai de quinze jours à l'ancien curé pour retirer ses meubles et effets ; qu'il est vrai que dans cette circonstance une troupe de femmes et d'enfants crièrent au sieur Pélegry quelques sottises; qu'ils lui témoignèrent, par des huées et autres signes semblables, le mécontentement que leur causait son arrivée dans cette paroisse, mais qu'elle n'eut pas d'autres suites ; déclare encore que, dimanche dernier, une troupe de femmes et d'enfants lui crièrent encore nombre d'invectives, dans le temps qu'il était avec lui à l'église, tira un coup de pistolet à travers le trou de la serrure à l'effet d'écarter cette troupe de femmes et enfants, qu'enfin il en sortit et rentra chez lui sans avoir essuyé aucun autre mauvais traitement ; qu'il ne dépose sur ce fait, que d'après des ouï dire, attendu qu'il habite à près d'une lieue de distance du chef-lieu de la paroisse; que c'est par cette même raison qu'il n'a pas pu s'opposer et arrêter les petits attroupements qui se sont formés contre le sieur Pélegry ; mais qu'il n'est pas à sa connaissance qu'il ait été maltraité différemment qu'en paroles. Déclare encore que le sieur Chaudesaigues, l'ancien curé de la paroisse dans toutes les instructions qu'il a fait au peuple a toujours cherché à le porter à la paix et à la tranquillité ; leur a défendu tout soulèvement en leur disant que ce serait moyen de nuire à leur cause et d'opérer plus facilement son expulsion de sa cure ; et les a encore exhortés à laisser le sieur Pélegry tranquille. Lecture à lui faite de sa déclaration, a dit icelle contenir vérité et a signé avec nous, ledit jour et an.

PRADENE, maire, ROZIÈRE, vice-président, BLANQUET, RIVIÈRE, procureur général syndic, PAULET, secrétaire général.

—o—

Dudit jour neuf novembre, mil sept cent quatre vingt-onze. En Directoire. Présents : MM. Rozière, vice-président, Blanquet, Rivière, procureur général syndic.

S'est présenté sieur Etienne Constant, maire du Malzieu, en exécution de notre arrêté du 5 courant, lequel après serment par lui fait de dire la vérité, la main levée à Dieu, interrogé sur le contenu au procès-verbal du Conseil du district de St-Chély des 27 octobre et 4 du présent mois ;

A répondu qu'il n'y a eu aucun trouble dans la ville du Malzieu, mais seulement il s'est manifesté quelques sujets de mécontentement à raison de la nomination du sieur Bastide, élu curé de la même ville ; qu'il a été quelquefois hué par des femmes ou enfants ; qu'on a même prétendu qu'il avait été jeté des pierres à ses fenêtres, mais que tout s'était borné là; qu'on ne lui avait fait aucun mal, et que tout s'était passé pendant la nuit et à l'insue du répondant ; ajoute, relativement au coup de fusil qu'on dit avoir été tiré également aux fenêtres dudit sieur Bastide, que c'est une supposition et une calomnie des plus insignes ; qu'il paraît par l'inspection des mêmes fenêtres, qu'elles avaient été atteintes à la vérité de quelques coups de pierre, mais nullement d'aucun coup de fusil et l'on a pris, sans doute pour des coups de fusil dirigés vers ses fenêtres, des coups de pistolets tirés à une noce qui se célébrait dans la ville.

Ajoute de plus le sieur Constant que le district de St-Chély ayant envoyé deux commissaires sur les lieux, le sieur Bastide se présenta devant eux en présence du Conseil général de la Lozère, et déclara qu'il n'avait donné aucune plainte contre la municipalité ; que celle-ci lui avait prêté du secours toutes les fois qu'il l'en avait requise, et il offrit de réitérer cette déclaration dans toutes les occasions ; que le sieur répondant requit lesdits sieurs commissaires de dresser leur verbal et d'y consigner la déclaration du sieur Bastide, mais qu'ils avaient refusé, en disant ; qu'ils connaissaient l'objet de leur mission et qu'ils la rempliraient ; enfin ledit sieur Constant déclare expressément, en exécution de la délibération du Conseil général de la commune dont il est porteur, qu'il demande la cassation du procès verbal du Conseil du district de St-Chély, comme contenant des injonctions qu'il n'était pas en droit de faire d'après l'oganisation des pouvoirs des pouvoirs, les districts n'étant établis que pour donner leur avis et non pour l'enjoindre. Lecture à lui faite de tout ci-dessus a dit contenir vérité y a persisté et signé de ce requis.

Constant, maire, Rozière, vice-président, Cayla, Rivière, procureur général syndic, Pallet, secrétaire général.

—o—

Dudit jour neuvième dudit novembre, mil sept cent quatre-vingt-onze. Vu les arrêtés pris par l'Assemblée administrative du district de Saint-Chély, le huit du courant, relatifs aux troubles survenus à cause de l'installation des curés constitutionnels du Fau, Termes, Chauchailles et Malzieu ; l'extrait de la dénonce du curé du Fau ; l'extrait d'une lettre de celui de Termes au secrétaire du district, le Directoire du département, après avoir ouï M. le procureur général syndic, considérant que si la force peut être nécessaire pour remplacer les curés, les voies de douceur et de modération sont seules capables de les maintenir dans leur place ; qu'il faut commencer par détruire les préjugés du peuple sur les dangers qui peuvent menacer la religion de leurs pères, avant de les contraindre à recevoir les nouveaux ministres qui leur sont présentés ; que la confiance ne se commande pas et que l'envoi des commissaires sur les lieux a prouvé jusqu'ici que ce moyen était efficace pour ramener la paix, arrête d'envoyer, de suite, à Saint-Chély, le Fau, Termes, Chauchailles et le Malzieu, et dans tous les autres endroits où leur présence pourrait être jugée nécessaire, MM. Ferrand et Cayla, en qualité de commissaires, afin de prendre des informations sur la nature des troubles qui s'y sont manifestés, le fondement des plaintes des sieurs Pelégry, Conort, Bastide, et la disposition générale des esprits à l'effet de quoi, les autorise à s'accompagner des brigades de gendarmerie et des gardes nationaux du district, si bon leur semble, comme aussi de requérir des extraits de lettres, dénonciations, procès-verbaux, délibérations et autres pièces généralement quelconques tant du district de Saint-Chély que des municipalités qu'ils estimeront être nécessaires, pour remplir avec succès l'objet de leur mission pour, sur leur rapport, être statué ce qu'il appartiendra.

Rozière, vice-président, Cayla, Rivière, procureur général syndic, Paulet, secrétaire général.

Du dixième novembre, mil sept cent quatre-vingt-onze. En Directoire. MM. Rozière, vice-président, Cayla, Blanquet, Rivière, procureur général syndic.

S'est présenté sieur Pierre Chalvet, maire de Chauchailles, en exécution et pour satisfaire à notre arrêté du 5e du courant; lequel, après serment prêté de dire vérité, nous a dit qu'il est surprenant que l'Assemblée administrative du district de Saint-Chély ait consigné, dans son arrêté du 27 octobre, que le nouveau curé de Chauchailles, s'étant présenté à la paroisse pour y être installé, ait été chassé par un attroupement de femmes, que des hommes soutenaient secrètement, puisque le sieur Pécoul, curé constitutionnel de Chauchailles, ne s'y est montré, pour la première fois, que le dimanche 30 octobre, trois jours après l'arrêté du district; qu'à la vérité, le dimanche 23 octobre au matin, il lui fut remis une lettre dudit sieur Pécoul, par laquelle il lui donnait avis qu'il viendrait se faire installer le même jour; qu'en conséquence, le répondant partit de suite du lieu de Salecrus, où il demeure, pour le lieu de Chauchailles, où il attendit inutilement ledit sieur Pecoul, jusqu'à la nuit; qu'il est constant que ledit sieur Pecoul, ne s'est montré que le dimanche 30 dudit mois d'octobre; qu'en sortant de la messe de la paroisse, le peuple le vit arriver; que cet évènement l'empêcha de se disperser pendant quelques minutes, et qu'il a ouï dire que quelques femmes et des enfants avaient fait des cris dont le sieur Pecoul avait été effrayé et qui le déterminèrent à s'en retourner; que la voix publique lui avait appris qu'il n'avait été fait, audit sieur Pecoul, aucune autre insulte, menace ni violence, et qu'il est même persuadé que ce rassemblement n'aurait pas eu lieu si le sieur Pecoul avait eu l'attention, comme il le devait, de faire prévenir la municipalité.

Chalvet, maire, Rozière, vice-président, Blanquet, Cayla, Rivière, procureur général syndic, Paulet, secrétaire général.

—o—

Du seize novembre, mil sept cent quatre-vingt-onze. En Directoire. MM. Rozière, vice-président, Cayla, Blanquet, Rivière, procureur général syndic.

Un des membres, a dit : Il vient d'être adressé, au Corps administratif, une délibération de la municipalité de Saint-Chély, contenant dénonce d'insultes graves commises envers le maire et quelques officiers municipaux ; le Corps administratif n'a pas ouvert encore sa session, et il paraît instant de rémédier au désordre. Vous avez un de vos commissaires sur les lieux il sera à portée de recueillir des éclaircissements précieux ; les décrets veulent que les Directoires du district soient entendus sur toutes les pétitions des municipalités et, dans cette circonstance, l'avis de celui de Saint-Chély n'est pas moins essentiel, puisque les faits qu'on vous défère se sont pour ainsi dire passés sous ses yeux ; en conséquence, je vous propose, etc.

Sur quoi, vu la délibération de la municipalité de Saint-Chély, le Directoire du département, après avoir ouï le procureur général syndic, arrête de la renvoyer au Directoire du district de Saint-Chély pour donner son avis sur icelle, et cependant charge M. Ferrand, un de ses membres qui se trouve en commission sur les lieux, de prendre toutes les informations que sa prudence lui suggèrera sur la cause et les circonstances des excès dont il s'agit, comme aussi l'autorise à rendre telles ordonnances que l'urgence du cas lui paraîtra exiger.

Rozière, vice-président, Cayla, Rivière, procureur général syndic, Paulet, secrétaire général.

—o—

Du deuxième décembre, mil sept cent quatre-vingt-onze. Présents : Châteauneuf-Randon, président, Rozière, Ferrand, Rivière, procureur général syndic, Paulet, secrétaire général.

Vu la pétition de la municipalité de Chirac, tendant à ce que le fermier du ci-devant prieuré de ladite ville, soit tenu de payer, au syndic du Bureau des pauvres de la ville, la rente de 25 setiers blé, mesure de Chirac, servis aux pauvres de la dite ville, suivant la transaction du 9ᵉ avril 1672 ; ensemble l'avis du Directoire du district de Marvejols ; le Directoire du département de la Lozère, le procureur général syndic entendu, ordonne que le fermier du prieuré de Chirac payera, pour la présente année seulement, au syndic des pauvres de la dite ville, la rente de 25 setiers blé, établie par l'acte du 9ᵉ avril 1672, pour être distribuée en la manière accoutumée ; laquelle rente sera allouée, audit sieur fermier, sur le prix de son bail, si par ce même bail il n'y était pas soumis.

Rozière, Cayla, Paulet, secrétaire général.

—o—

Du troisième jour de décembre, mil sept cent quatre-vingt-onze. S'est présenté le sieur Valentin de Montagnon, lieutenant de la gendarmerie nationale du département de la Lozère, à la résidence du Malzieu, qui nous a dit, qu'il avait reçu la commission de sa charge et qu'il priait et requérait le Directoire du département de vouloir bien recevoir le serment prescrit par la loi du 16ᵉ février dernier.

Sur quoi, ouï le procureur général syndic, il a été délibéré de recevoir le serment offert par ledit sieur

Montagnon et de faire transcrire sa commission dans les registres, pour lui être ensuite remise avec extrait de la présente délibération ; et ledit sieur Montagnon a prêté le serment de s'employer suivant la loi, en bon citoyen et brave militaire, à tout ce qui peut intéresser la sécurité et la tranquilité publique.

Rozière, Cayla, Paulet, secrétaire général.

—o—

Du même jour cinquième décembre, mil sept cent quatre-vingt-onze. MM. Rozière, Cayla, Ferrand, Rivière, procureur général syndic.

Un des membres, a dit : M. Ferrand, un d'entre vous et votre commissaire en cette partie, a arrêté, le 7ᵉ novembre dernier, de concert avec M. Jossinet, un plan provisoire pour la résidence des officiers de la gendarmerie nationale du département, lequel avait été approuvé par vous le lendemain. Ce plan mis sous les yeux de M. Nacquart lui a paru de vous éprouver des changements. Il vous en a transmis un autre que M. Jossinet vous présente et dont ce dernier sollicite l'exécution. Vous devez croire que le bien du service l'exige ; les preuves de zèle et d'intelligence que M. Jossinet vous a données depuis qu'il vit parmi vous, doivent vous engager à suivre provisoirement les vues de ces deux officiers supérieurs jusqu'à ce que le Ministre en ait autrement décidé. En conséquence je vous propose, etc.

Sur quoi, le Directoire du département, après avoir ouï le procureur général syndic, considérant que la connaissance du service militaire est à peu près étrangère aux membres qui le composent, et voulant donner à MM. Nacquard et Jossinet des marques de déférence à leur avis, a provisoirement arrêté la résidence des officiers de la gendarmerie nationale, ainsi qu'il suit :

DÉPARTEMENT DE LA LOZÈRE. — GENDARMERIE NATIONALE.

Résidence des Officiers et Sous-Officiers.

11ᵉ Division. — Mʳ Jossinet, lieutenant-colonel, à Mende. — Le secrétaire greffier, à Mende.

PREMIÈRE COMPAGNIE.

1ʳᵉ Division de l'arrondissement du lieutenant-colon.	A. M. de Beancourt, lieutenant à Mende. A. 1ʳᵉ brigade de Mende. N. 1. Maréchal des logis. A. 2ᵉ brigade. A. 1. Brigadier. A. Brigade du Bleymard. N. 1. Brigadier.
1ʳᵉ Division.	A. M. de Borel, capitaine à Florac. A. Brigade de Florac. A. 1. Maréchal des logis. A. M. de Vallongue, lieutenant à Meyrueis. A. Brigade de Meyrueis N. 1. Brigadier. A. Brigade du Pompidou. N° 1. Brigadier.
2ᵉ Division de l'arrondissement du capitaine de de Florac.	A. Thouzellier, lieutenant à Villefort. A. Brigade Villefort. A. 1. Maréchal des logis. A. Brigade du Pont-de-Montvert. N. 1. Brigadier. A. Brigade de St-Germain. N. 1. Brigadier.

Nota. — La brigade de St-Germain fera partie des 18 brigades si ce nombre est accordé.

— 550 —

DEUXIÈME COMPAGNIE.

2ᵉ Division de l'arrondissement du lieutenant-colon.
- B. M. de Montgros, lieutenant à Langogne.
- B. Brigade de Langogne, A. Maréchal des logis.
- B. Brigade de Châteuneuf. N. 1. Brigadier.
- B. Brigade de Grandrieu. N. 1. Brigadier.

Nota. — La brigade de Grandrie fera partie des 18 brigades si ce nombre est accordé.

1ʳᵉ Division.
- B. Gottwalz, capitaine à St-Chély.
- B. Brigade de St-Chély, N. 1. Maréchal des logis.
- B. M. de Montagnon, lieutenant au Malzieu.
- B. Brigade du Malzieu, N. 1. Brigadier.
- B. Brigade de Serverette, N. 1. Brigadier.

2ᵉ Division de l'arrondissement du capitaine de St-Chély.
- B. M. Léger, lieutenant à Marvejols.
- B. Brigade de Marvejols. N. 1. Maréchal des logis.
- B. Brigade de la Canourgue, 1. Brigadier.
- B. Brigade de Nasbinals, N. 1 Brigadier.

Nota. — La brigade de Nasbinals fera partie des 18 brigades si ce nombre est accordé.

Fait à Nimes le 29 octobre, 1794, par le colonel de la gendarmerie nationale, signé, JACQUARD. Et ont tous les délibérants signé. — ROZIÈRE, vice-président, CAYLA, PAULET, secrétaire général.

Du vingtième décembre, mil sept cent quatre-vingt-onze. En Directoire. MM. Pellet, vice-président, Ferrand, Cayla, Pintard, Osty, Bès de Plagnes, Rivière, procureur général syndic.

1° Vu l'extrait du testament de demoiselle Marie Mahne, du 27 octobre 1759, reçu par M. Fugi, notaire, dans lequel elle institue son héritier Messire Jean-Antoine Allemand, prêtre, à la charge par lui de dire ou faire dire des messes à concurrence des revenus de ses biens, et veut qu'après la mort dudit Allemand, il soit nommé un autre prêtre ou clerc tonsuré, qui succède aux biens et obligations concernant ladite institution dont le patronat devait appartenir aux héritiers dudit sieur Allemand ; 2° les lettres en appel comme d'abus, impétrées par le sieur Sylvestre Paradan, habitant du lieu de La Canourgue, où il demandait d'être reçu à appeller comme d'abus de l'ordonnance de l'évêque de Mende, qui avait homologué ladite fondation, et à assigner, devant le parlement de Toulouse, ledit sieur Allemand et tous autres que besoin serait pour y voir déclarer nul ledit testament, et ledit Allemand se voir condamner au délaissement des biens avec restitution des fruits ; 3° défaut obtenu par ledit sieur Paradan, le 27 mars 1771, et renvoi, pour l'utilité, au délai de l'ordonnance ; 4° banniment fait à la requête dudit sieur Paradan, le 17 décembre 1773, entre les mains des fermiers, des fruits desdits biens ; trois copies de sommations d'audience faites à la requête dudit Marc

Allemand et de Jean son père, les 28 janvier, 17 février, et 2 avril 1775 ; 5° extrait mortuaire de la demoiselle Marie Mahne, en date du 1er septembre 1759 ; autre du sieur Sylvestre Paradan, du 2 février 1776; extrait baptistaire du sieur Sylvestre Paradan, fils dudit Sylvestre, du 17 juin 1762 ; 6° pétition présentée par ledit sieur François-Sylvestre Paradan, au district de Marvejols, dans laquelle il énonce que ledit testament de ladite demoiselle Marie Manhe est nul, parce que le notaire recevant ne l'a point écrit de sa main, ainsi que l'exige l'ordonnance de 1735 ; 7° délibération du Directoire du département qui ordonne que, par des commissaires qui seront nommés par le district de Marvejols, il sera procédé à la vérification dudit testament pour savoir s'il est réellement écrit par le notaire recevant ; 8° rapport fait par les sieurs Blanquet et Dumas, commissaires, nommés par le Directoire dudit district dans la séance du deux novembre dernier, duquel il résulte que ledit testament n'a pas été écrit par la main du notaire ; le Directoire du département de la Lozère, ouï le procureur général syndic, considère que ledit testament est évidemment nul; que la prescription n'est point acquise puisque l'instance, intentée par ledit sieur Sylvestre Paradan, a été entretenue par son décès; que la seule difficulté que présente cette cause est de savoir si ledit sieur Sylvestre Paradan succédait à la demoiselle Marie Mahne; a autorisé le procureur général syndic à se présenter devant le tribunal du district de Marvejols, et partout où besoin sera, à l'effet de réclamer que ledit sieur François-Sylvestre Paradan établisse qu'à l'époque du décès de ladite demoiselle Marie Mahne, le sieur Sylvestre Paradan, ou ceux qu'il représente, étaient son héritier légitime, et, ladite preuve faite, consentir à la cassation dudit testament du 27 octobre 1739, et au désistat des biens qui formaient son hérédité.

PELET, vice-président, PINTARD, OSTY, CAYLA, BÈS, PAULET, secrétaire général.

—o—

Dudit jour vingt-trois décembre, mil sept cent quatre-vingt-onze. Le Directoire du département de la Lozère, ouï le procureur général syndic, a permis aux citoyens des Bondons, signés en la présente pétition, de louer ou acquérir un bâtiment destiné au culte de leur religion, à la charge d'inscrire sur la porte : *Chapelle des Non-Conformistes, paix et liberté.*

PELET, vice-président, OSTY, CAYLA, BÈS, PAULET, secrétaire général.

—o—

Du vingt-quatre décembre, mil sept cent quatre-vingt-onze. En Directoire. MM. Pelet, vice-président, Ferrand, Cayla, Osty, vice-procureur général syndic.

Vu l'extrait de la délibération prise par le Conseil

général de la municipalité de Mende, le 19 de ce mois, portant qu'il sera accordé au sieur Rivière, procureur général syndic du département, la faculté de prendre au réservoir, qui est à côté de la porte du jardin de l'évêché, l'eau nécessaire pour l'usage de sa maison et de son jardin, qu'il y conduira à ses frais et y établira une fontaine avec un robinet qui restera habituellement fermé et ne pourra être ouvert que pour prendre l'eau nécessaire à son usage, et la faculté de prendre l'eau cessera même lorsqu'elles manqueront aux fontaines de la ville ; 2° la pétition présentée au Directoire du district de cette ville par ledit sieur Rivière, tendant à l'autorisation de ladite délibération et à ce qu'il lui soit permis de conduire le tuyau de ladite fontaine, depuis le réservoir qui est à côté de la porte du jardin de l'évêché, jusques à sa maison à travers le chemin public, à la charge par lui de prendre les précautions pour que ledit chemin ne soit pas intercepté ; 3° l'avis du district de cette ville du 22 de ce mois ; le Directoire du département de la Lozère, après avoir entendu le vice-procureur général syndic, a autorisé la dite délibération prise par le Conseil général de la commune, le 19 du courant mois, et a permis au sieur Rivière de conduire le canal desdites eaux depuis la porte du jardin de l'évêché jusqu'à sa maison à travers le chemin public, à la charge par lui de prendre les précautions nécessaires sous l'inspection de l'ingénieur en chef du département, pour que ledit chemin ne soit pas intercepté.

Osty, Cayla, Pelet, vice-président, Paulet, secrétaire général.

Du trente décembre, mil sept cent quatre-vingt-onze. En Directoire. MM. Pelet, vice-président, Cayla, Osty, Riviere, procureur général syndic.

Vu la copie de la lettre écrite, par les officiers municipaux de St-Germain-de-Calberte, au Directoire du district de Florac ; celle de la délibération de la dite municipalité, en date du 24 de ce mois; vu aussi les lettres écrites par le procureur syndic et le Directoire du distric à celui du département de la Lozère, le 28 dudit mois ; le Directoire du département de la Lozère, ouï le procureur général syndic, a délibéré d'inviter le sieur Sommer, juge de paix du canton de St-Germain-de-Calberte, de venir, dans le délai de huitaine, auprès du dit Directoire, lui rendre compte des causes et des progrès des insurrections arrivées le 24 dudit mois de décembre et jours précédents dans les municipalités dudit St-Germain et St Martin-de-Lansuscle, et des moyens que lui, juge de paix, les procureurs desdites communes et municipalités ont employés pour prévenir et dissiper lesdits attroupements, pour, sur les réponses dudit sieur juge de paix, et les autres renseignements que lui donnera le Directoire du district de Florac, être statué ce qu'il appartiendra.

Pelet, vice-président, Cayla, Osty, Paulet, secrétaire général.

EXTRAIT

DU PROCÈS-VERBAL

DE LA SESSION DU CONSEIL GÉNÉRAL
D'ADMINISTRATION DU DÉPARTEMENT DE LA LOZÈRE,
RÉUNI A MENDE
LE 15 NOVEMBRE 1791.

Du quinzième jour du mois de novembre, mil sept cent quatre-vingt-onze, à quatre heures de l'après.

Messieurs Bancilhon, Bonnel, Bès de Plagnes, Benoît de Recoux, Barrot, Charles Valette, Châteauneuf Randon, Martin, Molinets, Nogaret, Pelet, Pascal, Servières, Osty, administrateurs du département ; MM. la Chassagne, Cayla Blanquet, membres du Directoire ; M. Rivière, procureur général syndic, et M. Paulet, secrétaire général, s'étant réunis dans la salle du Conseil en exécution de la loi du 23 octobre dernier, sanctionnée le

28, ils ont renvoyé la formation de l'assemblée à demain, attendu leur petit nombre, et ont signé.

Bancilhon, Chateauneuf-Randon, Barrot, la Chassagne, Pelet, Charles Vaeette, Benoit du Recoux, Nogaret, évêque, Bonnel, Molinets, Bez de Plagnes, Martin, Pascal, Osty, Servières, Cayla, Blanquet, Rivière, procureur général syndic, Paulet, secrétaire général, signés.

—o—

Du seizième dudit mois de novembre, mil sept cent quatre-vingt-onze, à dix heures du matin.

Les membres présents de la veille, s'étant de nouveau réunis dans la salle du Conseil, et leur nombre n'ayant pas augmenté, il a été mis en délibération s'ils se constitueraient en assemblée administrative, ou si l'on attendrait qu'il fut arrivé la moitié des membres, plus un, de l'administration. Après une discussion sur cet objet, ouï le procureur général syndic, il a été arrêté qu'aucune loi ne prescrivant le nombre de membres nécessaire pour former une assemblée administrative, et l'exécution d'une loi ne devant souffrir aucun retard nuisible à la chose publique, l'assemblée se constituerait avec les membres présents, en attendant que la rigueur du temps permit aux absents de se rendre.

L'appel nominal des membres présents ayant été fait en conséquence de cet arrêté, M. Nogaret, évêque constitutionnel, le plus âgé d'entr'eux, a été invité à prendre le fauteuil. En cette qualité il a présidé l'Assemblée. MM. Constant, Bancilhon et la Chassagne ont pris place sur le bureau, comme les plus anciens d'âge, pour faire les fonctions de scrutateurs.

MM. Agulhat, Boutin, Chevalier, Ferrand, Labeaume, Laget, Michel, Monestier, Pintard, Polge, Valette, Boisson, Cayla, Dallo, André, Laurens, Montboisson et Plantier ont été déclarét absents.

La séance a été levée et renvoyée à trois heures après midi.

Nogaret, président ; Pallet, secrétaire général, signés.

—o—

Du même jour seize novembre, mil sept cent quatre-vingt-onze, à trois heures après midi.

M. Nogaret, président d'âge, a pris le fauteuil ; MM. les scrutateurs se sont placés au bureau ; et, après la lecture du procès-verbal de la séance du matin, il a été procédé à un scrutin individuel pour l'élection d'un Président. Chaque membre présent a écrit son billet et l'a mis dans le vase en présence des scrutateurs. Le recensement du scrutin a produit un nombre de billets égal à celui de dix-sept votants ; et il est résulté du dépouillement qui en a été fait par MM. les scrutateurs, que M. Châteauneuf-Randon a réuni la pluralité absolue des suffrages. Il a été de suite proclamé Président de l'assemblée par M. le Président d'âge.

Il a été mis en délibération si l'Assemblée procéderait à l'élection d'un secrétaire ; et il a été arrêté unanimement que M. Paulet, secrétaire général, serait continué. M. le Président d'âge ayant cédé le fauteuil à M. le Président élu, celui-ci a prononcé le discours suivant.

Messieurs,

« La fonction de confiance à laquelle vous daignez
» m'appeler, est le prix le plus doux et le plus flatteur
» de la conduite que j'ai tenue dans l'assemblée cons-
» tituante. Vous offrir des remercîments serait préjuger
» que cette fonction n'eut d'autre avantage que celui de
» n'agir que par vos ordres ; mais c'est me fournir une
» nouvelle occasion de vous prouver mon zèle infatiga-
» ble pour les intérêts du peuple. Et, après avoir coo-
» péré à établir ces droits et cette Constitution, sur la-
» quelle à jamais repose son bonheur, je viens parmi
» vous, je viens, appelé par lui, régir, administrer ses
» intérêts. Aucun sacrifice ne m'a coûté, et je voue
» encore le temps qu'exigeait mon repos et mes affaires
» personnelles, à la douce satisfaction de travailler
» avec vous à l'avantage du département. Je me borne
» à vous assurer de mon entière soumission à exécuter
» vos vœux et à remplir les fonctions que vous me con-
» fiez, avec toute l'impartialité possible. Je me réserve,
» Messieurs, dans mon compte rendu, de vous parler
» de notre situation politique, et de vous offrir encore
» quelques idées sur l'importance des travaux qui nous
» sont confiés. »

Après ce discours vivement applaudi par l'assemblée, M. le Président a prêté le serment d'être fidèle à la Nation, à la Loi et au Roi, et de maintenir de tout son pouvoir la Constitution décrétée par l'Assemblée nationale constituante aux années 1789, 1790, 1791. Il en a répété la formule à l'assemblée, et chacun de ses membres l'a prêté en répondant individuellement : *Je le jure.*

Il a été procédé de suite à un second scrutin pour l'élection de trois scrutateurs, et du membre qui doit avoir la voix prépondérante, pendant la première huitaine. Ce scrutin fait, recensé et dépouillé dans les mêmes formes que le précédent, il en est résulté que la majorité absolue des suffrages a été acquise à MM. Contant, Bancilhon et la Chassagne pour scrutateurs, et à M. de Châteauneuf pour la voix prépondérante. MM. les scrutateurs ont été proclamés, et ils ont prêté le serment en pareil cas requis.

M. le président a déclaré l'assemblée administrative constituée. Et ayant été proposé d'adjoindre au secrétaire deux membres de l'assemblée, pour surveiller la rédaction du procès-verbal, le choix s'est porté sur MM. Pelet, et Barrot.

M. Bonnel, qui, depuis quelque temps, était sorti du Directoire par démission, à demandé à l'assemblée la permission de lui faire connaître les motifs qui l'avaient déterminé à la donner. Son objet, en faisant cette démarche, était de ne laisser aucun soupçon sur son zèle et sur son patriotisme. Son état de Médecin, l'utilité publique, l'humanité, qui l'appellent tous les jours à des fonctions incompatibles avec l'assiduité nécessaire chez un membre du Directoire, sont les motifs qu'il a développés avec autant d'élégance que d'énergie. Ils ont été applaudis par l'Assemblée, qui a arrêté d'en faire mention dans le procès-verbal.

La séance a été levée et ajournée à demain neuf heures du matin.

CHATEAUNEUF-RANDON, président, PAULET, secrétaire général, signés.

—o—

Du vendredi dix-huit novembre, mil sept cent quatre-vingt-onze, à dix heures du matin.

L'assemblée, satisfaite de la conduite et du civisme du sieur Beaucourt, lieutenant de la gendarmerie nationale, dans cette résidence, a arrêté de charger son président d'écrire au Ministre de la guerre, pour le prier de laisser ledit sieur Beaucourt dans la résidence de cette ville, malgré la lettre du Directoire du département, qui provoque son changement, sous des considérations étrangères à l'impartialité des Corps administratifs.

La séance a été levée et renvoyée à quatre heures du soir.

CHATEAUNEUF-RANDON, président, PAULET, secrétaire général.

Du même jour, dix-huit novembre mil sept cent quatre-vingt-onze, à quatre heures après midi.

La séance a été ouverte par la lecture du procès-verbal de celle du matin.

Après une longue discussion, l'assemblée considérant, que la tranquillité publique est troublée journellement dans différentes parties du département ; que les bons citoyens y sont opprimés par les menées des ennemis de la Constitution, ou par le fanatisme ; qu'ils courent des dangers toutes les fois qu'ils veulent élever la voix pour réclamer l'exécution de la loi, ou pour faire entendre les plaintes légitimes que leur arrachent les insultes qu'ils essuient à chaque instant ; que les municipalités même, asservies par l'influence des ennemis de la chose publique, restent, non seulement dans l'inaction et le silence, mais qu'elles sont souvent forcées d'émettre des vœux contraires au bien public et à leur devoir : considérant, d'un autre côté, que les commissions extraordinaires nécessitées par les insurrections, pendant le cours de l'année dernière, ont occasionné au département une dépense considérable ; que cette dépense peut se renouveler tous les jours et devenir même plus forte, parce que la méchanceté acquiert nécessairement une nouvelle vigueur, par la faiblesse des Corps chargés de la réprimer ; qu'il serait injuste que le département de la Lozère fut tenu d'y fournir à ses frais, tandis qu'il paye sa portion de ceux de la force publique qui protège tous les autres départements ; que le vœu général de ses habitants, manifesté de la manière la plus énergique lors de la dernière assemblée électorale, est d'employer ce moyen de préférence ; que dans la plupart des villes du département, il n'y a pas même des gardes nationales en activité ; enfin, que la répartition des impôts n'est pas encore faite dans ce département, et que tout annonce qu'ils éprouveront beaucoup de difficultés dans leur perception, ouï M. le procureur général syndic, a arrêté, qu'il sera fait de suite, au nom du département et par son Président, les démarches nécessaires, tant auprès du ministre de l'intérieur et celui de guerre, qu'auprès du commandant de la neuvième division, afin d'obtenir un régiment pour ce département, sans qu'il puisse être déplacé que sur la demande d'une nouvelle assemblée administrative ou par des ordres supérieurs, et que la répartition en sera faite, dans les différents districts, par des commissaires choisis par M. le Président. Il a été de suite désigné pour cela MM. Duclaux, Dallo, Martin, Bez-de-Plagnes, Pascal de Serres, Plantier et Servières.

Un membre a lu à l'assemblée un mémoire sur la mendicité. Il renferme des détails très utiles, présentés avec une précision et une netteté, qui ont mérité les applaudissements de l'assemblée. Sur la proposition qu'il en a faite, elle a arrêté :

1° Que, pour rendre les ressources du département proportionnées aux besoins des pauvres, hors d'état de gagner leur vie, son Directoire demeure chargé de faire connaître de suite, au ministre de l'intérieur l'insuffisance de ses moyens à cet égard, et de réclamer des bontés du Roi une portion des 4,052,204 livres destinés pour les enfants trouvés, les dépôts de mendicité et les hôpitaux ;

2° Que dans la vue de rendre la distribution de la somme qu'on obtiendra conforme aux règles de la plus exacte justice, les administrateurs des hôpitaux seront chargés, par les Directoires de leurs districts, de leur remettre, dans le plus court délai, l'état de leur situation, avec un compte exact de leurs dettes actives et passives; et que ces états, visés par les districts, seront envoyés, sans aucun retard, au département ;

3° Que les Directoires des districts seront tenus d'envoyer, dans les huit premiers jours de chaque mois, un état, visé d'eux et certifié par les municipalités, du nombre des enfants abandonnés qui doivent être à la charge du Trésor public, conformément à la loi du 10 décembre 1790 ;

4° Qu'en exécution de celle du 25 mai 1791, relative aux rentes et autres redevances dues, sur les bien nationaux, aux hôpitaux, maisons de charité et fondations pour les pauvres, les états, qui constatent les indemnités qui leur sont dues, seront incessamment présentés aux districts par les municipalités, certifiés par les Directoires des districts, visés par celui du département et envoyés de suite au ministre de l'intérieur ; et qu'à l'effet d'accélérer une jouissance, que les circonstances rendent précieuses, le Directoire demandera de nouveau les états aux districts en retard.

Le surplus du projet présenté à l'assemblée, avec le mémoire remis pour l'étayer, a été renvoyé au bureau de mendicité. Ce bureau est chargé de présenter un plan d'exécution, tant sur les articles adoptés, que sur ceux qui ont été renvoyés. Il demeure encore chargé de faire prendre les mesures convenables, pour que les administrateurs de l'hôpital de Mende rendent compte de leur administration dans le plus court délai.

La séance a été levée et renvoyée à demain neuf heures du matin.

Chateauneuf-Randon, président, Paulet, secrétaire général.

—o—

Du dix-neuvième novembre, mil sept cent quatre-vingt-onze, à dix heures du matin.

L'assemblée, pénétrée de respect pour l'Etre suprême, et voulant mettre sous ses auspices les opérations qui lui sont confiées, a arrêté qu'il sera célébré, demain à dix heures, par M. l'évêque, une messe solennelle, et que tous les Corps constitués de cette ville y seront invités.

M. le président a communiqué à l'assemblée une lettre que le sieur Jossinet, lieutenant-colonel, commandant de la gendarmerie nationale du département lui avait adressée. Il prétendait n'être pas tenu d'obéir aux réquisitions que l'assemblée lui avait fait transmettre par l'organe de son Président. Il a été arrêté, que le sieur Jossinet viendrait de suite donner à l'assemblée les motifs de son refus.

Un membre a fait une motion pour l'établissement

d'une messagerie qui traversât le département par la route de Florac. Elle a été renvoyée au bureau des travaux publics, pour en faire son rapport dans le plus bref délai.

L'ordre du jour amenant la discussion sur l'établissement d'un balancier dans le département, le bureau des finances a été chargé de faire incessamment un rapport sur cet objet. A cette occasion, M. le président a fait part à l'assemblée d'un projet des sieurs Moneron, banquiers de Paris, pour la distribution d'une monnaie de confiance ; il a même présenté une pièce de cette monnaie. Ce projet a paru offrir de grands avantages, et il a été également renvoyé au bureau des finances pour en faire l'examen.

Le sieur Jossinet s'est présenté ; il a donné les motifs qui l'avaient déterminé à se refuser aux réquisitions de l'Assemblée. Il a été admis à la discussion qui en a été faite, et à y répondre. Le sieur Jossinet s'étant retiré après la discussion, l'assemblée, ouï le procureur général syndic, a arrêté, qu'en exécution de l'article II de la loi sur la gendarmerie nationale, il serait de nouveau requis de fournir, pour le bien du service et la sûreté publique, une sentinelle à la porte extérieure des séances, une autre à celle de son Président, et un planton pour transmettre ses ordres.

La séance a été levée, et renvoyée à quatre heures du soir.

Chateauneuf-Randon, président, Paulet, secrétaire général.

Du même jour, dix-neuf novembre, à quatre heures du soir.

Le procès-verbal du matin ayant été lu, M. Polge a prêté le serment civique et il a pris place.

Sur le rapport des commissaires chargés de faire la répartition des troupes qui ont été demandées pour le département, ouï le procureur général syndic, il a été arrêté :

1° Qu'elles seront distribuées d'après les bases suivantes ; au district de Mende, cinq compagnies ; à celui de Marvejols, deux compagnies et demie, à répartir entre Marvejols, Chirac, la Canourgue et St-Germain ; au district de Florac, trois compagnies, savoir : une à Florac, une à Ispagnac, et l'autre entre St-Étiennne et St-Germain de Calberte ; à celui de St-Chély : trois compagnies, dont une à St-Chély, une au Malzieu, et l'autre entre Serverette et St-Alban ; au district de Langogne, une compagnie et demie ; à celui de Villefort, deux compagnies, dont une demie compagnie au Collet-de Dèze ; et enfin une compagnie à Meyrueis ; sauf aux Directoires des districts à faire, dans la distribution de la portion qui leur est attribuée, les changements qu'ils jugeront convenables, après y avoir été autorisés par le Directoire du département ;

2° Que dans le cas où le régiment entier ne serait pas accordé, les troupes, qui seront envoyées, seront réparties d'après les bases fixées par le précédent arrêté ;

5° Que le Directoire demeure chargé de pourvoir, par les voies les plus économiques, au logement, ustensiles et lits nécessaires, dans chaque district, à la troupe qui s'y rendra ; et qu'il demeure autorisé à faire, pour cela, les achats et les dépenses convenables.

La séance a été levée.

Chateauneuf-Randon, président, Paulet, secrétaire général.

—o—

Du vingtième novembre, mil sept cent quatre-vingt-onze, à neuf heures du matin.

Après la lecture du procès-verbal il a été fait part à l'assemblée, par M. le Président et par M. le procureur général syndic, de deux lettres de M. Ferrand, commissaire envoyé à St-Chély, par le Directoire, pour y rétablir l'ordre. Il annonce une fermentation qui lui fait craindre des évènements fâcheux ; et il demande, pour pouvoir les prévenir, une brigade de la gendarmerie nationale, commandée par un officier. L'assemblée, ouï le procureur général syndic, a arrêté que le commandant de la gendarmerie nationale sera requis de faire partir, de suite pour St-Chély, une brigade de sa troupe, avec un officier, à l'effet d'agir d'après les réquisitions qui lui seront faites par les membres de l'administration qui y sont actuellement, ou qui y seront envoyés en commission. L'assemblée a encore arrêté que, les circonstances critiques annoncées par M. Ferrand, pouvant le mettre dans l'embarras, s'il restait seul commissaire, il lui serait adjoint un membre de l'assemblée, qui partirait avec le détachement qui lui sera envoyé. M. Martin a été unanimement choisi pour cette commission. MM. Ferrand et Martin sont autorisés à employer les gardes nationales voisines, s'ils le jugent convenable.

Une députation de la garde nationale de Marvejols a été annoncée et admise. Le commandant a fait à l'assemblée des offres de service, pour le soutien de la Constitution. Il a adressé, à M. le Président, des éloges bien mérités sur son patriotisme et sur la conduite qu'il a tenue dans l'Assemblée nationale constituante, dont il était membre. La députation a été invitée à la séance.

M. le Président a annoncé un mémoire qui venait de lui être adressé par le sieur Trophime Lafont, de Marvejols, sur le projet de former un corps de vétérans volontaires, pour le service du département. L'assemblée, en applaudissant au patriotisme du sieur Lafont, a renvoyé son mémoire au bureau de Constitution.

La séance a été levée.

Chateauneuf-Randon, président, Guérin, pour le secrétaire général.

Du vingt-unième novembre, mil sept cent quatre-vingt-onze, à dix heures du matin.

Après la lecture du procès-verbal de la veille, il a été présenté à l'assemblée une pétition du sieur Dugois, tendant à ce qu'il lui soit procuré le moyen de prendre connaissance de certains titres qui sont dans les archives de l'évêché. L'assemblée, considérant combien il est urgent que les papiers du ci-devant évêché de Mende soient incessamment à la disposition de l'administration du département, ouï le procureur général syndic, a arrêté qu'il sera, par lui, enjoint au procureur syndic du district de Mende, de procéder, dans les vingt-quatre heures de la réquisition qui lui en sera faite, et dans les formes de droit, à la levée des scellés apposés aux archives de l'évêché, et d'en commencer de suite l'inventaire. Le même procureur syndic demeure encore chargé de faire délivrer, dans le même délai, au sieur Dugois, un extrait du titre qu'il réclame et d'en certifier de suite l'assemblée.

L'Assemblée étant instruite que l'on cherche à alarmer le Peuple sur les effets que produira, dans le département, l'arrivée des Troupes qu'elle a demandées par sa délibération du 18, a arrêté, qu'il serait de suite rédigé une adresse à tous les habitants du Département, pour leur faire connoître les motifs qui ont déterminé cette délibération. MM. Pelet et Barrot ont été chargés de cette rédaction.

La séance a été levée et renvoyée à demain neuf heures du matin.

Chateau-Neuf-Randon, Président, Paulet, Secrétaire-général, signés.

—o—

Du vingt deuxième novembre, mil sept cent quatre-vingt-onze, à neuf heures du matin.

Après la lecture du Procès-verbal de la veille, Jean Rouel, du Buisson, a présenté à l'Assemblée une pétition relative au dessèchement du Lac appelé de St-Andéol. Elle a été renvoyée au Bureau d'Agriculture.

D'après le rapport d'un Membre du Bureau des travaux publics, l'Assemblée considérant, qu'en exécution de la Loi du 19 Janvier 1791, le Comité central s'occupe, dans le moment présent, du projet d'établir des Messageries dans tous les Départements du Royaume ; que les faveurs de l'ancien Gouvernement ont constamment été dirigées vers certaines Villes de la ci devant Province du Languedoc, au préjudice de ce Département ; mais que des abus, qui lui avoient été si nuisibles, ont disparu devant les nouvelles lois qui les ont proscrits ; que celle concernant les Messageries, lui offre un moyen de se vivifier, et l'espoir de voir réparer une partie des torts qu'il a essuyés, en lui facilitant la circulation des denrées et le transport des marchandises ; que le département de la Lozère se trouve le point central, par lequel toutes les communications, entre les départements méridionaux et ceux du nord, doivent s'établir ; que ceux qui cherchaient à lui nuire, pour faciliter leurs vues intéressées, avoient toujours fait entendre qu'il n'étaient pas possible de franchir ses montagnes, et avaient éloigné de son sein toutes les routes ; que néanmoins il est constant, que déjà il est traversé par un chemin assez commode, et qu'il y en a plusieurs autres qui peuvent, avec peu de réparations, offrir les mêmes avantages ; que les routes de Dijon et de Limoges font un circuit que l'on peut éviter en passant par ce département ; et enfin, qu'il est avantageux, non-seulement pour lui, mais encore pour tout le Royaume en général, d'y établir une Messagerie des Postes aux lettres et aux chevaux ; ouï le Procureur-général syndic, a arrêté :

1° Qu'il sera demandé à l'Assemblée nationale et au Comité central l'établissement d'une Messagerie de Postes aux lettres et aux chevaux, pour communiquer dans tous les Départements voisins ;

2° Qu'en attendant la confection et la perfection de différentes routes du Département, lesdites Messageries, Postes aux lettres et aux chevaux soient établies depuis le département du Puy-de Dôme, passant par celui du Cantal à Saint-Flour, entrant dans celui de la Lozère par Saint-Chély, Mende, Florac, jusqu'à Nismes, cette route étant la plus allante ;

3° Que l'Administration centrale sera priée de déterminer, dès-à-présent, un embranchement desdites Messageries, Postes aux lettres et aux chevaux dans le Département, depuis Saint-Chély, par Maruejols, jusqu'au département de l'Aveyron par Millau, et un autre de celui de la Haute-Loire par Langogne ;

4° Qu'il sera fait aux Départemens du Puy-de-Dôme, de la Haute-Loire, du Cantal, du Gard, de l'Aveyron et de l'Ardèche une invitation pressante, pour qu'ils veuillent bien se concerter, avec celui de la Lozère, auprès du Comité central, pour l'exécution du présent arrêté ;

5° Qu'il en sera adressé un extrait au Ministre de l'Intérieur, ainsi qu'à MM. les députés de ce département à l'Assemblée, et que ceux-ci seront priés d'en accélérer l'exécution.

La séance a été levée et ajournée à demain neuf heures du matin.

CHATEAU-NEUF-RANDON, Président, PAULET, Secrétaire-général ; signés.

—o—

Du vingt-quatrième novembre, mil sept cent quatre-vingt-onze, à dix heures du matin.

La Séance a été ouverte par la lecture du Procès-verbal de celle de la veille.

Un Membre du troisième Bureau a fait un rapport sur

les dessèchemens des lacs et marais d'Aubrac. L'Assemblée a chargé son Directoire, d'enjoindre aux Ingénieurs du Département, d'en dresser un état ; de faire mention de leur étendue, de leur profondeur, et d'indiquer les moyens de les dessécher, en ajoutant un devis estimatif de la dépense nécessaire pour cette entreprise.

La séance a été renvoyée à quatre heures de l'après midi.

CHATEAU NEUF-RANDON, Président ; PAULET, secrétaire-général ; signés.

—o—

Du vingt-quatrième novembre, mil sept cent quatre-vingt-onze, à quatre heures du soir.

Un Membre a demandé, que la plainte portée par le sieur Chapus, Curé de St-Sauveur, et toutes celles des autres Curés constitutionnels, troublés dans leurs fonctions, fussent jointes aux autres pièces remises par les trois commissaires de St-Chély, et renvoyées au premier Bureau, auquel il seroit adjoint un Membre de chacun des autres Comités, pour que, sur leur rapport, l'Assemblée puisse statuer ce qu'elle jugera convenable ; ce qui a été ainsi arrêté.

La séance a été renvoyée à demain dix heures du matin.

CHATEAU-NEUF-RANDON, Président ; PAULET, secrétaire-général ; signés.

Du vingt-huitième novembre, mil sept cent quatre-vingt-onze, à dix heures du matin.

Après la lecture du procès-verbal de la séance de la veille, un membre a fait à l'Assemblée la dénonce d'une adresse aux citoyens, répandue depuis deux jours dans cette ville, sans nom de l'auteur ni de l'imprimeur.

Outre les injures graves dirigées contre l'administration, contre l'évêque, et contre certains fonctionnaires publics, cette adresse dont il a été lecture, n'a d'autre but que celui d'exciter les fureurs du fanatisme, de provoquer la désobéissance, la rébellion aux lois de l'État, et la résistance aux arrêtés de l'administration qui tendent à les faire exécuter. Sur la proposition de faire informer contre ses auteurs et distributeurs, l'assemblée, ouï les conclusions du vice-procureur général syndic, a arrêté, que tous les bureaux prendront connaissance, tant de la dénonce qui vient d'être faite, que de l'adresse qui en est l'objet, afin qu'à la séance de demain, l'assemblée puisse se décider, en pleine connaissance de cause, sur une affaire aussi grave.

La séance a été levée.

CHATEAUNEUF-RANDON, président, PAULET, secrétaire général.

Du vingt-neuvième novembre mil sept cent quatre-vingt-onze, à dix heures du matin.

Un membre a fait, au nom de tous les bureaux, un rapport sur l'adresse dénoncée à la séance d'hier. Après une longue discussion, l'assemblée, ouï le vice-procureur général syndic, à arrêté, à la grande majorité des suffrages, que l'adresse dont il s'agit, sera dénoncée à l'accusateur public, près le tribunal du district de Mende, comme incendiaire et tendante à provoquer la résistance aux arrêtés de l'administration ; pour, à sa poursuite, être informé contre les auteurs, fauteurs, complices, imprimeurs et distributeurs de ladite adresse, et les coupables être ensuite condamnés aux peines, en pareil cas, prononcées par la loi ; et néanmoins, que copie de ladite adresse, ainsi que des arrêtés qui y sont relatifs, seront envoyés au ministre de la justice et à celui de l'intérieur, pour leur faire connaître les obstacles que l'on oppose à l'Assemblée, dans l'exécution des lois.

Il a été fait lecture d'un arrêté du Directoire du district de Mende ; et l'on est passé à l'ordre du jour.

Il amenait la discussion sur une brochure, adressée à l'administration par M. de Lessart, ministre de l'intérieur, intitulée, *Journal des Laboureurs*, par M. le Quinio. L'assemblée, convaincue que cet ouvrage est très propre à éclairer le peuple sur ses devoirs, a arrêté, que M. le Président remerciera M. de Lessart, de l'attention qu'il a eue de le faire passer à l'administration.

Le scellé ayant été apposé sur les archives de l'évêché, d'autorité de l'administration du département, le Directoire du district de Mende a cru qu'il ne pouvait pas en faire la levée sans l'intervention de la même administration, et il lui a fait part de ses doutes, par une lettre dont il a été fait lecture. L'assemblée, pour les faire cesser, a arrêté que M. Bancilhon, l'un de ses membres, commis à cet effet, assistera, au nom de l'administration du département, à la levée des scellés, dont le Directoire du district a été chargé par l'arrêté du 21 novembre courant, et que du tout il sera dressé procès-verbal.

Un membre du premier bureau a fait un rapport sur les pétitions de M. l'évêque ; et l'Assemblée, ouï le vice-procureur général syndic, a arrêté :

1° Que le ministre des contributions publiques sera supplié de faire verser, le plutôt possible, dans les caisses du département, les fonds nécessaires pour les dépenses du culte dans la cathédrale, attendu qu'il n'y a point de fabrique, et que dans ce cas, d'après les lois, il doit y être fourni par le trésor public ;

2° Que l'arrêté du Directoire, du 13 août dernier, n'étant que provisoire, et n'ayant reçu aucune sorte d'exécution, il doit être regardé comme non-avenu.

En conséquence, l'assemblée considérant : 1° que le séminaire n'étant pas encore organisé, M. l'Evêque est privé de cette ressource, et que le service divin ne peut se faire, dans la cathédrale, avec la décence qu'il exige ;

2° Qu'il convient de lui enjoindre provisoirement, et jusqu'à ce qu'il en sera autrement ordonné, un nombre d'employés subalternes, pareil à celui qu'il y avait dans la cathédrale sous l'ancien régime ;

3° Que l'évêque ayant le droit de nommer tous ses vicaires et les directeurs du séminaire qui, d'après la Constitution civile du clergé, doivent concourir avec lui à la solemnité des cérémonies religieuses, il doit, à plus forte raison, avoir celui de choisir les enfants chœur et autres personnes qui, en attendant, doivent suppléer les séminaristes, et agir d'après ses ordres. Il a été arrêté :

En premier lieu, que M. l'Évêque pourra nommer provisoirement, pour le service divin et pour celui de cathédrale, 1° six enfants de chœur, à chacun desquels il sera payé 25 livres par mois, pour leur nourriture habit de chœur et entretien quelconque ;

2° Un directeur des mêmes enfants de chœur, auquel il sera payé, pour leçons de musique, instructions et autres peines et soins, 50 livres par mois ;

3° Qu'il sera loué une maison pour les loger, et qu'il sera payé, pour ce loyer, ou pour les gages d'un domestique qui leur sera attaché, 25 livres par mois ;

4° Que M. l'Evêque pourra nommer encore quatre chantres, aux gages de 20 livres 16 sous 9 deniers chacun par mois, s'ils sont laïques, et 25 livres par mois s'ils sont ecclésiastiques ;

5° Un Serpent, aux gages de 33 livres 6 sous 9 deniers par mois ;

6° Un Organiste, aux gages de 66 livres 13 sous 6 deniers par mois ;

7° Un Souffleur, aux gages de 5 livres par mois ;

8° Un Sacristain, aux gages de 25 livres par mois ;

9° Un Clerc qui, outre ses fonctions, sera chargé de tenir l'église propre ; il lui sera payé 20 livres 16 sous 9 deniers par mois ;

10° Deux Bedeaux, aux gages chacun de 20 livres 16 sous 9 deniers par mois ;

11° Enfin, un Sonneur et un Suisse, aux gages aussi de 20 livres 16 sous 9 deniers chacun par mois.

En second lieu, qu'il sera passé à M. l'évêque, pour faire face aux dépenses de la cire jaune et blanche, de l'huile des lampes, des hosties et du vin des messes, 900 livres, dont il justifiera l'emploi auprès du Directoire du District, par les quittances des fournisseurs.

En troisième lieu, que les frais d'impression des lettres pastorales, Mandements, Directoires et formules, étant autrefois à la charge de la Chambre ecclésiastique, la Nation doit en faire les frais ; et en conséquence, que M. l'Evêque demeure autorisé à délivrer des mandats aux imprimeurs pour le montant de ces frais, d'après le tarif ordinaire ; lesquels mandats ne pourront néanmoins être payés par le receveur, que d'après le visa du Direcrectoire du district de Mende.

En quatrième lieu, que le séminaire sera incessamment organisé. Et attendu que les opérations qu'il faudrait faire pour constater si les bâtiments de l'évêché sont suffisants pour y placer le séminaire, seraient longues et dispendieuses, le séminaire sera provisoirement placé dans les bâtiments qui y étaient anciennement destinés ; qu'à cet effet, les réparations nécessaires y seront faites le plutôt possible.

Enfin, sur la demande M. l'Evêque, en réparation des dégradations commises à l'Evêché, et nécessaires, tant pour sa sûreté que pour celle des ornements de l'église, l'assemblée, considérant qu'il y a une demande formée, à raison de ce, par M. le procureur général syndic, contre M. de Castellane, actuellement pendante devant le tribunal du district de Mende, et que l'objet de sa pétition est relative à cette instance ; l'assemblée reconnaissant combien elle est juste et pressante, a arrêté, qu'à la poursuite du procureur général syndic, il sera de suite présenté, au susdit tribunal de Mende, une requête incidente, tendante à obtenir la permission de faire faire de suite, à l'église et à l'Evêché, les réparations qui y sont nécessaires, d'après la vérification qui en a été ou qui en sera faite par experts convenus ou pris d'office, pour le montant desdites réparations être ensuite répété contre M. de Castellane, ou tout autre s'il y a lieu, d'après le jugement définitif qui sera rendu sur le fond de l'affaire.

La séance a été levée.

CHATEAUNEUF-RANDON, président, PAULET, secrétaire général.

—o—

Du trente novembre mil sept cent quatre-vingt-onze, à quatre heures du soir.

Un exprès, arrivé de Termes, a fait remettre, à M. le Président, des dépêches adressées à l'assemblée par le curé constitutionnel de Termes. Il annonce, dans une supplique, qu'un grand nombre de personnes, qu'il n'a pas reconnu, ont enfoncé, pendant la nuit du 27 au 28, les portes de sa maison ; qu'elles ont jeté une grande quantité de pierres dans l'appartement où il couche ; qu'on y a tiré plusieurs coups de fusil ; qu'il y aurait péri sous les coups de ses assassins, s'il ne s'était réfugié, avec un nommé Guillaume Fournier, au galetas, et si celui-ci ne les avait pas arrêtés dans l'escalier ; que les officiers municipaux ont refusé d'adhérer aux réquisitions qu'il leur a faites de constater tous les faits par un procès-verbal ; et enfin, que c'est pour la seconde ou la troisième fois qu'il a recours à l'administration, pour réclamer la sûreté qu'elle lui doit procurer, et l'exécution des lois. Il annonce encore, que le danger manifeste qu'il court dans sa paroisse l'a forcé de la quitter.

Cette supplique et la lettre qui en contient l'envoi, ont été renvoyées au premier bureau ; et cependant, l'assemblée, considérant qu'il importe de faire constater le plus promptement possible les faits dénoncés, elle a arrêté que le Directoire du district de St-Chély sera chargé de le faire de suite et d'en informer l'assemblée. Considérant encore que, des évènements aussi fâcheux annoncent que les motifs qui l'ont déterminé à demander des troupes de ligne, deviennent tous les jours plus pressants ; elle a arrêté qu'en attendant l'envoi de ces troupes, le commandant de la neuvième division sera prié, par M. le Président, de donner ordre aux deux compagnies, qui sont en garnison à Ispagnac, de se rendre, sur les réquisitions de l'administration, partout ou elle jugera convenable de les employer.

Un membre a fait la lecture d'un mémoire sur l'Agriculture et le commerce. L'asemblée a donné des applaudissements, tant à son zèle qu'aux vues utiles qu'il a proposées. Elle a prié M. Bonnel de vouloir bien ouvrir une correspondance dans tous les districts du département, pour recueillir des instructions sur cet objet, et se mettre en état de proposer, à la première session, un plan d'exécution qui puisse procurer au département les avantages qu'on a fait entrevoir.

La séance a été levée.

Chateauneuf-Randon, président, Paulet, secrétaire général.

—o—

Du premier décembre, mil sept cent quatre-vingt-onze, à cinq heures du soir.

Après la lecture du procès-verbal de la séance du matin, un membre du bureau a fait un rapport sur les troubles qui avaient eu lieu à Termes, à Chauchailles, au Malzieu et au Fau-de-Peyre, et sur les procès-verbaux qui avaient été dressés, à ce sujet, par MM. Ferrand, Martin et du Recoux, commissaires députés sur les lieux, pour y établir l'ordre et prendre des renseignements. L'examen de la conduite que l'administration du district de St-Chély avait tenue dans cette occasion, était une suite de cette affaire. Il s'agissait de savoir s'il avait outrepassé ses pouvoirs, en prenant les arrêtés des 27 octobre, 3 et 4 novembre 1791.

Par le premier, les municipalités du Malzieu, de Termes et de Chauchailles avaient été sommées, en exécution de l'article 34 de la loi du 3 août dernier, de prendre les mesures de police et de prudence les plus propres à ramener le calme dans leurs paroisses. Il leur avait été déclaré que, faute par elles de déférer à ces réquisitions, elles seraient personnellement responsables des évènements, et que l'article 37 du même décret serait exécuté contre elles.

Le second, contient le détail des excès commis contre le sieur Bastide, curé du Malzieu : il porte que ces excès seront dénoncés à l'accusateur public, ainsi que ceux dont il est fait mention dans le précédent arrêté, et qu'extrait du tout serait adressé au Directoire du département.

Par le troisième, il est nommé des commissaires qui sont chargés de se rendre à Chauchailles, le dimanche suivant, pour y faire l'installation du curé constitutionnel; et, attendu l'urgence du cas et les excès qui avaient eu lieu les dimanches d'auparavant, les commissaires sont autorisés à se faire accompagner par un nombre suffisant de gardes nationales, pour assister à ladite installation, et y maintenir la paix et la tranquillité. Il porte encore que, vu la désobéissance des municipalités, les officiers municipaux seront tenus d'héberger, comme elles aviseront, les troupes que les commissaires jugeront à propos de prendre, jusqu'au rétablissement de l'ordre, et que le tout sera de suite dénoncé au Directoire du département.

L'assemblée, après une longue discussion, ouï le procureur général syndic, considérant: 1° que d'après l'instruction de l'Assemblée nationale, concernant les fonctions des assemblées administratives, chapitre 1, § 1, et l'article . . . . du décret du 3 août dernier, les districts n'ont pas besoin d'attendre les ordres des départements, toutes les fois qu'ils agissent conformément aux principes établis ou pour des actes de détail, et qu'ils sont autorisés à requérir la force publique, lorsqu'elle devient nécessaire pour l'exécution des lois ;

2° Que le Directoire, avant d'employer les voies de rigueur pour l'exécution de la loi du remplacement, avait eu le soin de les faire précéder de deux arrêtés, contenant les injonctions les plus pressantes aux municipalités de remplir leur devoir, et que ces moyens de prudence n'avaient produit aucun effet ;

3° Que les autorités constituées ne doivent jamais mollir devant les séditieux, parce qu'il est dangereux de leur montrer de la faiblesse et de les enhardir par l'impunité : que l'expérience a fait connaître que les voies de la douceur que le Directoire du département a cru devoir substituer à celles que le Directoire du district avait prises, ont malheureusement produit cet effet ;

4° Que les coupables paraissent avoir pris cette condescendance pour une autorisation, et ont continué de se soulever contre leurs nouveaux curés ;

5° Que d'après les procès-verbaux des commissaires, les séditieux prennent pour prétexte la perte de la religion de leurs pères, sans que personne ait pris la peine de les rassurer à cet égard, et de leur faire connaître leur erreur ;

6° Qu'il importe de contenir les mal intentionnés par des punitions exemplaires ; de punir ceux qui se sont rendus coupables des horreurs, dont les pièces remises dans cette affaire présentent le tableau, et de procurer aux lois leur entière exécution ;

7° Qu'il est à propos de donner aux administrations subalternes l'activité dont elles ont besoin pour cela, et de ne mettre à leurs opérations d'autres entraves que celles que la loi leur impose ;

L'assemblée a arrêté : 1° que les excès mentionnés dans les arrêtés du district de St-Chély, dans les procès-verbaux du Directoire du département et dans les autres pièces qui y sont annexées, seront dénoncés, à la diligence du procureur syndic, à l'accusateur public, auprès du tribunal du même district, pour être informé de suite, à sa poursuite, contre les auteurs, fauteurs, instigateurs et complices de ces excès : qu'à cet effet, le procureur syndic lui indiquera les témoins à faire entendre, et tiendra la main à la prompte exécution du présent arrêté ;

2° Que le Directoire du district de St-Chély sera tenu, conformément à la loi, de veiller au maintien de la tranquillité publique dans son ressort ; et, comme une pareille surveillance serait un jeu sans une force publique à sa disposition, il demeure libre de l'employer, conformément à la loi, dans tous les cas où il le jugera nécessaire, à la charge par lui d'en informer de suite le Directoire du département par un exprès ; qu'il sera tenu également de faire installer les curés élus, et d'employer les moyens convenables pour les faire jouir de la tranquillité que mérite tout citoyen soumis à la loi ;

5° Que la suspension apportée aux délibérations du Conseil général du district de St-Chély, par l'arrêté du Directoire du département, du 5 novembre dernier, demeure levée; bien entendu néanmoins qu'il emploiera dans toutes les occasions, de préférence, les voies de la douceur lorsqu'elles lui paraîtront suffisantes.

La séance a été levée.

Chateauneuf-Randon, président, Paullt, secrétaire général.

—o—

Du deuxième décembre mil sept cent quatre vingt-onze, à dix heures du matin.

Le sieur Ango, nommé à la place de minéralogiste du département, lors la session de 1790, a réclamé le traitement qui lui avait été accordé. Il a été observé, que la nomination du sieur Ango était demeurée sans effet, qu'il n'avait jamais été reçu dans le département en cette qualité, et qu'il ne lui était dû aucun traitement ; que cependant il avait assisté les ingénieurs, lors de certaines de leurs opérations, et qu'il était juste de le défrayer, tant de ses peines que de la dépense qu'il a faite pour le département. L'assemblée d'après ces considérations, ouï le procureur général syndic, a chargé le Directoire de faire payer, au sieur Ango, la somme de 500 livres pour le défrai qui lui est dû, soit pour les opérations et travaux qu'il a faits, comme adjoint aux ingénieurs et directeurs du département, soit pour ses dépenses et voyages comme minéralogiste. Elle a encore arrêté que l'emploi du sieur Ango paraissant présenter de grands avantages, il serait émis un vœu, auprès du Comité central, pour qu'il veuille bien créer pour le département, et en faveur du sieur Ango, une place d'ingénieur minéralogiste.

La séance a été levée.

CHATEAUNEUF-RANDON, président, PAULET, secrétaire général.

—o—

Du même jour, deuxième décembre mil sept cent quatre-vingt-onze, à cinq heures du soir.

Le sieur Gensane, directeur des mines de Villefort, a fait présenter une pétition tendante à ce que la forêt de Gourdouse soit mise en vente par la Nation. L'assemblée, sur les observations qui lui ont été faites, ouï les conclusions du procureur général syndic, a déclaré n'y avoir lieu à délibérer.

Un membre a fait une motion pour l'établissement d'une messagerie, allant de Mende à Villefort ; et l'Assemblée, après l'avoir discutée, a également déclaré n'y avoir lieu à délibérer.

Un autre Membre a fait observer qu'il serait infiniment avantageux d'établir un postillon de Langogne à Villefort, pour ouvrir une communication entre le département de la Haute-Loire et celui du Gard. Il a ajouté que cette communication était réclamée avec instance par toutes les administrations des pays qui y sont intéressés. Après une longue discussion sur les avantages qui peuvent résulter de l'établissement proposé, l'Assemblée, considérant que l'on ne peut pas se dissimuler qu'il en résulterait de bien réels pour le commerce des départements du Gard, de la Haute-Loire et d'une partie de la Lozère, et qu'outre le bien public, l'intérêt même de la ferme résulterait de cette ouverture, a arrêté qu'il sera émis un vœu, auprès du Comité central, pour en obtenir l'établissement demandé, et qu'extraits du présent arrêté seront envoyés aux administrateurs des départements du Gard et de la Haute-Loire, pour qu'ils veuillent bien l'étayer.

La séance a été levée.

Chauteauneuf-Randon, président; Paulet, secrétaire général.

—o—

Du troisième décembre mil sept cent quatre-vingt-onze, à dix heures du matin.

Le procès-verbal de la séance de la veille a été lu.

Le sieur Peytavin, administrateur du district de Mende, a été admis à barre. Il a été admis à la barre. Il a dit que le clerc du curé de Chadenet lui avait remis une copie de l'adresse que les ennemis du bien public se sont permis d'opposer aux opérations de l'assemblée administrative, avec un projet de délibération, au dos duquel était écrit : *Allenc.* Il fut chargé de la porter au curé d'Allenc.

Mais, trop bon citoyen pour se prêter à des manœuvres aussi condamnables, il a cru devoir en informer l'assemblée, et lui faire la remise des pièces qu'il avait reçues. M. le Président a fait l'éloge de son patriotisme ; il l'a invité à la séance, et, l'assemblée, ouï le procureur général syndic, a arrêté que ces nouvelles pièces, dûment paraphées par M. le Président, seront annexées à celles qui doivent être remises à l'accusateur public, en exécution de ses précédents arrêtés, pour être informé contre leurs distributeurs, en même temps que contre les autres ; et, le procureur général syndic a été chargé de faire parvenir de suite ces dénonces et pièces à l'accusateur public et de tenir la main à ses poursuites.

La séance a été levée.

CHATEAUNEUF-RANDON, président ; PAULET, secrétaire général.

Du cinquième décembre, mil sept cent quatre-vingt-onze, à dix heures du matin.

La séance a commencé par la lecture du procès-verbal de celle du samedi soir.

Une pétition des anciens directeurs du seminaire de Mende, pour la fixation de leur traitement, a été renvoyée au Directoire.

Un membre du second Bureau a fait un rapport sur direction de la route de Bayonne à Lyon. Après avoir entendu la lecture de trois projets : le premier par la Canourgue ; le second, par Auxillac ; le troisième, par Marvejols ; l'Assemblée considérant que la direction par la Canourgue, est celle qui présente le plus d'avantages et le moins d'inconvénients, a arrêté d'émettre un vœu, auprès de la Commission centrale, pour qu'elle veuille bien ordonner le tracé du chemin par la Canourgue, et qu'à cet effet les trois projets lui seront envoyés de suite.

Sur le rapport d'un Membre des Travaux publics, pour la direction à donner au chemin qui va de Mende au pont de St-Laurent, il a été arrêté de le faire passer par le Pont de Berlière et Rivemale, puisque cette direction offre, sur celle des Cordeliers, l'avantage d'être plus courte de cent quinze toises, et qu'elle procure une économie d'environ 130,000 livres.

La Séance a été levée.

CHATEAU-NEUF-RANDON, Président ; PAULET, Secrétaire-général, signés.

Du huitième décembre mil sept cent quatre-vingt-onze, à cinq heures du soir.

Après lecture faite du procès-verbal, il a été question d'une lettre de M. Delessart, par laquelle il annonce que le Roi s'occupait de la formation de sa garde ; invite tous les départements à lui présenter chacun trois sujets pour y être incorporés. L'Assemblée, sensible à cette preuve que le Roi lui donne de sa confiance, et voulant y répondre le mieux possible, a arrêté que tous les administrateurs qui connaissent des sujets qui puissent, par leurs qualités physiques et morales, remplir les vues du Roi, leur écriront de se rendre en cette ville avant mardi prochain ; ils les préviendront en même temps, qu'il est essentiel qu'ils portent leurs extraits baptistaires, avec des certificats de bonne vie et mœurs, et de leur service dans les Gardes nationales ou dans les troupes de ligne, afin que, par le concours, le choix puisse porter sur les sujets les plus distingués.

—o—

Du neuvième décembre, mil sept cent quatre-vingt-onze, à onze heures du matin.

Après la lecture du Procès-verbal de la veille, un Membre a fait observer, que les ravages dont les loups affligent les campagnes, exigent une attention particulière de la part de l'Assemblée. Le Bureau d'agriculture a été chargé de présenter demain un projet d'arrêté, qui puisse remédier à un mal qu'elle reconnaît être très-réel.

La discussion s'est ouverte ensuite sur une pétition du sieur Beaujean ; elle a été encore renvoyée à demain, et la séance a été levée.

Nogaret, ex-président ; Paulet, Secrétaire-général, signés.

—o—

Du même jour neuvième décembre mil sept cent quatre-vingt-onze, à cinq heures du soir.

Le Bureau, d'après les considérations sur lesquelles il s'est étayé, avait annoncé que, depuis que les administrateurs sont arrivés à Mende, des citoyens avaient couru le danger de perdre la vie ; que les cérémonies religieuses avaient excité les huées de la populace, et que le service divin avait été troublé jusques dans l'église ; ces faits ont réveillé le zèle de M. le Procureur-général-syndic, qui a requis qu'ils soient dénoncés à l'Accusateur public, et que le Comité soit invité à donner une note des témoins que l'on pourrait faire entendre. L'Assemblée a donné acte de la réquisition de M. le Procureur-général-syndic, et, avant d'y statuer, elle l'a renvoyée au second Bureau, pour l'examiner et en faire son rapport.

Une adresse du Directoire du district de Villefort annonce à l'Administration, que la tranquillité règne dans ce district, que les lois y reçoivent la plus prompte et la plus parfaite exécution, et que des troupes y seront plutôt nuisibles qu'utiles. Le Directoire du District de St-Chély et la Municipalité de Maruejols ont fait des adresses dans des principes entièrement opposés : ils assurent que la présence des troupes de ligne est nécessaire, pour protéger la perception des impôts, le recouvrement des redevances nationales et seigneuriales, et l'exécution des lois. L'Assemblée a ordonné qu'il en seroit fait mention honorable dans le Procès-verbal.

Le Maire de Fontans a fait parvenir à l'Assemblée un exemplaire de la contre-adresse et du projet de délibération dénoncés à l'Accusateur public. Il le regarde comme un libelle informe, qu'il a cru de son devoir d'envoyer à l'Administration, pour qu'elle le juge comme elle trouvera à propos. Il finit par adhérer aux arrêtés de l'Administration.

L'Assemblée a applaudi au zèle de ce Maire, et les pièces, qu'il a fait parvenir, ont été envoyées à l'accusateur public, pour être jointes à celles qui lui ont été remises pour la suite de la dénonce faite à raison des dites adresse et délibération.

Les Procès-verbaux tenus par les Commissaires du Directoire du district de St-Chély et la municipalité de Termes, sur les insultes faites au sieur Pelegri, curé constitutionnel, ont été renvoyées au premier Bureau.

Il a été déclaré n'y avoir lieu à délibérer sur un arrêté du district de Mende, relatif à la distribution des subsistances ; et la séance a été levée.

Nogaret, ex-président ; Paulet, secrétaire ; signés.

Du dixième décembre mil sept cent quatre-vingt-onze, à 10 heures du matin.

Le sieur Paradan, de la Canourgue, a fait demander la permission de présenter, à la barre, une pétition tendante à la cassation du testament de la demoiselle Marie Magne, écrit par tout autre que le notaire recevant, ainsi qu'à la maintenue des biens dont ladite Magne avoit disposé en faveur de l'église, et dont une partie avoit été vendue par le district de Maruejols. Cette pétition a été renvoyée au premier Bureau, après avoir entendu le Procureur-général-syndic.

La Séance a été levée.

Nogaret, ex-président; Paulet, Secrétaire-général; signés.

—o—

Du onzième décembre mil sept cent quatre-vingt-onze, à cinq heures du soir.

Un Membre du premier Bureau a fait un rapport sur la réduction des districts, des cantons, et la circonscription des paroisses. L'Assemblée, convaincue que ce département ne peut soutenir la dépense de sept districts qui le composent, a arrêté d'émettre un vœu auprès du Corps législatif, pour qu'en exécution du Décret du 24 décembre 1790, il veuille bien régler, par quels moyens et dans quelle forme les administrés et les justiciables, qui demandent la réduction de leurs établissements, pourront manifester leur vœu et le présenter aux législateurs. Le surplus du rapport a été ajourné après la fixation des établissement et districts.

Un Membre du troisième Bureau a fait un rapport sur les moyens à prendre pour éclairer et encourager l'agriculture et le commerce. L'Assemblée, convaincue de l'importance de cet objet, a arrêté :

1° Que pour parvenir à seconder efficacement un plan de restauration et d'amélioration de l'agriculture, et le commerce particulier au pays, tous les citoyens du département sont invités, au nom de l'intérêt général et particulier, de communiquer à l'Administration les différentes vues qu'ils peuvent avoir à cet égard, ainsi que les découvertes et recherches qu'ils peuvent avoir fait ou pourront faire, soit dans l'agriculture, soit dans quelque art d'utilité directe pour quelqu'une des branches de notre industrie; charge M. Bonnel, un de ses membres, engagé déjà par elle, d'ouvrir une correspondance avec tous les districts; sur ces objets, de recevoir jusqu'à la prochaine session les différens mémoires et avis, et de lui en présenter une analyse exacte, qu'elle s'empressera de rendre publique et de répandre par la voie de l'impression ;

2° Qu'à dater de ce jour, les citoyens, jaloux de coopérer d'une manière plus particulière aux progrès de l'agriculture et des arts utiles au département, sont invités à s'inscrire au Comité d'agriculture, pour former, par leur réunion, une Société libre d'agriculture et arts utiles ; laquelle inscription ayant réuni un certain nombre d'associés, ceux-ci se constitueront d'après les conditions et règlements qui seront adoptés par ces premiers membres ;

3° Que l'administration, jalouse d'encourager les vues utiles d'un établissement de ce genre, s'empressera de le seconder de tous les moyens qui seront en son pouvoir, et de concourir aux vues qu'il lui présentera pour l'avantage de l'agriculture et du commerce, seuls moyens d'améliorer le sort de la classe la plus nombreuse, la plus laborieuse, la plus utile, et en même temps la moins fortunée de nos concitoyens ;

4° Que le présent arrêté sera imprimé séparément, et envoyé, au nombre de plusieurs exemplaires, dans les différentes municipalités du département, afin que sa publicité détermine tous les citoyens éclairés à en seconder l'effet.

La séance a été levée et renvoyée à demain, dix heures du matin.

Nogaret, ex-président ; Paulet, secrétaire général, signés.

—o—

Du douzième décembre mil sept cent quatre-vingt-onze, à dix heures du matin.

La séance a été ouverte par la lecture du procès-verbal de la veille.

Un membre du second Bureau a fait un rapport sur les routes de Millau à Maruejols, et de Bayonne à Mende : il a été arrêté :

1° Que la route de Millau à Maruejols, par le Mazet, ayant été déclarée route centrale, le Directoire est chargé de solliciter, auprès de la Commission centrale, une demande de sommes considérables pour y être employées, ainsi que sur la route de Bayonne à Lyon ;

2° Qu'à l'égard de la route par Boyne à Mende, elle sera aussi prise dans la plus grande considération ; et que le Directoire sera également chargé d'y faire porter le plus de fonds qu'il pourra pour la perfectionner ;

3° Que le département de l'Aveyron sera invité de porter sur lesdites deux routes la plus grande partie des fonds qui seront à sa disposition ; en lui faisant sentir l'importance de cette obligation, par la considération que, s'il ne secondait pas les vues du département, ses dépenses deviendraient inutiles, et ne pourrait pas jouir des avantages précieux que ces deux routes doivent procurer aux deux départements. Que le même département de l'Aveyron sera encore invité d'ouvrir le plus grand nombre d'ateliers qu'il pourra sur la route de Lyon, passant par St-Geniez à Rodez ; et qu'à cet effet, extrait du présent arrêté lui sera envoyé par le Directoire.

Un membre a lu la plainte du sieur Chapus, curé constitutionnel de St-Sauveur, qui n'a pas été installé à cause d'une forte opposition. L'Assemblée a chargé le Procureur-général syndic de déférer cette plainte à l'accusateur public du district de Maruejols, et a arrêté, que le Directoire de ce district tiendra la main à l'installation dudit sieur Chapus, conformément à ce qui est porté par la loi.

La séance a été levée.

Nogaret, ex-président ; Pallet, secrétaire général, signés.

—o—

Du douzième décembre mil sept cent quatre-vingt-onze, à cinq heures du soir.

Le sieur Brunel, distributeur des lettres et paquets, a demandé une gratification, et l'Assemblée a arrêté, que, vu les soins extraordinaires qu'il s'est donné pour l'administration, il lui sera payé une gratification de cinquante livres. Une autre gratification de soixante-douze livres a été accordée au sieur Bondan, directeur des postes, pour les peines extraordinaires qu'il a prises pour l'administration ; lesquelles gratifications seront prises sur les fonds destinés aux dépenses imprévues. Il a été encore arrêté, que le traitement du sieur Bondan n'étant pas, à beaucoup près, proportionné à l'importance de son bureau, il sera émis en sa faveur, auprès de la Régie générale, un vœu pour une augmentation de gages.

Sur l'assurance qui a été donnée par les membres du

Directoire et par les anciens administrateurs, que le sieur Beaujean, artiste-vétérinaire, avait été invité à se rendre dans le département après la mort du sieur Oziol, que l'ancienne Administration avait fait élever à Lyon, pour l'utilité du pays, il a été arrêté, qu'il serait accordé au sieur Beaujean, à titre d'indemnité, une somme de 150 livres, sur celle qui avait été destinée à l'éducation du sieur Oziol, supposé qu'il en reste encore assez entre les mains de l'ancien receveur du diocèse, pour faire face à cette indemnité : dans le cas, au contraire, où le restant ne se porterait pas aux 150 livres accordées, l'indemnité demeurera réduite au prorata.

M. Delessart semblait annoncer que les non catholiques du Pompidour avaient été accusés, auprès de lui, d'avoir employé des voies de fait pour chasser le sieur Fielbar, leur vicaire, et, la Municipalité, instruite de cette inculpation, avait fait passer à l'Assemblée les pièces justifiant sa conduite, avec prière de la juger. Il en résultait que le vicaire du Pompidour n'avait quitté cette paroisse que parce que l'Évêque du département lui avait retiré ses pouvoirs, en conséquence d'une délibération de la Municipalité, dans laquelle le curé avait manifesté un vœu formel pour le changement de ce vicaire, et qu'on n'avait exercé ni menaces, ni violences contre le sieur Fielbar, pour le chasser. L'Assemblée, après un mûr examen, a arrêté, que la conduite de la municipalité du Pompidour n'était en rien répréhensible. La question de savoir si le sieur Fielbar pouvait exiger son traitement, malgré sa retraite et depuis son époque, a été renvoyée au Directoire.

Un Membre a observé, que le défaut de tarif général, pour les frais de justice, en rendait la taxe presque arbitraire, et que dans plusieurs tribunaux ils étaient exhorbitans. L'Assemblée, convaincue de la nécessité de remédier à cet inconvénient, a arrêté d'émettre un vœu, auprès du Corps législatif, pour lui demander, comme un très-grand bienfait, le nouveau tarif qu'il a annoncé.

La séance a été levée.

Nogaret, ex-président ; Paulet, secrétaire général ; signés.

—o—

Du treizième décembre, mil sept cent quatre-vingt-onze, à cinq heures du soir.

La résidence des ingénieurs a été provisairement fixée; savoir : celle du sieur Belmas à Marvejols, et il aura, dans son arrondissement, les districts de Marvejols, Meyrueis, Florac, et la partie de celui de Villefort qui est en delà de la Lozère, et qui comprend les cantons de Vialas et du Collet-de-Dèze. Le sieur Boissonnade aura, dans son arrondissement, le restant du district de Villefort, et ceux de Mende, Langogne et St-Chély.

Il a été encore arrêté, que ces ingénieurs seront tenus de faire des tournées de deux en deux mois ; sauf ceux de décembre et janvier; qu'ils dresseront procès-verbal de leurs opérations, et qu'ils le feront parvenir de suite au Directoire du département, sous peine de la responsabilité.

Les sujets aspirant à l'avantage de servir dans la garde du Roi, s'étant présentés, l'assemblée, pour répondre à sa confiance d'une manière digne de lui, a vérifié les extraits baptistaires de ces aspirants, ainsi que les certificats dont ils étaient porteurs ; et, après les avoir fait toiser, elle en a fait une liste, dans laquelle l'âge et la taille de chacun d'eux ont été insérés. Il a été ensuite procédé à l'élection de trois d'entr'eux, par la voie du scrutin individuel ; et M. Charles Valette, de Chirac, district de Marvejols, membre de l'assemblée, et l'un des députés à la fédération du 14 juillet 1790, âgé de vingt-neuf ans, taille de cinq pieds sept pouces neuf lignes, a été le premier élu, à l'unanimité des suffrages. Le sieur Victor Velay, de Florac, district de la même ville, tambour-major de la garde nationale, âgé de vingt-un an, taille de cinq pieds sept pouces neuf lignes a été élu le second, à la pluralité absolue des suffrages; Le sieur Jacques Flourou, de Marvejols, district de la même ville, tambour-major de la garde nationale, et l'un des députés à la fédération du 14 juillet 1790, âgé de vingt-sept ans, taille de cinq pieds cinq pouces, a été élu le troisième, aussi à la pluralité absolue des suffrages.

Après cette élection, il a été arrêté, qu'extrait du procès-verbal serait de suite envoyé au ministre de l'intérieur, avec prière de le mettre sous les yeux du Roi. Il a été encore arrêté que la liste de ceux qui ont été admis à concourir serait envoyée au ministre de la guerre, avec prière de les employer dans les troupes de ligne, lors du remplacement des officiers, et conformément aux décrets.

La séance a été levée.

Nogaret, ex-président, Paulet, secrétaire général.

Du quatorzième décembre, mil sept cent quatre-vingt-onze, à dix heures du matin.

Un membre du bureau des travaux publics a fait un rapport sur la pétition qui lui avait été renvoyée, tendante à ce qu'il soit émis un vœu, auprès du Comité central, pour que lors de l'examen des avantages que présente la route passant par Villefort et Langogne, et celle passant par Maires, la première obtienne la préférence sur la seconde, comme étant de beaucoup plus courte et plus commode. Ce rapport a donné lieu à une très-longue discussion, d'après laquelle il a été proposé un projet d'arrêté, tendant à ce que : 1° il soit émis un vœu pour que la route passant par Florac, soit déclarée route centrale ;

2° Que la route de Mende à Villefort, soit ouverte, et que les ingénieurs du département soient tenus d'en faire le tracé, le plutôt possible, afin qu'il soit présenté au Comité central, et que la confection de cette route puisse être ordonnée ;

3° A ce qu'il soit aussi émis un vœu, auprès de ce même Comité, pour que la route du bas Languedoc, passant par Villefort et Langogne, obtienne la préférence sur celle de Maires, comme étant la plus courte, la plus commode et la moins coûteuse. Les deux premières propositions ont été de suite adoptées. La troisième a donné lieu à de très longs débats ; l'on a prétendu que le vœu, que l'on proposait d'émettre, contrariait les intérêts particuliers du département; et le directeur général des travaux publics a été appelé pour être consulté sur cet objet important. L'assemblée, après l'avoir entendu, et après avoir pesé mûrement les considérations du bien public que présente le vœu que l'on propose d'émettre, a adopté le troisième article du projet proposé.

Il a été fait lecture d'une lettre de M. de Châteauneuf-Randon, Président de l'Assemblée; elle contient des détails sur des inculpations que la méchanceté des ennemis du bien public lui ont faites. L'assemblée, vivement sensible au désagrément qu'une pareille noirceur a occasionné à M. le président, a arrêté que la lettre serait insérée dans le procès-verbal. Suit la teneur de cette lettre:

Mende, le 13 décembre 1791.

Messieurs,

« Au milieu des maux cruels que j'éprouve, et que
» vos soins complaisants veulent bien venir alléger si
» heureusement souvent, je viens d'apprendre les dé-
» tails de ce qui s'est passé, l'un de ses jours, d'une
» manière si scandaleuse pour l'Assemblée, dans un lieu
» public, en présence de certains de ses membres,
« et où, étant des premiers inculpé, je dois, à mon
» caractère personnel et public, des éclaircissements
» faciles à convaincre ceux qui auraient pu douter un
» instant de la délicatesse de toutes mes actions; je le
» dois aussi à des collègues qui me sont chers; qui
» m'ont donné des marques d'estime et de bienveillance
» et à qui je suis jaloux de prouver que je n'en suis pas
» indigne.

» Vous aurez de la peine à vous persuader, sans
» doute, qu'après avoir passé des années, des jours et
» des nuits au bonheur de mes Concitoyens, il en existe,
» d'une raison assez peu combinée, dans le seul ordre
» des choses possibles, pour vouloir jeter des nuages de
» défaveur sur une opération de bienfaisance et d'utilité
» générale, que je croyais du plus grand succès pour la
» circulation et la confiance des assignats dans ce dé-
» partement.

» Vous savez que depuis la création des petits assi-
» gnats de cinq livres, dont la destination n'a été or-
» donnée que pour les dépenses du culte, il s'en fait à
» Paris des échanges journalières en faveur des manu-
» facturiers, propriétaires et agriculteurs de toutes les
» parties des quatre-vingt-trois départements.

» Pendant quatre, mois cet échange a été arbitraire et
» abusif, parce qu'il se concentrait dans Paris, et que,
» comme il n'existait point de décrets qui ordonnassent
» cet échange, la plupart des départements n'en avaient
» aucune connaissance ; ils ne profitaient par consé-
» quent pas de ce bénéfice considérable pour la circu-
» lation.

» Je crois que, pendant cet intervalle, le département
» en a joui très peu, si ce n'est quelques sommes que
» j'ai fait parvenir, soit par la poste, par la diligence,
» même par commodité, à plusieurs particuliers qui
» m'avaient fait passer des fonds.

» Sur beaucoup de réclamations, il fut cependant
» rendu un décret relatif à cet échange, qui n'ordonna
» d'autre formalité qu'une justification, de la part des
» Corps administratifs, de la qualité des propriétaires,
» agriculteurs et manufacturiers.

» Lorsque cette loi fut rendue, j'aurais désiré que
» cet échange n'eut pas resté encore si arbitraire, ni
» concentré dans Paris, et se fut ouvert dans chaque
» chef-lieu de département, par la voie d'une réparti-
» tion égale de petits assignats fabriqués, dont le trésor
» public aurait fait l'avance ; mais mon opinion et celle
» de beaucoup d'autres de mes collègues n'a pas pu
» avoir son effet.

» Dans cet état de choses, toujours animé de l'intérêt
» public de ce département, je représentai au commis-
» saire de la trésorerie nationale, ainsi qu'au ministre,
» la nécessité indispensable de fixer et d'échanger en
» masse, et tout à la fois, une valeur d'un million dans
» ce département ; par ce moyen les gros assignats
» eussent été presque tous substitués par des petits de
» cinq livres. Il est inutile que je m'étende, lorsque ma
» position douloureuse m'en empêche, sur l'avantage
» qui en serait résulté.

» Pour parvenir avec succès à cette exécution, je fis
» part, à tous les sept districts du département, de cette
» obtention, qui, comme vous l'observerez, était une
» faveur, puisque l'arbitraire existe encore au sujet de
» ces échanges. Je les engageai de fixer leur quotité
» respective à celle de tant et mille livres ; en même
» temps je fis part au Directoire du département de ce
» moyen propre à ramener la confiance des assignats,
» et l'engager en même temps de m'envoyer son avis
« pour cette dite quotité à répartir dans chaque district;
» je lui mandais, ainsi qu'au district, qu'il ne devait point
» s'inquiéter des avances que je serais parvenu à faire
» faire également par la trésorerie nationale, à titre
» de prêt et de service, pour environ deux mois, sous
» ma garantie.

» Je n'ai reçu de réponse que des districts de Mende,
» Florac et Villefort. Celui de Mende émettait son vœu,
» pour que seulement tous les frais de justice et d'admi-
» ainsi que du culte, se payassent en assignats ; celui
» de Florac émettait celle d'une somme de cent mille
» livres ; celui de Villefort à peu près autant. Le Direc-
» toire du département me répondit, qu'il écrivait au
» ministre de l'intérieur, pour savoir où il devait pren-
» dre les fonds de ces échanges, et qu'au surplus, quand
» les districts auraient émis leur vœu, ils les autorise-
» raient volontiers. Cette réponse insignifiante retardait
» longtemps cette opération, qui ne pouvait se faire
» que sous mes yeux, par mon entremise et par le seul
» moyen que j'avais combiné. Une lettre de M. Dela-
» marche, que je joints ici, vous fera assez connaître
» que cette première marche du Directoire était néces-
» saire.

» Cependant le temps s'écoulant, les époques des
» sommes fixées pour les échanges à des jours déter-
» minés, par un système périodique pour chaque dépar-
» tement, sont tombées à deux reprises, pour la somme
» cinquante mille livres, et ne voulant pas manquer
» pour ce département cet échange, comptant d'ailleurs
» toujours sur les réponses des autres districts, et celle
» du Directoire du département que j'avais provoquée
» une seconde fois, j'ai sollicité avec force ledit échange;
» j'ai usé d'un crédit de banquier, sous une commission,
» pour pouvoir opérer cet échange de cinquante mille
» livres. Mais rien, avant mon départ, ne m'étant arrivé
» du département, pour mettre à exécution mon plan
» d'introduction de petits assignats de cinq livres, ce
» grand et utile projet est devenu illusoire. Quant aux

» cinquante-mille livres, pour lesquelles il m'a fallu
» user de crédit et donner une commission, ils pour-
» raient être encore délivrés, si quelque particulier en
» voulait ; parce que j'imagine que le banquier, quoi-
» que le renouvellement de commission qui se fait tous
» les mois n'ait pas été opéré, en est encore nanti,
» attendu que je ne sais aucune nouvelle du contraire.

» Au surplus, Messieurs, ces changes étant arbitrai-
» res, je n'aurais pu obtenir pour mon propre compte,
» pour deux cent mille livres à différentes reprises, et
» il n'est pas de membres de l'Assemblée Constituante,
» qui, ayant une grosse somme à porter dans son dé-
» partement, n'ait eu la faculté de les y porter en
» petits.

» Vous ne trouverez pas, sans doute, dans cette série
» de faits la moindre connexité avec l'apparence de
» quelque prévarication ; mais vous y trouverez tou-
» jours un acharnement barbare et séditieux de la part
» des ennemis publics, à dénaturer les faits les plus
» simples. J'ignore le parti que vous prendrez sur le
» scandale qui est résulté dans ce lieu public, pour la
» totalité des opérations de l'assemblée ; quant à ce qui
» me concerne, je vous prie que ma lettre soit insérée
» dans le procès-verbal.

» J'ai eu bien de la peine à dicter tout ceci, et M.
» Guérin collationnera ma lettre, parce que vous savez
» que je ne puis signer. Je prends l'engagement de la
» signer, et vous prie d'ordonner qu'elle soit paraphée.

» Votre très soumis et respectueux président. »

Telles sont les expressions qui m'ont été dictées mot à mot par M. Châteauneuf-Randon, Président du département de la Lozère. A Mende, ce 13 décembre 1791.

      Guérin, secrétaire, signé.

La séance a été levée.

Nogaret, ex-Président, Paulet, secrétaire général.

PROCÈS-VERBAL

DU

DIRECTOIRE DU DÉPARTEMENT DE LA LOZÈRE.

Du troisième janvier, mil sept cent quatre-vingt-douze. En Directoire. MM. Pelet, vice-président, Cayla, Hosty, Rivière, procureur général syndic.

Vu la pétition du sieur Claret, chapelain de Montbrun, tendant à ce qu'il lui soit adjugé les ornements nécessaires de ceux qui sont superflus dans l'église collégiale de Quézac, pour la décence du culte de la chapelle dudit Montbrun ; vu, de plus, les divers avis du district de Florac et arrêtés du Directoire du département ; ensemble, les actes et mémoires respectifs du sieur Claret et du sieur Gautier, curé dudit Quézac ; le Directoire du département de la Lozère, ouï le procureur général syndic ; considérant que, par un arrêté du 2°

avril dernier, il a été ordonné qu'il serait sursis à celui du 11e mars précédent, et qu'il serait procédé à une nouvelle visite tant de la chapelle de Montbrun que des ornements existant dans la commune de Quézac, pour savoir d'une manière plus positive ce qui peut être nécessaire à l'un et ce qui peut être fourni par l'autre ; auquel effet, les sieurs Jaffard et Bouteille, furent nommés commissaires ; laquelle commission ces derniers ayant refusé de remplir, et ledit sieur Claret ne pouvant plus absolument desservir la susdite chapelle de Montbrun à défaut d'ornements, il a arrêté que le sieur Lacombe, administrateur du Directoire du district de Florac, et par le sieur Bonnet, curé de Prades, commissaires substitués aux premiers, il sera procédé, de suite, à l'exécution de l'arrêté du 2e avril ; et cependant que, par le dépositaire indiqué dans l'arrêté du 11 mars, il sera délivré, provisoirement au sieur Claret, deux chasubles en soie de toute couleur, une noire, trois de camelotte, une chape noire, une aube, une croix, deux corporaux, quatre purificatoires, quatre chandeliers et enfin un calice, à la charge, par le sieur Claret, de rapporter l'ancien, et, le procès-verbal desdits sieurs Lacombe et Bonnel rapporté, il sera statué sur le surplus, ce qu'il appartiendra.

Caila, Osty, Paulet, secrétaire général.

Dudit jour trois janvier, mil sept cent quatre-vingt-douze.

Vu la pétition du sieur Breisse, vicaire épiscopal de M. l'évêque du département de la Lozère, tendante à être payé d'une somme de 90 livres, pour avoir prêché pendant le temps de l'Avent, de l'année 1791, d'après le pouvoir à lui donné par M. l'évêque, le 12 novembre dernier ; vu l'avis du district de Mende, qui est à suite, le Directoire du département de la Lozère, le procureur général syndic entendu, considérant que l'article 12 du titre 3 de la loi sur la Constitution civile du clergé, porte que les évêques, les curés et leurs vicaires, exerceront gratuitement les fonctions épiscopales et curiales, à arrêté qu'il n'y avait lieu à délibérer sur la demande du sieur Breisse.

Cayla, Osty, Paulet, secrétaire général.

—o—

Dudit jour troisième janvier, mil sept cent quatre-vingt-deux.

Les administrateurs du district de Mende, vu la pétition de M. Bruno Olivier; ouï le rapport et le procureur syndic entendu, sont d'avis qu'il y a lieu de procéder incessamment au recensement de l'inventaire fait par les commissaires du Roi et de M. l'Intendant, au déplacement, et transport en cette ville, des effets inventoriés, et à la décharge des dépositaires ou ayant cause, et, en conséquence ils ont nommé, pour faire les opérations, M⁰ Plagnes, l'un des administrateurs du Directoire du district, lequel y procédera en présence d'un ou plusieurs officiers de la ville de Ste-Enimie, après toutefois que la présente délibération aura été autorisée par le Directoire du département. Levrault, vice-président, Plagnes, Polverel, Bégou, Vincent, procureur syndic, signés à l'original.

Vu et approuvé au Directoire du département de la Lozère, le 5ᵉ janvier 1792. Pelet, vice-président, Cayla, Osty, Rivière, procureur général syndic, signés.

Osty, Cayla, Paulet, secrétaire général.

—o—

Du cinquième jour du mois de janvier mil sept cent quatre-vingt-douze. En Directoire. MM. Pelet, vice-président, Cayla, Osty, Rivière, procureur général syndic.

Le procureur général syndic a dit que, par l'article 2 du titre 2 de la loi du 29 septembre 1791, tous les citoyens, ayant les conditions requises pour être électeurs, seraient tenus de se faire inscrire avant le 15 décembre de chaque année pour servir de juré de jugement, sur un registre qui sera tenu à cet effet par le secrétaire greffier de chaque district ; que l'article 3 veut que le procureur syndic du district envoie, dans les 15 jours de décembre, une copie du procureur général syndic du département et en fasse remettre une copie à chaque municipalité et que l'article prive du droit d'éligibilité, pendant deux mois, les citoyens qui auraient négligé cette inscription ; que divers obstacles ont forcé de différer l'envoi de cette loi dans les districts, jusques au 2 de ce mois ; qu'il était donc impossible qu'il reçut son exécution ; que la peine de l'inéligibilité ne peut dériver d'une loi non promulguée ; qu'ainsi, il serait souverainement injuste qu'on pût l'opposer aux citoyens actifs, mais que l'exécution de cette loi ne doit plus souffrir de retard puisque le tribunal criminel doit être mis incessamment en activité ; aussi j'ai l'honneur de vous proposer, etc.

Sur quoi, le Directoire du département de la Lozère, a arrêté d'inviter tous les citoyens ayant les dispositions requises pour être électeurs, de se faire inscrire dans le courant de ce mois de janvier, pour servir de juré la présente année, sur le registre qui sera tenu à cet effet, par le secrétaire greffier de chaque district.

Osty, Cayla, Paulet, secrétaire général.

Du douze janvier mil sept cent quatre-vingt douze. En Directoire. MM. Pellet, Ferrand, Osty, Cayla, Plantier, Rivière. S'est présenté M. François Paumer, juge de paix du canton de Saint-Germain-de Calberte, lequel en déférant à la délibération du Directoire du département, du 30 décembre dernier, il rend compte des causes et des progrès des insurrections arrivées, le 24 décembre et jours précédents, à Saint-Germain-de-Calberte, en disant que le principe d'une pareille détermination lui est absolument inconnu, les progrès de cette insurrection lui ont été également caché : 1° parce qu'il n'en a été averti par personne ; 2° que personne ne l'a requis, ni verbalement, ni par écrit, d'empêcher les attroupements qui ont eu lieu ; enfin, qu'étant dans une campagne isolée, à demi lieue de St-Germain, et point du tout en vue dudit lieu, il n'a été informé de rien jusques au 24 décembre, jour auquel lui, juge de paix, ayant passé dans ledit lieu de St-Germain, pour aller tenir une audience à Saint-André de-Lancize, il vit les tours de Mad. des Molles abattues, une de M. de Montmars ; il ne vit, en ce moment là, aucune marque d'attroupement ; il a appris depuis par un individu de la commune de Saint-Germain, en parlant de cette malheureuse affaire, qu'on n'avait pas vu, dans le lieu de Saint-Germain, deux personnes attroupées pour se rendre à Saint-Martin-de-Lansuscle, lieu ou commença l'abbatis des tours (circonstance remarquable) puisqu'il est dit dans la lettre d'avis du Directoire du district de Florac, que les tours de Mad. des Molles, etc., furent abattues avant d'aller à Saint-Martin ; ce qui est absolument faux. Que ledit attroupement s'est dissipé sans qu'on eut besoin d'employer aucune force pour le faire retirer, et qu'il lui paraît que tout y est de la plus profonde tranquillité, et a signé : Sommer.

La réponse du sieur Sommer, ayant été prise, et s'étant retiré, le procureur général syndic a dit : Messieurs, la réponse du juge de paix de St-Germain ne vous a pas procuré les éclaircissements que vous espériez en obtenir. Son absence des lieux, où ont été commis les désordres, est la cause qu'il allègue. Vous êtes encore réduits à douter quels ont été les moteurs et les agents de ces troubles. Vous ne devez cependant plus différer à prendre une résolution : les faits qui vous sont connus suffisent pour la motiver. C'est dans les diverses lettres que nous avons reçues du Directoire de Florac, et du procureur syndic que vous devez les puiser.

Ce fut le 15 décembre, que commencèrent les attroupements, dans la municipalité de St-Germain de Calberte. Une troupe peu considérable, à la vérité, se porta sur la maison de la demoiselle Larguier des Bancels, et abattit une tour attenante. Cette demoiselle se plaignit à la municipalité, qui ne voulut pas délibérer sa plainte et qui refusa même de la coucher sur ses registres.

Peu de temps après, les attroupements, en plus grand nombre se portèrent à Polastron, domaine du sieur Saillan, et même municipalité de St-Germain, et démolirent les tours. Des menaces furent faites à la dame des Molles, dans le chef-lieu de cette municipalité qui fit démolir les siennes, et les attroupés ayant fait une dépense d'environ 80 livres, chez le sieur Dupuy, procureur de cette commune ou autres aubergistes, obligèrent cette dame de se soumettre et de l'acquitter par un billet. Le 22, les attroupés, en nombre de plus de cent, armés de fusils, se portèrent sur la paroisse de St-Martin-de-Lansuscle ; un des administrateurs du district de Florac, que le hasard y avait conduit fut à leur rencontre, les exhorta à se retirer et il fut méconnu ; il se rendit chez le Maire, le pressa d'assembler sa municipalité, lui dit qu'il devait sommer les attroupés, de par la loi, de se retirer, et, en cas de résistance insurmontable, dresser procès-verbal des faits.

Ce fut le 24, que cet administrateur fit la dénonce de ces faits au Directoire du district de Florac, dont il est membre.

Il paraît que cette municipalité n'a pas suivi ce conseil, puisqu'il résulte, des renseignements que vous avez reçus, que les attroupements furent au Cauvel et démolirent les tours du sieur de Saillan ; que, dans la même nuit, ils se portèrent à St-Martin, chef-lieu de la municipalité, où ils enlevèrent au sieur Meynadier, ancien officier municipal, un cochon qu'il venait de faire égorger ; qu'ils firent du tapage chez le nommé Maurin où loge l'ancien curé ; qu'après avoir fait un feu de joie, ils reprirent le chemin de St-Germain ; qu'ils s'arrêtèrent chez le nommé Maurin de Boussegure, maire de St-Martin, où ils burent et firent une dépense considérable. De là, ils se présentèrent chez le sieur Meynadier, médecin de Malausette, ancien maire, où était couché le sieur Saillan, qu'ils firent lever et exigèrent de lui, de payer la dépense qu'ils avaient faites chez

Maurin, maire, et menacèrent le sieur Meynadier de la perte de la vie, s'il ne leur livrait pas ses armes ; qu'ils fouillèrent partout, mangèrent ses provisions de bouche, lui enlevèrent ses pistolets et lui firent rançonner 50 livres ; que les attroupés voulurent porter les mêmes désordres dans le canton de St-Etienne-de-Valfrancesque, mais que le juge de paix de ce canton et la municipalité employèrent les moyens que la loi avait mis en leur pouvoir ; que les gardes nationales furent convoquées ; que le juge de paix s'opposa au passage du pont du Berger, et que la vue de ces forces suffit pour dissiper cet attroupement.

La municipalité de St-Germain prétend avoir délibéré après leur retraite, et avoir envoyé quelques gardes nationales, qui se joignirent à celles de St-Etienne.

Voilà, Messieurs, la série des faits que nous avons pu recueillir ; il en résulte qu'à l'exception du juge de paix et des officiers municipaux de St Etienne, aucun de ceux à qui la loi avait commis ses forces pour réprimer ses entreprises coupables, n'en a fait usage.

La loi du 3 août traçait la route que devait suivre la municipalité, les procureurs des communes, les juges de paix et le procureur syndic du district de Florac.

Le procureur de la commune de St-Germain et celui de St-Martin, devaient réquérir leurs gardes nationales. Si ces forces n'étaient pas suffisantes, avis devait être donné de suite, par ces municipalités ou par les procureurs de ces communes, au juge de paix du canton, et au procureur syndic du district. Ceux-ci devaient réquérir la garde nationale et la gendarmerie nationale. en instruire de suite les Directoires de leurs districts et le procureur général syndic du département, et aucune de ces réquisitions n'a été faite, aucun de ces avis n'a été donné. Rappelez-vous les époques où se sont passés ces faits. C'est le 15 décembre, que les troubles commencent ; c'est le 22, qu'après avoir déjà démoli les tours à St-Germain, les attroupés se transportent à Saint-Martin; c'est le 24 qu'ils sont dissipés par la municipalité et le juge de paix de St-Etienne, et ce n'est que le 28, que vous recevez une lettre du Directoire de Florac, c'est à dire après que la tranquillité a été entièrement rétablie et que votre intervention était inutile.

Le procureur syndic de ce district, répondant aux reproches que nous lui avons fait de cette négligence, a prétendu nous avoir écrit le 23, pour nous donner avis de ces troubles ; mais cette lettre ne nous est pas parvenue ; et certainement il est inexcusable d'avoir livré, au hasard d'une commodité, un envoi si essentiel ; il assure dans sa lettre du 28, que ce fut après que le courrier fut parti, qu'il reçut les avis qu'il nous écrivit sur le champ, pour nous en donner connaissance ; qu'il remit sa lettre à son commissaire, en le chargeant d'aller voir s'il pouvait le faire partir par une commodité sûre pour Mende, à l'occasion du marché du lendemain samedi, et que celui ci lui dit qu'il en avait trouvé une à laquelle il l'avait remise.

Une pareille insouciance est bien étonnante dans un procureur syndic, qui a été désigné pour remplir les fonctions d'accusateur public, près le tribunal criminel.

Le 23, il est instruit que des hommes armés, au nombre de cent, parcourent les municipalités de St-Germain et de St Martin, abattent les tours des maisons qui appartiennent non seulement à des ci-devant seigneurs, mais à de simples bourgeois ; qu'ils rançonnent des citoyens, que les municipalités et le juge de paix n'opposent aucune résistance à ces brigandages.

Le 24, un des administrateurs, témoin oculaire, lui confirme ces horreurs, et lui apprend que ces attroupés ont été sourds à sa voix, et il reste tranquille à Florac ; il se contente de hasarder une lettre par une commodité ; il ne croit pas même cet envoi assez essentiel pour le faire parvenir par un exprès. Cependant la loi l'avait désigné pour l'agent principal des réquisitions, qui devaient être faites, et il avait tous les moyens nécessaires, pour opposer la force au brigandage ; à Florac, une brigade de gendarmerie nationale ; à Ispagnac, deux compagnies de troupes de ligne ; dans tout le district, des gardes nationales, qui avaient montré déjà, dans plusieurs occasions, leur zèle pour le maintien de la tranquillité publique. Nous n'étions éloignés que de 5 lieues, et, si les forces du district de Florac n'avaient pas été suffisantes, la loi nous donnait le pouvoir de faire marcher celles des autres districts.

Mais tous ces grands moyens étaient inutiles ; la municipalité de St Etienne vous a prouvé combien il était aisé de dissiper cet attroupement. Ce n'est sans doute que de négligence que nous pouvons accuser le procureur syndic du district de Florac ; mais cette négligence est d'autant plus blâmable que les deux personnes qui l'ont dénoncé devant vous dans le mois de juin, et l'ont accusé d'un faux, les sieurs Saillan et Meynadier, sont ceux qui ont été les plus maltraités par les attroupés.

Le procureur syndic n'est pas le seul coupable ; vous avez dû être étonné de voir que ces attroupés choisissent pour auberge les maisons des officiers municipaux. A St-Germain, c'est chez le sieur Dupuy, procureur de la commune, qu'ils vont boire et manger, et, c'est la dame des Molles qui s'oblige d'acquitter la dépense ; à St-Martin, c'est chez le sieur Maurin, maire, et le sieur Saillan est obligé de payer.

A St-Germain, les officiers municipaux iront tranquillement, le 15, abattre les tours de la demoiselle Larguier ; ils refusent de recevoir sa plainte ; le 22 et jours suivants, cette municipalité et celle de St-Martin, restent dans l'inaction ; point de réquisitions faites, point d'avis donné ; le juge de paix imite cet exemple, il prétend n'avoir pas été instruit de ces troubles, mais il vous persuadera sans doute difficilement, que les municipalités, confiées à ses soins, aient été troublées depuis le 15 décembre jusqu'au 24, sans qu'il en ait été instruit.

Vous devez, Messieurs, un grand exemple à vos administrés ; grâce à vos soins, ils ont été préservés, jusques à aujourd'hui, des horreurs de l'anarchie, et il est évident qu'on ne pourrait pas reprocher, à ce département, cette première insurrection, si ceux qui étaient préposés pour la réprimer avaient fait leur devoir ; c'est donc à eux à qui vous devez demander compte, et c'est sur eux que vous devez appeler la responsabilité.

L'article 38 de la loi du 3 août dernier porte expressément : qu'en cas de négligence grave, touchant la réquisition et l'action de la forme publique, les procureurs des communes, les juges de paix, les procureurs syndics et les procureurs généraux syndics, seront jugés par les tribunaux criminels.

Et l'article 29 ordonne que la responsabilité sera poursuivie à la diligence du Directoire du département.

C'est l'exécution de cette loi, que je requiers, et j'ai

l'honneur de vous proposer de déférer, au tribunal criminel, les délits commis depuis le 15 jusques au 25 décembre, dans le canton de St-Germain-de-Calberte, et, qu'attendu la négligence tres grande des procureurs des communes dudit St-Germain et de St-Martin de-Lansuscle, du juge de paix desdits cantons et du procureur syndic du district de Florac, d'exécuter les dispositions de la loi du 3 août 1791, la responsabité sera poursuivie contre eux à la diligence du Directoire du département. RIVIÈRE, procureur général syndic, signé.

Le Directoire du département de la Lozère, d'après la réquisition du procureur général syndic, arrête que les délits, commis dans le canton de St Germain-de-Calberte, depuis le 15 jusqu'au 25 décembre dernier, seront déférés au tribunal criminel, et que la responsabité sera poursuivie, à la diligence du Directoire, contre les procureurs des communes de St-Germain et de St-Martin-de Lansuscle, le juge de paix du canton et le syndic procureur du district de Florac, pour être prononcée s'il y a lieu.

PLANTIER, OSTY, CAYLA, PAULET, secrétaire général.

—o—

Dudit jour treize janvier mil sept cent quatre-vingt-douze.

Vu la pétition du sieur Charles Narbonne, curé de St-Maurice-de-Venta'on, district de Villefort, tendant à la réduction de sa contribution patriotique, l'extrait de la déclaration par lui faite au greffe de sa municipalité, le 9 janvier 1790, à la somme de quatre cent cinquante livres, la quittance du premier terme, l'avis du Directoire du district, la fixation du traitement dudit sieur Narbonne, curé, qui s'élève à la somme de 1,540 livres ; le Directoire du département de la Lozère, le procureur général syndic entendu, a réduit les deux derniers termes de la contribution patriotique dudit sieur Narbonne, à la somme de 128 livres 6 sols 8 deniers chacun, attendu la diminution qu'il éprouve dans ses revenus, d'après la réserve par lui faite dans sa dite déclaration.

Plantier, Osty, Cayla, Pallet, secrétaire général.

—o—

Du seizième janvier, mil sept cent quatre-vingt-douze. En Directoire. Présents : MM. Cayla, Ferrand, Osty, Plantier, Rivière, procureur général syndic.

Le sieur Boissonnade, aîné, ingénieur en chef du département, vient de présenter au département une lettre de M. de La Millière, vice-président des ponts-et-chaussées, portant que M. le Ministre l'intérieur exige un certificat de prestation de serment civique du sieur comparant et des ingénieurs particuliers dépendant de son département ; en conséquence de quoi, tant ledit

Boissonnade, aîné, que les sieurs Boissonnade, cadet, et le sieur Delmas, offrent de prêter ledit serment dont la formule leur a été ainsi récitée.

« Vous jurez d'être fidèles à la Nation, à la loi et au Roi ; de maintenir de tout votre pouvoir la Constitution décrétée par l'Assemblée nationale, aux années 1789, 1790, 1791, et de remplir avec zèle et courage, les fonctions civiles et politiques qui leur seront confiées. » Ils ont chacun individuellement répondu par ces mots : Je le jure.

Le Directoire a donné acte, aux dits sieurs Boissonnade et Belmas, de ladite prestation de serment, pour leur servir et valoir ce que de droit, ayant lesdits sieurs Boissonnade et Belmas signé, avec nous.

Boissonnade, le cadet, Delmas, Plantier, Cayla, Osty, Ferrand, Paulet, secrétaire général.

—o—

Dudit jour seize janvier, mil sept cent quatre-vingt-douze.

Le procureur général syndic a dit :

Messieurs, le tribunal criminel doit être bientôt installé dans la ville de Mende. Vos ingénieurs ont cherché tous les emplacements qui pouvaient convenir à cet établissement, et il résulte du rapport que vous venez d'entendre, que le seul commode est le bâtiment qui servait anciennement de grenier aux receveurs censuels du ci-devant clergé de Mende. L'utilité de ce bâtiment est nulle aujourd'hui ; les décrets de l'Assemblée nationale sanctionnés par le Roi, ont obligé les censitaires de payer, le montant de leurs redevances, en argent et non en grains ; mais, ces bâtiments font partie de la ferme qui avait été consentie, par le ci-devant clergé, aux sieurs Caupert de cette ville ; vous leurs devez donc une indemnité proportionnée à la non-jouissance. Si cet établissement pouvait permettre que vous suivissiez les formes décrétées, vous devriez vous adresser au Corps législatif, pour faire de suite cette acquisition au nom de vos administrés ; mais, en attendant que vous ayez obtenu la permission de faire cette acquisition, vous pouvez, en payant la rente au sieur Caupert, y former de suite cet établissement. Ainsi, j'ai l'honneur de vous proposer, etc.

Sur quoi, entendu le rapport du sieur Boissonnade, ingénieur du département, le Directoire du département de la Lozère a délibéré : 1° de s'adresser au Corps législatif pour lui demander la permission d'acquérir le bâtiment national servant anciennement de grenier au ci-devant clergé de Mende, à l'effet d'y établir définitivement le tribunal criminel du département.

2° De nommer le sieur Panafieu, expert, qui, concurremment avec celui qui sera nommé par les sieurs Caupert, s'ils le jugent nécessaire, il sera procédé à l'estimation de l'indemnité qui leur est due à raison de la non-jouissance desdits bâtiments.

3° Qu'il sera de suite fait les réparations nécessaires

pour l'établissement provisoire du tribunal criminel du département dans ledit bâtiment ; auquel effet ledit sieur Boissonnade sera invité à en faire de suite le devis estimatif.

PLANTIER, OSTY, CAYLA, PAULET, secrétaire général.

—o—

Du dix-huit janvier, mil sept cent quatre-vingt-douze.

Vu la pétition présentée au Directoire du district de St-Chély par les maires et officiers municipaux de la la municipalité de Rimeize, tendant à ce qu'il leur soit accordé les secours nécessaires pour reconstruire l'église de ladite paroisse, qui s'est écroulée, et que, provisoirement, il soit désigné un lieu convenable pour y célébrer les saints offices ; vu aussi, l'avis du Directoire du district de St-Chély, du 16 de ce mois, le Directoire du département de la Lozère, ouï le procureur général syndic, a arrêté que par le sieur Boissonnade cadet ingénieur du département, en présence de M. .... membre du Directoire du district de St-Chély, il sera procédé à la vérification de ladite église et au devis estimatif des réparations qu'il est nécessaire d'y faire pour la remettre en état, sur l'indication des officiers municipaux de Rimeize, et néanmoins ladite municipalité est autorisée à affermer un bâtiment pour y célébrer le culte divin, et le prix du loyer sera ajouté aux dépenses locales de ladite municipalité.

PLANTIER, CAYLA, OSTY, PAULET, secrétaire général.

Du vingt janvier mil sept cent quatre-vingt-douze.

Vu la pétition des Sœurs des écoles chrétiennes de la ville de Mende, portant qu'elles jouissaient ci-devant : 1° d'un rente de cent vingt-cinq livres, sur l'ancien pays du Gévaudan ; 2° d'une pension de 400 livres, qui leur était donnée par la municipalité de Mende ; 3° d'une rente établie sur la ville de Mende de 15 livres ; 4° d'une rente de cent cinquante livres, sur le collège, revenant en total lesdites sommes à celles de 890 livres, sur laquelle lesdits sieurs n'ont reçu que quatre cent quatre-vingt sept livres, le receveur du district leur a refusé la rente de cent vingt-cinq livres, établie sur l'ancien pays du Gévaudan, échue le 1er du courant ; les Doctrinaires et l'hopital leur ont retenu la somme de soixante-dix livres, pour la contribution foncière et mobilière, et le collecteur de la municipalité, n'ayant levé que le montant du rôle d'acompte, n'a voulu leur payer que la moitié de la pension et de la rente à elles servies par ladite municipalité ; de manière qu'elles sont en souffrance du surplus, et elles demandent qu'il leur soit accordé, soit à titre de traitement, soit à titre de secours, une ordonnance de payement sur les receveurs du district, ou sur celui du revenu des domaines nationaux, de la somme de quatre cent deux livres qui leur manquent, pour parfaire leur revenu ordinaire, et encore de la somme de 300 livres, pour les refaire de la perte des assignats, ou pour supplément de leur traitement. Celui dont elles jouissent étant visiblement insuffisant, pour leur donner à vivre, attendu surtout la cherté des denrées et la perte des assignats.

Vu de plus l'avis du Directoire du district de Mende, le Directoire du département, le procureur général syndic entendu, arrête que lesdites sœurs des Ecoles chrétiennes de la ville de Mende, se pourvoiront, auprès du commissaire du Roi liquidateur général, à Paris, pour la liquidation, tant du capital que d'intérêt de la rente de cent vingt-cinq livres, établie sur l'ancien pays du Gévaudan ; lui adressant, avec un extrait du présent, le mémoire de leur demande et les pièces justificatives, et cependant il leur sera payé, par le receveur du district de Mende, la somme de deux cent quinze livres, pour le restant de celles de quatre cent quinze livres à elles dues par la municipalité de Mende ; laquelle somme sera remplacée, dans sa caisse, sur les fonds provenant des rôles de la contribution foncière et mobilière de ladite municipalité, et au surplus il a été déclaré n'y avoir lieu à délibérer.

Plantier, Bès, Cayla, Osty, Pallet, secrétaire général.

Du vingt-un janvier mil sept cent quatre-vingt-douze. En Directoire. MM. Cayla, Osty, Bès, Plantier, Rivière, procureur général syndic.

Un des membres a dit : Messieurs, nous venons d'être instruits, par plusieurs gardes nationaux de divers districts de ce département, du zèle de leurs concitoyens pour le maintien de la Constitution et du désir ardent qu'a le plus grand nombre, de prendre les armes pour la défense de l'Etat. C'est à nous, Messieurs, de seconder leurs généreuses intentions, en conséquence j'ai l'honneur de vous proposer, etc.

Sur quoi M. le procureur général syndic entendu, le Directoire du département a arrêté qu'il sera écrit à tous les Directoires de district, pour les prier de rendre compte incessamment, à celui du département, de l'exécution de la loi du 21 juin dernier, dans chacune des municipalités de leur ressort, et qu'il leur sera recommandé d'employer tout leur zèle, pour l'accélérer dans celles où elle aurait été négligée ; en outre que, vu que le sieur Blanquet, officier de marine, et l'un des commissaires nommés, par délibération du 2 juillet dernier, pour recevoir les listes et former les compagnies de volontaires, dans le district de Marvejols, se trouve actuellement absent, il sera remplacé en ladite charge de commissaire, par M. Trophime Laffont, ancien officier d'infanterie, habitant de la ville de Marvejols.

PLANTIER, BÈS, CAYLA, OSTY, PAULET, secrétaire général.

Du vingt-trois janvier mil sept cent quatre-vingt-douze.

Un des membres a dit : Messieurs, le président du tribunal criminel vient d'être installé ; mais pour compléter la composition de ce tribunal, nous devons désigner trois juges des tribunaux des districts de notre département, pour siéger pendant trois mois, à compter du premier courant. Cette désignation doit-être faite par nous, d'après la loi, en forme d'instruction pour la procédure criminelle du 21 octobre dernier, page 34, je vous propose, Messieurs, de procéder de suite à cette désignation.

Sur quoi, le Directoire du département, le vice-procureur général syndic entendu, a unanimement arrêté qu'il désigne pour le district de Mende, M. Chevalier, pour celui de Marvejols, M. Valette, et pour celui de Florac, M. Bancillon, juges, afin de compléter la composition du tribunal criminel pour le premier trimestre.

Plantier, Bès, Osty, vice-procureur général syndic, Cayla, Paulet, secrétaire général.

Du vingt-neuf janvier, mil sept cent quatre-vint-douze. En Directoire. MM. Ferrand, Cayla, Osty, Bès, Plantier, Rivière, procureur général syndic ;

Deux députés de la municipalité de Villefort, ayant été introduits, ont présenté une pétition de cette commune, approuvée par le Directoire du district de cette ville, par laquelle elle demande qu'on retire, sans retard deux compagnies du 59ᵉ régiment, ci-devant Bourgogne, qui ont été envoyées, et qui assure le Directoire, que vu la méfiance et l'agitation du peuple, la municipalité et le Conseil général de la commune ne sauraient se flatter de s'opposer avec succès à des rixes qui ne pourraient que produire des scènes tragiques.

Ces députés ont exposé encore qu'il existe, entre ce régiment et les citoyens de cette ville, une cause de haine et d'inimitié qui aigrit infiniment les esprits ; qu'une de ces compagnies y étant en garnison, en l'année 1790, eut une dispute avec les citoyens, dans laquelle un de ces derniers fut tué ; que, dans le mois de juillet dernier, M. d'Albignac avait donné ordre à la municipalité de préparer des logements pour une compagnie de ce même régiment, et que, sur les représentations des corps administratifs, ces ordres furent retirés. Sur quoi, vu la délibération de la commune de Villefort, du 26 de ce mois, et l'avis du district du même jour, la lettre de M. d'Albignac, du 31 juillet dernier, à nous adressée, attestant les faits annoncés par les députés, le Directoire du département de la Lozère, ouï le procureur général syndic, a délibéré d'écrire de suite à M. d'Anselme; de lui annoncer les faits contenus dans la délibération de la commune de Villefort, et de lui en envoyer copie ensemble la lettre de M. d'Albignac ; de lui exposer que les mêmes motifs qui avaient engagé le commandant à retirer le premier ordre subsistant encore, nous croyons qu'il convient de retirer les deux compagnies qu'on y a envoyées ; que si, par des considérations particulières, M. d'Anselme juge nécessaire de remplacer les deux compagnies à Villefort, l'administration s'en remet à cet égard à sa sagesse, et, dans le cas de non-remplacement, il demeure prié de vouloir faire rétrograder les deux compagnies à Ispagnac, où la municipalité les désire, pour la bonne conduite qu'elles y ont tenue, d'après une lettre par elle adressée au Directoire, qui offre de fournir à toutes réparations et fournitures dont la troupe pourra avoir besoin, la ville de Mende, étant d'ailleurs destinée à recevoir les troupes que le ministre a annoncées.

Bès, Osty, Cayla, Plantier, Ferrand, Pallet, secrétaire général.

—o—

Du trente janvier, mil sept cent quatre-vingt douze. En Directoire. MM. Ferrand, Cayla, Osty, Plantier, Rivière, procureur général syndic.

Un des membres a dit : Messieurs, la loi du 25 août

dernier accorda, au département de la Lozère, un dégrèvement de 35,500 livres, dont 29,300 sur la contribution foncière, et 3,200 sur la contribution mobilière. Vos administrés reçurent ce bienfait avec reconnaissance ; il allégea un peu le poids de l'impôt que les circonstances rendaient encore plus aggravant ; vous espériez alors que les opérations sur les contributions foncière et mobilière démontreraient au peuple que le nouvel impôt réclamé par l'Assemblée nationale était bien au dessous de celui qu'il payait sous l'ancienne administration ; vous lui avez annoncé qu'il ne serait obligé que de payer le 5ᵉ de son revenu net, et que l'impôt mobilier pourrait être compensé, d'après les règles prescrites par les décrets, avec l'impôt foncier.

Mais l'expérience a dû nous convaincre déjà de la difficulté qu'il y a à asseoir l'impôt foncier et de l'impossibilité de répartir l'impôt mobilier suivant le mode prescrit par la loi.

Le nombre des pétitions que vous avez déjà reçues de la part des communautés, en décharge de l'impôt foncier qui leur a été réparti, vous annonce que, lorsque toutes les matrices des rôles seront faites, il sera prouvé que la somme de 843,900 livres du principal de la contribution foncière et les sols additionnels qu'elle doit supporter, équivalent à peu près au tiers du revenu de ce département ; que cette charge est encore aggravée par les frais d'administration qui, l'année 1792, devant être en entier supportés par ses administrés forcera à augmenter les sols additionnnels pour cet objet et les porter à 6 sols.

Que l'impôt mobilier présente encore des difficultés plus considérables ; que ce pays, est privé presque de tout commerce ; que celui de la cadisserie, qui était le seul d'exportation qu'il put faire, a été anéanti par les assignats ; qu'il y a très peu de capitalistes, et qu'on a été forcé, la présente année, d'en rejeter une grande partie sur les paroisses, qui ont été très embarrassées pour le repartir ; qu'enfin les gelées du mois de juin, ayant emporté le tiers de la récolte, a jeté le découragement dans le cœur de tous les citoyens; qu'il leur sera bien difficile de payer les impôts.

Qu'il convient d'exposer cet état des choses à l'Assemblée nationale, afin que, dans le repartement qu'elle va faire du dégrèvement des impôts de l'année 1792, elle veuille bien prendre en considération, la misère du pays et l'embarras de l'administration.

Sur quoi, ouï le procureur général syndic, le Directoire du département de la Lorère a délibéré de solliciter, auprès du corps légistif, une augmentation, la plus considérable qui lui sera possible, à la somme 55,500 livres, qui lui fut accordée de dégrèvement par la loi du 25 août dernier, sur celle à repartir pour le même objet en l'année 1792; auquel effet, copie de la présente délibération sera envoyée au président de l'Assemblée nationale, un ministre du Roi et aux députés du département à la Législature.

Bès, Plantier, Cayla, Ferrand, Osty, Paulet, secrétaire général.

Du quatre février, mil sept cent quatre-vingt-douze.

Le procureur général sindic a dit : Messieurs, par votre délibération du 5 janvier dernier, vous aviez invité tous les citoyens, ayant la qualité requise pour être électeur, de se faire inscrire dans le courant dudit mois, pour servir de juré, la présente année, sur le registre qui serait tenu à cet effet par le secrétaire greffier de chaque district.

Cette délibération n'a pas eu tout l'effet que vous deviez en attendre ; une funeste indifférence a éloigné un grand nombre de citoyens de cette inscription et des difficultés qui se sont sur les conditions qui étaient requises par la loi, pour être électeur et juré de jugement, y ont mis de nouvelles entraves.

Une proclamation du Roi, du 15 janvier, vous ordonne de hâter les opérations pour mettre à exécution la loi du 29 septembre dernier, et sans des jurés vous ne sauriez y parvenir. L'indifférence de vos concitoyens disparaîtra, n'en doutez point, devant les motifs puissants qui sont résumés dans cette proclamation. Vous devez donc vous hâter de la faire publier, mais, pour lever tous les doutes sur les qualités nécessaires pour l'égibilité, je vous propose de joindre à cette proclamation la copie de l'article 7, de la section II, du Chatitre 1er, du titre 3, de la Constitution française qui en contient l'énumération.

Sur quoi, le Directoire du département de la Lozère a délibéré de faire imprimer et joindre à la proclamation du Roi, du 15° janvier dernier, concernant l'exécution de la loi des jurés, l'article 7 de la section II du Chapitre 1er du titre 3 de la Constitution française, et d'inviter tous les citoyens du département de la

Lozère qui, ayant les conditions requises pour être électeurs, ne se sont pas fait encore inscrire, pour servir de juré de jugement, sur le registre tenu à cet effet par le secrétaire greffier de chaque district, de remplir dans le plus court délai cette obligation.

PLANTIER, CAYLA, FERRAND, PAULET, secrétaire général.

—o—

Du sept février, mil sept cent quatre-vingt-douze.

Vu l'extrait des régistres des délibérations du Directoire du district de Florac, du 5 de ce mois, tendant à dénoncer en justice et à faire punir, suivant la rigueur des lois, un délit commis à Ispagnac, le 1ᵉʳ courant, par des gens attroupés et armés contre la municipalité, le Directoire du département de la Lozère, le procureur général syndic entendu, a arrêté que la dénonce du maire d'Ispagnac, la délibération du district de Florac, qui est à suite, seraient envoyées au commissaire du Roi, près le tribunal du district de Florac, avec réquisition d'en faire la remise au juré d'accusation du district, et de surveiller une prompte et entière exécution de la loi à cet égard.

PLANTIER, CAYLA, FERRAND, PAULET, secrétaire général.

Dudit jour septième février, mil sept cent quatre-vingt-douze.

Vu la pétition de la municipalité du Monestier, tendant à prier l'administration du département d'autoriser le sieur Boudet, prêtre, à continuer le service qu'il fait, dans la paroisse du Monestier, depuis la mort de M. Portes, curé ; vu de plus l'avis du district de Marvejols, le Directoire du département renvoie la demande de la municipalité du Monestier, par devant M. Nogaret évêque constitutionnel, pour y être statué conformément à l'article 49 du titre 2 de la proclamation du Roi sur la Constitution civile du clergé.

PLANTIER, CAYLA, FERRAND, PAULET, secrétaire général.

Dudit jour, sept février mil sept cent quatre-vingt-douze.

Lecture faite de la lettre de Monsieur le ministre de l'intérieur, en date du 30 janvier dernier, le Directoire du département, le procureur général syndic entendu, a délibéré de prier MM. Pelet et Bès, administrateurs du

Directoire de se transporter à Villefort et dans tous autres endroits que leur sagesse suggérera, à l'effet de recueillir des renseignements et éclaircissements nécessaires pour découvrir si les plaintes que M. Cahier annonce sont fondées, afin que l'administration puisse prendre des moyens pour les prévenir et en arrêter les effets ; leur donnant pouvoir de requérir de l'administration du district de la municipalité, des commandants des troupes de ligne et des gardes nationales, qu'ils ont autorisé à requérir, si le cas le requiert, et de tous les citoyens, toutes les instructions qu'ils croiront nécessaires pour remplir l'objet de leur commission.

PLANTIER, CAILA, FERRAND, PAULET, secrétaire général.

—o—

Dudit jour septième février, mil sept cent quatre-vingt-douze.

Un membre a dit : chargés, Messieurs, de ramener et diriger tous les citoyens à l'observation de la Constitution, vous devez rompre, avec autant de prudence que de fermeté, les mesures que prennent les mal intentionnés pour la rendre odieuse ; vous ne pouvez vous dissimuler que vous êtes environnés de malveillants qui emploient témérairement tous les moyens qui leur paraissent propres à propager le mépris qu'ils affectent de montrer pour la loi ; ce sont chaque jour de leur part des entreprises plus hardies ; vous eûtes hier la douleur d'entendre chanter et de voir débiter publiquement des vers infâmes, qui ne tendaient à rien moins qu'à porter les citoyens à s'armer les uns contre les autres, et à produire les plus grands désordres ; les vues criminelles de l'auteur de ces couplets, dédiés à la louange des émigrés, sont de tromper le peuple, en le portant à suspecter la pureté des intentions du Roi, et à lui faire désirer le retour de l'ancien ordre de choses, par l'effet d'une contre révolution ; c'est à votre vigilance, Messieurs, d'arrêter le cours de ces scènes scandaleuses qui se renouvellent chaque jour ; c'est à vous à opposer le glaive de la loi aux menaces et aux insultes presque toujours dirigées contre des citoyens qui ne craignent pas de se déclarer les vrais amis de la Constitution. Tels sont, Messieurs, les objet soumis à votre délibération ;

Le procureur général syndic a dit, que la dénonciation n'énonçant que des généralités, il lui est impossible de conclure ; qu'il désirerait connaître la chanson qu'il dénonce ; que tout ce qu'il en sait, c'est que sur les plaintes des administrateurs, il avait témoigné, au maire de la ville, sa surprise de son silence et de la municipalité ; qu'il lui avait répondu, qu'étant instruit que l'on avait porté des plaintes au Directoire, il avait fait chercher celui qu'on accusait d'avoir chanté, pour le mettre en prison, et qu'on ne l'avait pas trouvé, mais que, pour prévenir les plaintes, la municipalité avait fait publier des défenses de rien chanter de contraire à la Constitution ;

Que la municipalité, ayant rempli son devoir, et lui paraissant inutile de le lui rappeler, et qu'il pense qu'il doit être déclaré n'y avoir lieu à délibérer ; et ouï le procureur général syndic, le Directoire du département considérant qu'on ne saurait contester la publicité, où méconnaître les motifs de la chanson dont s'agit, à délibéré que le présent arrêté sera communiqué à la municipalité de Mende; qu'elle sera invitée et requise d'arrêter, par tous les moyens qui sont en son pouvoir, soit le progrès, ou une plus grande distribution de la même chanson ; comme de tenir la main et apporter la plus active vigilance au maintien du bon ordre et de la tranquillité publique; de dénoncer enfin, à la police correctionnelle, tant le distributeur que l'imprimeur de ladite chanson ; auquel effet ledit arrêté sera communiqué à ladite municipalité à la diligence du procureur général syndic, et dans le plus court délai possible.

Cayla, Bès, Ferrand, Plantier, Paulet, secrétaire général.

—o—

Du huit février, mil sept cent quatre-vingt-douze.
Un des membres a dit : Messieurs, par plusieurs de vos délibérations, vous avez sollicité, auprès de l'Assemblée nationale du Roi et de ses ministres, l'établissement d'un bureau de poste, en la ville de Meyrueis, chef-lieu du district; les décrets de l'Assemblée nationale semblaient vous promettre l'admission de votre

vœu ; cependant un verbal du 27 janvier dernier, qui vous a été envoyé par le Directoire du district de cette ville, en vous dénonçant la violation du secret des lettres, commise dans le bureau de Florac, vous fait connaître que Meyrueis est encore privé d'un bureau de poste ; ainsi je vous propose, etc.

Sur quoi, vu le procès-verbal tenu par les administrateurs du district de Meyrueis, le 20 janvier dernier, ensemble l'avis dudit Directoire, du 31 dudit mois, le Directoire du département de la Lozère, ouï le procureur général syndic, a délibéré de solliciter de rechef, auprès du Roi et de ses ministres, l'établissement d'un bureau de poste aux lettres, dans la ville de Meyrueis, chef lieu dudit district, et qu'à cet effet copie dudit procès-verbal, ensemble de l'avis du district sera envoyé à M. le Ministre de l'intérieur, et que MM. les députés du département à la législature, seront priés de solliciter le succès de la présente délibération.

PLANTIER, CAYLA, FERRAND, PAULET, secrétaire général.

—o—

Du dix février mil sept cent quatre-vingt-douze.

Vu l'extrait de délibération du Directoire du district de St-Chély, du 8 janvier dernier, portant que le Directoire du département, se voit consulté sur le mode d'exécution de l'article 7 de la loi du 12 septembre dernier, sur les restrictions que peut souffrir cet article, pour la plus grande sûreté et conservation des titres, et pour les besoins journaliers du Directoire, et qu'il serait également prié d'employer ses soins pour retirer, du Bureau des finances de la ville de Riom, les titres relatifs à la terre du Malzieu ; le Directoire du département de la Lozère, ouï le procureur général syndic, a délibéré que le Directoire du district de St-Chély se conformera strictement à l'article 7 de la loi du 12 septembre dernier ; qu'en conséquence les receveurs de droits d'enregistrement des villes du Malzieu et St-Chély, pourront, toutes les fois qu'ils le jugeront nécessaires, prendre communication, sans frais, et faire des extraits ou copies des titres, registres et documents, déposés aux archives du district de St Chély ; qu'ils pourront même se faire remettre, sous récépissé, les titres nécessaires au recouvrement ou se faire délivrer des copies par le Directoire dudit district ; charge le procureur général syndic, de faire tous les agis nécessaires pour obtenir, des dépositaires, la remise des titres concernant la terre du Malzieu.

PLANTIER, CAYLA, FERRAND, PAULET, secrétaire général.

—o—

Du onze février mil sept cent quatre-vingt-douze. En Directoire. MM. Cayla, Ferrand, Osty, Plantier, Rivière, procureur général syndic.

Vu la pétition des citoyens actifs de Clavièrs, qui y

sont signés ; ouï, le procureur général syndic, le Directoire du département de la Lozère, a délibéré de leur permettre de bâtir ou acheter à leurs dépens, un édifice au lieu de Claviers, et de le consacrer au culte de leur religion, à la charge par eux d'inscrire sur la porte ; Paix et liberté, église des Non-Conformites.

PLANTIER, CAYLA, PAULET, secrétaire général.

—o—

Du douze février mil sept cent quatre-vingt-douze. En Directoire. MM. Pelet, vice-président, Cayla, Bès, Plantier, Osty, vice-procureur général syndic.

Vu l'extrait de la délibération du Directoire du district de Florac, en date du 10 courant, et la lettre dont il est accompagné, l'un et l'autre; ayant pour objet d'annoncer qu'on est instruit des mauvaises dispositions que manifestent les habitants de la ville de Mende, contre l'ordre et la tranquillité publique ; que les patriotes y sont menacés au point de n'oser se montrer ; qu'il s'y est réfugié un grand nombre d'étrangers, dont la présence tend à ranimer l'espoir des mal intentionnées ; qu'en divers lieux de ce département, l'on a déposé la cocarde nationale, et qu'on est prêt à arborer la cocarde blanche ; que le camp de Jalès s'assemble ; que le tribunal criminel n'a pu être organisé pour entrer en fonctions ; qu'il est à craindre que le trouble, qui est concentré dans un seul endroit, se répande de proche en proche et allume bientôt le feu de la guerre civile ; que c'est là précisément où veulent nous conduire nos ennemis, parce qu'ils regardent ce moyen comme le seul qui puisse les rétablir dans leurs privilèges ; que d'après toutes ces considérations, ce Directoire a écrit, à toutes les municipalités de son ressort, que la chose publique est en périls ; qu'elles doivent prendre les moyens les plus actifs pour organiser leurs gardes nationales, que si elles prévoient ne pouvoir les avoir prêtes dans un intervalle de huit jours, elles s'assurent provisoirement d'un certain nombre de citoyens dont le courage et le patriotisme soient connus ; que sur le champ, ces citoyens soient armés, pourvus de munitions nécessaires et prêts à marcher à la première réquisition, soit du district, soit des municipalités, lesquelles sont en même temps averties de se tenir sur leurs gardes, afin de repousser toute attaque qui leur serait faite.

Sur quoi, le Directoire du département, le vice-procureur général syndic entendu, prenant dans la plus grande considération le contenu et la délibération du Directoire du district de Florac, loue le zèle de ses administrateurs, approuve les mesures qu'ils ont cru devoir prendre pour en imposer aux ennemis de la Constitution, et prévenir toute surprise de leur part ; les exhorte en outre à continuer de surveiller les personnes qui leur paraîtraient suspectes, et à dénoncer celles dont la conduite tendrait à troubler l'ordre et la tranquillité. Quant aux craintes que les administrateurs paraissent avoir conçues à raison d'un prétendu rassemblement au camp de Jalès, le Directoire du département leur déclare qu'ayant envoyé deux commissaires à Villefort et les ayant chargés de prendre des informations sur les bruits de ces rassemblements, ils ont rapporté que ces mêmes bruits fussent-ils fondés, il y aurait d'autant moins à craindre à cet égard, qu'on a établi des troupes de ligne, à Jalès même. Le Directoire du département arrête enfin, qu'il sera adressé des extraits de la présente délibération à M. le Ministre de l'intérieur, à chacun des districts du ressort, à l'accusateur public et au Corps municipal de la ville de Mende.

Bès, Plantier, Cayla, Paulet, secrétaire général.

—o—

Dudit février mil sept cent quatre-vingt-douze. En Directoire. M. Pelet, vice-président, Cayla, Ferrand, Osty, Rivière, Bès, Rivière, procureur général syndic.

Le Procureur général syndic a dit : Messieurs, dimanche dernier vous prîtes une délibération en mon absence, où en énonçant les inculpations que le Directoire du district de Florac s'était permises contre les habitants de la ville de Mende, vous louâtes leur zèle et approuvâtes les mesures qu'ils avaient cru devoir prendre pour en imposer aux ennemis de la Constitution et prévenir toute surprise de leur part ; vous les exhortâtes en outre de continuer à surveiller les personnes qui leur paraîtraient suspectes, et à dénoncer celles dont la conduite tendraient à troubler l'ordre et la tranquilité publiques.

Ce directoire de district feint de craindre que le trouble qui est concentré dans la ville de Mende ne se propage chez lui, et allume le feu de la guerre civile ; il parle de mauvaises dispositions que manifestent les habitants de la ville de Mende ; il ose avancer que le tribunal criminel n'a pas pu s'y former.

Ne dirait-on pas que ce sont les habitants de cette ville qui ont mis des obstacles à cette formation? Et cependant vous savez qu'aucun district ne nous a envoyé la liste des jurés, et que si l'accusateur public n'a pas été installé, c'est qu'il n'a pas été pourvu de lettres du Roi ; qu'il s'obtine à ne point produire les preuves d'éligibilité, et que la municipalité de Mende n'a reçu qu'hier ou aujourd'hui, la proclamation du Roi, qui lui ordonnait d'installer ce tribunal ; que, même sans l'attendre, elle avait reçu depuis longtemps le serment du Président. Vous savez encore, Messieurs, que la seule insurrection que nous ayons eu dans ce département, a été dans le distric de Florac, et que la négligence de la municipalité a été si grave que vous avez cru devoir appeler la reponsabilité sur le procureur syndic.

Vous connaissez la méfiance qui existe entre certains districts et celui de Florac ; la diversité de religion, le souvenir des anciennes divisions pourraient exciter une efferviscence qui deviendrait dangereuse ; il est à craindre qu'on ne regarde les précautions prises par les habitants de ce district, comme des préparatifs hostiles.

Pour prévenir ces malheurs, je vous propose de délibérer que toutes les municipalités du département, seront tenues dans le délai de quinzaine, d'exécuter la loi du 14 octobre dernier, relative à l'organisation de la garde nationale, à peine d'en demeurer personnellement responsables. C'est le seul moyen légal de surveiller les personnes suspectes, et d'en imposer aux ennemis de la Constitution, de tous les partis et de toutes les sectes.

Rivière, procureur général syndic.

Le Directoire du département de la Lozère, sans s'arrêter aux considérations étrangères, à la réquisition du procureur syndic, comme peu exactes, inutiles et pouvant produire de la méfiance entre les citoyens des différents districts du ressort, en ce qu'on y rappelle la diversité des opinions religieuses et les anciennes divisions qu'elles ont occasionné; que d'ailleurs l'approbation donnée à l'arrêté du district de Florac, par le Directoire du département, portait uniquement sur les mesures prises et à prendre sur le rassemblement du camp de Jalès et non d'ailleurs, a arrêté qu'il sera écrit aux municipalités du département, de presser, dans leurs cantons respectifs, l'exécution de la loi du 14 décembre dernier, sous les peines de la responsabilité s'ils n'ont pas exécuté l'organisation des gardes nationales dans le délai d'un mois.

Pelet, Cayla, Bés, Osty, Ferrand, Paulet, secrétaire général.

—o—

Du vingt-un février, mil sept cent quatre-vingt-douze, heure de dix du matin, présents : MM. Pelet, la Chassagne, Ferrand, Rivière procureur général syndic.

Le procureur général syndic a dit : Messieurs, M. d'Albignac, commandant des troupes de ligne de la dernière division vous a annoncé, par sa lettre du 19 de ce mois, qu'il avait donné ordre à trois compagnies du 7e régiment d'infanterie pour se rendre a Mende, et qu'elles y arriveraient le 25 de ce mois ; ces ordres ont été donnés d'après une lettre que le Directoire lui écrivit le 13 de ce mois, sur laquelle je m'interdis, quant à présent, toute réfléxion, mais je vous propose : 1° de vous conformer à la délibération de l'assemblée administrative du 19 novembre dernier, et, en conséquence, d'écrire à M. d'Albignac pour le prier de donner les ordres pour qu'une de ces compagnies reste à Florac, qu'une autre aille à Marvejols et que celle des grenadiers vienne à Mende. Plusieurs raisons puissantes vous portent à prendre ces mesures : 1° Vous n'avez pas des casernes assez vastes pour loger ces trois compagnies, à peine une pourra-t-elle loger à celle que vous avez préparée.

2° Le district de Florac vous a donné quelque inquiétude dans le mois de décembre et la prudence exige que puisque vous avez des forces, vous en disposiez d'une partie en sa faveur.

3° Les administrateurs du district de Marvejols vous demandent, depuis plus de dix mois, des troupes ; il est juste que vous saisissiez cette occasion pour remplir leurs désirs.

4° Vous êtes astreints de vous conformer aux délibérations de l'assemblée administrative, et la division que je vous propose a été prévue et demandée par elle.

Il n'y auraient que des raisons bien fortes qui pourront vous dispenser de vous y conformer, et ces raisons n'existent point ; je vous propose encore de nommer deux membres dans votre sein, pour examiner et recevoir les fournitures que doit faire le sieur Pichand ; cette opération ne peut plus être différée et, si la totalité n'est pas complète, vous devez faire prononcer contre lui la perte du 5ᵉ du prix auquel il se soumit.

Rivière, procureur général syndic, Cayla.

—o—

Du vingt-six février, mil sept cent quatre-vingt-douze, heure de cinq et demie du soir, présents : Messieurs Pelet, vice-président, Ferrand, Osty, Pascal, Cayla, Rivière, procureur général syndic.

Nous, administrateurs et procureur général syndic du département de la Lozère, avertis par la générale qui battait dans toute la ville et par le son de la cloche d'alarme que la tranquillité publique était troublée, nous nous sommes rendus au lieu ordinaire de nos séances, et, ayant envoyé nous instruire des causes de ces troubles, on nous a rapporté que les grenadiers du 27ᵉ régiment, ci-devant Lyonnais, avaient mis le sabre à la main contre les soldats de la garde nationale, qui montaient la garde à la place principale ; qu'ils s'étaient alors répandus dans la rue en courant le sabre nu et attaquant les gardes nationales qu'ils rencontraient.

Nous avons pris la résolution d'inviter Messieurs les administrateurs du Directoire du district et la municipalité de se réunir à nous pour aviser aux moyens de rétablir la tranquillité publique ; ils se sont rendus de suite à nos invitations.

Le maire nous a rapporté que les trois compagnies de Lyonnais, qui n'étaient commandées que par 2 officiers, avaient pris, sans leurs ordres, les armes ; qu'elles se formaient devant la porte de leurs casernes ; que les gardes nationales s'étaient rangées en bataille dans la place d'Angiran, qui n'est éloignée que d'un port de fusil du poste des troupes de ligne ; que la municipalité avait fait ordonner à tous les citoyens d'éclairer leurs fenêtres, ce qui a été exécuté.

Le procureur général syndic a remis alors à M. le maire une réquisition pour enjoindre au commandant de cette troupe de la faire rentrer dans ses quartiers, et de l'y consigner pendant toute la nuit.

Il promit de la lui notifier, mais un quart d'heure après il lui fit dire que la notification au commandant serait infructueuse ; qu'il croyait qu'il fallait l'aller notifier à la troupe même, et qu'il l'invitait de se joindre à le municipalité qui l'attendait en corps à la place d'Angiran.

Le procureur général syndic s'est rendu à cette invitation, et, de retour, il a rapporté qu'il avait trouvé à la place d'Angiran toute la garde nationale sous les armes, sous les ordres de ses officiers; la municipalité en corps, en écharpe ; que n'ayant pas cru prudent de faire transporter tous les officiers municipaux avec lui, le maire, le procureur de la commune, un seul officier municipal, le commandant de la garde nationale, les deux officiers de la troupe de ligne s'étaient mis en marche.

Qu'arrivés à 50 pas des casernes, on leur avait crié : Qui vive ? Qu'on répondit que c'était la municipalité et le procureur général syndic du département ; qu'on les laissa avancer ; qu'aux portes, ils trouvèrent la troupe armée, mais sans être en bataille ; qu'ils parvinrent à force de sollicitations à la faire rentrer ; que quelques soldats se plaignaient qu'on les avaient poursuivis dans les rues à coup de baïonnettes ; que la municipalité leur avait promis d'entendre le lendemain les plaintes de tout le monde et de rendre justice ; qu'ils réclamaient trois hommes qui leur manquaient ; que M. de Borel, commandant de la garde nationale répondit que deux étaient dans sa maison, qu'il les y avait conduits lui-même pour les arracher à la fureur du peuple ; qu'un caporal vint le remercier de lui avoir sauvé la vie ; que quelques autres disaient qu'ils ne la devaient qu'au zèle et à la fermeté des officiers de la garde nationale ; que les officiers de la troupe de ligne avaient employé les sollicitations les plus psessantes pour les engager à rentrer dans leurs chambres et à quitter leurs armes ; qu'ils y étaient enfin parvenus.

Que de retour sur la place, le procureur général syndic avait été entouré des officiers de la garde nationale, des soldats et de la municipalité qui s'étaient plaints amèrement qu'on avait fait boire tout le jour les soldats du 27ᵉ régiment, qu'on les avaient excités par toutes sortes de moyens à l'insurrection et à l'agression qui avait eu lieu ; qu'ils avaient déjà porté des plaintes au juge de paix contre les citoyens qui avaient été les auteurs de tous ces malheurs ; qu'on avait déjà arrêté quelques-uns de ceux qu'on soupçonnait ; que c'était en sortant d'une assemblée du club des amis de la Constitution que ces grenadiers étaient descendus sur la place et avaient attaqué, le sabre à la main, le poste du corps de garde.

Le procureur général syndic a ajouté, qu'étant sur les

quatre heures du soir au devant de la porte du Soubeyran avec le maire et le commandant des troupes de ligne, il avait vu sortir de la ville une trentaine de grenadiers dont quelques-uns lui paraissaient pris de vin ; qu'ils prenaient le chemin de la maison où siège le club des amis de la Constitution ; qu'ils étaient conduits par le sieur Bonicel, vicaire épiscopal, qui était à leur tête ; qu'en passant ils avaient insulté deux prêtres qui promenaient ; que le maire et l'officier commandant avaient joint la troupe et qui lui avaient été porter des plaintes à M. Nogaret, évêque, sur l'indécence de la conduite du sieur Bonicel, et l'avait prié de recommander la plus grande circonspection à ses vicaires épiscopaux.

Il finit par assurer le Directoire que la garde nationale avait quitté la place d'Angiran, mais qu'on conserverait de fortes patrouilles pour assurer la tranquillité de la ville pendant la nuit ; pour lors, persuadés que la tranquillité ne courait plus de risques nous nous sommes retirés au Directoire. Environ une heure après nous nous sommes transportés chez le procureur général syndic.

Vers les 10 heures, les officiers de la garde nationale vinrent nous assurer qu'ils étaint instruits qu'on avaient envoyé des exprès dans les districts voisins ; qu'il était à craindre qu'un grand nombre d'hommes armés ne se portât dans la ville de Mende ; qu'amis ou ennemis leur rassemblement était dangereux.

Nous nous transportâmes de suite au Directoire du département et nous prîmes un arrêté qui chargea tous les districts de rassurer les citoyens sur les suites des évènements, et de faire défense à toutes les gardes nationales du département de se porter en la ville de Mende sans sa réquisition.

Le procureur général syndic fut chargé de faire partir cet arrêté par des exprès et nous résolûmes de passer le reste de la nuit en Directoire.

Vers les deux heures, des officiers de la garde nationale vinrent nous prier de faire des réquisitions à la troupe de ligne de partir le lendemain matin ; la municipalité se joignit à eux, nous assura qu'on n'avait contenu et fait retirer les gardes nationales qu'en leur présentant cet espoir ; elle nous fit par écrit une déclaration portant : « qu'elle ne peut plus répondre de la tranquillité publique ; que la garde nationale insultée et provoquée à coups de sabre par les trois compagnies de Lyonnais est prête à les combattre; que le seul moyen d'empêcher le sang de couler est d'ordonner le départ de ces trois compagnies ; et que si on ne prenait ce moyen, elle se déchargeait de toute responsabilité ».

Nous crûmes devoir accéder à cette demande, et nous prîmes un arrêté portant : « Vu la déclaration faite par le maire de la ville de Mende, et celle faite par le district de cette ville ; le procureur général syndic, considérant le danger imminent où se trouveraient réduits et la troupe de ligne et les gardes nationales, et que dans un cas aussi urgent le salut du peuple est la suprême loi ; considérant que la loi du 5 août dernier, donnant le pouvoir aux corps administratifs de faire arriver les troupes de ligne sur leur réquisition, pour faire cesser les troubles, il leur est à plus forte raison permis de les éloigner pour le même objet, surtout lorsque l'éloignement ne peut préjudicier à la chose publique, et qu'elles sont, en même, dans les endroits où on les envoie, de recevoir aussi promptement les ordres de leurs chefs ; il propose à l'Assemblée de requérir le commandant des trois compagnies du 27ᵉ régiment, ci-devant Lyonnais, de transporter de suite ces trois compagnies en telle ville du département que vous indiquerez, et de les faire partir à six heures du matin de ce jour, et, en conséquence de donner avis de la présente réquisition et de l'effet qu'elle aura eu au ministre de la guerre et à M. d'Albignac, commandant la 9ᵉ division des troupes de ligne ; propose, en outre, de déclarer au Commandant de la troupe de ligne, qu'au cas il refuse d'adhérer à la présente réquisition, il demeurera personnellement responsable de tous les évènements ».

« Le Directoire, profondément affligé des circonstances dont la nécessité impérieuse lui fait une loi, a arrêté de requérir, comme il requiert par le présent arrêté, M. de Lourmel, commandant des trois compagnies du 27ᵉ régiment ci-devant lyonnais, de transporter ladite troupe en la ville de Langogne, pour y rester momentanément, et jusques aux ordres qui leur seront adressés par M. d'Albignac, et de la faire partir à six heures du matin de ce jour ».

« L'Assemblée rendant d'ailleurs une entière justice à la bonne conduite, au zèle et à la fermeté qu'a témoigné mon dit sieur de Lourmel, dans deux jours qu'il a resté dans cette ville, pendant lesquels il a fait tous les efforts pour prévenir la rixe et les suites qui nous affligent ».

L'officier commandant la troupe de ligne qui s'était rendu au Directoire, en recevant la réquisition, prétendit que la rigueur des règles et son honneur lui défendaient de quitter son poste ; qu'il obéirait aux réquisitions du département, partiellement, mais qu'il demandait de rester avec 25 hommes. Les officiers de la garde nationale lui répondirent : Monsieur, la réquisition est faite, votre troupe l'exécutera ; si elle n'est pas partie à sept heures nous la chargerons à huit.

Nous consultâmes la municipalité pour savoir s'il y aurait du danger à nous rendre aux instances de l'officier commandant la troupe de ligne ; elle nous assure qu'il y avait le plus grand danger, la garde nationale était si animée d'avoir vu son poste et quelques-uns d'entre eux chargés le sabre à la main, qu'elle craignait que ce détachement ne fut insulté.

Nous l'engageâmes à employer son influence pour obtenir d'elle cette condescendance, et la soumission à la loi. Vers les quatre heures, le Commandant de la garde nationale se rendit au Directoire, il nous assura que sa troupe obéirait aux réquisitions du département, et qu'il répondait que si le Directoire croyait devoir retenir ce détachement, la sûreté et la tranquilité leur seraient assurées. Le Commandant de la troupe de ligne nous remit aussi ses observations par écrit, pour obtenir de rester dans son poste avec 25 hommes ; pour lors nous adhérâmes à ses demandes, et la réquisition du départ fut restreinte à ce qui excédait le nombre de vingt-cinq hommes. Nous remîmes cette nouvelle réquisition au Commandant, qui nous pria d'engager la municipalité de la notifier elle-même à sa troupe, et de se faire accompagner de quelques administrateurs du district et du département.

Un de nos membres, le procureur général syndic, le procureur syndic du district, un de ses administrateurs, le maire, le procureur de la commune et deux officiers municipaux se rendirent aux casernes avec l'officier commandant.

Vers les 5 heures, le procureur général syndic nous

rendit compte de sa mission ; il nous rapporta qu'arrivés aux casernes, ils avaient trouvé une sentinelle au dehors et une autre au dedans ; qu'il était monté à la première chambrée des grenadiers, à qui les commissaires avaient lu la réquisition, qui avaient répondu très peu de chose ; que la seconde chambrée avait été plus bruyante qu'ils avaient disputé les pouvoirs des Corps administratifs ; que le commandant avait cherché à leur persuader qu'ils devaient obéir, qu'ils disaient hautement qu'ils voulaient tous partir ou tous rester ; que la députation après avoir resté demi heure aux casernes, y avait laissé l'officier commandant nanti des réquisitions et s'étaient retirés.

Le procureur général syndic a ajouté qu'il avait promené un instant dans les corridors avec un des soldats ; qu'il lui avait demandé s'ils partaient ; qu'il lui avait répondu que les circonstances l'exigeaient, à quoi il répliqua nous sommes bien malheureux ; nous avons seulement une douzaine de mauvais sujets qui nous font chasser de partout, et les honnêtes gens en sont les victimes.

Qu'en rentrant dans la ville, ils avaient trouvé la garde nationale rangée en bataille ; que le commandant leur avait dit qu'on avait assuré à sa troupe que celle de ligne refusait d'obéir à nos réquisitions ; qu'elle était prête à porter toute assistance à la loi.

Vers les six heures, on nous a rapporté que la commune de Badaroux, instruite des troubles qui agitaient la ville de Mende, avaient envoyé 120 hommes à son secours : qu'ils venaient d'arriver ayant les officiers municipaux à leur tête.

Vers les sept heures un officier municipal et un officier de la garde nationale vinrent nous prier de la part de la municipalité et des gardes nationaux de nous rendre sur la place d'Angiran où ils étaient en bataille ; ils firent la même invitation aux administrateurs du district qui étaient avec nous ; nous nous y rendîmes ; nous y trouvâmes la municipalité de Mende, celle de Badaroux et les gardes nationales des deux communes.

Dans le temps qu'ils nous recevaient, la troupe de ligne défilait par une autre route et se rendait à Langogne.

Le commandant de la garde nationale de Mende ayant fait battre un ban fit promettre à sa troupe de protéger, de toutes ses forces, les propriétés et la sûreté personnelle; de ne rien attenter contre ceux qui étaient accusés ou soupçonnés d'avoir tramé un complot contre les citoyens de la ville, et de respecter le détachement du 27ᵉ régiment qui restait à Mende sous la protection de la loi et l'honneur des citoyens.

Après que les troupes eurent fait toutes ces promesses, il nous pria, au nom de l'humanité, de ne plus demander l'envoi des troupes dans le département, et nous assura que la paix et la tranquillité ne seraient jamais violés, et qu'il nous en répondait.

Nous nous sommes retirés au lieu de nos séances, pour achever le présent procès-verbal, et vers les neuf heures nous avons été instruits que les officiers municipaux de Chastel-Nouvel, de Barjac, Chanac, Esclanèdes et Cultures avançaient à la tête de leurs gardes nationales pour secourir la ville de Mende, qu'on croyait en danger ; que les plus éloignées faisaient les dispositions nécessaires pour s'y porter pour le même objet.

Nous avons chargé le procureur général syndic d'engager toutes les municipalités à se retirer le plutôt possible, et à envoyer de nouveaux exprès pour empêcher le rassemblement de tous les gardes nationaux ; ce qui a été exécuté.

Pendant la nuit, nous avions appris que trois soldats du 27ᵉ régiment avaient été blessés et envoyés à l'hôpital ; nous y avons envoyé deux de nos administrateurs qui nous ont rapporté qu'on espérait que leurs blessures ne seraient pas mortelles.

A dix heures, M. Bonnel, médecin, nous a confirmé ces espérances et nous a ajouté qu'on avait transporté à l'hôpital un 4ᵉ soldat qui était blessé à la cuisse.

Fait et clôturé à 11 heures du matin.

Pelet, Cayla, Pascal, Osty, (n'ayant assisté qu'à la seconde séance tenue en Directoire), Rivière, procureur général syndic, Levrault, vice-président du district, Polverel, Bégon, Vincent, procureur syndic du district, Guérin, pour le secrétaire général.

Après quoi, le procureur syndic a dit : Messieurs, j'ignore si les malheurs dont nous avons été les témoins, ont été produits par une rixe accidentelle, où s'ils sont le résultat d'un complot combiné.

Le public adopte le dernier de ces aperçus ; mais l'administrateur et le juge ne doivent juger que d'après des preuves juridiques.

Ainsi j'ai l'honneur de vous proposer, etc.

Sur quoi, le Directoire du département de la Lozère a délibéré de dénoncer aux tribunaux les troubles arrivés en la ville de Mende et de les inviter à poursuivre les coupables, et de charger le procureur général syndic d'en surveiller la poursuite et d'en instruire le Directoire.

Du vingt-six février, mil sept cent quatre vint douze, à neuf heures du soir.

En Directoire. MM. Pelet, vice-président, Cayla, Ferrand, Pascal, Osty, Rivière, procureur général syndic.

Un des membres a dit : Messieurs, la rixe qui vient d'avoir lieu entre des soldats du régiment de Lyonnais, en garnison dans cette ville, et des soldats de la garde nationale, va être portée dans tous les districts du département ; la renommée qui grossit tous les objets, va présenter cette ville en danger, et les autorités constituées menacées. Heureusement, cet évènement n'a pas eu les suites qu'on devait en craindre, et maintenant vous pouvez espérer que la paix et la tranquillité sont entièrement rétablies.

Mais, il est de votre sagesse de calmer les inquiétudes, et de prévenir de nouvelles alarmes. Ainsi, j'ai l'honneur de vous proposer, etc.

Sur quoi, ouï le procureur général syndic, il a été délibéré d'envoyer, de suite, des exprès à tous les districts, pour les rassurer sur les suites de l'évènement d'aujourd'hui, et de faire défense, à toutes les gardes nationales du département, de se porter en la ville de Mende, sans la réquisition expresse du Directoire du département.

Cayla, Pascal.

Du vingt-neuf février mil sept cent quatre-vingt-douze.

Le procureur général syndic a dit : Messieurs, les journées des 26 et 27 de ce mois, vous ont profondément affligé. Vous avez vu les armes de nos concitoyens prêtes à être ensanglantées. Votre prudence a exigé le départ des troupes de ligne, auteurs de ces désordres ; mais des soupçons d'un complot funeste ont été jetés sur des citoyens; quelques uns ont été arrêtés dans cette nuit orageuse, et quelques autres le lendemain ; nous devons penser qu'ils l'ont été en vertu de mandats d'amener ; mais vous devez cependant en être instruit, et je vous propose, etc.

Sur quoi, le Directoire du département de la Lozère a délibéré d'inviter le maire de la ville de Mende de venir l'instruire des causes des arrestations de ces citoyens et de leur détention dans les prisons de cette ville.

Pascal, Cayla, Paulet, secrétaire général.

Dudit jour, vingt-neuf février, heure de trois de relevée.

M. le maire de la ville de Mende, ayant été introduit, a dit : qu'il se rendait par une invitation qui lui avait été faite par une délibération du Directoire de ce matin ; qu'en réponse aux demandes qui y étaient contenues, il avait l'honneur de dire à l'assemblée que, dans la nuit du 26 au 27 de ce mois, et dans le moment ou l'on croyait que la garde nationale serait forcée de combattre la troupe de ligne, la municipalité ordonna que les fusils qui lui appartenaient fussent enlevés aux gardes nationaux, qui n'étaient pas dans les rangs, et qui, malgré la générale, n'avaient pas paru ; que ce nombre était environ de dix personnes ; que quelques-uns ayant refusé d'ouvrir leurs portes ou de donner ces armes, avaient été mis en prison, mais qu'un avait été déjà mis dehors, et qu'on allait s'occuper de faire sortir les autres ; qu'il en avait été arrêté huit autres qu'on avait accusé d'avoir été les instigateurs et les agents des troubles qui avaient affligé la ville, mais qu'ils ne l'avaient été qu'en vertu d'un mandat d'amener du juge de paix, dont il nous a montré les extraits.

Il a ajouté que, la loi attribuant à ce juge les connaissance des délits occasionnés par les attroupements, et qui compromettaient la sûreté publique, le bureau de police municipale avait rendu une ordonnance pour lui renvoyer les accusés et les procédures.

Pascal, Paulet.

Du cinquième mars mil sept cent quatre-vingt-douze.

Un membre a dit : Vous venez d'être instruits de la mort du sieur Malige, de Serverette, qui exerçait, en ce lieu, la place d'inspecteur des serges et cadis qui se fabriquent dans le département : le pouvoir exécutif ne s'étant pas encore expliqué sur le sort, de ces sortes d'emploi dont la conservation ou la suppression lui ont été soumises par l'Assemblée administrative, l'intérêt du commerce du pays demande que vous donniez promptement un successeur au sieur Malige.

Sur quoi, le Directoire considérant que les abus, qui s'introduisent dans la fabrication des serges, exigent l'action continue d'un commis qui les surveille, après avoir ouï le procureur général syndic, a unanimement arrêté de conférer au sieur Conort, fils, citoyen de Serverette, la place d'inspecteur des manufactures au dit lieu de Serverette, vacante par la mort du sieur Malige, étant convaincu qu'après avoir servi utilement la chose publique, dans les divers emplois qu'il a remplis, il donnera, au département, des nouvelles preuves de son zèle dans la place que le Directoire a cru devoir lui confier.

Pascal, Bès, Ferrand, Osty, Paulet, secrétaire général.

Du six mars mil sept cent quatre-vingt-douze.

Sur la proposition d'un des membres, et d'après le vœu exprimé par les administrateurs du Directoire du district de Mende, le Directoire du département de la Lozère, ouï le procureur général sindic, a délibéré et autorisé M. Ferrand, l'un des membres, de se transporter aux archives du ci-devant clergé de cette ville, d'en extraire 50 missels, qui seront remis à M. Paulet, secrétaire général du département, pour fournir aux églises du département qui peuvent en avoir besoin, et, en conséquence, mon dit sieur Ferrand, brisera les sceaux qui sont apposés à la porte desdites archives et y en posera de nouveaux.

Bès, Pascal, Osty, Paulet, secrétaire général.

— o —

Dudit jour, six mars mil sept cent quatre-vingt douze.

Sur la proposition d'un des membres, le Directoire du département de la Lozère, ouï le procureur général syndic, a délibéré d'autoriser le procureur général syndic, à envoyer à M. de la Barthe, directeur de la monnaie de Toulouse, des assignats pour une somme de 1,500 livres, et de prier d'expédier, par la route de

Lunel, une pareille somme de 1500 livres, qu'il y a, en ses mains, à la disposition du Directoire, en monnaie de cuivre; auquel effet le sieur Paulet lui remettra les fonds nécessaires sur ceux qui sont dans ses mains.

—o—

Du treize mars mil sept cent quatre-vingt-douze. En Directoire. MM. Ferrand, Pascal, Osty, Rivière, procureur général syndic.

Des députés, de la municipalité de Mende, ayant été introduits, le maire a dit : que divers exprès avaient porté des lettres, à la municiplaité, annonçant qu'une force armée devait arriver aujourd'hui à Florac, et qu'elle devait se porter sur Mende ; qu'un témoin, entendu, avait déposé qu'hier au soir, étant au cabaret de Nozières, il avait entendu un exprès qui se prétendait envoyé par cette troupe, et qui assurait que de Florac étaient partis d'autres exprès pour Marvejols, Langogne, Saint-Chély et autres lieux ; qu'il priait, MM. les administrateurs, de vouloir bien leur faire connaître s'ils avaient reçu des avis officieux de la marche de ces troupes, et qu'elle était leur destination.

Sur quoi, le Directoire du département de la Lozère, considérant qu'il n'a reçu aucun avis officiel, ni du ministre du Roi, ni des commandants des troupes de ligne de la 9ᵉ division, et que cette arrivée inopinée risque de faire faire un mouvement considérable à la totalité du département, et peut-être y jeter le trouble et la désolation ; attendu que M. le Maire a ajouté qu'on l'avait assuré que la troupe de ligne, qu'on envoyait dans le département, était suivie d'un nombre considérable de gardes nationales de divers endroits ; ouï le procureur général syndic, a arrêté que M. Pascal, l'un des administrateurs du Directoire, et Rivière, procureur général syndic, du département, se transporteront dans la ville de Florac et partout où besoin sera, à l'effet de savoir qu'elles sont ces troupes, et y faire ce que leur sagesse et leur prudence leur inspirera.

PASCAL, OSTY, PAULET, secrétaire général.

TABLE DES MATIÈRES

DU 1ᵉʳ VOLUME

DES DÉLIBÉRATIONS
DE L'ADMINISTRATION DÉPARTEMENTALE

DE LA LOZÈRE

ET DE SON DIRECTOIRE.

———

	Pages.
Introduction..........................	4
Documents relatifs à la formation du département de la Lozère....................	5 à 130
Procès verbal de la constitution du département. — Discours de M. Rivière, procureur-général. — Réponse du Président. — Prestation du serment civique...............	131
Election d'un Président et d'un Secrétaire. — Adhésion aux décrets de l'Assemblée nationale. — Députation de la municipalité de Mende. — Discours du Maire et réponse du Président. — Députation du district; discours d'un de ses membres et réponse. — Refus du supérieur des Capucns de Mar-	

vejols de recevoir un religieux de son ordre. — Lettre à M. de Châteauneuf. — Opposition de certaines municipalités à la création des milices nationales. — Formation du Directoire. — Députation de la garde nationale. — Plaintes contre le sieur Raynal. — Délégation du clergé et réponse du Président. — Réfutation d'une inculpation faite à un membre de l'Administration. — — Réclamation des armes qui se trouvent dans divers dépôts de la province. — Frais des séances administratives. — Election du vice-procureur général syndic et des commissaires. — Adresse au Roi et à l'Assemblée Nationale. — Logement à procurer aux membres de l'Assemblée administrative... **138**

La municipalité de Salmon, illégalement formée, est dissoute. — Délibération relative à la fédération du camp de Sauveterre....... **163**

Mesures à prendre pour arrêter les dégâts des bois et le dépeuplement des poissons...... **171**

Demande des archives de l'ancienne administration ; MM. Chazot et Ferrand sont chargés d'en dresser l'inventaire............ **173**

Délibération relative au maître d'école nommé à Barre................................. **174**

Réception de la bannière et des députés des gardes nationales venant de Paris.......... **175**

Refus de transférer le chef-lieu de canton à Cubières et à Arzenc.................... **180**

Le clergé de Mende autorisé à retirer le payement de ses fermiers.................... **181**

Accusation mal fondée contre un citoyen de Marvejols............................... **183**

	Pages.
Collége des médecins à Montpellier et biens fonds affectés à une fondation en faveur des Lozériens...............................	184
Séance du bailliage à Marvejols prolongée au détriment de celle de Mende................	185
Etat des prisons et des prisonniers...........	187
Registres du greffe du bailliage.............	189
Etablissement à demander d'un courrier et d'une poste aux chevaux de St-Flour à Mende..................................	191
Délibération portant d'appuyer, auprès du Corps législatif, la pétition des municipalité qui demandent à faire partie du département de la Lozère...............................	193
Nomination d'un étudiant au collège de médecine de Montpellier.......................	201
Désignation de deux commissaires chargés de terminer les affaires du pays avec la province de Languedoc, et de retirer les papiers concernant les Gévaudan.................	202
Pension des chanoines de la Canourgue.....	204
Le Chapitre collégial de Marvejols autorisé à retirer le payement du prix de ses fermes..	205
Libre circulation des assignats dans les caisses du département........................	207
Taxes des fédérés.........................	210
Conservation des bois et de la forêt de Mercoire...................................	212
Délibération au sujet de la fausse interprétation donnée, par le Commandant de la garde nationale de Florac, à la lettre qui lui avait été adressée.............................	215
Adresse du Directoire aux communes du département.............................	217

	Pages.
Surveillance à exercer sur les bois et rivières du district de St-Chély	222
Nomination à l'une des places de boursier de la faculté de médecine......	223
Délibération relative au salaire du porteur et du distributeur des lettres de Meyrueis....	224
Entretien des routes du district de St-Chély..	225
Les receveurs des finances doivent échanger les assignats...................	227
Vérification à faire des chemins dégradés....	231
Délibération de Meyrueis au sujet des postes..	234
Délibération relative à l'inventaire des titres d'Aubrac	235
Vérification de la côte dite du Mazel, route du Languedoc à Paris, et du pont de St-Juéry..	236
Autorisation des receveurs à échanger les assignats avec le numéraire de leur caisse.....	238
Nomination d'un élève boursier à la faculté de Médecine	240
Règlement sur la discipline à suivre dans l'Assemblée administrative durant le cours de ses séances.......................	241
Ouverture de la première séance. — Procès-verbal................................	243
Poids et mesures....................... .	255
Cartes des districts et du département offertes par MM. Belmas et Ango. — Impression des décrets. — Mines. — Publication des procès-verbaux des sessions du Conseil..........	256
MM. Eymar et Siran retenus jusqu'à la séparation de l'assemblée. — Rapport sur la réduction des districts et sur l'économie à faire, tant sur les administrations que sur les tribunaux............................ ...	258

	Pages.
Motion pour le partage des établissements entre le Malzieu et St-Chély............	263
Projets économiques sur la manière d'ouvrir promptement les routes du pays. — Projets économiques pour les filatures. — Députation de plusieurs municipalités...........	267
Motion pour obtenir l'arrivée plus rapide du courrier du Puy........................	270
Traitement des prêtres du séminaire de Chirac....................	270
Imposition pour la continuation et confection des routes...................	271
Nomination du sieur Ango, en qualité de minéralogiste du département et fixation de son traitement......................	273
Mémoire de M. de Siran, pour établir que le numéraire est imposable................	273
Introduction dans l'assemblée d'un député du distric de Meyrueis....................	277
Détail sur l'inondation arrivée à Langogne le 10 novembre 1790.....................	277
Délibération portant de solliciter la franchise des lettres adressées à l'assemblée administrative et au Directoire du département....	278
Route de Mende à Badaroux à réparer.	
Délibération relative à la demande de diverses paroisses détachées du Gévaudan et qui désirent leur réunion au département de la Lozère. — Pétition adressée à l'Assemblée nationale pour solliciter la continuation de la procédure au sujet des atrocités commises à Versailles les 5 et 6 octobre 1789........	279
Formation des cantons de chaque district....	280

	Pages.
Rapport sur l'état des prisonniers. — Le village de Pomaret demande à former une municipalité, et le bourg de Châteauneuf la réunion à son canton de la paroisse de Chaudeyrac. — Proposition relative à la fabrication des étoffes de coton................	288
Rapport sur le traitement des personnes attachées aux Chapitres....................	290
Rapport sur la culture et la conservation des bois. — Pétition au sujet du payement des prédicateurs.........................	291
Rapport sur la visite des prisons...........	292
Au sujet de la réunion de la municipalité de Peyreleau au lieu du Rozier..............	293
Députation de la ville de St-Urcize.........	294
Mémoire des tisserands de Mende. — Rapport des auditeurs des comptes sur la comptabilité de la Chambre ecclésiastique du diocèse.	295
Pétition au sujet des bancs placés dans l'église de St-Etienne-Vallée-Française...........	297
Motion en faveur de la conservation de la maison ou hôpital d'Aubrac. — Etat de situation des hôpitaux du département. — Archives de l'évêché de Mende à communiquer et à inventorier..................................	
Appointements du directeur et des inspecteurs des travaux publics......................	302
Les habitants de la paroisse de Grizac demandent à faire partie de la municipalité de Frutgères et du Pont-de-Montvert........	303
Circulation des assignats..................	304
Diverses municipalités demandant leur réunion au département de la Lozère.............	305

	Pages.
Mémoire du ci-devant clergé relatif à la congrue du prêtre desservant de la succursale de la Bastide..........................	306
Réunion des deux municipalités de Meyrueis..	307
Demande d'ornements nécessaires au culte Suppression de cantons...................	308
La propriété des eaux de Bagnols reconnue à M. de Morangiès......................	309
Vœu favorable pour l'établissement d'un marché à Grandrieu.......................	309
Vote de 1,200 livres en faveur du collége de Mende................................	309
Secours accordés à des prêtres et à des religieux...............................	310
Le bourg du Collet demande à rester uni au département de la Lozère................	311
Enregistrement du décret du 2 novembre 1790, portant que les Directoires de département et de district ne cesseront pas d'être en activité pendant les assemblées du Conseil.....	312
Arrêté qui deffère la lettre pastorale de l'évêque de Mende à l'Assemblée nationale....	314
Délibération portant que lors de la vente du Pré-Vival, l'acquéreur sera tenu de payer, à l'Hopital de Mende, la rente foncière de 40 setiers de blé......................	317
Opposition à la vente des biens de la domerie d'Aubrac............................	319
Don de 30,000 livres par l'Assemblée nationale au département de la Lozère, pour être employées aux chemins d'utilité publique.....	321
Sollicitation de nouveaux secours, soit pour les routes, soit pour les malheureux..........	321

	Pages.
Les Sœurs Miramiones de St-Chély d'Apcher maintenues dans leur maison.............	
Vérification de l'état de l'eglise de la Canourgue...	328
Contestation entre les propriétaires des mines de Cassagnas............................	328
Traitement des membres de la maréchaussée départementale..............................	331
Les enfants exposés reçus, à l'Hôpital de St-Chély, aux frais du Trésor public........	333
Autorisation à M. Boulanger, ex-inspecteur des manufactures du Gévaudan, pour retirer de la province le montant de ses gages....	334
Troubles d'Uzès.......................	335
Députation de M. Vachin à Toulouse pour en retirer une boîte d'assignats.............	337
Injonction aux soldats de la garde nationale d'apporter leurs fusils à la maison commune...............................	339
Envoi de la brigade de Mende à Villefort, pour empêcher les troubles dont cette ville est menacée..................... 340	346
Le district de Florac maintient le bon ordre dans ses cantons.....................	342
Assignats à retirer du Puy...............	342
Ateliers de secours....................	348
Réception des assignats.................	350
Délibération portant de mettre en activité les ateliers de secours pour la confection des chemins vicinaux.....................	354
Etablissement d'un marché à Grandrieu......	360
Traitement des ecclésiastiques...........	361

	Pages.
Certificat en faveur de M. de La Coste, lieutenant-colonel d'infanterie.............................	363
Certificat en faveur de M. Boissonnade, à l'effet d'obtenir la charge d'ingénieur......	365
Règlement pour les chemins vicinaux et ateliers de charité.............................	367
Réunion des municipalités de Quézac et d'Ispagnac.............................	370
Achat de grains.............................	373
Frais à payer aux brigades de maréchaussées venues à Mende pour y maintenir le bon ordre.............................	375
Désignation des sommes à payer à chaque receveur des districts pour fournir aux dépenses des chemins vicinaux.............................	376
Certificat à délivrer à M. de Noyant, pour obtenir un grade dans la gendarmerie nationale.............................	378
Délibération relative à la formation des municipalités de Banassac, Montferrant, et autres.............................	379
Délibération au sujet des enfants trouvés.....	382
Te Deum pour la convalescence du Roi......	386
Insurrection à St-Alban.............................	387
Vœu du Directoire pour l'établissement d'une foire à St-Chély-d'Apcher.............................	389
Constatation entre les associés aux mines de St-Privat-de-Vallongue.............................	390
Vœu du Directoire en faveur de M. de Framond de Grèzes.............................	390
Délibération relative aux ingénieurs, aux chemins et aux travaux publics.............................	392
Election des officiers de la gendarmerie nationale.............................	395

Protection à accorder aux bergers du Languedoc qui conduisent les troupeaux en Lozère.	403
Vœu adressé au Ministre en faveur de M. Viennet, lieutenant de la maréchaussée........	404
Réparations à faire au grand chemin du bas Languedoc en Auvergne.................	406
Délibération relative à la demande des curés pour leur jardin......................	414
La commune du Pompidou sollicite un chef-lieu de canton, et formation provisoire de celui de St-Germain-de-Calberte..........	416
Fixation du département de la Lozère........	418
Vœu pour la conservation des places d'étudiants en médecine à Montpellier........	421
Projet d'acquisition de la maison commune par le département......................	422
Envoi des troupes de ligne en Lozère......	424
Le couvent des Cordeliers de Mende jugé suffisant pour loger 200 soldats.............	425
Bureaux d'enregistrement à fixer dans les villes du département.....................	426
Traitement de deux députés envoyés à la fédération	427
Brigandages à Chanac....................	428
Gratification à ceux qui tuent des loups......	428
Le couvent de Ste-Enimie est désigné pour servir de retraite aux religieux qui voudraient continuer la vie commune...............	429
Le sieur Meynadier réclame les biens de ses auteurs religionnaires...................	431
Délibération relative au départ du Roi........	433
La garde nationale de Mende se met à la disposition de la ville de St Chély, pour le rétablissement de l'ordre...................	435

	Pages.
Dénonce contre le curé de Banassac.........	437
M. Nogaret, évêque constitutionnel, demande la remise des papiers du secrétariat de l'évêché.................................	459
Argenterie à rendre à l'abbesse de Mercoire..	439
Routes à entretenir.......................	440
Envoi d'un commissaire à Ispagnac pour y apaiser les troubles.....................	443
Exhumation du corps du P. Trémoulet, cordelier................................	446
Répartition des impôts de 1791.............	449
Défense de chanter des chansons contre l'évêque du département.....................	460
Droits à payer pour les eaux minérales de Bagnols..................................	462
Remplacement des électeurs et autres, déchus de leurs charges, pour refus de coopérer à l'élection de l'évêque constitutionnel.......	463
Troubles à St-Chély.....................	463
Plaintes de l'évêque du département.........	488
Rapport du brigadier de la maréchaussée sur les tapages nocturnes à Mende..........	484
Visite faite au château de Chanac, pour vérifier s'il y avait un dépôt d'armes.............	486
Titres des bénéfices ecclésiastiques à déposer aux districts............................	487
Pétition des habitants de St-Martin-de-Lansuscle dans laquelle ils demandent de pouvoir exercer le culte de leur religion......	488
Plaintes des électeurs au sujet de divers délits commis contre leur personne.............	489
Répartition des fusils entre les districts......	491
Assassinat d'un électeur de Rieutort.........	492

	Pages.
Titres concernant les domaines d'Aubrac en Gévaudan, à remettre au district de Marvejols..................................	493
Serment civique à prêter par les fonctionnaires publics..................................	494
Le curé de Termes demande la concession d'un jardin..................................	495
Remise du procès verbal des électeurs du district de Florac sur le remplacement des curés..................................	496
Arrêté du département relatif à la Constitution française..................................	498
Attroupement à St-Martin-de-Lansuscle.....	500
Chemins vicinaux..................................	502
Délibération relative aux bibliothèques des ci-devant religieux de Mende..............	504
Nomination de M. Blanquet, en qualité de membre du Directoire..................	504
Rejet d'une pétition de la municipalité de Mende, au sujet de certaines manifestations..................................	506
Organisation de la gendarmerie départementale..................................	508
Délibération relative à une délibération de M. de Castellane en réduction de son don patriotique..................................	514
Demande de subsistances par le district de Villefort..................................	514
Secours en faveur de l'hôpital de Mende, à solliciter auprès du Ministre..............	518
M. de Borrel, commandant de la garde nationale, est maintenu dans ses fonctions......	519
Autorisation de consacrer des églises, avec obligation d'écrire sur la porte : *Paix et Liberté, Eglise des Non-Conformistes*. .	520

	Pages.
Les auteurs des potences dressées devant la porte de M. de La Barthe, à Marvejols, déférés à l'accusateur public................	521
Enregistrement des pouvoirs accordés par le Roi à M. Montesquieu, pour le commandement des troupes de ligne...............	524
Curé constitutionnel de St-Martin de Lansuscle à installer........................	526
Plainte du curé de St-Sauveur..............	531
Troubles à St-Chély et aux environs de cette ville...............................	532
Délibération en faveur de M. Valette, syndic de l'hospice d'Aubrac....................	534
Interrogatoire des maires de St Sauveur, Termes, le Malzieu et de Chauchailles sur les troubles survenus dans leur commune, lors de l'installation des curés...............	535
L'aumône due aux pauvres de Chirac doit être servie par le fermier du prieuré..........	545
Prestation de serment par le sieur Montagnon lieutenant de la gendarmerie et désignation de la résidence des officiers.............	546
Testament en faveur d'un ecclésiastique. — M. Paradan attaque la validité de cet acte..	551
Autorisation à la commune des Bondons, pour l'acquisition d'un édifice du culte Non-Conformiste.............................	553
Don d'une prise d'eau fait à M. Rivière, à Mende..............................	554
Troubles à St-Germain-de-Calberte.........	555
Ouverture de la session du Conseil général d'administration du département. — Sa formation. Motifs de la démission de M. Bonnel comme membre du Directoire........	556

	Pages
Arrêté en faveur de M. Beaucourt, lieutenant de la gendarmerie....................	561
Arrrêté pour obtenir un régiment de troupes de ligne. — Mendicité................	562
Invitation aux corps constitués pour assister à la messe. — Lettre de M. Jossinet commandant la gendarmerie. – Messagerie à créer, laquelle traverserait le département par la route de Villefort. — Projet d'établir un balancier pour frapper une monnaie de confiance. — Vœu pour avoir une sentinelle à la porte extérieure des séances de l'Assemblée.................................	565
Répartition des troupes de ligne dans le département...........................	567
Commissaires adjoints à M. Ferrand pour se rendre à St-Chély ; la garde nationale de Marvejols offre ses services pour défendre la Constitution........................	568
Communication des archives de l'évêché à M. Dugois...........................	570
Motifs qui ont déterminé la demande de troupes. — Demande à faire à l'Assemblée nationale pour l'établissement d'une messagerie de poste aux lettres et aux chevaux à l'effet de communiquer avec tous les départements voisins........................	572
Projet de desséchement des lacs et marais d'Aubrac..............................	573
Renvoi, au premier bureau, des plaintes des curés constitutionnels..................	574
Délibération au sujet d'un libelle contre l'administration, l'évêque et plusieurs fonctionnaires publics...........................	575

Arrêté qui ordonne l'impression, à 1,000 exemplaires, du *Journal des Laboureurs.* — Nomination de M. Bancilhon pour assister à la levée des scellés apposés aux archives de l'évêché. — Arrêté relatif à la nomination et aux gages des officiers subalternes de la cathédrale. — Séminaire à réorganiser. — Réparations à faire à l'église cathédrale et à l'évêché.................................... 576

Plaintes du curé de Termes en butte à des mauvais traitements. — Applaudissement donné à M. Bonnel au sujet de son mémoire sur l'agriculture et le commerce......... . 580

Arrêté au sujet des troubles de Termes, Chauchailles, le Malzieu et Fau-de Peyre....... 582

Arrêté en faveur de M. Ango, minéralogiste.. 586

Forêt de Gourdouse. — Messagerie à établir de Mende à Villefort, et de cette dernière ville à Langogne................................. 587

Manœuvres employées par les ennemis de la Constitution................................... 588

Emission d'un vœu pour la direction de la route de Bayonne à Lyon, par la Canourgue, et arrêté de celle de Mende au Pont-St-Laurent par Rivemale........................ 590

Lettre de M. Delessart, pour la nomination de trois sujets destinés à la garde du Roi. — Ravages des loups......................... 591

Manifestations anti-constitutionnelles à Mende. — La présence des troupes jugée inutile dans le district de Villefort, mais nécessaire à St-Chély et à Marvejols. — Insultes au curé de Termes............................ 592

Pétition de M. Paradan, au sujet d'un testament fait à son préjudice. — Emission d'un vœu pour la réduction du nombre des districts. — Encouragement à l'agriculture et au commerce....................................	594
Routes de Milhau à Marvejols et de Bayonne à Mende. — Plaintes du curé de St-Sauveur.	596
Gratification aux employés des postes. — Arrêté concernant le vicaire du Pompidou. — Frais de justice à déterminer.............	598
Arrêté qui fixe la résidence et l'arrondissement des ingénieurs et les tournées qu'ils ont à faire. — Choix des trois sujets pour la garde royale................................	600
Préférence donnée à la direction des routes...	602
Lettre de M. de Chateauneuf................	603
Arrêtés concernant les ornements réclamés par le chapelain de Montbrun.............	609
Rejet de la pétition de M. Breisse, prédicateur................................	611
M. Plagnes chargé de dresser l'inventaire des effets du monastère de Ste-Enimie........	611
Inscription des citoyens pour être électeurs et jurés.................................	603
Troubles à St-Germain-de-Calberte.........	614
Réduction de la contribution patriotique du curé de St-Maurice......................	621
Prestation de serment des ingénieurs........	622
Local à affecter au tribunal criminel.........	623
Eglise de Rimeize à réparer................	625
Traitement des sœurs des écoles chrétiennes..	626
Organisation des gardes nationales..........	628
Désignation de trois juges des tribunaux des districts................................	629

XVII

Pages.

Villefort demande le départ des deux compagnies des troupes de ligne..............	630
Dégrèvement accordé au département.......	631
Inscription des jurés......	634
Troubles à Ispagnac.....................	635
Renvoi d'une pétition du Monastier à l'évêque constitutionnel.......................	636
Envoi des commissaires à Villefort pour prendre des renseignements sur les troubles...	636
Délibération au sujet d'une chanson satirique qui circulait à Mende..................	637
Demande d'une poste aux lettres par la ville de Meyrueis.....	639
Arrêté relatif à la conservation des titres des biens nationaux.....................	640
Permission aux citoyens de Claviers d'acquérir un édifice pour le dédier au culte.........	641
Mesures à prendre pour le maintien de l'ordre public dans le district de Florac..........	641
Organisation de la gendarmerie et de la garde nationale du département................	644
Procès-verbal de l'insurrection arrivée à Mende.	648
Injonction faite au Maire de cette ville de venir rendre compte des motifs de l'arrestation de plusieurs citoyens. — Réponse de ce magistrat. — Nomination du sieur Conort à la place d'inspecteur des serges à Serverette......	659
Levée des scellés apposés aux archives de l'évêché pour en retirer des missels. — Echange d'assignats contre la monnaie de cuivre....	662
Députation des commissaires envoyés à Florac, pour s'assurer si la force armée doit se rendre à Mende........................	663

www.ingramcontent.com/pod-product-compliance
Lightning Source LLC
Chambersburg PA
CBHW050102230426
43664CB00010B/1410